The Land Reform Of Chinese Communist Party

(1947-1952)

中共的土改

（1947-1952）

Written By Hang Lai Cai

蔡行来　着

加拿大国际出版社

Canada International Press

书名：中共的土改（1947-1952）

作者：蔡行来

出版：加拿大国际出版社

www.intlpressca.com

email: service@intlpressca.com

The Land Reform of Chinese Communist Party
(1947-1952)

Written by: Hang Lai Cai

Published by: Canada International Press

ISBN 978-1-989763-08-7

9 781989 763087

Ebook ISBN 978-1-989763-09-4

内容提要 Summary

　　本书就地主一族的家史、村史和全国的典例，诉述了地主起家的艰辛，暴力土改的残酷与荒唐，长期遭受专政的无辜及由此造成社会不良后果之严重，并在理论上探讨暴力土改的根源和是是非非。内容丰富，资料翔实，全面、深层地揭示了 20 世纪发生在中华大地上惨烈的土地改革运动，是一部关于中共藉以取得并巩固其政权的暴力土改和由此引起之后一系列政治运动及造成几千万人非正常死亡的真实历史。

　　This book describes fates of land owners during the Land Reform during 1947-1952 in China under the ruling of the Chinese Communist Party. The author wrote fates of his mom, himself, his classmates families who also land owners and other land owners in his village, in his county and famous big land owners in China nationwide at that time. It describes the hard works of land owners to get their property accumulated, the cruelty and absurdity of violence during the land reform conducted by Chinese Communist Party, dozens of years innocence under dictatorship, and the serious social consequences caused by the Land Reform. Also this book tries to discuss the original reasons of violent land reform and its pros and cons. This book has rich content, informative and complete. It comprehensively and deeply reveals the terrible land reform movement that occurred in China of 20th century is a violent political movement that the Chinese Communist Party used to acquire properties by violence and consolidate its regime, tells the reader

true history the subsequent results: series of continuous
political movements, resulting tens of millions of
abnormal deaths of people.

序

一

　　中共的暴力土改，以 1926-1927 年开端。在中共历史上，1927-1937 年的十年称"土地革命战争时期"。抗日战争时期的 1937-1945 年因国共第二次合作，共产党管辖地区由没收地主土地的革命路线改变为减租减息政策。1947-1949 三年内战时期，共产党管辖的东北、西北、华北地区又恢复暴力土改。1949 年 10 月中共在大陆建政，1950-1952 年中共政权所到之处再次开展了轰轰烈烈的暴力土地改革运动。

　　从 1926 至 1952 年的 27 年中，除抗日战争时期由于实行国共合作，中共暂时放弃暴力土地革命，其他时期均实行暴力土革和暴力土改。由此可见，中共在夺取政权的过程中始终与暴力土革和暴力土改相伴。暴力土革和暴力土改中，中共不仅用暴力剥夺地主的土地和其他财产，还用暴力打击和消灭地主阶级。这里所说的"消灭"，一是枪决，二是虐杀，即在斗争会上活活斗死或逼死地主分子，其状极为惨烈！学者的估算，1947 至 1952 年的暴力土改中被划为地、富分子的共三千余万，被处死、斗死、逼死的计 200 余万。可见，暴力土改堪称是以后历次政治运动浩劫的血腥开场。

　　1949 年前后六年间在中国大陆进行的暴风骤雨般的暴力土改运动距今已有 70 余年的历史了，这段血腥的历史不但为今天的中年、青年人所不知，就是在学者的视野中也成了一个被遗忘的角落。在全国范围内，恐怕至今没有召开过一次有关土改的学术会议，来客观地讨论土改的是是非非。历史的尘埃难道真的覆盖了这一页难以启齿的事实？

　　虽然自上世纪 90 年代以来，涉及暴力土改这一主题的一些文字数据开始以不同侧面展现在国人面前，但远不如

"反右""文革"那样早已成为一门显学,其文字的积累,汗牛充栋。在这种背景下,蔡行来先生的专著《中共的土改》就显得犹为珍贵。该书以翔实的数据,全方位的视角,不但追忆了自己的家庭、自己的家乡在土改中的经历,描述了全国土改的概况,初步分析了地主是阶级敌人还是农村中的精英的重大问题,还揭示了暴力土改中所普遍出现的"三乱"现象——一是"乱划",二是"乱斗",三是"乱杀",集中说明暴力土改的无道和无法,是对中华文明一次严重的破坏。这个问题涉及中共的暴力土改是应当加以肯定还是应当予以否定的大问题,深层次的问题还涉及对中共的政权的评价。如此看来,对土改的研究是一门大学问。

问题既然提了出来,那么,由此引起的讨论与争鸣恐怕会由此逐渐兴起,这个沉睡了一个多甲子年的大冤案是应当见见天日了!虽然在1980年,贤德和充满仁爱情怀的胡耀邦以大智大勇的历史担当,为地、富、资分子平了反,摘了帽;但在法理上说明暴力土改是一场绞杀文明与进步的罪恶,至今无人深入地加以梳理。

还要告诉读者,本书作者蔡行来先生并不是一位理论研究的学者。他1961年毕业于南京大学,专业是地质学。毕业后在浙江大学执教。1965年调至浙江省地质矿产厅,一直从事地矿专业工作。1993年退休后从事《石材大全》的编写、出版工作,长达二十年之久。直到80高龄的耄耋之年才撰写了这本《中共的土改》。该书的前身是《地主》,2015年由黄河出版社出版,经几年修订,方成此书,再向社会推出。这样,蔡先生写出了两本"全书",一本是《石材大全》,一本是土改全书——《中共的土改》,先后贡献给社会。一位高龄老者,能有此担当,实属不易。

二

关于暴力土改，在学术上值得探讨的是否有以下两个问题。

第一个问题，就是前面提出的，中共革命的过程为什么总是与暴力土改相伴？

1920 年中共成立到 1927 年国共合作破裂，此时期中共史书称"第一次国内革命战争时期"。中共承认，第一次国内革命战争失败了。那么，此时期中共的革命做了些什么？做了两件事：一是搞农民运动，"打土豪，分田地"；二是城市暴动，在上海举行三次武装起义（1926 年 10 月，1927 年 2 月，1927 年 3 月），成立了中国共产党领导的上海临时市政府（仅存在 24 天）。可此时正是蒋介石举军北伐之际。北伐是孙中山的遗愿，目的是结束军阀割据的乱局，实现中国的统一，重建民国，此乃人心所向，包括中共也是举双手赞成的。可中共此时另搞一套——搞农民运动和在上海搞武装起义，都严重地干扰了北伐战争，甚至可以说与北伐的目的是背道而驰的。请问：你中共在上海这个中国最大的工商业城市成立临时市政府，不是与国民党争夺"领导权"、分庭对抗吗？难道能让旧军阀尚未平定、又产生新的割据局面吗？这就是 1927 年 4 月 12 日蒋介石断然发动"清党"和汪精卫"分共"的背景。如果不清除革命队伍中的分裂势力，北伐就可能受挫，中国将继续陷入乱局之灾。

值得注意的是，这时期正是国共合作时期。在国共合作中，中共提出了"领导权"问题。中共的意思就是共产党应当领导国民党，领导革命全局；推而言之，革命成功之后，共产党应当"坐天下"，掌握国家政权。正如邓中夏说："我们对于国民革命，即为了取得政权而参加的"。到了第二次国共合作时期，毛泽东再次强调"领导权"的问题。可见，所谓"国共合作"实际上是两党斗争的另一种形式。

我们应当承认，国共两党的斗争贯穿于中共革命的全过程，即从 1921 年直到 1949 年。那么，中共的革命对像是什么呢？中共的宣传说辞是帝国主义和封建主义，可实际上是国民党。为什么？因为国民党掌握着国家政权。须知，共产革命的全部目的，就是为了夺取这个国家的政权，为中共一党所有所享。这个目的直到 1949 年终于实现了。

可是，20 年代共产党要取代国民党，条件不具备。倒不仅仅是因为共产党那时还很弱小，主要是尚不存在推翻国民党的革命时机。什么是革命时机？就是统治者与被统治者矛盾的尖锐化，以致统治者的统治已四面楚歌、摇摇欲坠。借用列宁的话，就是统治者不能照旧统治下去了，被统治者不能照旧生活下去了。中国历史上的农民起义就是在这种情况下爆发的。辛亥革命也是在这种历史背景下发生的。

那么，北伐之后重建民国的国民党的情况怎么样呢？总的来说，这个政权大体实现了国家的统一（如冯玉祥、阎锡山、李宗仁、白崇禧几个大派系都与蒋达成了妥协，张学良在 1928 年底亦宣布"服从国民政府，改易旗帜。"），可见，民国政府重建此乃众望所归。此后十年（1927-1937）经济发展喜人，史称"黄金十年"。言论比较自由，民间报刊与社团如雨后春笋，文化与教育事业的发展出现了一个繁荣期；近十几年人们都在怀念那个时期的成就，可以说出现了一个"民国热"。在这种情况下，共产党企图通过城市暴动来动摇国民党政权，显然是不现实的。

共产党在城市暴动的失败，只能转移到农村，以求生存和发展。1927 年中共的"八七"会议确立了土地革命和武装斗争的方针，这次会议虽只开了一天，却实现了革命战略的转移。此后中共便在农村安营扎寨，开始了新的革命生涯。

此时期毛泽东提出了工农武装割据的思想，阐明了红色政权为什么能长期存在。这个思想把武装斗争、土地革命和建立红色政权三者结合起来，完善了"八七"会所确定的道路。这条道路就是中共一直宣扬的"从农村包围城市、最后夺取全国政权"的道路。

中共在农村要站住脚、搞武装斗争，必要条件是要保障物资供给，要有充裕的兵源；要解决这两大问题，只能有赖于土地革命。这是武装斗争和土地革命的内在逻辑。土地革命就是革地主的命。它没收地主土地，分予农民。它激化地主与农民的矛盾，迫使大批农民以共产党为靠山，加入红军，与共产党共沉浮。土地革命确是中共的一个创造。没听说中国历次农民起义搞过土地革命的。辛亥革命也没有进行土地革命（虽然"平均地权"是孙中山的一个重要思想）。这是什么原因？原因是这些起义和革命，都是在社会矛盾尖锐化、革命能量已有相当积累的情况下发生的。中共的革命则不然。它要推翻的政权建立不久，有着良好的社会基础，合法性和正当性为社会上下所公认，你凭什么要推翻它、取代它？所以中共企图通过城市暴动建立政权的尝试失败后只能退据农村，此后实际上进入了一个革命准备时期，或者说，是夺取政权的准备时期。

可是，这个准备时期要多久？即红旗要打多久？十年土地革命时期中共的处境是，外部有蒋介石屡次武装清剿，内部根据地物质资源有限，最后枯竭，经济难以长期支撑。到1933年已陷于"山穷水尽"（舒同语）之困境；是故，1934年红军不得不撤离江西，长征北上。由此看来，土地革命不是万全之策、久远之计。经过两年艰苦跋涉，红军到达陕北时由30万锐减为3万，大受损失。这也可认为是"土地革命"的失败。此时蒋介石督张学良剿共灭共。如果没有日军大举侵华的背景，如果没有张学良、杨虎城发动

"西安事变"，中共及其少量红军真是危在旦夕！西安事变促使国共联合抗日，中共又获生机。可以说，这一事变挽救了革命，挽救了党。张学良对中共大大地有功。

凭借抗战八年，中共军事力量和共管区（解放区）都获得重大发展，储备了与国民党武力抗衡的底气了。抗战胜利后国共谈判破裂，1947年内战全面爆发，其根本原因，是此时的共产党有了与国民党武力抗衡的底气。此时不夺权，更待何时？！与此同时，中共重操旧业，暴力土改再次出台，并大显威力，为中共在内战中取胜写上浓彩重墨的一笔。

第二个问题，如何评价暴力土改？该不该消灭地主经济？

"耕者有其田"是中国农民的千年期盼。孙中山领导的民主革命一开始就把这一目标立为革命的一个纲领——"驱除鞑虏，恢复中华，建立民国，平均地权。"

关于"平均地权"，根据孙中山的思想，在《国民党第一次全国代表大会宣言》（1924年2月）中的解释是："私人所有土地，由地主估价呈报政府，国家就价征税，并于必要时依价收买之"；"农民之缺乏田地沦为佃户者，国家当给以土地，资其耕作"。可见，国民党是以和平、非暴力的方式来解决土地问题的。以这种方式解决土地问题的重要前提是，承认并尊重地主对于土地的合法所有权，故政府根据地主对土地的报价征税或收买之，给予缺乏田地的农民耕种。以这种方式解决土地问题的重要原因是，国民党不图谋以土地问题作为造反起家的资本，从中获得政党自身的私利，如驱使无地农民对革命的拥护和支持，而纯粹为了帮助农民解决"耕者有其田"的问题。

遗憾的是，孙中山和蒋介石所处时期，内忧外患不断，战火彼伏此起，都没有机会实施其土地纲领。

中共的土地改革和土地革命，与国民党的"平均地权"的方针完全相反。

基本问题，一是根本不承认地主对于土地的合法所有权，因此无偿地加以剥夺之；二是除了剥夺其土地和财产之外，还以十分野蛮的方式消灭这个农村的精英群体：肉体上的戕害，精神上的打击，人格上的凌辱；土改后这个族群还长期沦为专政对象，包括其子女们成为社会的异类，受到歧视和各种排斥。

无法理解的是，你中共为了解决土地问题，无偿地剥夺地主的土地不就可以了，为什么还要以十分血腥的手段，在肉体、精神和人格上恣意地迫害这个阶级呢？反剥削、反压迫不是你这个政党的旗帜吗？

这应当从中共的文化基因作出解释。

中共的文化基因是什么呢？有国产的，有进口的。

国产的是帝王文化，主要是秦始皇创立的以皇权专制为核心的中央集权制。这个文化传统延续统治中国两千余年，直到毛泽东变本加厉。嬴政以暴力统一中国，以暴力统治中国，在文化上搞焚书坑儒。这个暴力为纲深得毛的赞赏，不过，毛还嫌其暴力得不够。1958 年他就搞了迫害上百万知识分子的"反右"斗争，并狂言"秦始皇算什么，我们超过秦始皇一百倍。" 除了帝王文化，毛泽东还散发着痞子文化，即游民文化。无论是土地革命和土地改革，还是他晚年的文化大革命，都是依靠一批痞子冲锋陷阵的。

进口的是马克思列宁主义。列宁很崇尚暴力，就不说了。马克思的开篇之作《共产党宣言》，对中共对毛泽东之辈的影响很大，通篇散发着火药味：如暴力、剥夺、斗争、推翻、批判、消灭、决裂、专政……难怪毛泽东说："马克思主义的道理千条万绪，归根结蒂一句话：造反有理。"

　　毛泽东酷爱暴力，在他看来，暴力就是革命，革命就是暴力。他说："革命的中心任务和最高形式，是武装夺取政权，是战争解决问题。" 毛泽东还痴迷斗争。年轻时就说，与天斗其乐无穷，与地斗其乐无穷，与人斗其乐无穷。执政后以政治运动为纲，不断地煽动一部分人整另一部分人，搞得国将不国，天怒人怨。毛夺取政权前夕说："我们不但善于破坏一个旧世界，还将善于建设一个新世界。"破坏旧世界做到了；建设一个新世界，不但交了白卷，还交了错卷和罪卷。

　　由此看来，土改中如此残忍地虐杀地主就不奇怪了。

　　那么，为什么要消灭地主阶级呢？

　　中共的理由是两条，第一，地主是封建主义的；第二，地主的土地等财产是剥削所获。

　　先说地主是封建主义的。

　　"封建主义"是中共的一个革命对象，将地主与封建主义挂钩，所谓"封建地主"，地主就成了革命对象了。这是毛泽东和中共的逻辑。

　　这里，毛泽东的第一个错误，是将周秦以来的历史误认为封建社会的历史。他说："自周秦以来，中国是一个封建社会。"又说："这个封建制度自周秦以来一直延续了三千多年左右。"这就是周秦以来"三千年封建说"。毛泽东还认为，到了近代，由于西方国家入侵，中国变成了一个半封建半殖民地的国家。

　　毛泽东这个错误的史学观对中国学界知识界乃至普通中国人产生了严重的误导。事实是，中国的封建社会自秦始皇以武力统一中国、"废封建、立群县"后，已被中央集权制的皇权专制社会所取代了。西周是周天子为共主的封建邦国——周天子将土地分封给各地诸侯，所谓"封土建国"，各诸侯国独立自治，周王室只要求其承担贡赋义务而不干涉其国家政务。而在秦政制下，再不存在独立的邦国，中央集权制下，政令统一，皇帝派遣大员直接统管全国各地，一切要听令于中央。中国从此进入了一个皇权专制社会了。这是国家权力结构和政治制度的重大变化，怎么能与封建主义混为一谈？！

　　毛泽东难道不懂得这个史学常识吗？再说，毛是辛亥革命过来人。辛亥革命推翻的是皇权专制，并奠基民国，伸长民权，根本没有提"反封建"的口号。可毛泽东的"新民主主义革命"却反封建主义而不反皇权专制，掩盖了民主主义革命真正目标。毛泽东为什么要这样做？原来他有深深的帝王情结和梦想。不反皇权专制为以后成为秦皇汉武那样的一代霸主埋下了伏笔。1949 年毛氏政权名为"共和"实是现代版的"皇权"再现，确证了毛泽东的初心。以后毛泽东多次自供："我也是秦始皇，""我就是马克思加秦始皇"。

　　那么，现实的中国社会"封建主义"在哪里？封地或土地世袭的封建制度，两千多年前就结束了。毛泽东硬将封建主义的标签贴到地主阶级头上，这是更大的错误了。地主拥有的土地是自家的私产，根本不是皇家赐封的。再说，封建是一种国家制度，地主仅是代表一种生产关系。无论如何封建的帽子扣不到地主的头上。

　　我们再来看看，地主的财产是剥削来的吗？

　　本书作者的母亲王梅花在土改中被划为地主。1944 年 1 月其夫去世。她是一个小脚女人，文盲，普通的农村妇女。她每天起早摸黑，绣花、纺纱、做鞋、养母猪、养蚕、做挂面，还酿酒、开店做小生意。农、副、商，全部经营。十分能干，十分勤快，十分节俭。积累起来的财富就买地、建房。至 1949 年家有土地 22 亩（其中由她经手买了 18 亩），又有楼房六间半。按照共产党的标准，是够格的地主分子了。但王梅花绝不承认这些财产是剥削所获，她一再为自己辩护，说这些财产是自己多年辛勤劳动一点一滴积攒起来的。她晚年常说，"自己一世做了三世活。" 村里人对她的评价是：她"一个人能抵十个长工"。土改时土地、房屋被没收，邻居们常议论：如此辛苦挣来的财产被没收，是罪过。

土改批判会上说她做生意是剥削，放债是剥削，她反驳说："你不开店他不开店，哪里去买东西？你不买我店东西我不强迫你买，你不借我的钱、谷，我不强迫你借，剥你什么削？"

在思想改造的"学习"中，王梅花也总是唱反调、顶嘴，以示不服，因此常被罚站。全村 10 多个地主中，她是最硬的。

王梅花是农村妇女中的佼佼者，是勤劳发家致富的典型。如果要在临海县评出一个劳模，非王梅花莫属。本书作者蔡行来在他的眼中，王梅花是一位平凡而伟大的母亲，故撰写此书以资纪念自己的生母。在共产党统治下，王梅花却成了被打倒、被侮辱、被专政的对象，30 年无出头之日。这个社会公理何在？

什么叫出身好？什么叫出身不好？1949 年以来，七十年了，一直是颠倒的。地主、富农、资本家的富有家庭出身的人，就是好出身，可却说出身不好。现在难道还不该拨乱反正？那种出身既无财产、又无文化的家庭才是出身不好呢！共产党专政硬是把社会精英打下去，以民粹分子取代之。这就是野蛮战胜文明。社会能不倒退吗？

三

对于中共的土改，有一位重要人物亟待一提。此人自中共执政以来一直被淹没的。今天的中国人知道他的太难得了。

他叫董时进，1900 年生于重庆垫江县。1924 年赴美留学，获康奈尔大学农业经济学博士学位。回国后任国立北京大学农学院教授、主任、院长等职。1945 年中国民主同盟召开第一次全国代表大会被选为中央委员。会议提出"废除封建土地所有制，实行土地国有"为民盟政纲之一。董不同意该主张，遂退出民盟。1947 年 5 月成立中国农民党，主张培养农民的政治能力，成为国家主人，反对土改。1949 年 6 月接受中共意见停止党务活动。

1949 年 12 月，董时进上书毛泽东等中共要人，劝阻土改。

信中主要意见我对其归纳如下：

第一，中国的地主不具有封建性。中国不像欧洲中世纪一些国家的贵族，几乎垄断了土地，像一个一个的小国家，这些土地是世袭的，不能自由分割买卖，一代一代地传袭下去，土地上的农民也没有迁徙的自由，必须世世代代在同一地主采邑之下受奴役。中国的情形迥乎不同。土地是可以自由买卖的，租田是自由契约行为，地主也不是世袭的贵族，任何贫民阶级和贫苦出身的人都可以成为地主。真找不出中国的土地制度和中国一般的地主富农的封建性在什么地方。

第二，乡下土生土长的富农，即一些土财主，他们的财产多半是由辛苦经营和节省积蓄下来的。说他们靠剥削起家，则不足信。就此，他举了几例。

一个原是贫农出身，三十年来用他的血汗钱陆续买了共 120 多亩地，现在要分给当地的游堕分子了，自己分到不满十亩。他愤愤地说："我们年年日日冒风雨暑热在地里做活的时候，这些人出入茶馆酒店，游手好闲，吃穷用穷了，还说被我们剥削，要分我们的地。"一气之下，他到城里来踏三轮车了。

　　有一个老奶妈，二十多年的积蓄，零零星星地买了二十多亩地，连原先共有三十余亩。原以为辛苦半生，可以回家养老，结果大部分分给别人了，自己仅得三亩。二十多年的苦工积蓄，全化为乌有。

　　董有一家亲戚，弟兄三人，二十多年前分了家，各分得田地七八十亩。老大务农兼做小买卖，生活极其俭朴，将积蓄又添买了五六十亩地。老二嗜赌兼吃鸦片，分家后没几年就将土地卖光。老三将全部土地卖掉，在城里做买卖，发了财，有房产，有不少现款和货物。现在老大的田地要分出去。老二可以分田进来。老三最有钱，但他的财产在城里，不致遭受损失。老二笑了，老大哭了。

　　所以，董时进说："地主富农之所以成为地主富农，除少数特殊情况外，大多数是因为他们能力较强，工作较勤，花费较省。这即是说，地主富农多半是社会上的优秀分子，是促进社会进步的动力，是国家所应当保护和奖励的。"

　　第三，新民主主义规定要联合小资产阶级。中国的小资产阶级无疑是以乡间的中小地主及富农为主要成分，除去他们之外，殆无所谓的小资产阶级。现在对于城市的大资产阶级尚不没收其土地及财产，却把地主富农当作敌人，与新民主主义宗旨完全背离。

　　第四，新民主主义不是还要更进一步转变为社会主义吗？耕者有其田的制度不是还要转进到土地社会化和农业集体化吗？那么，何必多此分地一举呢？现在像割肉似地将土地从地主和富农身上割下来，已经使他们很疼了，割下来分给农民之后，不久又要从他们和大家身上再割下来，那困难恐怕更多了。假如现在不分，待将来真要实行社会主义时，直接把土地连同他种地的生产工具一齐社会化，岂不更省事？

第五，董对于中共社会主义的计划，在别的著作中有以下惊人预言：这个政权巩固之后，这个党就会将农民的土地收回，建立集体农庄，将粮食大量交给政府，农民被整体奴役，然后会出现很多问题，会饿死人，最后，"他们还是放弃，回到正确的路上来"。所谓"回到正确的路上来"，意指土地私有，可以自由租赁，自由买卖。

董还建议政府用赎买的办法，收购大地主的土地，同时成立"自耕农基金"，扶植自耕农，借给有能力经营土地的农民购买土地，或向政府租赁土地（此建议之价值，超过"耕者有其田"的政策）。

董时进上述关于劝阻土改意见，理性、全面、深刻，历史早已证明条条正确，不失为真知灼见、金玉良言，即使在今天仍弥足珍贵。毛泽东和中共拒绝了董的宝贵建言，给中国社会造成多么大的不幸！

1950 年，董看到土改的横祸不能制止，痛心疾首，对中共的希望破灭，决定远走香港，该年又赴美定居。1984 年在美去世。三十四年流落异国他乡，中国大地上再也没有他的声音。可以预计的是，如若留在大陆，董时进必定是一个大右派。中国不需要他，这是他的悲哀，更是这个国家的悲哀！

中国七十年的共产主义史，如果以三年内战为序幕，以暴力土改血腥开场，可以说是一个野蛮战胜文明、空想驾驭现实、民粹取代精英、外行领导内行的历史。幸乎？悲乎？！

应克复

（江苏省社会科学研究院哲学所研究员）

2019 年 4 月

前言

　　"土改"是"土地改革"的简称，其全称为"土地制度改革"，有暴力和非暴力两种方式。在中国，提到土地改革这一事件，通常是指中共在 1947—1952 年在中国大陆所进行的"暴力土地改革"。

　　"土地改革"肇始于第一次国内革命战争的 1926 年，那时中共在湖南等南方一些省搞农民运动，称"打土豪，分田地"。第一次国内革命战争失败后，1927 年 8 月 7 日中共在武汉召开会议，确定今后"土地革命"的方针，直到 1937 年 7 月 7 日抗日战争爆发。1946 年国共内战爆发前，中共在"五四指示"中提出"土地改革"这一概念。1947 年 9 月中共中央工委在河北平山西柏坡召开全国土地工作会议，在其制定的《中国土地法大纲》中正式使用"土地改革"这一名称。

　　1953 年起中共在全国范围实行社会主义改造，在农业中推行合作化，各家农户的土地一律集中到生产队，变为生产队集体所有，进行集体耕作。1956 年中共颁布《农业发展纲要》，由低级社升为高级社，土地由生产小队所有变为生产大队所有。1958 年大办人民公社，土地由大队集体所有升为公社（乡）所有，农民的自留地也被取消。随后爆发了全国范围的大饥荒。这是中国农村持续十余年生产关系严重破坏所造成的严重恶果。1962 年土地由公社所有又降为生产小队所有，并恢复自留地，且承诺三十年不变。1976 年毛泽东去世，1978 年开始实行改革开放，农村土地经营方式又作了重大调整：土地仍属集体所有，但分田到户，恢复到土改前的各家农户自行耕种，再次承诺三十年不变。从

1953年到80年代的土地制度发生的一系列变化，也应属于土地制度的改革。

所以，中共的土改，可以分为两个阶段和两种方式的改革；1947—1952年及以前的土改可称为原本意义上的土改，是暴力土改；50年代至80年代至目前土地关系的变化和调整，可称为广义的土改，和平的土改，是将土地个体耕种升到集体耕种，再回复到农户分散自主耕种，将农业生产关系退回到建国之初或建国之前的状况。

中共靠暴力土改取得政权，但和平土改一挫再挫。土地共有集体耕种，这一公有化的社会主义实验以失败告终。几亿农民以二十多年的饥饿、贫困和不断抵制、抗争才换来了自主耕作、自主经营的权利。今天我们基本上能得到温饱，是这种抵制、抗争、饿死，致使中共让步的结果，其功劳应归人民，特别是应归受苦的农民。

但现今"集体所有，分田到户"的改革方案并没有解决农村所有权问题，至今农村甚至全社会所发生的一系列矛盾乃至冲突，无不与土地制度有关。房价长期暴涨，土地财政畸形发展，都起因于土地制度。集体、国家控制土地，以土地为资本发展经济，加上权力过于集中，势必造成权钱交易，这是我国当今政治腐败的重要根源。

地主一族的财富，本是勤劳合法所得，中共要打天下，解决其财政、兵员、士气诸问题，把地主作为打击对象，作为牺牲品，本是缺德的事；还凭借掌握的高度垄断的宣传工具对其大肆歪曲、炮制假典型；又不按自己制定的法律办事，乱划、乱斗、乱杀；在土改斗地主、分土地过程中，愈积极者愈得益，必造成私欲膨涨；丑化地主的不实之词铺天盖地，且成为斗倒地主的根据，弄虚作假变为合法；中共加在地主头上的所谓剥削"罪状"同样是现今社会生产经营的方式，因此地主的牺牲是对中共夺取政权的贡献，但中共除没收其财产外，还受到了长期专政，有的还遭杀害。中共这些举措都与中华民族"己所不欲，勿施于人"的传统道德背道而驰，都是造成我国当今道德崩溃的重要根源。

1986年9月中共十二届六中全会，作出了"中共中央关于社会主义精神文明建设指导方针的决议"，那时国人的精神文明与现在相比，贪污、诈骗、假货、诉讼少了还是多了？是进步，还是倒退？该决议是成功，还是失败？近年联合国有关机构就世界各国国民道德素质、诚信度进行评比排名，我国均排在160位以后；密歇根大学、犹太大学、苏黎世大学联合评比竟列为最后一位。这与我文明古国、决决大国实在不相称。有学者撰文：《土改，中国传统道德崩溃的开始》，不无道理。要恢复重建我国的传统道德，远不是像经济建设那样，体制一改就能见效。这是千百年来的系统工程，要多方配合，尤以执政者要以身作则，"修身，齐家，治国，平天下"。这非但是我国长期来面临的重大问题，而且是难以解决、国人较为悲观的问题。其起因在于土改。

孔子说："人无德不立，国无德不兴。"道德败坏，后患无穷。

1966年文化大革命开始后的7-9月，湖南省零陵地区（现改称永州市）发生了群众性杀害或被迫自杀以地主为主的四类分子共9323人，其中有其子女4057人，未成年人862人，另致伤致残2146人。此类族群对立事件在北京、广西等多地亦有发生。造成这种后果，主要是对地主的丑化，土改中得利者心虚，以为这些阶级敌人时刻梦想变天，先下手为强。其根子显然也在土改。

我国群体观点对立的严重性，对一些基本问题的看法彼此几乎截然相反，这在世界上不是独一无二，也是极少有的，它必潜伏、孕育着更大的危机，这是和谐社会建设所不容。主要原因是真相不透明，缺乏彼此平等的对待和交流，这种状况恰是土改时留下的文化、传统和恶习。

土地荒芜。我每次回老家，沿途或家乡，不论是我村或邻村，在这人多地少靠精耕细作的地方，竟有不少土地荒芜。原因固然较多，其中土地为集体所有是其重要原因之一，起因也在土改。

现今我国还停留在小农经济，粮食依赖进口，优良品种寥寥无几，与发达国家的发达农业相比，我国的农业危机四伏。起因也是暴力土地改革。

在为"消灭剥削"的暴力土改中，被斗死的、自杀的、枪决的、坐牢死的（不包括1927-1937年的十年土地革命时期）地主分子，学者估计有200余万（2019年9月19-20日在纽约举行的有我国多名学者参加或发表书面论文的"关于中国大陆的土地改革"国际研讨会，认为在建国后的这场政治运动中全国共杀了470万地主和乡绅）。暴力土改后，为"不再发生两极分化，共同富裕"，强要农业生产集体化。在这集体化中，特别是大饥荒年代，饿死了近四千万人（学者资料），甚至引起人相食的惨剧。其次，由于对造成大饥荒原因看法不一，导致毛、刘分裂引起的文化大革命运动，致死二千万人（叶剑英语）。再加上其他为争夺政权、巩固政权致死的，据学者估算，自中共掀起土地革命以来，非正常死亡的共有8000余万人。而现今土地恢复各家自耕，工厂、商店仍由私人开办，过去认为出租、雇工、借债等是剥削行为又得到中共的鼓励和支持，贫富悬殊更大，"既有今日，何必当初"！

中共十八大提出的社会主义核心价值观，其中有"公正"一条，对前人对历史要不要公正，当然要，这就是历史唯物主义。还前人公正，是重建传统道德的首要一步；还历史真实，是社会进步的必要前提。

因此，对产生这些问题的源头——暴力土地改革进行探讨，具有重大的现实意义。给它客观评价，目的是以史为鉴，开创和谐美好的未来。笔者能真实地提供暴力土改中的一些基本素材，是尽社会责任。

笔者在母亲 1992 年去世后悲痛之余曾动笔书写《母亲纪事》，以作为家族传承，写了两三个月后难以收笔。恰时笔者已开始编写当时国家急需的《石材大全》，权衡再三，停下对《纪事》的书写。1998 年《石材大全》出版后又忙于发行，无暇于续写《纪事》，但总觉得时代对笔者母亲太不公正，于 2001 年夏写了《纪念土地改革 50 周年，要求给我地主母亲平反》一信（附本书末），给中共中央等各级领导，但久未回复，看来不予理睬。2002 年，因《石材大全》一书读者反映较好，中国石材工业协会下文要求笔者修订再版，以作为本行业具有指导作用的大型工具书。2004 年再版《石材大全》出版，2008 年再版发行基本结束后，笔者才续写《纪事》。在书写过程中，为了能更客观地反映当时的社会情况，又使这一具有风险的敏感问题经得起检验，再者对 2001 年笔者就土改给各级领导的信未予理睬，很想就这一问题作较详细较全面的阐述，查阅了较多数据，走访了不少知情人，其内容远不限于笔者母亲，遂改名为《地主》，于 2015 年由黄河出版社出版。出版后读者评价较高，有的说该书对中华民族作了重大贡献，有的说自 1949 年建国后第一次看到这本如此真实的书，纷纷要求笔者再版并多多发行，笔者还感到该书有所不足，着手修改再版。2016 年初国家石材业领导又要笔者修订再版的《石材大全》，又只好停下对《地主》的修改。2018 年夏第三版《石材大全》出版后，对《地主》的修改才得恢复。修改稿基本完成后，笔者又与黄河出版社联系再版。其主编答复："蔡老师，你好！目前政策卡得严，这类书不让出版了。"

2020 年初，加拿大国际出版社获悉笔者有此书稿，愿予出版，通过本书序言作者应克复先生转告笔者，方成此书。

历史就应真实，真实才能做到"以史为鉴"，真实才有力量，真实才能完美，只有真实才有益于人民，有益于国家。这是笔者写此书的宗旨。

本书编写得到陈文、应克复、赵尚理、戴相尚、方斌泽等先生的指导；得到倪明瞬、李宏治、张增连、蔡继来、陈蕉芳、杜彦友、蔡泽多、朱云登、许从平、钱再渺等众多乡友提供数据；并引用较多作者的文献；《<现代汉语词典>勘误与商榷》一书作者、证实了《辞海》中的"四角号码索引"存在着 2800 多个自相矛盾等错码或失误码的杨新安老师对本书中的错别字等问题作了较多改正；江苏省社会科学研究院哲学所研究员应克复先生为本书写了序言，在此一并深表感谢！

为资料翔实、客观而说明问题，书中提到某些当事者，不论正面、反面，是褒、是贬，笔者都无恶意，敬请谅解。

由于个人阅历、学识、修养有限，书中必存有偏见和错误，恳望大家不吝赐教。

2020 年 7 月 9 日

封面照片说明

近处树下左侧有一丘 1.7 亩的土地，土改前为笔者家所有，是笔者家最大的一丘水田，也是一丘良田，冬种小麦夏种水稻。树下该田角落处还有一口人工井，用来旱天时提水抗旱。该水田土改时被没收。后来水井圩塞，2014 年笔者经过此旁时已是种蕃苕的旱地。2020 年 5 月 31 日笔者经过此地时，已是杂草丛生的荒地。

目　录

第一章　中共靠土地革命夺得全国政权

第一节　　　　国共两党在土地问题上的重大分歧

一、是否承认地主土地的合法所有权是国共两党分歧的焦点

1920 年中共问世（注[1]）定名"中国共产党"。"共产"之名表示这个党的宗旨就是要"共"富人之"产"。

中共一大党纲规定："推翻资本家阶级的政权"，"承认无产阶级专政"，"消灭资本家私有制"……

这是对俄共党纲的抄袭，俄共党纲的思想来源是《共产党宣言》。此时的中共党纲还没有将"地主阶级"划入革命对象。

1926 年毛泽东在《中国社会各阶级的分析》中指出："地主阶级和买办阶级代表着中国最落后和最反动的生产关系，阻碍中国生产力的发展。他们和中国革命的目的完全不兼容。"

后来，在《中国革命和中国共产党》（1939）中，毛泽东认为，中国革命的对象"就是帝国主义国家的资产阶级和本国的地主阶级。"中国革命的任务就是"推翻帝国主义压迫的民族革命"和"推翻封建地主压迫的民主革命"。

在谈到地主阶级时毛泽东说："地主阶级是帝国主义统治中国的社会基础，是用封建制度剥削和压迫农民的阶级，

---

[1]注（1）1920 年 11 月，中共发表《中国共产党宣言》。宣言英文稿保存于共产国际中国代表团档案中。1958 年中译稿在中共中央办公厅内部刊物上刊出。

是在政治上、经济上、文化上阻碍中国社会前进而没有丝毫进步作用的阶级。"

到了 1940 年代，毛泽东将新民主主义革命路线归结为以暴力推翻帝国主义、封建主义和官僚资本主义的革命，即推翻"三座大山"。其中封建主义就是地主阶级。

中共的革命将地主阶级当作革命对象，而国民党的国民革命则不革地主的命。

关键是对地主土地所有权合法性认识的分歧。

国民党在第一次全国代表大会（1924）《宣言》中对此问题有如下规定："私人所有土地，由地主估价报政府，国家就价征税，并于必要时依价收买之。"就是说，政府依据地主对土地的报价，征收其多余土地分给无地少地的农民耕种，实现"耕者有其田"。前提是承认而且可以说是尊重地主土地的合法所有权，政府才依从地主对土地报价征税并收买多余之土地分给农民耕种。这是孙中山"平均地权"的思想，是以和平方式解决中国土地问题的纲领。遗憾的是抗战后接着爆发了三年内战，国民党败退台湾，在大陆失去了实施这个纲领的机会，后在台湾才得以实现，效果很好。

与此相反，共产党将地主当作革命的主要打击对象，自然不承认地主土地的合法所有权。说地主是剥削农民的一个阶级，说这种封建生产关系阻碍了生产力的发展……，因而，在土改运动中以暴力剥夺土地和其他财产，在斗争会上大肆伤害人身和侮辱其人格，有的剥夺去了生命。全国暴力土改中，学者估计有 200 余万地主丧生，他们或被枪决，或被打死，或不堪凌辱而自尽。整个过程，野蛮又血腥，惨无人道。

现举两例地主分子在土改中的不幸遭遇，以说明暴力土改是怎样的惨无人道。

1、牛友兰，山西兴县人，当地著名工商业地主。《毛选》中把他和李鼎铭、刘少白并列。他不仅支持他的许多后人参加中共，自己还捐助给八路军一个团的装备，他创立了兴县农业银行和军工厂为中共提供后援。他的家就是八路军司令部的曾经所在地。他的儿子牛荫冠是清华大学中共地下党员，姚依林的学长。"一二·九"运动后被党派回山西任牺盟会常委，并任中共晋西北行政公署副主任。1947年土改时，那时的分管者李井泉多次找牛荫冠谈话，要他与父亲划清界限。斗争牛友兰大会上，父亲跪在地下，儿子坐在台上。以乡村二流子为主所组建的农会，当场用铁丝穿进牛友兰的鼻子，并命令其儿子牵其父游街。他也没有办法，只好去牵。其父愤怒地摇摆，鼻骨被拉断。农民不忍，群起围攻工作组，为其父解开脚镣。一个为中共和当地贡献多多的乡绅，中共边区的参议员，竟遭受如此惨不忍赌的凌辱，实令人匪夷所思。牛友兰回家后绝食，三天后气绝身亡。（野夫：《土改与毁家记事——地主之殇》十六）

2、浙江临海市回浦中学退休教师许从平在他写的《愚化》一书中，述及他在1951年春参加土改公审大会的情景。

"土地改革中，张家渡村有不少地主被杀，残暴的杀人场面，令人心惊肉跳！

"1951年土改时张家渡村仅仅有500户人家，大约有50户被划为地主。公审地主的大会都放在后门溪（永安溪）溪椤坦举行，被公审的人就地枪毙。开会时辅导员许绍幸老师带我们小学生队伍坐在最前边，接受所谓阶级教育。

"那时我在读小学三年级，有一次公审三个地主：许良秀、许良善、金孝友，给我留下了最深刻的记忆。公审许良秀时，有一个叫'大犬子三'的人上台诉苦，反而遭到许良秀一顿骂，说要是没有我，你早就没有命了。许良秀在本村上街开了一爿中药店，他还会医病。他为人正直善良，穷人买不起药，急病重病的，就不收钱。这个上台诉苦的人，也是重病买不起药，许良秀不收钱救了他。如今竟然上台来诉苦！许良秀说话时，解押他的解放军用枪托狠狠砸他的头，他一直喊冤枉，他越喊砸得越重，几乎把他打翻在地。更惨的是，在枪毙他时，解放军放了第一枪，没有打死他，他仍然喊着冤枉，原来跪着的，却突然站了起来。开第二枪时仍然没有打死，穿着钉靴鞋的解放军，即站在他身上用钉靴鞋猛踏，但他仍没有死去，开了第三枪，才把他打死。

"枪毙金孝友，村民叫他孝友相，只打了二枪即应声而毙了。还有个许良善，未开枪，即扑倒在地，只打了一枪。这次大家都叫它是'一、二、三'公审大会。

"土改时除了上述三人被镇压外，还有乡长许性初、许良地、许良绍、许志海也被镇压"

这是中共建政后对中国社会的第一场浩劫。

须知，这只是开场。

二、第一次国共合作破裂原因

中共为贯彻其土地革命路线，早在 1926-1927 年之际，在湖南、江西、广东、四川等地发动农民掀起"打土豪，分田地"的所谓土地革命运动。对于这次运动，遭到国民党的反对，社会舆论的谴责，就是在中共内部亦存在不同的看法。可是，毛泽东在《湖南农民运动考察报告》一文中对这个运动却作出了极高的评价。

对农民运动，舆论谴责"糟得很"。可毛泽东说，"农民的举动，完全是对的，他们的举动好得很！"

对农民运动，国民党持否定态度，说是"痞子运动"。可毛泽东说。是"革命先锋"。

　　毛泽东认为，占乡村人口 70%的贫农大众，"乃是农民协会的中坚，打倒封建势力的先锋，成就那多年来未曾成就的革命大业的元勋。没有贫农阶级（照绅士的话，没有"痞子"）决不能造成现时乡村的革命状态，决不能打倒土豪劣绅，完成民主革命。"所以毛泽东说："没有贫农，便没有革命。若否认他们，便是否认革命。若打击他们，便是打击革命。" 既然如此，这场痞子造反的所有举动，都是应当肯定和赞扬的。诸如，不许地主说话，把地主威风扫光。将地主打翻在地，再踏上一只脚。向土豪劣绅罚款捐款。土豪劣绅的家里，一群人拥进去，杀猪出谷。土豪劣绅的小姐小奶奶的牙床上，也可以踏上去滚一滚。动不动捉人戴高帽子游乡。为所欲为，一切反常，在乡村造成一种恐怖现象。

　　被毛泽东称颂的这些无法无天的所谓革命举动，对中国民众的毒害极其深广，《湖南农民运动考察报告》被编入中学语文课本，它不但是之后中共在十年土地革命（1927-1937）和建国前后全国范围内推行暴力土改（1947-1952）的预演，而且到 60 年代文化大革命运动初期，这种极具破坏性的痞子运动为红卫兵和造反派所发扬光大，他们喊着"革命无罪，造反有理"的口号，打、砸、抢、抄、烧，受毛泽东教唆，无所不为，对党国和千家万户造成惨烈的伤害。

　　中共掀起农民运动，搞土地革命，是导致第一次国共合作破裂的一个重要原因。

　　中共在农村掀起土地革命风浪，时值蒋介石举军北伐之际。北伐是孙中山的遗愿，目的在于结束军阀割据，实现中国的统一。它为全国人民所向往。可轰轰烈烈的农民运动对北伐战争造成了很大的干扰。此时期不是实行"国共合作"吗？哪有这种南辕北辙的"合作"！再说，国民党军队中的将领都是受过较好的教育，多数出身于比较富有的地主工商家庭。时下，他们在前线浴血拼搏，可他们的家乡父老都在受到冲击，不但没收其土地，还被抄家、批斗······他们怎能安心作战！此情况不得不引起北伐军总司令蒋介石的高度重视。大概在此时，蒋介石对共产党的认识就酝酿起"共匪"的思想。

在此期间，还发生了蒋介石不得不应对的事实，即中共在上海组织工人纠察队，发动三次武装起义（1926 年 10 月，1927 年 2 月，1927 年 3 月），还建立了中共领导的上海临时政府（此政府仅存 24 天）。上海是中国的工业、经济重镇之首，中共抢占上海，建立政权，无疑是打断了蒋介石的经济支柱。此时，中共欲与国民党分庭对抗、争夺天下的态势已十分明朗。这就是蒋介石在 1927 年 4 月 12 日不得不采取"清党"这一断然措施（即中共所说的"四•一二反革命政变"）的历史背景。可以设想，如果蒋介石不采取这一断然措施，北伐可能受挫，中国将面临陷入新一轮内乱之灾。

中共史书中说，中共领导的轰轰烈烈的第一次国内革命战争失败了；却始终没有交代中共这次"革命"的目标是什么，是什么原因导致失败的结局，在中共的史书中，对这一问题的叙述含糊其词，模棱两可。中共不好否定北伐，因此对这一段的解释一直处于两难之地。

三、 "封建地主"是毛泽东捏造出来的一个革命对象

毛泽东用封建主义确定为革命对象，而封建主义的具体目标就是地主阶级，因此，反封建就是消灭地主阶级。就是沉积了八十年的历史和理论问题。纠正对这一问题的错误认识，将从根本上洗刷地主的冤案。

毛泽东在这个问题上犯了两个错误。

　　一个是中国史学方面的常识性错误。毛泽东将西周至秦汉至明清的历史误认是封建社会的历史。他说："自周秦以来，中国是一个封建社会。"（《新民主主义论》）还说："这个封建制度应自周秦以来一直延续了三千年左右。"（《中国革命和中国共产党》）毛泽东还将"地主、贵族、和皇帝"都归结为"封建统治阶级"（同上）。中国的古代史，秦帝国的建立是个分水岭。在此之前的西周社会实行的是封建制——周天子将土地分封给诸侯，诸侯在各自分封的领土上"封土建国"，成为各国国君，拥有自主权，并对周王室承担义务，形成封建邦国。所以历时千年的西周是一个封建社会。秦及以后的历朝实行的是以皇权为核心的中央集权制——秦并吞六国，"废封建，立群县"，天下三十六群由黄帝派出大臣直接统治。所以从秦汉至明清两千余年的中国是一个皇权专制社会。这是国家权力结构和统治机制的重大变化，怎么能与西周的封建制混为一谈呢！

　　毛泽东有深深的帝王情结。梦想皇权专制（不是有"数风流人物还看今朝"的含蓄表白吗）；但不能因此歪曲和涂改历史啊！——把大统一的"中央集权制"误说是"封建制"。这是胡涂，还是有意呢？

　　毛泽东的革命，反封建、斗地主，不反皇权专制，转移民主革命的目标，比较辛亥革命是历史性的大倒退；因此，"革命"后出现了毛氏帝制复辟（这一点长久未被人们所看破）。

　　毛泽东另一个错误是将地主阶级打成封建主义，所谓"封建地主"，捏造出一个革命对象。

　　毛泽东要反对封建主义，可在现实中早已没有了封建主义；毛于是把地主作为封建主义的"替身"。可"地主"和"封建"两者是风马牛不相及，是无法凑合到一起的。

首先，地主的土地是自家的私产，其中有的是祖传的遗产，但决不是朝廷分封所赐予的，何有"封建"之理？何来"封建"一说？

第二，地主是农村中一个阶级，虽然是一个比较富有的阶级，但他们不拥有政治权力，怎能归入"统治阶级"一类？哪有不掌握国家权力的统治阶级。

第三，毛泽东说："中国封建社会的主要矛盾。是农民阶级和地主阶级的矛盾。"此说不对。中国皇权社会的主要矛盾，是农民阶级与专制王朝的矛盾。中国历史上爆发的多次农民起义，都是农民反抗皇权专制腐朽、残暴的统治。农民与地主虽有矛盾，但属于第二位，第三位的，是从属性的，不至于激发大规模的农民起义。只是在共产党组织的策划下，农村中才发生一批流氓无产者野蛮斗争地主的所谓"农民运动"，即"痞子运动"。

第四，地主一族比较富有，这是他们勤劳节俭和善于经营的结果，此乃"天道酬勤，奖勤罚懒"的法则是也；不能用剥削农民来解释。任何一个社会都会存在着贫富差别，这是一种自然现象，运用"打土豪，分田地"这种暴力手段改变不了这种现象，而只会富不再富，穷则照穷，导致生产力衰退，社会普遍贫穷的后果。中共土改后农村的景况就是明证。

1961年，李洪林（曾任中共中央宣传部理论处处长）被下放到河北新城县高碑店一个生产大队当队长。他说："当时我们工作组搞了一个调查，调查农村历年来的粮食产量，结果有一个惊人的发现：单干的时候粮食产量最高，合作化不如单干，高级社不如初级社，公社不如高级社。粮食历年递减，这是非常惊人的调查结果，对我来说震动太大了，动摇的不仅是公社化的问题，而是涉及社会主义理论和制度。"

新华社记者冯东书等四位跑遍了陕甘宁农村进行调查，不断写内参呈报中央，后结集出版《告别饥饿》一书。"基本情况说明，建国三十年，农业生产还没有达到建国前的水平，甚至出现了"人相食"的局面。"

至于安徽省凤阳县小岗村十八个农民，在1978年冒着蹲大牢的风险，按手印分田单干，但承诺：交足国家的，留够集体的，剩余的归自己的事件，早已家喻户晓。他们认为，只有这样才能有饭吃。以上就是中共在农村消灭私有，消灭地主经济，消灭地主阶级，实行合作化、公社化所产生的恶果。

历史证明，在地主问题上，国民党是正确的，共产党是错误的。

但是，正确的输了，错误的赢了。

历史，你为什么如此荒唐！

第二节　　　　土地改革是中共获胜的关键因素

中共为什么会获胜，建立全国性政权？

国共两党，自1927年合作破裂，至1949年中共在内战中获胜，互相争斗23年，其中虽有1937年至1945年抗日战争时期的所谓国共第二次合作，但这种合作是貌合神离、同床异梦的合作；就中共而言，这种"合作"为以后公开、大规模的斗争积聚能量、准备条件而已。国共之间的争斗史是各自的史家和党首们十分重视的问题，双方的研究与认识，至今仍很难达成共识。

中共获胜之原因，可分主观和客观两个方面。

就主观方面而言，就是毛泽东所说的"三大法宝"：武装斗争，统一战线与党的建设，三者重要性并非同一，武装斗争是根本：当然武装斗争是党领导下的武装斗争。

中共获胜是走毛泽东践行的农村包围城市、最后夺取城市的路线获得国家政权的。这也可说中共获胜的主观方面原因的另一种表达。但武装斗争对这两种表达（"三大法宝"说，"农村包围城市"）来说都是须臾不可分离的东西，就是毛泽东说的，"枪杆子里出政权"。或者如同斯大林说的，"革命的武装反对反革命的武装"。

一、中共获胜的几个客观因素

现在简单介绍一下中共获胜客观方面的一些原因。

1936 年 12 月 12 日，张学良、杨虎城发动的"西安事变"，可以说改变了中共的命运。

1927 年国共分裂后中共退踞江西农村，继续土地革命，在瑞金还建立了苏维埃政权。对此蒋介石发动多次围剿，直到 1933 年第五次围剿，中共及其军队已陷于财政枯竭之境况。多次"打土豪"（称"翻饼"）后，根据地"几乎到了山穷水尽的境地"（舒同语）。五次围剿后中共及其军队只得撤离根据地，长征北上至陕西延安落脚。

经过长征，中共军队大受其损，由长征前 30 余万减少至 3 万。这对蒋介石来说，此时是消灭共军的好机会。但此时日军侵占东北已有五年之久，步步向我华北逼进。中华民族到了最危险的时候。抗日呼声，日益高张，失去家乡的东北军甚忧！可蒋孤意灭共，作为统筹全局的最高领导人，坚持其"攘外必须安内"的战略安排，并亲临陕西，督促张学良歼灭共军。张学良却反戈一击，捕捉蒋介石。"西安事变"震惊中外。

　　如何处理蒋介石，各派政治势力摩拳擦掌，跃跃欲试。在斯大林的干预下，中共不得已由"反蒋"转为"逼蒋抗日"。蒋介石也只得改变初衷，接受联共抗日。"西安事变"和平解决，实现了第二次国共合作。国共再度合作抗日，共军改为国民革命军第八路军和国民革命军新四军，成为合法部队。可是，除了由彭德怀指挥的迎战日军百团大战外，此后中共军队再无与日军正面交战；而百团大战指挥者彭德怀以后多次受到毛泽东的批评。毛泽东对国共联合抗日另有战略考虑。那就是乘抗日之机，大力发展武装力量和势力范围（根据地）；即所谓"一分抗日，二分应付，七分发展"方针。

　　至 1945 年抗战胜利，中共军队扩大到 120 万人，民兵发展到 220 万人；根据地 19 个，面积近 100 万平方公里，人口达 1 亿。抗战八年结果成了中共迅速崛起的黄金八年。所以，中共能得天下，要感谢张学良，更要感谢侵华的日本皇军。是张学良迫使蒋介石由"反共"转变为"联共"。是日本皇军为中共的壮大提供了良机。是故，毛泽东在 1972 年接见日本首相田中角荣时说：日本皇军是中共的大恩人，并免去日本对华的"战争赔偿"（此点可反映出中共是为民族利益还是仅只为了一党执政的私利）。

　　此时（1945 年）的中共已经有了与国民党进行武力较量，争夺天下的实力，这是抗战后国共和谈失败、内战爆发的根本原因。

　　雅尔塔会议为中共在战后的国共内战中奠定了胜利的格局

　　二战接近尾声之际，1945 年 2 月在苏联雅尔塔美、苏、英三国首脑举行会议，签订了雅尔塔协议。罗斯福要求斯大林在德国投降、欧洲战争结束后对日宣战。作为回报，库页岛、千岛群岛交还苏联，蒙古成为苏联的附属国，苏联控制中国大连、旅顺港和东北铁路设施。涉及到中国主权的这些决定都是背着蒋介石作出的。

苏联控制东北为中共夺取东北架设了桥梁。

8月8日苏联对日宣战，可8月14日日本天皇就宣布无条件投降（因8月6日和9日美国在广岛和长崎投下了原子弹）。苏联轻易获胜，从日军缴获大量武器(步枪70多支，机枪15000多挺，各类野战炮4000多门，汽车2000多辆，坦克600多辆)，全部赠送林彪部队。苏军敞开大门，让林彪的十万大军顺畅地进入东北；还协助中共收编伪军，几个师的朝鲜籍军队亦划归中共；还接收了东北的重工业。这些为中共占领东北提供了雄厚的物质条件。

美国大使马歇尔的"调停"扭转了中共在东北战场的被动局面。

东北战争初期，孙立人率军攻占张家口等战略要地，林彪部队一路溃败，准备撤到苏联、朝鲜。此事马歇尔出来调停，一再令蒋介石停火。6月26日国共在东北达成了停火协定。这给林彪部队以喘息之机。至10月10日夺取张家口，共军开始转入反击。与此同时，1946年7月29日美国开始对中国政府实行武器禁运，这是对蒋介石及其军队的重重一击。直到1948年11月才重新开始向中国中央政府提供武器。此期间中共军队在武器装备上已胜于国军。

二、土地改革在中共获胜的主观因素中起主要作用

中共为什么要搞土地改革（土地革命）。

中国历史上爆发过多次农民起义，包括较近的明末李自成起义，清末洪秀全起义，但都没有搞什么"土地革命"那一套。即使是辛亥革命，孙中山提出"平均地权"的口号，也没有搞"土地革命"呀！唯独中共的革命，一开始就搞

"打土豪、分田地"的"土地革命"，真是中共的独创了。内中隐藏着什么奥秘呢？

笔者认为，历史上的农民起义都是在皇权专制腐朽没落的时候发生的，或者说，是在统治阶级和被统治阶级的矛盾经过长期积累已经达到十分尖锐的情况下爆发的。在这种情况下，只要起义首领举起义旗，登高一呼，便会得到数万乃至数十万民众的响应而聚集到起义首领的麾下，形成声势浩大的起义队伍。这类起义的发生，是人民与统治者矛盾尖锐化的必然产物，不是哪些人或哪个组织能够策划出来的。

中共的革命就大不一样了。中共革命的对像是谁呢？名义上说，是帝国主义、封建主义和官僚资本主义，即所谓"三座大山"；实际上是欲推翻国民党政权取而代之。但这个政权经 1927 年北伐战争、平定军阀割据、重建民国而大致统一了中国之后是深得民心的。在这之后的十年（1927-1937）的经济发展，成就喜人，物价稳定，民众安居乐业，史称"黄金十年"。此时言论较自由，文化教育事业很有成就，常为后人赞许。虽然这个政府总也有可指责之处，但统治者和被统治者远未出现尖锐化的征兆。显然，在这样的社会景况下要制造革命、动摇这个政权无疑是不现实的。所以，中共 1926-1927 年在上海举行三次武装起义，还建立了中国共产党领导的上海临时市政府仅存 24 天就告失败，也就不奇怪了。

上海临时市政府破产后，8 月 1 日，周恩来、贺龙等在南昌举行武装起义，后来起义军南下广东途中又遭失败，其教训是没有深入农村、掀起土地革命，武装农民，开展游击战。8 月 7 日，中共在武汉召开紧急会议，确定"土地革命和武装斗争"的方针，这是由大革命失败到土地革命兴起的一个历史转折点。由此，我们可以发现，当时的中国社会确实缺乏革命条件，即统治者的国民党和被统治者的中国民众之间的矛盾既不突出也不尖锐。当时的民国政府被大众认可，国民党统治者有着广泛的社会基础，是故共产党搞革命四处碰壁，乃是情理之中的事情。共产党为了求生存、谋发展，就要开辟新的革命空间，确定新的革命对象，求得新的革命依靠。于是中共就转移到广阔的农村，以地主为斗争目标，以贫苦农民为依靠对象。他们发动农民，斗争地主，剥夺农村中富人的土地和财产分给穷人。这就是"土地革命"。

土地革命"打土豪，分田地"，一则中共开辟了革命空间，并可以获得它生存所需要的物质数据，二则将地主的土地财产夺来后分给贫苦农民可得到他们的拥护。农民为了保卫从地主那里夺来的胜利果突，就必须跟共产党走，参加共产党军队搞武装斗争。有的在"打土豪"斗地主时把地主活活打死，以免日后报复，只有投靠共产党打天下，只有共产党取胜才有他安全舒适的日子。所以搞土地革命，农民和共产党的命运就拴在一起了。共产党打击了地主，得到了农民和农村，真是一笔好买卖。共产党在农村不仅站住了脚，而且发展壮大了。等到中共在农村发展到足够强大的时候，再与国民党进行一场争夺天下的生死较量，此乃势所必然。如毛泽东的诗言："今日长缨在手，何时缚住苍龙？"（《六盘山》1935 年）可见，土地革命原来是中共在农村制造的一场革命，它打击地主，发动农民，激化矛盾，其目的是使农民阶级成为中共的中流砥柱，成为最后与民国政府生死一博的有生力量。难怪中共内独见者李锐说，中共的革命实质上是农民革命。

土地改革是国共内战中中共获胜的关键因素。

1946 年，中共中央讨论了土地问题，参加的有任弼时，刘少奇，徐特立，毛泽东等。毛泽东最后说："国民党比我们有许多长处，但有一大弱点，即不能解决土地问题，这方面正是我们的长处。现在农民伸出手来要土地，共产党是否批准，今天必须表明态度。这是我们一切工作的根本”。这次会议之后，中共下达了“五四指示”，由抗日战争时期的减租减息改变为没收地主土地分配给农民的政策。这就是 1947 年开始在解放区开展土改运动的背景。就是说，在大规模内战开始前中共就为内战作准备了。

1947 年 9 月全国土地工作会议上刘少奇说：“晋冀鲁豫解放区发动了土地改革后，刘邓带五个纵队走了，又组织了五个纵队开走了，接着又组织五个纵队。送走了几十万人参军，当地的支前交粮任务还没有变，有力地支持了解放战争。”土地改革作为巨大的战争动员，成效显著。

1946 年 7 月内战全面爆发时，国民党总兵力达 430 万人，控制着 3 亿人口以上的地区及全国绝大多数的大中城市和铁路交通线。而人民解放军只有 120 万人，其中正规军 61 万，解放区人口 1 亿。至 1948 年夏，经过两年内战，国民党军队能够用于一线作战的兵力减少到 170 万人，而中共军队的总兵力则增至 280 万人，其中正规军达到 149 万人。此后在 1948 年 9 月至 1949 年 1 月底辽沈、淮海、平津三大战役中，共军歼灭国军分别 47 万、55.5 万、52 万人（共计154.5 万人）为中共获胜奠定了基础。中国国防大学徐焰教授在纪念中共成立 95 周年时说，解放战争时有两条路线，一条是与国民党军作战硝烟弥漫的战线，另一条是农民斗地主的土地改革战线。由于有后一条战线，才能保证第一条战线源源不断的人力、物力支持，才能使第一条战线取得胜利。徐焰还说：战争打到那里，《白毛女》演到那里。以激发农民对地主的仇恨，鼓舞士气。

中共党史著作中称“通过土改，广大贫雇农经济、政治上得到翻身，由此迸发出难以估量的革命热情，他们踊跃参军参战，担负巨大的战争勤务，并以粮食、被服等物资支持自己的子弟兵。三年中，晋冀鲁豫解放区参军农民累计达148万人，山东解放区先后有59万青年参军，还有700万民工参加征战。土地改革运动为夺取全国胜利提供了源源不断的人力、物力支持"。（《中国共产党历史》，中共中央党校党史编写组编，中央党校出版社出版，2011年2月）

华东野战军陈毅司令员在总结淮海战役胜利大会上曾说"淮海战役的胜利，是人民用小车推出来的。中国人民革命军事博物馆"铭记光辉历史，开创强军伟业——庆祝中国人民解放军建军90周年展览"报导：淮海战役共动用担架20余万副，大小车88万辆，担子35万余副，船8500余艘，汽车257辆，筹运粮食906亿斤，支前民工543万人，为参战部队的9倍。

一句话，没有土地改革的战争动员，中共能战胜国民党、夺得国家政权吗？不可能。

当然，我们不能忽视，中共能在1949年之后称霸中国，很重要的是，历史机遇给了中共：那就是"西安事变"和日、苏、美对中共不同形式的帮助。但这些客观条件，还需要武力的主观因素加以利用和发挥后，才能起作用，进而达到目的。

此外中共强大的宣传鼓动和出色的间谍工作，也起了辅助作用。

就这样，三民主义十孔夫子的蒋介石，败给了马克思十秦始皇的毛泽东。1949年后出现了大陆与台湾分而治之的局面。

第三节　　　　八七会议土地革命时期土改法规

1927 年夏，国共合作破裂后，国民党南京政府对共产党进行镇压，中共领导的革命运动处于低潮。1927 年 7 月中旬，中共中央决定在江西南昌举行武装起义，并成立了以周恩来为首的前敌委员会。8 月 1 日，周恩来、贺龙、叶挺、朱德等率领两万多人举行起义。8 月 7 日，中共中央在汉口秘密召开紧急会议，即"八七会议"。会议清算了大革命后期以陈独秀为首的中共中央领导机关的右倾投降主义错误，确定了土地革命和武装起义的方针。

自 1927 年 8 月 1 日南昌起义起到 1937 年 7 月卢沟桥事变抗战爆发为止，称为"土地革命战争时期"或"第二次国内革命战争时期"。"八七会议"确定以土地革命为这一新时期党领导革命斗争的主要内容。因此在其以后各根据地都更广泛、更深入、更血腥地开展了土地革命运动。

海陆丰根据地

广东海陆丰地区的土地革命较早，彭湃主持的 1927 年 11 月工农代表会议上通过《没收土地案》，没收一切土地、统一分配，实行耕者有其田。1928 年 1 月 14 日，焚烧地契 47118 张、租簿 58027 本。海丰没收土地占总数 80%，陆丰占 40%。

井冈山根据地

1928 年春，井冈山进行土改试验，6 月全面铺开。起初全部没收，彻底分配，以乡为单位，男女老幼一律平等，后来改为按劳力为准分地，能劳动者比不能劳动的多分一倍。12 月，毛泽东作了些改变，制定《井冈山土地法》，没收地主土地，以法律形式肯定农民所得土地的神圣权利，禁止土地买卖。

1929 年 4 月，红四军到达兴国，毛泽东在《井冈山土地法》基础上制定了《兴国土地法》，规定"没收一切公有土地及地主阶级的一切土地"。

闽西根据地

1929 年 7 月，闽西党第一次代表大会通过《政治决议案》。提出没收地主土地，没收富农多余的土地，自耕农土地不没收。大会制定的《土地问题决议案》规定：分田时以抽多补少为原则，不可重新瓜分妄想平均以烦手续。会后很短时间内闽西北的长汀、连城、上杭、龙岩、永定等县纵横 300 多平方公里，解决了 50 多个区 500 多个乡的土地问题，60 多万人得到了土地。

赣西南根据地

1930 年 2 月 7 日到 9 日（二七会议），批判右倾思想，提出一是要"分"，二是要"快"；肯定按人口分配的原则。会后赣西南地区安福、永新、宁冈、兴国等地很快开展分田运动，其余各地也很快开展起来。

赣东北根据地

根据地建立后迅速开展"废债分田"运动。1929 年 10 月，第一次工农代表会议决定分配土地：(1)以全部田亩数的 50%按人口分，50%按生产成员分；(2)手工业工人本不该分田，但战争期间，泥木工无工可做，也可分田，雇工一律分田；(3)兵士、工作人员、孤老残疾人一律分田。

湘鄂西根据地

1929 年 1 月，鹤峰县苏维埃政府公布《耕田农有法令》，规定烧地契、分田地。同年 12 月，鄂西特委通过《关于土地问题决议案》。1930 年 10 月，湘鄂西特委制定《土地问题决议案大纲》和湘鄂西第二次工农兵代表大会通过了明确要求土地革命中区分中农和富农等的决定。

鄂豫皖根据地

黄麻起义后建立革命政府，一开始便实行土地革命，推翻豪绅地主。1928 年秋，中共鄂东党委发动群众减租减息，年底开展土地革命。1929 年 6 月，鄂东北特委第二次会议制定了《临时土地政纲》；12 月，召开鄂豫边区第一届工农兵代表大会，通过《土地政纲实施细则》，指出在没收地主富农土地时不得侵犯自耕农利益。

湘鄂赣根据地

1928 年下半年开始逐步开展土地革命，没收一切地主土地。在分配上，根据湖南省委指示，制定了"分耕制"和"共耕制"。前者农民较欢迎，但对后者不满。到 1930 年底不再推行"共耕制"。

广西右江根据地

1930 年 5 月，右江苏维埃政府制定《土地法暂行条例》。没收地主土地，进行分配。

广东琼崖根据地

1929 年土地革命以东四区为中心开展起来，在中共琼崖特委领导下，农民烧田契、斗土豪、分田地。

这一时期土地革命总的特点是，没收地主一切土地，极端严厉无顾虑地杀尽豪绅反动派，甚至全家杀绝。毛泽东在《蝶恋花——答李淑一》一词中提到"我失骄杨君失柳"的柳直荀，毛选注释中说他是在 1932 年反围剿中牺牲，实则他被当时湘鄂根据地第一把手夏曦所杀。夏曦要杀绝地主全家，把富农全部赶出苏区的"左"倾行为遭到柳直荀的反对，夏曦将柳直荀杀害。这也是这次土地革命惨烈程度的左证。

夏曦为莫斯科中山大学中共 28 个半布尔什维克之一，后在长征过金沙江时溺水身亡。

由于遭到农民的抵制和实际中遇到的问题，以后政策局部有所调整。如 1931 年后，规定农民分得的土地有所有权，可以买卖，不禁止雇佣耕地，不侵犯中农利益等。

中共党史著作中对这段历史的评价是："中国革命仍能坚持下来并得到发展，关键就在于中国共产党紧紧依靠占全国人口绝大多数的农民，勇敢地开展以农民为主体的革命战争，深入开展土地革命和根据地各项建设，走上了一条独特的革命道路。这条道路，就是以农村包围城市、武装夺取政权的道路。这条独特的道路是在实践中不断摸索和总结经验的基础上形成的。它是全党集体探索的结果，其中毛泽东作出了最突出的贡献。他不仅在实践中首先把武装斗争的重心转向农村，创造出坚持、发展农村根据地的经验，且在《星星之火，可以燎原》等著作中，从理论上初步对中国革命作了说明。中国共产党领导的人民革命，正是沿着这条独特的道路走向胜利的。"（引自《中国共产党历史》，中共中央党校党史编写组编，中央党校出版社出版，2011 年 2 月）

第四节　　　解放战争时期土改法规要点

1936 年西安事变，1937 年七七事变，中日战争爆发，国共两党经多次谈判再次合作，组成抗日统一战线。共产党放弃暴力土地改革，改为减租减息；国民党承认边区政府及其军队，中共的西北红军主力改编为国民革命军第八路军，南方 8 省(不含广东琼崖)的红军及游击队改编为国民革命军陆军新编第四军，均由国民政府发给薪饷。

抗日战争期间，共产党势力不断壮大，根据地迅速扩展，军队从抗战开始的 5.5 万人扩充到抗战结束 120 万人。抗日战争结束后，两党矛盾又激化，上升为国内主要矛盾。虽 1945 年经重庆谈判，达成和平建国的《双十协议》，但不久又遭破坏。

　　1946 年，爆发了第三次国内革命战争（解放战争）。为能给战争提供大量人力、物力的需要，中共中央又决定进行暴力土地改革。

　　1946 年 5 月 4 日，中共中央发表《关于土地问题的指示》，简称《五四指示》。不久，在晋绥边区、东北等地就开展土地改革，出现了一些过"左"现象，在这期间刘少奇率新成立的中央工作委员会(简称中央工委)来到晋绥，在听取了康生等人的汇报后，对晋绥地区工作提出了尖锐的批评，并基本上否定这里的土改工作。

　　刘少奇在写给贺龙、李井泉、张劲夫的信中说："我们的干部不信任群众，违反群众路线，不尊重与倾听群众意见，不根据群众的自觉与主动去指导群众运动，是你们这里许多群众运动失败的原因。此外，在各种组织中与地主妥协的倾向，某些分子或明或暗地、有意地阻碍与破坏群众运动与土地改革现象，也很严重。"此外，他还与同行的朱德打电报向中共中央汇报说："晋绥的土地问题基本上还未解决，只有少数地区的农民已分得土地。农民生活很穷困，生产降低及破产现象，到处可见。如果不采取有效办法，改善现状，确难继续支持长期战争。"为此，他提出："准备由晋绥分局召开一次干部会议，对晋绥地区所存在的问题进行检查，并从党政军民各机构中抽调最可靠的干部组织工作团，到农村中帮助农民建立贫农小组，建立村、区、县及边区的农会组织系统，依靠农会组织和工作团去彻底发动群众，搞好土地改革。"

　　这样一来，晋绥地区土地改革就只好推倒重来。但由于没有具体的指示，大家只能等待观望。到了 1947 年 9 月 24 日，刘少奇主持全国土地会议结束以后，晋绥边区才积极行动起来。首先是农会临时委员会根据会议精神，在《晋绥日报》上发表了《告农民书》。该文件号召全体边区农民不分男女老少，团结起来，为实行下列主张而斗争：第一，要彻底打垮地主阶级，彻底消灭封建；第二，要彻底平分土地，要公平合理分配一切果实；第三，要彻底发扬民主，并且有权审查一切组织和干部！于是当地的土改运动再一次掀起高潮。原本是已过"左"的土改运动变得更"左"。

1947 年 7 月到 9 月，在河北省平山县（时称建屏县）西柏坡村召开全国土地会议。出席会议的有全国各解放区负责人和代表 107 人，会议由中共中央工作委员会书记刘少奇主持，会议制定了《中国土地法大纲》，并于 10 月 10 日公布。

《中国土地法大纲》全文 16 条，其主要内容为以下六个方面。1. 废除一切地主的土地所有权，废除一切祠堂、庙宇、寺院、学校、机关及团体的土地所有权，废除乡村中在土地改革以前的封建性剥削债务。2. 乡村中一切地主的土地、公地及其他一切土地，由乡村农会接收，并按乡村全部人口统一平均分配；在分配方法上，实行数量上抽多补少，质量上抽肥补瘦，使全乡村人民均获得同等的土地，并归各人所有。3. 乡村农会没收地主的牲畜、农具、房屋、粮食及其他财产，并征收富农上述财产的多余部分，分给缺乏这些财产的农民及其他贫民，并分给地主同样一份，使全乡村人民均获得适当的生产及生活数据。4. 保护工商业者的财产及其合法的营业不受侵犯。5. 土地改革之合法执行机关为"乡村农民大会"及其选出的"委员会"和区、县、省等级"农民代表大会"及其选出的"委员会"。6. 为保证土地改革的实施和人民的民主权利，政府应组织人民法庭，审判及处分

一切违抗或破坏本法的罪犯；保障农民及其代表有权利在各种会议上批评、弹劾、撤换、选举政府及农民团体中的一切干部，使土地改革中的一切措施符合绝大多数人民的利益及意志。此外，这一文件还对土地、财产及分配中的若干特殊问题，规定了具体处理办法。

《中国土地法大纲》不但肯定和发展了 1946 年"五四指示"中提出的将地主土地分配给农民的原则，而且改正了其中对地主照顾过多的不彻底性，成为一个在全国彻底消灭封建剥削制度的纲领性文件。它的公布和实行，有力地推动了各解放区土地改革运动的深入发展，极大地调动了广大农民群众的革命积极性，为人民解放战争的胜利奠定了巩固的基础。但是，大纲规定的将一切土地平均分配的办法，加上对某些政策界限规定得不够明确和具体，因而导致了各地在实际执行中出现一些"左"的现象，特别是侵犯了中农利益。因此后来在新区和全国范围内土改不得不加以纠正。

中共就是主要靠这次土地改革，靠《五四指示》，靠《中国土地法大纲》取得大陆政权。

第五节　　　建国后土改会议法规与文件要点

1949 年夏，解放战争胜利大局已定，当时全国还有 2/3 的地区没有进行土改，为巩固胜利和建立全国政权，于 1949 年 9 月召开了中共领导的第一届全国人民政治协商会议第一次会议，制定了含有要进行土地改革内容的《共同纲领》，随后建立了中华人民共和国。

1950 年 1 月 24 日，中共中央发出《关于在各级人民政府内设土改委员会和组织各级农会直接领导土改运动的指示》，指出由他们直接指导执行，比较由各级的共产党委员会来直接指导执行为好。3月12日，毛泽东给中共中南局并华东局等五个局发出通知，征询对待富农策略问题的意见。指出不动富农会更加孤立地主，防止乱打乱杀，将显得我们更加有理由，也为了稳定民族资产阶级。4月25日中南局邓子恢致电毛泽东，指出：（1）江南各省现在地主富农只占土地1/3左右，自己不劳动，单靠收租吃饭的地主很少。（2）如果连富农出租地都不动，则贫、雇农所得减少。同时，由于划阶级界限难明，估计许多中小地主会混到富农中农中来，更加会缩小没收范围。（3）如果可分土地太少，会使贫、雇农积极性降低，运动搞不起来，过去已有教训。一般贫农说，我们所得太少(只加几分地)，因这点小利益来使人倾家荡产，结下死冤仇人？后来我们定出中间不动，两头平方针，很快就动起来。

1950年3月30日，中共中央发出《关于土地法大纲中若干问题征询各中央局的意见》，指出：为准备秋收后在一些省区实行土地改革，拟以中央人民政府的名义公布新的土改法及划分阶级的决定。向各中央局征询六个问题的意见，限20天内答复。

6月14日至23日，政协全国委员会第一届第二次会议在京举行，毛泽东致开幕词，指出这次会议的中心议题是讨论土地改革问题，希望在此会议上通过一个土地改革法案，经中央人民政府批准付诸实施。刘少奇在会上作《关于土地改革问题的报告》。原则通过了中共中央建议的中华人民共和国土地改革法草案，建议中央人民政府委员会审核通过后颁布施行。毛泽东作了《做一个完全革命派》的闭幕词，指出战争和土改是考验全国一切人们、一切党派的两个关，号召包括民族资产阶级各民主党派在内的各阶层人士积极参加支持土地改革，像过去过好战争关一样，过好土改关，做一个完全的革命派。

中华人民共和国土地改革法(摘要)

1950 年 6 月 28 日，中央人民政府委员会举行第八次会议。会议通过《中华人民共和国土地改革法》。土改法共分六章四十条。主要章节选录如下。

第一章总则。

第一条：废除地主阶级封建剥削的土地所有制，实行农民的土地所有制，藉以解放农村生产力，发展农业生产，为新中国工业化铺平道路。

第二章土地的没收和征收。

第二条：没收地主的土地、耕畜、农具、多余的粮食及其在农村中多余的房屋。但地主的其他财产不予没收。

第三章土地的分配。

第四章特殊土地问题的处理。

第五章土地改革的执行机关和执行方法。

第三十一条：划定阶级成分时，应依据中央人民政府颁布的划分农村阶级成分的决定按自报公议方法，由乡村农民大会，农民代表会，在乡村人民政府领导下民主评定之。其本人未参加农民协会者，亦应邀集到会参加评定，并允许其申辩。评定后，由乡村人民政府报请区人民政府批准。本人或其他人如有不同意见，得于批准后十五日内向县人民法庭提出申诉，经县人民法庭判决后执行。

第六章附则

6 月 29 日，毛泽东对刘少奇《关于土地改革问题的报告》提出修改意见：除对极少数犯了重大罪行的地主，即罪大恶极的土豪劣绅及坚决反抗土地改革的犯罪分子，应由法庭判处死刑或徒刑外，对于一般地主只是废除他们的封建的土地所有制，废除他们这一个社会阶级，而不是要消灭他们的肉体。

6月30日，土地改革法公布施行。公布全文如下：

中央人民政府命令

中国人民政治协商会议第一届全国委员会第二次会议提出的中华人民共和国土地改革法草案，业经中央人民政府委员会第八次会议讨论通过，应自一九五０年六月三十日起公布施行。

此令

主席毛泽东

一九五０年六月三十日

《人民法庭组织通则》（摘要）

1950年7月14日，政务院举行第41次政务会议，会议通过了土改时期的《农民协会组织通则》《人民法庭组织通则》，分别于15日、20日公布施行。

人民法庭组织通则共分十四条。

一、为保障革命秩序与人民政府的土地改革政策法令的实施，省及省以上人民政府得视情况需要，以命令成立或批准成立县(市)人民法庭。其任务是运用司法程序，惩治危害人民与国家利益、阴谋暴乱、破坏社会治安的恶霸、土匪、特务、反革命分子及违抗土地改革法令的罪犯，以巩固人民民主专政，顺利完成土地改革。此外，关于土地改革中划分阶级成分的争执及其他有关土地改革的案件，亦均由人民法庭受理之。

五、县(市)人民法庭及其分庭受理案件后，应认真地进行调查证据，研究案情，严禁刑讯。在审判时，旁听的人经允许后可以发言，但必须保持法庭的秩序。

六.、县(市)人民法庭及其分庭审判时，应保障被告有辩护及请人辩护的权利，但被告所请之辩护人，须经法庭认可后，方得出庭辩护。

七、县(市)人民法庭及其分庭有权逮捕、拘禁并判决被告死刑、徒刑、没收财产、劳役、当众悔过或宣告无罪。

县（市）人民法庭及其分庭所判决之死刑、没收财产及五年以上徒刑的批准权，属于省人民政府(或省人民政府特令指定之专员公署)，死刑由省人民政府主席(或省人民政府特令指定之专员) 以命令执行之。不足五年的徒刑及宣告无罪之判决的批准权，属于县人民政府。

八、县(市)人民法庭及其分庭对匪特反革命分子之死刑的判决，按本通则第七条规定批准执行，不得上诉。

县(市)人民法庭及其分庭之其他的判决，被告或原告如有不服时，得于判决后十日内，要求县(市)人民政府指令县(市)人民法庭复审；对复审之判决如仍不服时，得提出上诉。

政务院《关于划分农村阶级成分的决定》(摘要)

1950 年 8 月 4 日，政务院举行 44 次政务会议，会议通过了《关于划分农村阶级成分的决定》。于 20 日公布施行。

这一文件是在 1933 年瑞金民主中央政府公布的《怎样分析农村阶级》和《关于土地改革中一些问题的决定》两个文件的基础上略加修改补充而成。补充部分附加上《政务院补充决定》。共分甲、乙、丙三部分。

甲怎样分析农村阶级

一、地主

占有土地，自己不劳动，或只有附带劳动，而靠剥削为生的，叫做地主。地主剥削的方式，主要是以地租方式剥削农民，此外或兼放债或兼雇工或兼营工商业，但对农民剥削地租是地主剥削的主要方式。管公堂及收学租也是地租剥削一类。

有些地主已破产了，但破产之后有劳动力仍不劳动，而其生活状况超过普通中农者，仍然算是地主。

军阀、官僚，土豪、劣绅是地主阶级的政治代表，是地主中特别凶恶者(富农中亦常有小的土豪、劣绅)。

帮助地主收租管家，依靠地主剥削农民为主要生活来源，其生活状况超过普通中农的一些人，应与地主一例看待。

政务院补充决定

（一）向地主租入大量土地，自己不劳动，转租于他人，收取地租，其生活状况超过普通中农的人，称为二地主。二地主应与地主一例看待。其自己劳动耕种一部分土地者，应与富农一例看待。

（二）革命军人、烈士家属、工人、职员、自由职业者、小贩以及因从事其他职业或因缺乏劳动力而出租小量土地者，应依其职业决定其成分，或称为小土地出租者，不得以地主论。其土地应按《土地改革法》第五条处理。

（三）有其他职业收入，但同时占有并出租大量农业土地，达到当地地主每户所有土地平均数以上者，应依其主要收入决定其成分，称为其他成分兼地主，或地主兼其他成分。其直接用于其他职业的土地和财产，不得没收。

（四）各地地主每户所有土地平均数，以一个或几个县为单位计算，由各专区或县人民政府提出呈报省人民政府批准后，决定之。

二、富农

富农一般占有土地。但也有自己占有一部分土地，另租入一部分土地的。也有自己全无土地，全部土地都是租入的。一般都占有比较优良的生产工具及活动资本。自己参加劳动，但经常依靠剥削为其生活来源之一部或大部。

乙、关于土地改革中一些问题的决定

一、劳动与附带劳动

在普通情形下，全家有一人每年有三分之一时间从事主要劳动，叫做有劳动。全家有一人每年从事主要劳动的时间不满三分之一，或每年虽有三分之一时间从事劳动，但并非主要劳动，均叫做附带劳动。

二、富裕中农

富裕中农是中农的一部分，生活状况在普通中农以上，一般对别人有轻微的剥削。其剥削收入的分量，以不超过其全家一年总收入的百分之十五为限度。

三、富农的剥削时间与剥削分量

从当地解放时间向上推算，在连续三年之内，除自己参加生产外，还依靠剥削为其全家生活来源之一部或大部，其剥削分量超过全家一年总收入的百分之十五者，叫做富农。在某些情况之下，剥削分量虽超过百分之十五，但不超过百分之三十，而群众不加反对者，仍不是富农，而是富裕中农。

丙、政务院的若干新决定

十、恶霸。凡称恶霸，是指依靠或组成一种反动势力，称霸一方，为了私人的利益，经常用暴力和权势去欺压与掠夺人民，造成人民生命财产之重大损失，查有实据者。凡恶霸分子经人民告发后，由人民法庭判决处理。

十一、地主成分的改变。凡地主成分，在土地改革完成后，完全服从政府法令，努力从事劳动生产，或作其他经营，没有任何反动行为，连续五年以上者，经乡人民代表大会通过，县人民政府批准后，得按照其从事之劳动或经营的性质，改变其地主成分为劳动者的成分或其他成分。其不努力从事劳动生产或作其他经营，或有任何反动行为，或有违抗人民政府法令行为者，则不在此例。老解放区的富农在土地改革完成后合于上述条件满三年者，亦得以同样的方式改变其成分。不合于上述条件者，则不得改变。

其他成分兼地主者，在土地改革完成后，即照其他成分待遇。

刘少奇《关于土地改革问题的报告》要点

刘少奇报告首先引用人民政协《共同纲领》规定："有步骤地将封建半封建的土地所有制改变为农民土地所有制。"我们准备在两年半到三年内，基本上完成全国的土地改革。这个计划如果能够实现，那就不能算很慢、而算是很快地完成了中国革命一个最基本的历史任务。

报告分五个部分。

1．为什么要进行土地改革

因中国原来的土地制度极不合理。大体是占乡村人口不到百分之十的地主富农，占有约百分之七十到八十的土地。这就是我们民族被侵略、压迫、穷困及落后的根源，是我们国家民主化、工业化、独立、统一及富强的基本障碍。这种情况如果不改变，中国人民革命的胜利就不能巩固，农村生产力就不能解放，新中国的工业化就没有实现的可能；人民就不能得到革命胜利的基本的果实。孙中山先生提出"平均地权""耕者有其田"的口号就不能实现。中国工业化必须依靠国内广大农村市场，没有一个彻底的土地改革，就不可能实现新中国的工业化，这个道理是很明显的，无须多加解释。可以驳倒一切反对土地改革、对土地改革怀疑，以及为地主阶级辩护等所根据的各种理由。而现在各种反对与怀疑土地改革的意见，实际上仍是有的。

土地改革这一基本理由和基本目的，说明了过去地主阶级所造成的历史罪恶，是根源于过去的社会制度。因此，除对极少数犯了重大罪行的地主，而不是要消灭他们的肉体。

土地改革的这一基本理由和基本目的，不是单纯地为了救济贫苦农民，而是为了要使农村生产力从地主阶级封建土地所有制的束缚下获得解放，以便发展农业生产，为新中国的工业化铺平道路。

土地改革的这一基本理由和基本目的，是着眼于生产的。因此，土地改革每一步骤，必须照顾并密切结合生产发展。也由于此保存富农经济。

2．土地的没收和征收

草案中规定应没收和征收的土地是：（1）地主的土地；（2）祠堂、庙宇、寺院、教堂、学校和团体在农村中的土地及其他公地；（3）工商业家在农村的土地；（4）因从事其他职业或因缺乏劳动力而出租的超过当地每人平均土地数百分之两百以上的土地和半地主式的富农出租的土地。除此以外，富农的土地及其他财产一般不动，中农、贫农、雇农及其他农村人民自有的土地及其他财产均不动。在这里，我们容忍了小块的出租土地不加征收。

此外，在地主家庭中，也有人自己常年参加主要农业劳动，耕种一部分土地，而以主要部分土地出租者。对于地主家庭中的这种人亦应给予照顾，其自耕部分的土地在适当地加以抽补后，应在基本上予以保留，其余部分土地则应没收。

没收地主土地的同时，应没收地主的耕畜、农具、多余的粮食及在农村中多余的房屋。

除开这些以外，地主的其他财产不予没收。对于地主的这样处理，和过去比较，是要宽大得多了。但地主中的许多人还可能坚决反对土地改革的，对于这些人应该坚决加以惩办。

3. 保存富农经济

为什么在过去的土地改革中我们曾经允许农民征收富农多余的土地财产，而我们现在又主张在今后的土地改革中保存富农经济呢？这主要是因为现在中国的政治和军事形势已经根本不同。

在两年以前，人民革命力量与反革命力量还处在残酷的战争中，人民力量还处于相对的劣势，战争的胜负谁属还没有确定。一方面，富农还不相信人民能够胜利，他们还是倾向于地主阶级和蒋介石一边，反对土地改革和人民革命战争；另一方面，人民革命战争又要求农民付出极大的代价（出兵、出公粮、出义务劳动）来支持战争。正是在这种时候，我们允许了农民征收富农多余的土地财产，并对地主的一切财产也加以没收，以便更多一些地满足贫苦农民的要求，发动农民的高度革命热情，来参加和支持人民革命战争，打倒美帝国主义所支持的蒋介石政权。

现在的形势已经与过去根本不同。人民革命战争在大陆上已基本结束，蒋介石匪帮的最后消灭已经毫无疑问，要求农民出兵役、出义务劳动这两项巨大任务已经完全没有了，出公粮任务也比过去减少一些了。我们现在的困难主要是财政经济上的困难，采取保存富农经济的政策，在政治上、经济上都是必要的有利的。

4. 关于分配土地中的若干问题

首先是在原耕基础上用抽补调整方法来分配土地，并适当地照顾原耕农民。有些特殊问题应加以妥善处理。烈士家庭应把烈士本人计算在家庭人口内分地。回乡失业工人及其家属，要求分地又能从事农业生产者，且当地土地情况允许，也应分给土地。乡村中的僧、尼等，逃亡地主以及曾是敌方工作现已还乡人员及其家属，有劳动力，愿从事农业生产而无其他职业，应分给与农民同样一份土地及其他生产数据。

汉奸、卖国贼、战争罪犯、罪大恶极的反革命分子及坚决破坏土地改革的犯罪分子，本人不得分给土地。

5．在进行土地改革时若干应注意的事项

土地改革是一场系统的激烈的斗争。其总路线是依靠贫农、雇农，团结中农，中立富农，有步骤地有分别地消灭封建剥削制度，发展农业生产。农民协会应该成为土地改革队伍的主要组织形式和执行机关。正派的农民中的积极分子和上面派到农村中的土地改革干部，应该成为土地改革中的骨干。

各级农民协会领导成分应该是纯洁的，不要让地主富农及其代理人加入，主要领导成分应由贫农雇农中挑选，但必须切实地联合中农，注意吸收农民家庭中的妇女参加，也应该吸收乡村中贫苦的革命的知识分子参加。同时，在会外团结乡村中一切反封建的分子。人民政府应召集富农开会宣布政策。也应召集地主讲话，向地主宣布法令。

土改时除在农村进行广泛宣传外，还应在城市各界人民中，在部队中，工人中，学生中，职员中，工商业者中宣传解释，使他们同情农民、帮助农民，而不要同情地主、帮助地主。

为了在土改中及时镇压与处分恶霸分子、特务反革命分子及地主阶级中的反抗和破坏活动，并处理农民对于这些分子的控诉，应组织人民法庭来担负这种任务。

农村阶级成分划分是一件复杂而又极其重要的工作，对地主阶级必须更加慎重地划分。各人的阶级成分不应该划错，划错了的，必须改正。

　　此次在全国基本解放后也是涉及面最广的土地改革，毛泽东寄予极大的希望。他在 1950 年 6 月 5 日中共七届三中全面的书面报告《争取国家财政经济状况的基本好转而奋斗》一文中，把这次土地改革列为八项工作中第一项。

附文：　　　我看红军长征的原因

一种政治经济模式的破产过程的考察

　　编者按：《炎黄春秋》杂志 2014 年第 4 期刊登中国人民大学张鸣教授写的《我看红军长征的原因》一文，现摘抄如下。

　　关于中共领导的中央红军第五次反围剿失败，被迫进行长征的缘由，中共传统的党史解释是，王明博古的临时中央，在政治和军事指挥方面犯了左倾错误。从深层次上讲，这一时期红军之所以相继从主要根据地撤出，进行逃跑式的战略转移，标志着中国苏维埃运动的失败，而这个失败，实际上是中共这一时期革命模式的选择必然结果。

一、革命动员与土地革命模式的选择

　　在跟国民党决裂，揭诸武装反抗国民党旗帜的中国共产党人，上山建立革命根据地，本是城市暴动和武装冒险失败后一种无奈的选择。然而，中国当时的经济和交通通信情况，和军阀割据的政治形势，给这种"农村道路"提供了比较大的空间。即便如此，在没有"革命形势"的情况下，要想动员起农民参加革命，投入造反的事业，依然是个难题，没有非常的动员手段不能奏效。

　　在动员手段和形式的选择上，进入农村的共产党人，最初选择的是"烧杀政策"。即把所到之处的富人杀光，所有的房屋烧光，先将农民这种小生产者变为赤贫，然后再驱使他们革命。在中共党史上，这种政策是记在瞿秋白账上的，其实它带有非常明显的苏俄内战时期轻视农民的印记。显然，这种做法，由于立竿见影地激起了农民对共产党人的反抗，所以，很快就废置不用了。

（随后）以土地革命的方式进行革命动员。因为事实上在农村发动革命的共产党人，首先的目标是要动员农民跟他们革命，而非借革命来解决他们的土地问题。这样一来，动员才是土地革命首要解决的问题，而对于动员而言，均贫富式的掠夺，和暴力的气氛，是绝对必要的。

海陆丰苏区刚一开辟，十几天工夫里，海丰一个县就杀了豪绅和其他反革命分子1686人，没有死的就纷纷外逃，一时间，海丰、陆丰两县，逃到汕头和香港的达万人以上。

红四军南下，开辟新区，闽西地方党组织暴动响应，"开宗明义的工作便是缴枪杀土豪烧契三种"。"土白暴动三四天内杀了四五十人，而（龙）岩、永（定）两县革委会成立后，日日都有几十个土豪反动分子被农民捆送前来，致县政府临时监守所常有人满为患。统计（龙）岩、永（定）两县赤色区域中自斗争后到现在所杀的土豪有四五百人以上。现在赤色乡村中的土豪杀的杀，跑的跑，虽然不敢说完全肃清，然大部肃清是可以说的。"

海陆丰根据地有"七杀令"，所有富人都不能幸免。湘赣苏区土地革命，将十六岁以上三十岁以下豪绅家属的壮丁无论男女都杀掉了。说是要把"有能力反革命的"预先除掉。赣西南苏区土地革命的时候，"农村的豪绅地主，简直没有生存的地步，捉的捉，杀的杀，逃跑的逃跑。"

不仅如此，杀人的时候，往往要造成某种血腥恐怖的气氛，开大会公审，当众处决。还吹着冲锋号，行刑者挥舞着钢刀，"一刀一个，排头砍去，很爽利地头颅滚地，"甚至还有妇女组织的"粉枪团"，在几千人的大会上，用红缨枪"刺进宣布了死刑的反革命分子的咽喉、胸膛，鲜血四溅。"只要杀戒一开，参加的人就跟反革命有了血海深仇，开始的时候，"苏维埃政府要拨给两块大洋赏给施刑的赤卫队员，半个月后，不需要赏金，赤卫队员要杀一两个反革命分子雪恨。"仇恨和仇杀就这样被点燃，然后升级、扩散，选择了"立场"的农民，跟另一部分人势不两立，到了这般田地，动员的目的也就达到了。当然，跟着红军走的农民的真实想法还是很难估量的，即使据中共人员当时自己的考查，有的地方也有相当多的农民实际上是害怕红军，赣东北地区流行一句话："莫惹红军，惹了遭瘟。"

诚然，中共能够在农村发动革命，前提是近代以来，农村社会与经济的衰败，与战乱和变革造成的乡村秩序的紊乱。然而，即使存在这样的条件，想要在农村发动一场在一般农民看来属于造反的农民革命，也并不容易，对于那些真正的庄稼汉来说，分财主的土地粮食和财物，虽然有一定的诱惑力，但顾虑依然很大。所以，这里就用得着毛泽东在《湖南农民运动考察报告》里说的"革命先锋"了，这些乡里社会"踏烂皮鞋的，挟烂伞子的，打闲的，穿丝裤子的，赌钱打牌四业不居的"流氓无产者，很快在革命中起了冲锋陷阵的作用。

二、"打土豪"经济及其局限

这种急功近利的动员模式，最直接的后果就是产生了苏区的"打土豪"经济。由于土地革命的首要目的是动员，甚至为了动员而牺牲经济，而苏区为了养活军队和政府必须要有一定的经济来源，因此，一种畸形的经济模式应运而生，这就是"打土豪"经济。打土豪经济的表现形式主要有两个方面，对内是均贫富，采取不断革命的方式，削平苏区内部的冒尖者以取得资金财物；对外则通过不断扩张，或者其他不同方式掠夺白区（国民党统治区）的富裕者（包括商户），筹集所需的资金。在整个苏维埃革命时期，后一种是主要的。因为红军和根据地发展初期，动员是首要任务，为了动员需求，生产不可避免遭到损失和破坏，所以红军的补给，只能依靠对富人的掠夺。井冈山创始人之一的红军叛将龚楚，回忆说红军之所以南下赣南闽西，是由于"井冈山附近地区已民穷财尽，"要想维持下去，必须占领较大的城市，解决补给问题。中共江西省委在 1932 年头四个月的工作总结中指出，江西苏区"财政的主要或者说唯一的来源是'打土豪'，而对土地税商业税的征收，及发展苏区的经济政策是没有的"。1932 年红军攻下福建漳州，打土豪的战果达到了顶点。在漳州，几乎所有的店铺的货物，包括著名华侨资本家陈嘉庚的店铺的货物，连同龙溪中学图书馆的书籍，都被无偿征收。

这样，原本就因地权动荡和缺乏生产激励的农村经济，更加雪上加霜，普遍缺乏生产积极性，几乎没有人多种地，各个根据地都出现了大量田地抛荒现象，越是老苏区，抛荒田地越多。当时有的中共的文件中称之为"农民怠工"。有的则认为由于侵犯中农或乱打土豪的错误，"以及分田分得次数太多"。

到了 1932 年，国民党政权逐步敉平了各地军阀的反抗，稳定内部之后，红军扩张势力逐渐被遏制住了。"打土豪"受到了极大的限制。但是，多年来形成的行为惯性并没有因此而消失，而且苏区内恶劣的经济状况，也不允许红军很快改弦更张。各个部队调整了打土豪方式，采取派小部队不定期地进入白区。龚楚是这样描述"游击式打土豪"："他们还不断地深入国府统治区内筹粮、筹款、就食；所以红军没有作战时，便开到'白区'去打游击。这是红军官兵们最喜欢的工作。因为到'白区'打游击，就有土豪打。不仅可以有充足的粮食，而且可以吃一顿猪牛肉下酒。" 但土豪是有限的，可以跑，加上白区的防范也越来越严。于是大量的抢掠和绑票行动出现了，甚至连穷人也捉来罚款，"向贫农强借米物"，以致白区人民呼为"游击贼"。据曾志回忆，她的丈夫陶铸就曾绑架过一个地主的孩子，得到赎金 3000 多元。

　　这样的"打土豪"，势必引起了跟苏区接壤的国民党统治区老百姓的反感，甚至对红军和苏区的敌视，这就造成了中共文件中提到的严重的"赤白对立"。传统的中共党史学解释，往往把苏区的经济困难归咎于国民党的封锁，其实，红色区域多在落后地区，在整个中国还处于十分落后的情况下，像赣南闽西、鄂豫皖、湘鄂西这样地方，山峦重迭，交通不畅，而且地域辽阔，切实实行封锁无疑是很困难的，恰是这种严重的"赤白对立"，才将苏区真正封锁起来。黄克诚在谈到苏区困难到没有盐吃的问题时说过，国民党的封锁固然是一个方面的原因，"而另一方面，由于我们实行过左的政策，把私商这条线也割断了，等于自我封锁起来，这样只好没盐吃。"

三、过度动员与苏区经济危机

　　在这种严峻的形势下，苏区的中央领导人意识到发展苏区经济的必要，各种税收相继开展。除了土地税、农业税和商业税之外，还有人口税、养牛税、屠宰税、米壳税、鸡鸭税、养猪税、园艺税和飞机捐、慰劳捐、互济会捐、反帝大同盟捐、节省粮食捐、新剧捐、欢迎捐等。也开始注意对外贸易，只是，由于"打土豪"的结果，很少有商人前来苏区交易。也曾组织合作社，由于存在"严重缺点"，效用不明显。还滥发纸币，结果导致"苏币"信用大跌。事实上，由于苏区民众生产积极性一直不高，频繁的分地以及斗争，富人非死即逃，加上战乱破坏，民间基本上没有多少余财，常规手段，显然不能满足红军和苏维埃政府的需要。

在严峻的"斗争形势"下，采用更严酷的阶级斗争形式，即过度动员方式，高压手段。一方面不断肃反和相应的"残酷斗争"，才可以保持苏区军民，尤其是军队的士气和凝聚力，同时采用政治斗争和"运动"（查田，反富农），借强力从事征收。显然，这两方面，都有苏俄在十月革命后的内战时期的"成功经验"。但依然不能解缓苏区的经济困境。

自 1933 年春起，粮荒也袭击了中央苏区，机关工作人员被要求每天吃两餐。后来改吃稀饭，甚至米糠、苦菜和树叶。这样的危机，一直到红军长征前，都没有得到丝毫的缓解。红军中的逃兵也越来越多，在"扩红突击月"——1933年 5 月的一个月中，红一军团（林彪部队）逃兵就有 203人；红三军团（彭德怀部队）逃兵 98 人；红五军团逃兵200 多人；红独立一团逃兵 102 人；而同年十一、十二两个月中，开小差回家者，竟达二万八千多人，仅瑞金一县逃跑回家者达四千三百多人。苏区老百姓对苏维埃政权的信心也在整体滑落，在这一时期，有些地方甚至出现了整乡整村的农民逃往国民党统治区的现象，以至于红军不得不严厉镇压。

四、余话

陈毅在 1946 年中共中央的"五四指示"（关于土改）下达后，曾说过：十年内战时期的土地革命"走到平均分配一切土地，最后发展到政治上、经济上、肉体上消灭地主，以至消灭富农，并损害了中农，造成一系列的错误，走到了陈独秀的反面。同样地绞杀了农民运动，在政治上造成党和农民的严重隔离，造成了党的孤立。"作为动员工具的土地革命，最后走到动员的反面。

　　动员式的土地革命，在动员农民造反方面，的确成效显著，这一点，使得中国共产革命的农民战争，产生了巨大的威力，是历代农民造反难以望其项背的。然而，只有在这种动员效应的有效期内，推倒国民党政府，苏维埃革命才能成功（显然，当时中共还没有强大到那个地步，而且情势对共产革命也不甚有利。而抗战以后，由于中共已足够强大，而经过抗战的国民党则足够腐败，当中共再次采用土改的动员方式进行战争动员时，在动员有效期还未及失效的时候，就将国民党击垮了。因此这种动员方式没有显现出苏维埃时期的弊端）。否则，就会被自己催生出来的打土豪式的政治经济模式所吞噬。红军之所以长征，关键就在这里。

第二章 暴力土改的全过程

第一节　　土改准备

中共领导人要把自己夺取政权的目的通过农村包围城市——即依靠贫雇农作先锋的土地改革来实现，已有相当的经验。现凭这些经验，就临海县的土地改革过程叙述如下。

1949年5月临海县解放，同年7月建立城区农民协会筹备委员会；9月，在大田区成立县农民协会筹备委员会；10月23日，在县委驻地下洋颜村召开县农民协会代表会议，讨论开展减租减息和农民协会章程。1950年6月，定名为临海县农民协会，各区、乡、村也普遍建立农民协会，简称农会。农民协会是农民群众反封建的战斗组织，是改革土地制度的合法执行机关。

但农民协会仅是"执行"机构，叫他们如何执行，还要有人出主意，要有人去组织，要有人去指导，这就是能贯彻中共领导人意志、起关键作用、上级派下的"土地改革工作队"。

在建立农民协会的同时，从军队、南下干部、机关、学校等抽调人员组建土改工作队，经过培训，到农村去参加、指导土改，以军队为后盾，政府为主导，多管齐下，齐头并进。

1950年3月，地、县组织工作队在大田区开石乡和大固乡进行土地改革试点。8月，台州地区土改试点扩展至7个。10月28日，全县153个乡全面铺开，县建立指挥部。12月，省委土地改革工作团进驻台州。省、地增派工作团协助临海县，三级机构共有土改工作队员近千名。1951年春，土改进入高潮。

革命的武器一是枪杆子，二是笔杆子，在舆论宣传上紧密配合土改。1949年秋冬，区乡政府陆续组建后，在从事征粮、剿匪中就穿插着发动群众，宣传"天下穷人是一家""剥削有罪""驱恶除霸"等，在较大集镇还演出《白毛女》等戏剧。

1950年秋，我在回浦中学读书时，解放军在我宿舍楼旁操场上演出《白毛女》，观众拥挤，我在宿舍二楼走廊上观看。忽然解放军战士枪支走火，全场哗然，四处逃躲。

然后付之行动，逐步开展。

我在校一般两个星期回家一次，有次回家亲临一个批斗大会。被批斗人是蔡明河之子蔡继浩和蔡行焕。此时蔡明河已外逃，用他们来代替，地点是天主堂。他们两人跪在主席

回浦中学欢送章宏涤陈竞存同学参加土改工作队留念

台上，脸朝观众，一个个事先培养好的苦主上去批斗，任他们指手画脚说东道西，被斗的人只能低着头聆听着他的诉苦，不能解释，但没有打人。

过些时候，善于调解群众纠纷，在附近几村乡民中有威望有影响，也可说是个乡绅的附近店前村人朱芝英（村人称朱子英），未宣布其罪状，即被枪决。

这些都在我处土改工作队进村前发生的事，目的是制造恐布气氛，压服反对者，为土改做准备，以便土改顺利进行。

此后我村村民议论纷纷，某某要划地主，某某要划富农。富人人心惶惶，家产多的人不安地等待着风暴的到来。

根据领导部署，临海县各区土改，大致可划分为：划分阶级成分、诉苦斗争、审判斗争、讲理斗争、交契大会、分配胜利果实、庆祝大会、检查补课等几个阶段。现主要引用临海市档案馆馆藏的土改工作队和土改时当地党政领导机构留下的资料，介绍我县土改进程、斗争情况。这些数据能真实地反映出土改时的情况。

第二节　　划分阶级成分

划分阶级成分，这是土改的基础，是正式土改开始后第一件大事。其划分的根据，原则上根据该农户所在地村庄拥有财产的相对多少，按一定的百分比来定。而不论其财产来源如何和贫穷者为什么致穷，也不根据其劳动情况。

中共对农村阶级成分总的划分为五大类，即地主、富农、中农、贫农、雇农。各大类中又有细分，如地主中又有恶霸地主、工商业地主，逃亡地主、二地主，破产地主；富农中又有半地主式富农，富农；中农中又分为富裕中农、中农、下中农，等等，此外还有一类叫"小土地出租"，指从事其他职业或缺乏劳动力，把土地出租给别人耕种者。

对作为斗争对象的地主，即要找出被没收财产的人家，其中还要有枪决（镇压）的，如何确定？虽《土改法》对划为地主的有明文规定，但这规定很笼统，很含糊，也以百分比为准，一般控制在 4-5% 左右，以打击小数，争取多数，在实际操作中随意性很大，"矮子中拔将军"是常事，势必造成大量的冤假错案。

《土改法》第三十一条："划定阶级成分时，应依据中央人民政府颁布的划分农村阶级成分的决定，按自报公议方法，由乡村农民大会、农民代表会，在乡村人民政府的领导下民主评定之。其本人未参加农民协会者，亦应邀集到会参加评定，并允许其申辩。评定后，由乡村人民政府报请区人民政府批准。本人或其他人如有不同意见，得于批准后十五日内向县人民法庭提出申诉，经县人民法庭判决后执行。"

对于地主来讲，这一条都是空话，根本没有参加自报公议，也没有参加乡村农民大会。农民代表会民主评定时，也没有被邀参加，更谈不上申辩。公布后也根本没有采纳其申辩，我村没有一个地主有更正的，倒反而在第一批划定后，因百分比还不足，把其家人均土地不足全村人均土地数，只因有某一方面可分的财产的蔡桂秋、蔡继良等也划上地主。因前者儿媳有套好家具，后者有7间好房子。如申诉可能报复得更厉害。我母亲不识字，家无其他人，可能没写申诉书，但她口头上多次与农会主席蔡继传、村长蔡继本讲："我做个寡妇，养母猪、开小店辛苦挣些钱，哪儿够上地主？"我那时已在部队，获悉家里划为地主后，写了一信给乡政府申诉，均毫无作用。

对划为地主成分的家庭，其宣布方式有张榜公布，也有大会上宣读。被划定为地主的人，在大会上站在主席台前，面向参会人员示众。主持人交代政策、纪律，只许老老实实，不许乱说乱动，如实报出土地数量，不能转移家产(家具、粮食)，不能宰杀、饿死、转移耕畜，每天要定时向干部汇报思想和日常行动，服从干部安排等。然后贫雇农上台发言拥护、对地主责骂，并警告地主要老老实实。

某家自划为地主成分后，其家庭前后常有人看守，儿童团常来家盘问，家养的鸡、狗不知去向，甚至猪也有被别人宰杀。据档案记载，我们临海县还有 1 个地主在划阶级成分时被枪决，显然为制造恐布气氛，压服地主。

第三节　诉苦斗争

诉苦大会是发动群众的主要方式之一，土改工作队事先深入群众，了解情况，培养苦主，反复演练，再登台对地主进行面对面斗争。这是土改队进村后要贫雇农对地主树立敌我关系的首要一步，为下一步镇压和没收地主财产制造理由。

现把临海县大汾乡诉苦总结介绍如下，从中可了解土改工作队员如何说服、动员农民进行诉苦、诉苦诉的内容是什么，如何通过诉苦以树立敌我关系的。

大汾乡诉苦阶段工作总结

大汾乡诉苦已于 1951 年 12 月 27 日告一段落，28 日起中心工作已转入斗争。兹将诉苦阶段工作情况综合如下：

一诉苦情况

（一）诉苦前后干部思想与群众思想情况

1951年至1952年2月,中央土地改革工作团西南第一团工作人员赴川西地区进行土地改革工作,图为川西郫县升平乡农民在土改中斗争地主的情形。

1. 干部思想。认为以前已搞过诉苦,没法再搞了,再诉的话仍是那些苦。另外,即使群众有苦也不说,该怎么办?基本上对诉苦的重要性是认识不足的,更不了解群众对诉苦存在的顾虑。因此必须明确诉苦是提高群众的阶级觉悟,启发群众的阶级仇恨,使群众敢于与地主进行面对面斗争,并认识到启发群众诉苦是个重要的艰苦耐心的工作。这个思想在参加土改学习大会后开始转变。

2. 群众思想。群众对诉苦认为:

(1)命苦,如张老卓、李昌炳的母亲说自己命苦,诉什么。

(2)苦已过去了,不必诉,再诉怕别人笑,不是怕说了(地主)倒算。如李用清、李用顺说:苦已经受了,算了吧!过去吃苦,现在解放,不会再吃苦了。主要阶级觉悟不高,因此需要耐心教育群众,进行阶级教育,算剥削账,打破群众顾虑,明确苦的根源,达到群众最大胆地诉苦,揭发地主罪恶。

(二)诉苦大会前的准备工作

1. 通过个别谈话,发现、培养典型。诉苦可分为三个方面。

(1)从目前家庭情况谈起联系过去生活,逐渐启发阶级觉悟,打破顾虑,诉出苦情来。如朱文香娘开始时说自己不苦，经启发教育后，谈出丈夫如何因生病无钱医病而死，死后又受地主压迫(把租来的)田地抽回去，于是生活更无办法。

(2) 我们同志以亲身经历的苦来启发引导群众谈出苦来。如张同志(贫农)以自己所受的苦来启发佃农蒋以道诉苦等。

(3) 教育村干部带头诉苦，并发现典型。如三村主任马克俭、马再地谈自己的苦感动了群众，其他如金振凡、李希清、李文海等都诉出苦来。

2．通过小型诉苦，明确了典型，培养了典型。经过了单个谈苦后，将已发现的苦主集中谈苦，或动员苦主到农会小组去进行诉苦。这样，一方面明确了典型，另一方面已培养了典型。如一村经过小型诉苦，明确了三个典型(老祖多，朱克琴，朱文香)。

3．大部分村同时经过大型诉苦，如三村李德交在农会进行诉苦，感动了群众。

(三) 诉苦大会

1．参加人数。大汾、汾南、西洋三乡共约一千人。

2．诉苦对象。原培养好 11 人，实际诉苦只有 5 人(大汾 3 人，汾南 2 人)。

3．大会收获。

(1) 揭发地主对农民的统治与剥削。

(2) 进行了农民的阶级教育，加强了农民对地主的仇恨心。如李老二(打铁)听了别人的苦后，自己也要求上台诉苦。

(3) 激发了群众的苦情。大会后各村干部普遍展开了诉苦。

(4) 认识到团结起来力量大，打倒地主阶级。

4．大会缺点。准备不充分，培养工作不够，说话不够严肃(引起大会上的笑声)；诉得也不够生动；没诉到恶霸地主身上(没有诉准对象)，如李用昌娘诉到保长身上，李得高诉地主上代(群众不同情)。

(四) 大会后贯彻

1．各村、乡都普遍开展诉苦，各团体大会小会进行诉苦。在启发诉苦中，进行了惩治不法地主条例的教育，群众阶级觉悟有了提高，更明确了分地的正义性。如李昌兵娘说："做人三苦三难，今天石板翻身，想起来真气，应该分回田地。"如杨昌满说："我们这样苦，分田地真应当。"

2．发动、培养了积极分子，并扩大了组织。通过诉苦，发现新积极分子，全乡有十二人(苦主)，扩大了组织。

3．初步树立群众敢向地主面对面的斗争。如三村农民讨论后指出地主李茂松的罪恶，并要求人民法庭惩办他；二村农民要斗严松茂；八村要斗李虚中等。其他，如一村组织原告团，控诉李彦舫。

二、诉苦展开后的情况

群众基本上仍未充分发动，觉悟不高，地主积极破坏，我们同志对地主阶级破坏阴谋认识不足，态度不明确，以致群众思想仍有顾虑。

(一)　　　地主方面

群众普遍诉苦后，地主则用种种方法进行破坏。如地主李仁安被扣后，他的老婆便将霸占的地屋契还给李克琴。并说：我们的地屋契已还给你了，你们不要再诉苦了。地主李士潮对村干部说："你们不要再诉了，再诉下去地主就要被你们诉死，地主死了多罪过。"三村地主李肖富收买了群众，以致群众反映："分他的田好了，不要斗他，肖富年纪大了，斗死可怜！"又如杨得法老婆说："瞧他(指肖富)的罪状是应该死的，可是他年纪大了，太可怜！"

（二）　　　　　　　群众方面

1. 只敢斗小地主，不敢斗恶霸地主，各村对已扣押的地主李砚兵、李仁安、李华友等都不提意见，将斗争目标转移到小地主身上。如目前三村群众迫切要求斗李茂松(80亩田，已扣，而政治上谈不上是主要的)；二村要求斗严松茂(20亩)；八村要求斗李虚中(40亩)。说明群众觉悟不高，对恶霸地主，一是认识不足，二是有顾虑。

2. 单纯要求分田。一般群众认为单纯诉苦没意思，干脆将田分了便算。如三村的李治郎说："分田这样拖延，到年底也不会分好。"二村一般反映"讲到现在，为什么还不分？"

（三）工作方面

诉苦大会后，虽然各村都普遍开展了诉苦，可是对启发引导讨论，结合惩治不法地主教育不够，单纯的诉苦没有与斗争相结合，表明态度不够明确，对诉苦中的材料，特别是恶霸地主材料准备不够。另一方面由于对李彦舫的开庭延期，中心工作不明确，与工作重心没掌握好有关。

三两点体会

根据目前情况，必须镇压不法地主活动，发动群众管制不法地主家属，揭发地主阴谋活动，并扩大时事宣传，打破群众顾虑。其次，更应明确以斗争来发动群众，提高群众的斗争信心，宣传人民法庭的意义与作用。对原告团的组织与培养问题，除苦主及证明人外，应发动积极分子参加，以便开庭时协助揭发被告的罪状，同意发动外村外乡支持，加强原告团阵营，只有通过开展斗争，才能进一步地发动群众。

临海县委土改工作队　于天力　傅迁成　傅正功

1950年12月31日

诉苦是培养农民对地主的仇恨，使人们认识到没收地主
的财产和对地主的镇压是合情合理的，把党的主张，通过农
民由农民主动自觉来完成，这是土改的基础，也是中共建政
的前提。诉苦斗争中上台控诉的到底是什么内容，有几分真
实性，有多少埋由呢？

上述总结中一个具体典型的例子是：

"（1）从目前家庭情况谈起联系过去生活，逐渐启发阶
级觉悟，打破顾虑，诉出苦情来。如朱文香娘开始时说自己
不苦，经启发教育后，谈出丈夫如何因生病无钱医病而死，
死后又受地主压迫（把租来的）田地抽回去，于是生活更无办
法。"

朱文香娘丈夫因病死了，因她家无劳力，种不了承租
田，所以地主把租给她家的田地抽回去。她家没人种，总不
能把田地荒着，地主才抽回去，这是正常的，合情合理的。
现在也一样，怎么说这又是受地主压迫呢？怎么说她的生活
更无办法是地主造成的呢？

我听乡亲说，诉苦时邻里之间、子女之间日常生活中有
点纠葛都是诉苦内容，且常常把小事变大事，无限上纲，甚
至无中生有颠倒黑白。只有诉者说，不许被诉者辩。非但我
处土改时这样诉苦，其他地方也差不多。现举一例：

《炎黄春秋》2013年第2期刊登了智效民写的《晋西
土改中的酷刑》一文。

该文介绍了在斗争会上割耳朵，斗死后刮肉，也有刮肉
刮到骨头而死的，还有扎锥子、打棒子、砸石头折磨死，也
有死后挖心肝，丢进黄河的。著名开明绅士刘少白的弟弟刘
象坤在家务农，也非常开明。然而在1947年土改时却成了
首冲的斗争对象，斗争他时聚集了8个自然村几千人，会议
还没开一半，刘象坤就被众人你一拳我一脚，你一棒子我一
石头地活活打死了。

　　刘象坤惨死后，兴县黑裕口又连续斗争了7个"地主恶霸"。但是从《晋西日报》的报导来看，所谓群众诉苦，大多是家长里短、鸡毛蒜皮的事。比如有人控诉说，有一次他去拾柴，地主婆骂骂咧咧的，"说是偷她家枣树枝枝，（后来）吓得连她家门口都不敢走"了。控诉者对地主婆下的结论是："你连穷苦人家的柴水路都断了！"（《晋西日报》民国三十六年九月十二日第二版）。

　　这些日常生活上的摩擦、纠葛任何时候、任何人群、任何地方都有，为了没收地主财产，树立敌我观念，无限上纲，这是以诉苦为手段作社会动员的主要方式之一，也是造成以后社会上假话成风的开端。

　　第四节审判斗争

　　"审判斗争"，意即经过审判作出（刑事）判决。土改时一听到要开审判大会，人们就知道要枪杀地主了。其法律根据是《中华人民共和国土地改革法》第三十二条："为保证土地改革的实行，在土地改革期间，各县应组织人民法庭，用巡回审判方法，对于罪大恶极为广大人民群众所痛恨并要求惩办的恶霸分子及一切违抗或破坏土地改革法令的罪犯，依法予以审判及处分。"

　　这个"审判"与现代司法意义上的审判，那差距太大了。在审理时原告团是贫雇农（苦主），被告是地主，主持人是人民法庭负责人（实际上是当地党政领导），庭审时被告在台上面向观众跪着，原告团上台发言（控诉），不允许被告答辩，更不能找辩护人，判刑家属不能参加大会，没有审理记录，也无判决书，口头宣布判决后，死刑犯不能上诉，就拖押到刑场去枪决。原告团的控告内容是真是假，也不去查实，任其发挥，这怎么说是法律行为？

《中华人民共和国土地改革法》第三十二条，用词也较含糊，可随机掌握。"罪大恶极"要有事实，绝大部分被处决的拿不出具体罪状；"广大人民所痛恨"要有社会调查，痛恨要有根据，是私仇还是要财产；"并要求惩办的"要有理由，有多少人，动机是什么？从上述"诉苦斗争"一节中说得较具体的事是："朱文香娘开始时说自己不苦，经启发教育后，谈出丈夫如何因生病无钱医病而死，死后又受地主压迫(把租来的)田地抽去，于是生活更无办法。"这怎么与死刑、徒刑挂上钩呢？临海县通过这种"审判斗争"，据县档案记载，镇压的地主有1117人，上台发言的苦主有62024人。

划分地主成分有一定百分比，镇压地主也有一定百分比。在1950年镇压反革命时，毛泽东早先下的指标是：在北京、上海等大城市为0.1%。北京已超过，上海未达到。毛泽东坐镇北京，要上海抓紧赶上，也突破了0.1%。之后发现还不彻底，又杀一批。到1953年大规模杀人才告停息，其比例约0.15%，即2000人要枪决3个。按人口比例杀人，原安徽省公安厅常务副厅长尹曙生针对当时这种情况曾撰文指出："这是最大的荒谬之处。"1956年匈牙利、波兰发生暴动后，毛泽东得意地批评他们：阶级斗争没搞好(杀人不够多)，中国是不会发生这样的事件。在1960年河南遂平县喳岈山中国第一个人民公社大批饿死人时，毛泽东在其报告中批道："民主革命不彻底。"把责任推到国民党残渣余孽身上，又掀起查历史、查出身，深挖反革命分子运动。但愈挖饿死人愈多。

公审大会上要枪决的人实际上早已内定好，高潮时区长即可批准。公审大会隆重非凡，各村农会敲锣打鼓前来助兴。要当众杀人，附近村庄男女老少亲临观赏，看看热闹，大会人山人海，比我小四岁的少年朋友张增连说，土改时凡附近有枪毙人的他都赶去观看，有像赶庙会一样。现附上几份土改时公审大会总结，从中可见一般。

东塍区公审及斗争总结报告

（一）全区共扣捕恶霸、惯匪 46 名，内有惯匪 9 名。枪决 14 名（内有恶霸 10 名，惯匪 4 名）；判有期徒刑 8 名（内有恶霸 5 名，惯匪 3 名）；没有处理的 14 名（内有恶霸 11 名，惯匪 3 名）。

（二）共开庭 12 次，到会人员 15000 名，苦主共 523 名。

（三）经验与教训：

1．我们听不懂当地的话，首先叫地主把诉的内容抄写出来看明。苦主一到，会上审判长就知道他要诉的内容。审判长能有充分理由审判被告。

2．审判长先同苦主见面动员，使苦主大胆诉苦。

3．未开庭公审前要详细讲明法的意义，使到会群众思想不受法庭的威胁。

4．未公审前要对苦主深刻启发他的痛苦，使得苦主诉苦时只有流泪并没有笑的，并且告诉他诉的方式，不要向被告行礼称呼。

5．苦主诉的内容要加以详细的审查，免得诉出群众不同情的。例如，东鲁恶霸的儿子，当土匪抢群众的东西被群众打死，他说是该死。并要审查苦主成分，坏人也会到台上耀武扬威。例如，溪东公审杨国有，有一个干过土匪的流氓到台上诉苦，诉完笑起来了，使群众不同情。

6．公审犯人不能太多，最多两个。因时间短犯人多，苦主诉不完，苦主没得到出气不高兴。

7. 公审结束要把苦主诉苦归纳起来，向被告发问，叫被告口服心服，这样群众同情，并知道他犯了什么法。

8. 会场要准备隆重，使群众重视。尤其台子要搭好，防止倒塌压死人。例如溪东台子没搭好，苦主60多人上台倒了。幸亏倒得慢些，台上台下人跑开，否则可能要死几个人。

(四)成绩与收获

1. 群众阶级觉悟提高了，认清地主阶级是敌人。诉苦时口口声声说我们受的苦都是你们这些地主恶霸给我们的。

2. 群众对共产党是受苦人的恩人，心里是认识到的，是信任党的。在苦主诉完苦，并向毛主席行礼，还说毛主席你比我的娘爸恩情还大。

3. 群众情绪非常高涨，开会时男女老少欢天喜地，开到天晚并不走，会场不乱，而且情绪还高涨。

4. 在这斗争中树立了贫雇农核心领导，整理了组织，扩大了组织。

5. 达到了群众对地主的仇恨心。例如，每个斗争会群众自动喊口号喊个不停，要求法庭判处枪决。王仲常枪决，他家里有一口大的棺材，群众不给他用，要叫他另买一口小的棺材用。

(据临海市土改档案数据)

临海县人民法庭第二分庭大汾点

第一庭公审大会总结报告

第二庭于1951年1月15日召开第一庭(大汾点)公审恶霸地主葛唐丰(西洋乡)、李砚兵、李华友(大汾乡)大会，参加大会有16个乡，到会群众约4000人，四周会场的观众约2000人，自上午10时开庭审判至下午三时大会结束(当场枪决三犯)。

（一）会前准备工作

除组织原告团外，干部明确分工，成立大会指挥部，下设秘书股、总务股、组织股、宣传股(漫画、标语、黑板报，并组织分设宣传点)、警卫股、原告团。指挥杜杰(负责台上)，副指挥二人(负责台下)。

（二）大会动态

1. 未开庭前由赵政委讲话，表明政府态度，坚决严惩反革命首恶分子，为民除害，打破群众顾虑，号召大家登台控诉，并宣布分庭正副审判长名单。接着审判长宣布开庭。

2. 原告团(包括苦主、证人等)共 124 人，苦主占 70 人(参考三犯罪状)。

3. 在斗争中苦主以妇女控诉最为动人，如第一炮斗葛唐丰的赵老狗娘，控诉葛唐丰抓她丈夫当壮丁，吓死了 9 岁的女儿，伤心地流泪说："我做五个月里(指共生下五个孩子)只有留下一个女儿(其余 4 个生下来就死了)，没有儿子，我辛辛苦苦养到 9 岁，做灯笼，卖番薯干，一个女儿，心肝宝贝，穷人养个女儿多少为难……葛唐丰啊！我今天要报冤。"陶三妹上台控诉丈夫李干元(积极分子)被葛唐丰买刺客(土匪葛吕鹤)杀死，没说上两三句便大哭，喉咙咽住了，说不出声来，激起群众的同情与愤恨，部分群众禁不住流下眼泪来，部分群众咬牙切齿，恨不得立刻打死葛唐丰。由于第一炮打响了，对李砚兵、李华友的原告团是极大的鼓舞，壮大了胆量，提高了斗争情绪。除了个别上台不自然、不严肃外，一般都很自然。

另一方面，被告恶霸虽经激烈斗争，而态度从容、沉着、镇定，面不改色，并冷嘲热讽、歪曲事实，抵赖罪恶，轻视法庭，更激起群众的愤恨，巴不得快点枪毙他。

（三）群众反应

1．会前一般对分土地分财产要求很迫切，希望杀掉恶霸好分田，少数勇敢分子要求政府早杀恶霸，早除害。如大汾一村原告团，在睡梦中高喊："报告审判长，我对李砚兵有意见。"群众一般存在着顾虑，怕政府不杀，放出来要吃人，农会要被杀头。"

经我们表示态度后，仍存在着怀疑，不知人民法庭到底怎么样。也有个别由于教育不够，存在思想顾虑，因此避免参加公审大会。如一村有七个雇、贫农没有参加。

2．会后，一般的反映"该杀"。大汾乡出题讨论："杀了这些家伙心痛不心痛？"一致反映"不心痛。这样的恶霸，杀了一千个，我们也高兴得很。"

但是仍旧存在着各种顾虑与迷信旧道德思想（也可能地主没管制起来，仍进行破坏）。西洋乡出题讨论："三犯该杀不该杀，大家都说该杀。"等到讨论到葛唐丰春初斗争时，你能不能提意见，没人发言。说明劲头不大。

3．各阶层思想情况及反映

（1）地主被斗的地主未管制，拼命破坏。一般地主恐惧斗争，企图回避斗争，都积极收买干部，拉拢群众。如李彦舫（被扣）的老婆、小地主李彦雨的老婆还讽刺村干部说："现在他们枪毙了，你们好了，可分田了。"

（2）富农同情地主，可怜地主。如李砚兵的尸首抬过街上时，富农刘明友说："啊！解放军这样恶。"同时亦产生恐惧心理，老实起来。如李良富缴出手枪，子弹13发。

（3）中农大部分思想转变较快，特别是活动分子。如大汾佃中农李商芳表现很积极。部分认为事不关己，漠不关心，斗不斗与己无关，看大家怎样说我也怎样说。如西洋乡中农金星满、陈大端，在讨论时不表态，经雇贫农热烈发表意见，他才附和一声"应该杀"，也不坚决。曾受过封建恶霸压迫的表示很坚决，如金章元(妇女)诉苦说："我丈夫拔了两次壮丁，不知吃了多少苦水，葛唐丰该杀。"

(4)雇贫农一般都要求除掉恶霸好分田，自杀了三个恶霸后，振奋鼓舞。大汾一村李克勤说："真开心啊！政府为我们除害。"李学昌说："他们同老虎一样，今天不把老虎打倒，田地分不成。"但对恶霸罪恶认识不足，如西洋乡张志禄说："杀死恶霸好翻身。"问他道理，他就讲不出来。少数人认识到恶霸对农民是有危害的。还有个别雇贫农说："政府太宽大了，应该千刀万剐，一枪打死太便宜他了。"

(四) 成绩与收获

总的来讲，此次公审大会，苦主敢诉苦，敢向恶霸地主展开面对面斗争，到会群众一般对苦主能表同情，听到苦主诉到痛心时掉下眼泪，与部分群众一起同声作证支持苦主斗争，在新地区大体上说来基本上是成功的。在杜桃区未曾开展过，第一"炮"打响了，在全区范围来说，能起一定的政治影响作用。

1. 苦主控诉，特别是妇女诉苦，激发群众的同情，阶级仇恨心提高一步，一般的已认识到地主恶霸的本质。

2. 参加原告团的苦主与积极分子，充分地认识到，保长是地主恶霸的狗腿，表现在恶霸在法庭上将罪恶推到保长、保队副身上。苦主狠狠反驳他："保长、保队副，乡长是老虎，你是山王爷，老虎是山王爷养的，放出来吃人。"一般群众也开始认识到苦根生在地主恶霸封建统治上。

3. 群众一般消除了向地主阶级斗争的顾虑，提高了斗争情绪。如川南乡参加公审大会群众说："这回可有办法了，回去一定将项建中斗倒。"

4. 一般也认识到共产党和毛主席是他的救命恩人，人民政府是人民的政府，解放军是人民的军队，只要在毛主席、共产党、人民政府、解放军的领导下，农民团结组织起来，才能得到彻底翻身。

（五）优点

1. 通过雇农贫农会议与深入了解发现苦主抓紧教育，积极培养，以老苦主发展新苦主方式，不仅扩大与组织了原告团，同时发现雇贫农中的积极分子，充实了村的领导机关。

2. 诉苦到一定程度时，抓紧进行"挖苦根"，与"打得准，打得稳，打得狠"，"擒贼先擒王，拔树先拔根"的教育，扭转了斗小保长、地痞、狗腿的偏向，达到集中力量，斗倒恶霸的目标。

3. 开庭审判前，先以战斗力强的原告团向恶霸开火，达到了放响第一炮，鼓舞斗争情绪。

4. 各村群众团体，组织性较强，会议秩序较好，精力较集中。

（六）缺点

1. 领导上掌握不够，对苦主语言不大懂，村情不大了解，支持诉苦人不够，诉苦人安排不够好，同时对被审判的犯人打击也不痛。

2. 除大汾乡干部外，外乡干部对斗争大会不大关心，在群众中穿来穿去。

3. 会场布置差，台子太低，不够严肃，漫画组织群众观看不够。

4. 掌握群众情绪不够，没执行枪决时，群众随随便便，没有事先布置各团体事前呼口号。

三门县花桥区开庭审判报告
（一）准备工作

开好预备会议，准备好材料，布置会场，确定以花桥祠堂为会场。2 月 3 日下午开庭审判，分好工，领导苦主。

会场的布置是及时的，周围张贴标语，2 日即准备好凳子，中间留一条路，台上摆桌椅，后面挂国旗及毛主席像，上悬"三门县人民法庭第六分庭"横幅，两边对联。

未开会时的情况。中饭后各村农会民兵妇女儿童，有组织地前来进入会场，许多都持写有标语的小旗，坐指定的位置上，越来越多，把会场挤得满满的紧紧的，大部分在后面周围的都没有坐。会场中农民约 1500 人，妇女儿童约 1000 人，共 2500 人。

审判人员上台，原告团在台前左边坐，犯人从旁进入，面向群众跪着，两边为民兵，前面为农会妇女的位置，儿童们都到前面楼上，大门口又是民兵站岗，许多人还挤不下站在门外，我们的同志都分工在群众中，要道布置流动岗哨。

（二）开庭审判

会场整顿好，审判长即宣布开庭审判。接着便是原告团控诉，控诉很激烈，一个未讲完另一个便接下去。原告团未讲完，非原告团便赶上去争着诉了。

恶霸林光灿打了一个老太婆的腿，这个老太婆指着林光灿诉得痛哭流涕，会场为之感动。诉了一阶段，审判长即将所诉材料转告后面大部分听不到的群众，并质问犯人对不对，犯人也说"对，对，对"。

有两名控诉犯人时，犯人辩论，和控诉人对起来，群众便高呼："彻底消灭封建势力，不准恶霸狡辩。"举起千万的拳头喊得震天响，很整齐。

到相当时候，司仪即提出人民团体代表发言。接着发言的仍是苦主诉苦。但因留下的时间不长，主要罪恶均以诉完，审判长即宣布停止控诉，很多未诉的苦主以后到法庭来诉，现在我们研究如何处理。一个审判员转达控诉材料，接着喊口号，其余都下台到另一地方简单商讨怎样判决，讲哪些话。

喊完口号，接着审判长宣判，说明人民法庭是怎样根据群众意见，根据法律规定，XX犯怎样犯第几条第几款，判处XX、XX罪，先判轻犯，后判重犯。

一经宣判便执行，最后宣判林、李两犯判处死刑，绑去枪决，群众自发高喊"好啊！"，即绑去执行。群众也整队步出会场，大部分都到刑场看看，有许多妇女儿童都跑去看，情绪非常高张。

执行枪决预先有准备，布置通往刑场一带的岗哨，哪个同志解押哪个犯人都分了工，会场不管怎么拥挤，中间留一条路，才好解押犯人。

（三）审判后群众的反映

1、有个富裕中农说：村干部、区里自高自大，不经上级就枪决人。

2、贫雇农普遍性地反映说：这两个人该枪决。李洪震判了徒刑，李如理为什么不判？这人也应枪决，判10年徒刑他还要回来的，老虎出来还要吃人。

3、判7年徒刑太轻了，最好判10年。

4、老太说，共产党办法真公，会收了林光灿这恶人，真没想到，我现在回去好好磨豆腐，快乐过年。

5、妇女说，在国民党时我们妇女那里拿着小旗参加开会。

（四）缺点

1、事先对恶霸管制不够，所以有恶霸破坏，给犯人换衣服等现象。

2、判决恶霸时材料准备不充分，布置时欠彻底完全。

三门县花桥区委会

（据临海市档案局土改数据）

第五节　　讲理斗争

　　"讲理斗争"这一名称是相对于"审判斗争"而言，不杀人不判刑，除了唆使儿童团员打骂外一般也不打人。但与真正的面对面讲理，那可说相差十万八千里。中共对一些政治运动冠以美称，也是一种文化。如延安整风运动中大搞逼供信的肃反称为"抢救(失足者)运动"；以打倒刘少奇为目的武斗不止的夺权斗争称为"文化大革命"；城镇知识青年得不到工作安排强制去农村劳动称为"接受贫下中农再教育"，等等，不一而足。土改讲理斗争时，被斗的地主站在台上或跪在台上，陪斗的地主面向群众站在台下。只有上台斗的人讲他的"理"，不许地主反驳他的"理"。大部分都是瞎编乱说，你借了地主的钱没还总得要讨，他把"讨债"称为"逼债"已是客气了；多数则无中生有，什么收租用大斗(量具)，借出用小斗等加罪于地主。

　　这里提供的情况是我听多个村民(包括我熟悉的地主)说的，他们在我面前不会乱讲，也没有乱讲的必要。上台"讲理"的人大都是工作队和村干部动员他们，先培养好，要他们上台"讲理"，有的为多得利益，有的情面难卸只好听从，有的泄私愤，也有的应付一下了事。工作队也来自上级布置、上级政策，因此也不能全怪工作队，而是中共长期来土改的工作流程、工作方法，在以后的一系列政治运动中，也得到运用，如反右派、反(彭德怀)右倾机会主义时瞎说一通、颠倒是非已习以为常。"讲理斗争"时主讲人讲不出什么理，只好瞎说。多数"苦主"还是争做积极分子只有乱说诬说。事实是"讲理斗争"不讲理。

　　土改至今还是肯定的，一般也不敢写真实的文章。1963年农村"四清"运动和"文革"时的"一打三反"运动，也有"讲理"斗争会，这些运动已平反了，有人写了文章揭发，现也可借鉴一下"讲理斗争"是怎么一回事。

　　1963年，全国农村开展"四清"运动中。益阳地委按文件精神，派工作队400余人进驻益阳县迎丰公社开展"四清"。工作队一到迎丰公社，成立贫协组织，发动群众，对公社、大队和生产队干部进行批斗，以后发生了"迎丰公社反革命事件"。湖南省委党校戴安林教授就这件事的始末写文章称："工作队运用土改对地主的办法来对待干部，开展所谓对敌斗争。严重混淆了敌我和人民内部这两类不同性质的矛盾。工作队还利用贫协组织打击干部的工具，而有些贫协组织成员的思想素质极低，揭发出来的许多所谓"问题"，往往无不纠缠着个人的历史恩怨，意气和成见，甚至还有弄虚作假，夸大事实，无中生有，捕风捉影的，但却被工作队上线上纲，一律以阶级斗争问题来对待处理。造成基层干部和群众、工作队、贫协组织尖锐对立。这种对立情绪的积累和加深，就孕育形成了后来的"迎丰公社反革命事件。"（《"迎丰公社反革命事件"始末》《炎黄春秋》2008年第5期）

　　这个事件发生在土改后经党教育十多年的1963年，"有些贫协组织成员思想素质极低"，甚至在干部、有些还是共产党员面前会"无中生有，捕风捉影"，"但却被工作队上线上纲"。那对敌斗争的土改同地主"讲理斗争"时农民协会成员思想素质就很高吗？在"审判斗争"时，死刑犯已押在你身旁，有土地可分，这些贫协成员就不会"无中生有，捕风捉影"吗？会！我村土改时，农会主要领导人就是这样的人(还健在的 80 岁以上的村人也许不会忘记),对他们的"无中生有,捕风捉影",土改工作队会上线上纲,"对敌斗争"就不需讲理,不需讲事实。这也是一种文化。

更甚者,在解放战争时的土改,也有借"讲理斗争"打死人的。前北京市政协主席时任长白县委宣传部长的白介夫,在他写的《长白山地区土改运动纪实》一文中这样写着:

"1947/8/16

酝酿已久的韩蚬田,今天上午讲理后被打死了。其七弟也因被打与害怕,傍晚时死在拘留所里。群众为了讲理要东西,早有准备,先轻打,后致死,开始的情绪竟使部分同志担心,每隔四五人讲理后,拉下台去打一通,之后追要东西,又是接二连三地暴打。持续将近一点钟后,情绪突然转烈,有人喊出'不要东西了,干脆打死拉倒。随着情绪高涨,张新会、吴长茂无意识地进行着鼓动工作,群众激动着他们,他们的口号又鼓动着群众情绪。主席台上站满了人,又接着喊口号,最富有鼓动性的是'有冤申冤,有仇报仇'。这在斗争会上是一句听惯了的口号,但在今天的场合下却具有更大的作用。此外不少人振臂高呼'穷人团结起来,团结起来有力量……打',继续叫了四十分钟。终于使韩蚬田得到了他的归宿。情绪之剧烈、动人,在我的群工史上还是第一次见到的。"

我村土改"讲理斗争"时,因地主有十多个,彼此轮流,被斗的站在台上面向观众低头,或跪着。陪斗的地主呈一排面向主席台站着,聆听主斗人的"讲理"批斗。讲的无非是剥削、催债、收租等,也有邻里琐事,子女纠葛的。从无到有,从小到大,任其自由发挥。我母亲也被"讲理"过一次。她在旧社会上过六次法院都打赢官司,只要允许她开口,一般人是讲不过她的,即使在这种场合,她还要顶几句，结果还是她吃亏，罚跪、挨打，我村多人同我讲过这些情况。

我同学杜彦友的哥哥在加兴路廊上带来一个母亲亡故、父亲外出在挨饿的继子，还为他去育婴堂带来养女以便给他以后成家。土改时这继子听村干部许诺，要他讲理会上揭发继父(杜彦友兄)的"罪行"，揭发了给他雇农成分，可分他继父的家产。本不该划地主的杜彦友哥哥，在继子"讲理"后划上地主。该继子土改时虽划为雇农，分了土地，但没有家室，离开杜家后生活难以为继，后来其生父把他带回。而我村的蔡继来，土改时村干部也许诺，如他能在讲理会上揭发继父，给他雇农成分，可分继父土地，蔡继来认为继父待他很好，没有什么可揭发，村干部的许诺被蔡继来拒绝，村干部就报复他，把当年仅17岁的他也划为地主，一起批斗。现其继父下代、亲属对蔡继来很好，他温暖地生活在他们当中。

不过在"讲理斗争"中有的农民也不听布置，或仅做做样子应付上级动员。如地主董丕芬的长工批斗董丕芬时，一边批董丕芬，一边把钱塞到董丕芬衣袋里；王山后村斗争地主王梦龄时，一个农民上台不快不慢地"骂"王梦龄：你小斗（量具）进大斗出(收租用小斗，借出用大斗)，与土改时宣传唱反调。王梦龄人缘较好，群众关系不错，这话不是口误。

当时"讲理"的内容仍是出租、雇工、借债等有关"剥削"行为，这些行为在改革开放的今天还得到政府的认可、支持。我家乡外出挣钱的人土地大都出租，现一些种粮大户的土地大都是租来的；城市的人不少靠租房生活；雇工更随处可见，还怕没有人雇他；人民法院也支持讨债。因此，讲理斗争时的"理"有没有？也可作结论了。

"讲理斗争"会上打人不多见了，确比以前的土改好得多。在本书《长白山土改运动纪实》一文中，作者记述了1947年8月16日，在"讲理"中活活打死了地主韩蚬田这种情况未听有发生。但也有打的，我母亲就被打了。"讲理"时要我母亲低头，她不低，儿童团来把她打倒在地，这是蔡进军告诉我的。"讲理斗争"不能申辩，我母亲委屈不下，常反驳，故吃亏最多，这是全村公认的。不过邻居蔡显仁（84岁）夫妻说："附近邻舍没有大的亏给你母亲吃，主要是儿童团，你母亲吃他们亏不少的。"十来岁的儿童懂什么？不是大人（村干部）在后指使、怂恿吗？只不过当权者手法隐蔽些而已，也是上级布置的一种工作方法。刘少奇在《关于土地改革问题的报告》中指出："农民协会应该成为土地改革队伍的主要组织形式和执行机关。"为什么由农民协会为主要组织形式和执行机关而不是由人民政府派出的土改工作队或村、乡政府或党组织为执行机关？因农民协会比乡、村政府和党组织更会"放开手脚"，儿童团比农民协会更会"放开手脚"，所以允许、唆使儿童团打人，必要时农会干部还以"和事佬"身份"劝阻"。因此，根子还是在制定政策的人。

第六节　交契大会　分配胜利果实　庆祝大会

交契大会

契约是财产所有权的凭据、标志。财产没收后，如契约还存放地主家中，是有后患的。为防以后翻案，要地主交出契约。交契大会很隆重。我们家乡那时家具及日常用品都用木制的，大都漆成红色。一种平坦浅口的木盆叫"桶盘"，

用它盛果品、放菜肴给贵客品尝用，放在"桶盘"上呈献以
示敬意。交契大会时，要地主把所有契约放在"桶盘"上，
"桶盘"顶在头上，排好队，并要地主显出微笑高兴的样
子，一个个恭恭敬敬地递给大会主持人。我母亲辛苦劳作、
节衣缩食买来土地，建造房屋，这样加罪于她，遭到没收很
痛心、很不平也是正常的，但还在精神上刺痛她，要她显出
微笑带着"乐意"的样子，要她把痛苦装成"快乐"，让人
看看你的丑态。为什么历次政治运动这么多人自杀，经不起
精神折磨，也是一个重要原因。

分配胜利果实

从划阶级成分开始，对地主的财产（土地、房屋、山
林）进行登记，地主要如实申报；同时其他农户也要进行登
记，以便划分阶级成分和以后没收、征收、分配作准备；对
村族学校寺庙等公有土地也进行登记，也属征收范围。

这一工作量很大，凡有文化的村人，不论是地主子女或
其他人员都指定参与，如我村蔡继浩（地主儿子，本人也地
主）、蔡元富（小学毕业，中农）都参加造册。具体的没

被没收的蔡明河部分住房
（2020 年摄）

收、征收和分配方案，由农会
干部、土改工作队员、积极分
子开会相讨，定出方案。因各
自也为自己或亲属争利益，常
有争执。由于农会干部和积极
分子普遍缺少文化，多为不识
字的人，工作队干部又不很了
解情况，常有人做他们的幕后
军师。我听多人（包括我母
亲）说，我村的没收和分配方
案是由读过多年私塾、做过律
师、当过伪保长、赌博买光房

屋土地划为贫农、土改时很积极的蔡继寿起草的。赌徒蔡继榜也有些文化，当过保队副，也是土改积极分子，虽是中农，但也有得益。

果实的分配除按照人口外，在质量上向干部和积极分子倾斜。土地方面的事，我也不大了解，房屋方面表现得很突出，我村最好的房屋要算地主蔡明河1938年建的十五间四合院的房子，雕梁画栋，台门墙壁塑像栩栩如生，木料高档，冬暖夏凉，除留给蔡明河四个儿子和蔡明河妻五户人家一半外，其余一半分别分给乡长李正良、农会会长蔡继传、民兵队长蔡显法、妇女主任胡毛妹和积极分子蔡继土等五家。地主蔡谢氏家的房屋在全村来讲算第二好，分给农会干部（党员）蔡继东等，全村第三好的蔡荷芳房子分给一再要求把蔡荷芳划为地主的积极分子蔡继都等。我家1947年建的新房在全村没收房中是最新的，在我印象中不很穷的蔡雪花及夫王育兵，在土改中分到该新房东侧两间，据说与王育兵胞妹是本乡乡干部有关。家具上也同样有倾斜，我结婚时用的绛红色雕花木床分给副乡长蔡方岩。

不动产的分配为了避免日后纠纷，要写明界址、数量及有关说明，如留还给我家的两间房子中，西侧一间的扶梯与分给东侧两间的王育兵共享，楼上也留有给他往自家的通道。但不论房子、楼梯所有权仍是我家的，这些都要在产权证上写明（在以后我母亲与蔡修宽纠纷中就起了作用）。因此这一工作量很大，迟到土改结束半年后的1951年年底才发下《土地房产所有证》。但两年后由于实行农业集体化，土地部分的所有权作废。

庆祝大会

贫苦农民分到土地，似有天上丢下"林妹妹"，是做梦也想不到的，确应庆祝。通过庆祝，更会感谢共产党，感谢毛主席，以达到巩固政权的目的。庆祝大会隆重非凡，有锣鼓鞭炮，有秧歌狮舞相伴。大会发言激昂，无非是地主坏，财产没收了，还要再挨骂。不过有些农民，也有认为这是不义所得，心里不安。我母亲曾多次同我讲过，分到我家东侧两间没收房的贫农蔡雪花，多次同别人讲，想把她分到原是我家的房屋卖了，认为在这里住下去心里不踏实，怕以后家庭出事（果然，她的独生女土改后不久就死了）。我们那时家境又好起来，母亲常向我转述蔡雪花的话，也可能希望我们把它买回来。但我们都不感兴趣，未成。我家旧楼房分给贫农蔡修宽，他也没有好结果，后来因生活困难，小儿子和其妻相继自杀。

第七节　检查补课，做好收尾工作

筱溪区土改检查补课工作计划。

一．总的要求

贯彻有领导的放手发动群众，彻底摧垮封建统治，填平补齐土改未完成部分，打下参军基础，做好参军典型试验，逐渐交接，支持外县。

二．具体工作

（一）进一步摧垮封建统治

1. 必须有领导地经过上级批准手续，继续通过群众完成应镇压对象。

2. 继续连串展开面对面斗争和摧垮瓦解反动党团的登记与交清地方武器相结合。

3. 对不法地主应罚劳役者罚劳役、应罚款者罚款。各乡整理材料，提出意见，请示批复。

4. 民兵切实管制地主。

（二）充分发动群众，提高觉悟

1. 从群众的经济要求提高到政治要求上来，广泛地进行抗美援朝保家卫国，保卫翻身胜利果实教育，使群众仇恨美帝蒋匪，认清世界恶霸美帝，必须人民团结起来反对和打倒，使其认识对共产党和毛主席恩情说不完，即把参加斗争恶霸地主情绪联系到参军反美情绪。

2. 整理民兵工作，个个审查，不够五好条件者适当精简，明确任务，切实成为农民自己的武装。

3. 整顿村组织，有发现不纯的组织，继续改造。

4. 通过总结，进行对比回忆，想想以前，对比现在，达到提高群众觉悟。

5. 布置生产，备肥备种，迎接春耕。

6. 普遍建立冬学，加强教育，提高觉悟。

（三）建立系统工作，做好交接

1. 建立系统工作，开好农妇、青代、武装、冬教、公安等各种代表会议，布置土改后的工作，明确各部门的业务与任务，为切实交接作好准备。此项工作由原区委筹备进行，切实说明，以乡为单位召开。

2. 培养干部，选建乡组织

（1）乡干部条件：五好四考加一条(注："四考"指经过斗争、划阶级、没收、分配等土改四个阶段考验，"一条"系指年轻有前途的)。

（2）各乡在七号前(农历)建乡完毕。

（3）选乡干部时，首先建立威信，明确其任务，教育群众接受其领导。

乡干部任务如下：

乡长负责全乡行政、财经、文教等工作。

副乡长领导全乡民兵，负责武装、保卫工作。

文书负责统计，缮写工作。

农会主任负责领导全乡生产和组织工作。

3. 交接

（1）政治交代介绍清楚，如各村组织情况，群众觉悟程度，封建地主可能产生哪些不老实情况。

（2）交代各种表册，综合交清，以便存案。

（3）武器除老干部配备外，缴获地主的一律交原区委。民兵枪支弹药登记入册。

D、开好离别联欢(乡区)大会。

（四）准备支持外县

1. 提拔帮助工作的积极分子，再加审查。条件够五好四考加一条者，我们意见带五六个。

2. 六号前调两个组(六人)先到新的工作岗位，了解熟悉情况，增加工作速度。

3. 农历十日左右，整批前往。

（五）拥优与准备参军

1. 拥优。(1)首先进行教育，召开军属会；(2)优待家属，解决困难；(3)召开军民联欢大会，进行参军教育与总结土改相结合。

2. 参军问题。我们意见是先搞一个乡试验，计划另拟单行报告。

(六)领导问题

1. 作出初步工作检查报告，并成立检查组，深入检查。

2. 通过学习总结，提高工作与干部水平。

3. 干部一律在乡公所吃饭，分头工作。

4. 掌握干部思想，加强教育。

5. 一律不准接受群众礼物，继续学习八项纪律。

（七）分工问题

区委分工。李进后张家富到城南，王纪安到大左，宗光明负责塘里、筱溪，葛君仁负责汛桥、杨梅，李区长负责蒋山，并抽调部分干部上山、支持打开山区。

筱溪区分委会
1951 年 2 月 10 日

第八节　土改时我村的村干部

我村土改时的主要村干部为农会主席蔡继传（雇农）、村长蔡继本（贫农）、民兵队长蔡显法（贫农）。

一、农会主席蔡继传

按照《土地改革法》和刘少奇《关于土地改革问题的报告》，农民协会是土地改革合法的执行机关，因此蔡继传是土改时我村 300 多户人家的第一把手，执掌着土地改革的大权。

土改时蔡继传 51 岁，1948 年在我家干过两天来一天的长工，故我对他较了解。他曾在国民党部队当兵，部队打散后回来。是本村上角人，因家无人无房无土地，为了生活托人介绍来我家干活。

他农技不高，仅应付一般农活，插秧等技术较高的农活要另请短工。他能讲几句南腔北调的普通话，也常开半句口的玩笑。他喜喝酒，来我家干活的这天晚上，我母亲必有酒给他喝。他有几个特点：

第一个特点是懒

他没有来我家干活的这天，常看到他站在路口或人家大门口聊天。之后他与亡夫的蔡继满妻合家，住在山坦边的岔路口，很触目，离我家不远，我常看他在旁边蔡沛兴家大门口闲聊。因我常找蔡继传有事，去过他家多次，房屋破旧漏雨，记得床铺也没有，睡在稻草垫上。真是个雇农，可说是一贫如洗。其妻也不勤快，衣服破了不补，夏天常赤背露胸，老是拖破布鞋，我从未见到她到菜地里干过活，更谈不上搞副业。

解放后，他这样身份的人，人民政府很重视，常向他了解情况。由于在我家干过半个长工一年，家穷得如洗，土改时划为雇农成分，又会讲几句普通话，也会出一些点子，也会翻脸。土改工作队来我村后推选为农民协会会长（主席）。这位光耍嘴皮贪懒的人，正合适这种工作，故他在土改中出尽风光。

江山好移，本性难改。土改中蔡继传分了好土地、好房子。但土改后蔡继传仍是懒，仍游手好闲没好好耕种，非但本村，近村人都知道他的懒。邻村人还送给他一句打油诗："大园蔡继传，种芋像桂圆。"（这是戴庄村张增连告诉我的）芋头一般有饭碗这么大，芋奶一般有墨水瓶这么大，桂圆比乒乓球还小，蔡继传种的芋奶仅桂圆这么大，可见蔡继传的懒。因此，合作化时他无米下锅，靠借米度日。这是蔡继土妻告诉我的。更谈不上晚上有酒喝了。

但他即使无米下锅，还是要玩了再说。在家不出工，常喜欢与小妇女说笑戏弄。女人下米煮粥或捏粉做面，偶然离开有事，他串门经过时，把锅中米捞起来暗藏在某处或把粉块移到不显眼地方。那女人回来后发现米粥很稀，责怪自己下米不够；或找不到做面条的粉块团团转时，他来了，哈哈哈！弄神装鬼地说孙悟空把它放在何处，那女人才找回下过锅的米或粉块。因此，小妇女见他来总觉得没好事，警惕几分。这也是蔡继土妻告诉我的。

第二个特点是馋

他在我家做长工时，几乎每晚都有酒吃，饭菜也好，不干后当然没有酒吃，饭菜也差了。1950年，他当上村农会主席，我家在村上是势单力薄者，往往欠账要不来，土匪从窗孔中塞进条子要我家出钱。我母亲凭着过去他在我家干过活的情谊，想与他搞好关系，知他喜欢喝酒，多次叫我送酒给他，他照收不误，从未说下次免了等的客套话。

因他是本村农会会长，权力很大，掌印子，有事要请示他，由他决定，为巴结他，农民家有婚丧喜事，甚至杀猪宰羊都要请他吃饭，他也有请必到。土改后农会会长权力小下去，年轻的有文化的人上来了，叫他吃饭的人也不多了，蔡继传不理这一套，叫他也好不叫他也好，他照样都去。凡是打听到人家家里有办酒席的，红事也好白事也好，建房也好杀猪也好，一桌也好多桌也好，他都不管。先坐在那边聊天，到吃饭时间到他不走，主人不叫他吃，他也吃，反正他是老干部，不会赶他的。他馋到这种程度，几乎全村上了年纪的人都知道。

第三个特点是贪

他见到有东西就想要。他有权后经过他手的东西，总设法扣留些变为己有。我听蔡继文妻向我母亲讲：蔡继传说天主堂区政府开会（设在我村天主堂的双港区区政府），要向她（地主）借被子。会开完后被子已拿回来，也不还给她。她也不敢向蔡继传要回。他常向要找他办事、寻找关照和方便的人，都要索取一些报酬，否则第二次求他，他就板着脸孔打起官腔来，推诿不办。所以常有村民说："他后半生进了多少东西无法计算。"虽然这句话指的较笼统，但从他对我多次送去的酒照收不误，从未讲一句"下次免了"之类的客套话和他厚着脸皮的贪吃，群众这些话也不会是空穴来风。

蔡继传是文盲，他任农会会长兼治保主任掌管印章大权，土改后相当长一段时期由他处理、决定村中事务，有时不免要签名盖章。但他不识一字，签不了名，只好都用章代。但章中亦有字，他也不认识，经常把章盖倒了。这是多个村人告诉我的。

蔡继传晚年合作化、大跃进时期权小了，送东西的也少了，因懒甚至穷到无米下锅。但他的政治光环仍不褪色，他死后，村、乡干部还要大园小学几百名师生停课为这位老干部老党员送葬。

二、村长蔡继本

土改时蔡继本31岁，比我大12岁。其父为蔡良修，与我父亲关系较好，我家农活常请他来干。蔡良修之兄蔡修魅曾与我家合养耕牛，平时耕牛大都关在蔡修魅家，由他看养。放暑假时母亲为了积肥要我牵来看养。他们两兄弟相邻居住，因我常去修魅家牵牛，自然也早就认识了蔡继本。

蔡继本不专心农事，喜欢在社会上"浪浪"，蔡行元当乡长时对蔡行元跟得较紧，后又在国民党某部队干过，其父在我家干活时常同我父母讲他的不是。多人同我说过：解放前他曾做过小偷，偷了天主堂的东西，要抓他。最近蔡明河家族中知内情的人同我讲得更具体：因其父蔡良修与本村族长蔡明河也较要好，蔡明河家的农活常请蔡良修干。乡长蔡行元家信奉天主教，天主堂也受到他的关照、保护。蔡明河与蔡行元有矛盾，彼此不来往。在天主堂神父和蔡行元要捉拿蔡继本时，蔡良修通过蔡明河的关系，把其儿子蔡继本送到蔡明河上角蔡昌见家族中蔡明河的老房中住半个月。蔡昌见下代人丁兴旺，蔡行元等不敢去捉拿。

蔡明河对蔡良修不是一般的友好，解放前蔡明河在房内床铺地下挖地窖放银元，地窖还请蔡良修给他挖的。以致土改时蔡继本带人要在该床铺地下挖银元，只不过蔡明河家人早已把银元转移，蔡继本空手而归。土改法中规定这不是没收范围，蔡继本只好闷声不响。这事是蔡明河儿媳妇告诉我的，看来蔡继本偷天主堂东西为避蔡行元捉拿躲在蔡明河老房是真的。

蔡继本点子多，善巴结，见风使舵，两面派，利用人有一套本领。我母亲同我讲过多次，在土改即要开始时，他以村长身份常来安抚我母亲说："我们两家上代有交情，我当村长不会亏待你家，你单边人(寡妇)无劳力，划不上地主，你东西不要转移，放心好了。"我母亲信以为真，以致土改时我家没收的家具、粮食在本村地主中最多。

1975 年秋，我调回临海工作，蔡继本带着儿子来找我，以为我在外人事较熟。他说凭着我们两家过去的关系，儿子刚从部队退伍回来，请我帮他儿子找个工作。他确会利用人。

三、民兵队长蔡显法

蔡显法住本村后宅，是蔡继标大儿子。蔡继标因贪吃(酒)懒做，解放前父亲蔡芝芳分给他的土地、房屋卖光，还卖了蔡显法的两个弟弟。一个卖到里后坑村，一个卖到店前村，仅蔡显法留身边。土改时蔡继标家划为贫农成分，分了土地、房子、山林，蔡显法也当上民兵队长。看在蔡显法是民兵队长分上，蔡明河的新房分给蔡继标。但也因"江山好移，本性难改"，土改后蔡继标仍贪吃懒做，蔡显法也不勤快，又卖了土改分来的土地、房屋、山林。房子卖给蔡继土，山林卖给胡方唐。有人还给他的这些行为编戏上演。蔡显法那时已 20 多岁的青壮年，非但不勤快，也无能力劝阻其父贪吃懒做变卖家产、卖掉儿子的不光彩行为，当然也担当不起村干部职责。但靠他的"穷"，当了民兵队队长。

这些干部也只能在特定时期、特定条件下发挥作用，不要说在改革开放后的今天，就是在土改后单干、合作化、人民公社时期，除靠权力捞到一些物质上、政治上一些好处，如蔡继传一个女儿小学毕业保送到初中，初中毕业保送到师

范。在生产上、改善村民生活上却显得软弱无力，甚至束手
无策。土改后生活又困难起来，人家有请客的，请他吃的也
少了，但他不论规模大小，他都主动上门吃喝，等于半个叫
花子。送东西给他的人也少了、没了，没米下锅只好去借，
留给村民的是笑柄。其原因，无非我母所说的："还要靠自
己做来吃。白吃是不长成的。"

除我村外，据邻村张增连讲，他村(塘王金)农会副会长
邬米多赌博成性，房子卖了七间，把妻也卖到大田。在要卖
儿子时，堂兄邬都多阻止才未卖成。

大石下赵村书记大白天经常同地主老婆睡觉，几乎是公
开的，其丈夫没办法驱管，只好看在眼里气在心里。这是下
赵村来在我家漆墙壁的赵师傅所讲的。

以上这几位土改时的村干部，是毛泽东在《湖南农民运
动考察报告》中指的"先锋分子"和中央主持土改工作的刘
少奇所说的"勇敢分子"。他们虽不是流氓，但在土改时
"先锋"作用和"勇敢"行为，可以肯定的。

因此，我村土改时干部的选拔是符合中共中央精神的。

第九节　土改中我的母亲

1950年冬，中央军委、政务院和新民主主义青年团中
央联合发出在青年学生和青年工人中招收军事干部学校学生
的号召，我报名参加，并去乡下告知母亲。因报名人数较
多，录取名额有限，我也不抱太大的希望。12月30日，校
方公布录取名单，我回浦中学360多人报名中批准了6个，
我未被录取。1951年1月3日夜，台州地区有关单位领导
在我校设宴招待全台州录取学生，宴毕后招生办人员找我谈
话，通知我也被录取，明天（1月4日）要与其他录取生一

起赴杭州，因此我离校前来不及通知家里。到杭州后，浙江省招生办要再进行体检、政审，可能有淘汰的，我也没及时给家里去信。1月10日《浙江日报》公布全省录取名单，我也在其中。随后通知我分配在南京海军学校，赴校前事情较多，当晚浙江省党政领导在杭州大会堂隆重举行欢送大会，也抽不出时间写家信，11日起程，12日到达南京，安顿下来后，才写信告诉家里。家里收到我信也需多日。因此，至少我离开临海半个多月后，母亲才知道我已参军。

我离开时家乡土改未开始，阶级成分未划分，我们也以为父亲早逝，母亲一向勤俭刻苦，不会被划为地主，这方面牵挂不多。

1955年夏，我从军队复员，回到回浦中学再读书，去附近老家迁来、我母亲来临海常住她家的堂姊处。她告诉我，我母亲在我去参军后不久来到临海城内找我，住在她家。说村里要把我家划为地主，不知怎么办好，想同我商量。我参军去了，母亲没找到我，她很失望，只好"空手"回家。据临海市档案馆数据，我乡土改在1951年3月3日开始，6月22日结束。在我刚去参军后的一月上旬，对我母亲来讲，是即将遭到"灭顶之灾"的《暴风骤雨》前夜，她一辈子艰辛积聚的财富就要化为乌有，与相处二十年、特别是父亲亡故后相依为命近十年的独生儿子出走，给她带来的打击不言而喻，这是她人生最困难的时期之一。

以后母亲和村人陆续告诉我土改时一些情况。

土改工作队进村后，访贫问苦，排队摸底，划分阶级，培养苦主，组织诉苦会、批斗会，家庭愈穷愈受关注，愈吃香。在我家做过长工，人懒家穷，因当过国民党兵，会几句南腔北调普通话的蔡继传，解放军和土改工作队都很看重他，当上土改"合法执行机构"的村农会会长。我母亲处事较精明，说话也有分量，蔡继传在我家做长工时，不免有得罪他，他当然要报复。

不久，我家储藏粮食和主要家具的房门被封，摆在眼前首要是粮食困难。人天天要吃，当时家里还有三人，还养了一只肉猪，一天的粮食消耗不少。没办法，被逼得只好"偷"。母亲在半夜时把封条用水弄湿，慢慢撕下，轻轻打开门，拿出粮食。这是她亲口同我讲的。除"偷"粮食外，还"偷"家用品，我们打"麦油脂皮"（春卷皮）用的铁熬盘，也是"偷"出来的。但不是启封条，而是用竹棒伸进地桁下空隙处，把它钩出来的。铁熬盘以后拿到临海我家用，我问她这件东西土改时怎么留下，她告诉我是这样"留下"的。

母亲认为自己苦挣来的家私，要没收想不通，很倔强。我听邻居蔡小理妻说：母亲在后墙弄水井提水，土改工作队一个女队员指责她不好好劳动，剥削过日子。我母亲不服，同那队员争辩了几句，可能那工作队员讲不过她，打了我母亲三耳光。

土改时工作队员、村干部、贫雇农、儿童团员可任意去地主家责问、训斥；路上碰到地主也可随便叫他停下责问、训斥，要你交代有什么"不规""违法"的事。我母亲就多次被叫到门口，站在门前街上接受他们责问、训斥。训斥后主训的人走了，没有叫被训的人回去，被训的就站在那边不能走。母亲多次在家烧饭时被叫出来训斥后没叫她回去，她回不了。她说，要么火熄了饭菜是生的，要么火过头饭菜焦了。

母亲"偷"出来的铁熬盘

土改时常对地主开诉苦会、批斗会。我村有十多个地主，轮流诉轮流斗。我母亲是全村公认的地主中最死硬分子，几个村民都同我说过下列这样的内容：诉苦、批斗的时候她站在大会堂（原天主堂）台上，工作队培养好的几个苦主（主要是欠我家账的赖账户），上台"揭发"我母亲做生意的剥削，放高利贷的剥削。母亲说：你不开店他不开店，那里去买东西？你这里借不到那里借不到你饿死了还做什么人？你不买我店的东西我不强迫你买，你不借我的钱、谷我不强迫你借，剥你什么削？为此，会场上响起一阵阵王梅花顽固不化，打倒地主王梅花的口号。儿童团抓她耳朵、头发，要她低头，不低头或低的角度不够便拳打脚踢。批斗后终于没有什么问题，也不了了之。实际上工作队也有应付了事的因素，按上级布置办事，且要向上级汇报，要填写诉苦、批斗了多少个地主，诉苦、批斗了多少次的报表，不得不斗一下。

村民们说我母亲这样"死硬态度""顽固不化"，我认为是真实的。约在1945-1946年时，我村蔡显英接任蔡荷芳当保长，也要派捐。那时我父亲过世已二三年，母亲继续开店、酿酒，已是较富人家。蔡显英叫我母亲去开会认捐，摊派到我家的捐较多。我母亲不服，据理力争，说欺侮我这寡妇，双方发生口角，我母亲打了蔡显英一耳光，事后还告诉其叔、族长、曾任大园小学校长的蔡文波（即我村1937年修族谱任总裁的蔡钟琪），要蔡显英检讨认错。我母亲有胆量告诉蔡文波必会讲出其道理。我此时已十三四岁，在家听她与别人讲此事时，至今不忘。她的强悍在于她有理，能讲得出其理，对伪保长能如此，当然也不怕"讲理"的贫雇农。

我妻子多次同我说，因母亲土改时很掘强，不服，农会曾准备上报要把她枪决。

对诉苦会、斗争会上苦主发言的内容，地主们已听惯了，由他们去胡编乱造不以为奇。最难受的是要陪斗的地主也站到斗争会结束。在主诉、主斗某一个地主时，其余地主站在台下面向主席台和毛主席像低头，一站就几个小时，不能动，等到大会结束后散会，人们回去了，大会主持人叫地主们也可回去。地主们转身准备回家，因站久了突然转身，年老的往往昏倒在地，昏倒最多的是当时年已69岁的蔡桂秋。我母亲也昏倒过。这是也接受批斗的蔡继来告诉我的。

有一次在小学里斗地主，我母亲和其他地主站着挨斗，叫地主低头。她没有低到一定角度，儿童团员拉她耳朵、头发，要她再往下低。母亲低不下，儿童团员从后侧用脚猛跌母亲脚弯处，母亲霎时倒地。这是当时仍在小学读书的蔡进军告诉我的。

地主在路上见到有人在前方走来，除了也是地主外，地主都要原地站在路边低头，待来人走过后方可再往前走。我在1950年上半年土改前曾在本村小学教过一学期书，与同在校的叶能厚老师较要好，那时我妻(占桂娥)也在校读书，补完高小课程，是叶能厚老师的学生。土改时一般人不能和地主讲话，更不能来地主家，有事也不能来往，有话也不能对说。恰逢当时附近的琳山农业学校招生，生源少，地主子弟也可去读。叶能厚消息灵通，专门来我家告诉我们已不可能，就利用他在路上碰到我母亲，我地主母亲在路边站着低头让他先走过之机，他走近我母亲身边时，轻轻同我母亲讲："你叫桂娥去琳山农校报名读书。"母亲听了后告诉了桂娥。她之后就去报名就读，并升至高级农业专科学校毕业，也改变了她一生，经一番挫折后终于有了工作，有了退休待遇。叶能厚老师的话，是母亲告诉我的，也是地主"靠边站"的"功劳"，真是"因祸得福"。叶能厚老师也是地主成分，我们感激他在我家危难时冒险关怀我们。之后我回

土改时归还给蔡继榜的笔者房前空地
2012 年摄

家时常去看望他，但多年前他过世了。为此，我还在 2009 年去了他老家大石上湾村，想见见叶师母，但也过世了。

在分家具时，村干部、工作队指使贫雇农把我家没收的家具抬到门前街上，我结婚时妻子的嫁妆几乎都没收了。因我家料不到会被划为地主，更料不到这是"不义"之财，再加上村长蔡继本的"劝说"，家又无劳力，一件也没转移，全村十多家地主没收的家具算我家最多、最新、最好、最全。没收那天抬出来堆满了我家门口的街道。在全部抬出来后，土改工作队员清点，叫名分到的抬回自己家中，此时工作队队员要我母装出微笑的样子，高高兴兴地让人家抬去。家具有大有小，有好有差，正如白介夫在东北搞土改时日记记下的一样，我处贫雇农也私心重，都想要大的好的，分到小的、差的就嘀咕，当然好的首先是分给村干部，然后是积极分子

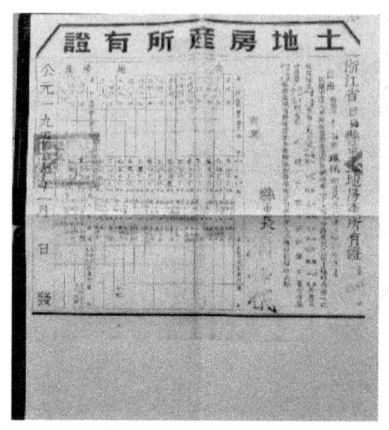

发给笔者家的土地房产证

我家共有六间半楼房,旧楼房两间半,新楼房四间。旧楼房中一间半为祖遗,另一间为1948年向蔡继榜买的。蔡继榜虽平时游手好闲嗜赌贪酒,还当过保队副,土改时却很积极,但他主要土地、大部房屋未卖,不是贫农,是中农,不应分进。但他是土改积极分子,其儿子刚参军,就以照顾军属名义,将卖给我家这间楼房的底层连同其旁的空地(即我家新房的院子)返还给蔡继榜。该房二楼仍属我家的没收房,因此旧楼房底楼为一间半,二楼为两间半。我家这六间半楼房分三份,我家留一份,其余两份没收。旧楼房二楼两间半、底楼一间半为一份,分给贫农蔡修宽。新楼房东侧两间为一份,分给贫农蔡雪花、王育兵夫妇。与旧房相连的新屋西侧两间为一份留还给我家。

后一份是我们建新房后的生活中心,楼下为锅灶间,吃饭、人客接待、晒阳纳凉等都在此房;楼上是我婚房,上下窗户明亮。分房时工作队告诉我母,三份中由我母先挑选一份。母亲想不再做生意,建新房太辛苦,心计太大,也想享受一下,就挑选了中间这一份的新房。分给蔡雪花王育兵的新房东侧两间,王育兵为后岭王村人,招女婿来到我村与蔡雪花结婚,家住在本村三角园平房中,我少时还去那边多次,住我没收房后因早有认识,常埚张我母亲能干,对我也很热情。新房东侧楼下猪舍蔡修宽、王育兵分开共享,厕坑我家用。

我家土改前有土地 22.484 亩余，全村人均 1,39 亩，土改时我们家三人，共分回 3.99 亩。这 3.99 亩土地共有 13 个地块，都是差的、小的，多数原来不是我家的。

地主的财富，辛勤劳动致富为主； 次为祖遗继承，但也要自身健全安分守家，游手好闲贪吃懒做几乎没有，否则"富不过三代"，早晚会败光。这样的没收，还要批斗，当然不服。为了压制这种不服，对地主进行专政。专政的方式和手段花样繁多，除镇压和判刑外，包括人身上、体力上、人格上、精神上、经济上无奇不有，凡是能想得出来的大都用上。有的人为取乐、泄私愤、讨好上级，愈左愈好。这些手段有义务劳动（做水利、村建公共设施、给干部家干活等）、送信、扫地、做军鞋、砍军柴、罚站、游街、戴高帽、低头、断绝亲友来往，还有发动儿童团打骂、定期向干部汇报，等等。这些我母大都经历过。如义务劳动，她做过水利，麦收后给农会长、原是我家长工蔡继传打麦（脱粒），他的麦当年还是地主种的。做鞋是我母亲能手，当然免不了做军鞋；扫街是常事。我家门前一条街指定我母亲扫。

地主要定期"学习"，改造思想，半个月一次。实则为变相的批斗会，把你"压"住。由农会会长兼治保主任蔡继传主持。他东拉西扯乱批一通，说什么剥削压迫。母亲常和他唱反调、顶撞，以示不服。据同在一起学习的陈蕉芳讲，别的地主都任蔡继传胡言乱讲，一句不说。唯我母常和他争辩，如说我母亲养母猪是剥削。我母亲说：你不养他不养，猪肉到哪里买？但最后吃亏还是我母亲，蔡继传说她不老实，不认错，要罚站。人家背后常劝我母亲不要讲，这里不是你讲话的地方。我母亲说这样胡说不道、瞎讲，听了就不舒服，不讲心里难过，罚站就罚站。母亲同我也这样讲过。他们说，全村十多个地主中我母亲是最硬的。

　　母亲还常同我说起，土改时邻居常背后议论，说她如此辛苦挣来的家私（财产）被这样没收是罪过的，她不会甘心的。

　　她确不甘心，上文已提及，多次同我讲起，土改时她想自杀，把房子烧了，自己葬身火海。但想想还有子女，就缩了回来。一缩又活了40多年，晚年还是当时全村2000多人中最年长者，94岁寿终。期间，她还看到了土地"回家"的改革开放，"毕竟还要自己做来吃"的今天；看到了下代也勤奋节俭，过着不错的日子，最后平静地离世，想必在阴间也会感到满足。

第三章 我的地主母亲

第一节　我在家庭副业下长大

　　我家在浙江省中东部文化名城台州府临海县双港区大园村(现改称为临海市白水洋镇双港办事处大园村)。西汉始元二年(公元前85年)置回浦县,公元222年（三国时期）,吴国吴大帝时改设临海县,为台州地区的政治、经济、文化、军事中心。历史上的台州府城就在临海,现今城墙修缮一新,堪称江南八达岭,为一著名旅游景区。

　　我家乡地处临海市西北丘陵地带,我村位于约有80平方千米的山间盆地黄沙洋中部,本村东南环有几米、十多米高的小山,东叫马架山,南叫后门山,南边较远处还有花园山,东北2里外有大塘山、青阳山。我童年时马架山全部和后门山的依村一侧均为松树林,有野猫野狗等出没;后门山南侧与花园山为耕地;大塘山为松树林,青阳山为耕地。诸小山之间大都是水稻田。我们祖先几千年来世世代代就在这

在青阳山上俯视今日的大园村

里耕作，农业经济占 90%以上。本村离县城约 30 千米（60里），建国前去县城主要靠步行，交通不便。

我村是一个大村庄，土改前有 300 多户 1100 多人口。据族谱记载，村中原住民为李、徐、余三姓。元末时蔡姓由邻县天台西乡三头下村迁来此后，子孙兴旺，房份发达，民国时期除一两户外，全村几乎都姓蔡了。抗日战争时期，县政府曾迁来此。村中有完全小学一所，为 1929 年本村绅士蔡明河与蔡晓春创办，校址设在新祠堂，读书求学风气较盛，不少以此进入仕途，村族集体经济中专设有奖学制度。村中有一座天主堂，一座寺庙，附近还有一座较有规模的佛寺，名叫净戒寺。村中有石制利用水力磨粉的水磨和碾米的水碓。全村在五里外的滑溪山峇拥有几十万亩山林。距设有集市的双港镇和店前街仅二三里，构成较为完整的自给自足经济体系。

我祖父有兄弟五个，都从事农耕。他亡故前有土地五亩左右，楼房三间半，平屋一间半。我父亲兄弟两人，祖父母亡故后留下的遗产对分，因此我父母早年有土地 2 亩多。这可从土改时登记入册的现保存在临海市档案馆中我伯父蔡桂清户的土地数来证明。他是单身人家，于 1956 年 67 岁时亡故，土改时成分划为小土地出租（实则他是老实巴结的纯农民，没有土地出租，也没从事其他职业，因我家成分地主，他家土地少，划不上地主，但又不给他农民成分，最后定为小土地出租），他从祖父遗产继承下来后土地从未买进也未卖出，土改时也未改进也未改出。土改档案上记着他有 2.391 亩，因此我家父母早年土地也仅 2 亩多。有楼房一间半，平房一间半。在祖父亡故前，我大姐已出世，家三人，按土改时我村人均土地为 1.39 亩，当时我家的家庭经济相当于土改时的贫农。

我家楼房临街，一间为卧室，另外半间为同伯父共享的中堂间。与平房之间有一个院子，约 50 平方米，中间有一条石块路，一侧是茅厕和空地，另一侧是菜园，菜园边上还有棵大桑树。为了防止小猪和家鸡进到菜园觅食，菜园外隔有篱笆。一间半平房中，半间是猪、牛舍，另一间是厨房，并搭了一张父亲睡的床铺。母亲（王梅花）就凭这些条件开了小店，并从事其他多种副业，又省吃俭用，我家的经济状况逐渐好转。在当时，赚来的钱买土地是最好的投资，因此有了积累就买田买地。1943 年父亲因病去世时已开始买土地，买契上写的是我父亲名字，但仅 2～3 亩，这从土改时没收的地契中也可以看出。

父亲去世后，母亲在悲痛之余继续搞副业、开小店，还酿酒出售。即使家境好起来了，母亲仍很节约，雇工吃白米饭，我家人吃麦麸(皮)饼。在继续买土地的同时，1947 年建了四间楼房，1948 年以 60 担稻谷的高价向邻居、赌徒蔡继榜买来紧贴我家旧楼房的一间楼房及其后院空地。这块空地就在我家新房前，母亲主要是考虑到这块空地可作我家新房庭院，因此出此高价把它买来。1949 年，母亲以相当隆重的方式为我完婚。这些当然都需要经济为基础。

父亲早年入赌，赌输了曾卖过房子，房契在双港赌场中写的，本村后宅蔡德金当夜经过我家门口告诉我母亲。后被母亲请族长要回。因父亲不安心务农，家里得靠母亲搞些副业维持生活，我四个姐姐中第三个、第四个姐姐均因家穷给附近东庄和下洋庄人家当童养媳，后来在夫家成婚，现都子女满堂。这是我村、近村人都知道的事，可见当时我家之困境。

1949 年解放时，我家已有土地 22.484 亩（据临海市档案数据），即在 1943 年 12 月（阳历为 1944 年 1 月）父亲亡故到 1949 年 5 月临海解放的五年半中，我母亲经手买了土地 18 亩左右。在我家乡人多地少情况下，这 18 亩土地是个不少的数字，在土改档案数据我村 11 户地主中，土地超过 18 亩的只有 4 家，其中包括我家，另一家为把早已分家的几个儿子土地合起来计算的假地主。我家还有楼房六间半，我婚后的满堂新家具，还拥有相当数量的债权。1951 年春，土地改革时我家被划为地主成分，认为她是剥削致富，母亲屡遭批斗，家财被没收，后又管制，处以"劳动改造"惩罚。"江山易改，本性难移"，土改后她又"东山再起"，埋头务农，还从事一些力所能及的副业，仍比一般的人家富足。

她虽文盲，但能绘出好画，绣得好花鞋，纺的棉纱又细又匀，近 90 岁时参加区里剪纸比赛得了三等奖，她腌得一手好咸菜，常当邻居的"师傅"。她虽是小脚女人，但自留地上种的庄稼常比旁人种的要好。

她做生意、借债，也有赖账的，不免与人家发生口角、纠纷，但一般都被她惊人的记忆力所折服，也有上法院打官司的。她说自己解放前上县城衙门（法院）打过六场官司，场场都赢。土改后房屋被没收，常遭住入的贫农欺侮，引起纷争，但她都能顶得住，常找村干部调解、评理，且都取胜。但 1958 年刮共产风大动大调时，在我家拿去的一些木料、家具、砖石，因成分地主拖下来未退赔，她为此向村、乡、区、县反映，要求了三十年，直至亡故。虽仍没退赔，可见她顽强不屈的精神。她常说

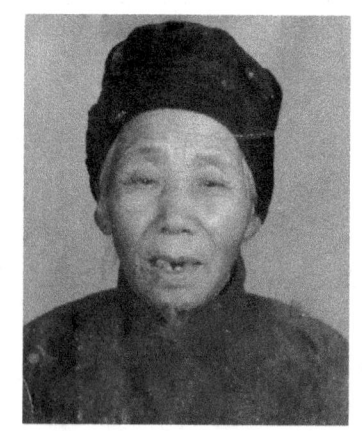

母亲王梅花

吵架要抓住"理"，有理行万里；吵架要输在头里(开始)，赢在脚里(结束)。

晚年时她常说自己一世做了三世的活。村人说她一人能抵十个长工。本书述说她的生财之道、为人、做事，除了还她以公平公正外，希望对人们的立身处世和社会进步有所裨益。

她的财富积聚先从副业开始。

养母猪

我能回忆起来孩提时最早的一件事是，有一天，我从家里平房走向楼房有十来米长的路上，被蹦蹦跳跳的小猪绊倒，哭了，母亲从楼房内出来拉扶我。此时我1岁多。

养母猪（俗称养猪娘）是我知道的母亲最早从事的副业，延续时间较长。我生于1933年，到1947年平房拆了建新房，新房建好后还在养。母亲外出时，我在家喂猪，并看管小猪。养母猪收益较丰，还可积肥。

养母猪首先选购猪种，接着配种，分娩，喂养，阉割睾丸，上市出售等环节。配种要把母猪情期时赶到另村养公猪的家中交配，父亲在世时这一活由父亲干，我也常跟他去。父亲过世后母亲或请伯父干。母猪分娩后小猪喂养很忙碌，一天三餐，起早摸黑，我也常做些辅助工作。

小雄猪生下一个多月后要发情，这时离上市出售还有一段时间，必须阉割掉睾丸，以让它快长和减少客户负担。这一活是母亲的拿手好戏，父亲倒不敢干，也干不来。阉割前她备好一把锋利的剃头刀、一小碗菜油，均放在小凳上。她抓来一只小雄猪后立即坐在一把稳固的矮竹椅上，两脚用力夹住倒挂的小雄猪胸腹，任凭它挣扎狂叫，左手捏紧睾丸外皮，使其外凸，右手用剃刀立即划开外皮，用力把睾丸捏出，再用左手拉出睾丸，右手再割断其筋带，取下睾丸，迅速敷上菜油，即放开小猪，阉割告成，动作干脆利落。小雄猪的伤口要红肿，二三天后即可消退。割下来的睾丸放在碗里，漂洗后晚上烧稀饭时放灶火中闷烤，让我吃。

雌小猪输卵管阉割要开肚，较复杂，且发情期晚，有专人从事这一行业，出售后买猪户另请专人阉割，当然要费用，故雌小猪售价较雄小猪略便宜。

小猪养两个多月后可上市出售。上市时父亲用猪篓挑到双港集市的猪行中去卖，母亲也跟去，生意手还是母亲好，我有时也跟去，父亲过世后母亲请人挑。双港集市日是农历每旬三、六、九日，每次卖三四只，一般三四个市日即可卖完，最后自家留一只养肉猪。

养母猪也有亏空的，关键是饲养调配，不得病，小猪膘肥。猪价也有涨跌，不要一跌就不养，一涨就大养。我家还算顺利，稳定，赚钱。

养母猪很辛苦，各方面要配合好，我近邻中没有饲养母猪的，我村300多户人家也仅有二三家养母猪，我知道的另一家是与我家相距较远(本村后宅)的蔡修环家。也有亏空终止的，我四姐家父也养过，因亏空，没多久就不养了。

母亲对养猪情有独钟，有"滴水成潭"之利，即平日少支出，长大后大收入，还可积肥，是很获利的副业。20世纪80年代她已80多岁，还同我商量要养只肉猪。土改后我家没猪圈，她说准备关在楼梯下。我认为房子狭小，家里仅她一人，年纪又大了，终因遭我反对而罢休。

所附的仔猪吃奶照片，是我2008年在绍兴公园内为歌颂改革开放展览会上从展出的图片中拍摄，名为"丰年"。我附上这幅

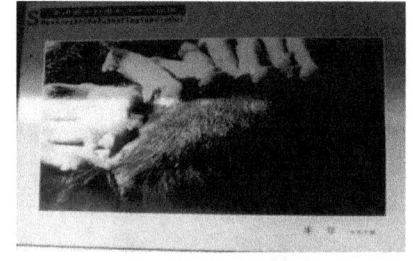

极普通的照片，目的是回忆我母亲养母猪的辛劳和我童年的生活。

做垂面

"垂面"是我们家乡话，也称挂面，即制作食用麦粉面条。但与普通面条又大不一样，粉中加食盐。制作时利用其加盐后的韧性，用面筷把粉条拉长，再悬挂在空中凭其自身重力下垂，面条细到似松叶针状，干燥后收藏，故称垂面。此种面条产在我老家临海西乡、北乡及其与天台县、仙居三县交接地区，特别是我们双港区和附近的大石区较多。吃起来柔软、味香，我可谓跑遍全国的人，在外地从未吃过这种面条。据说现在大石区（河头镇）垂面经包装远销到上海等城市，但我还未在餐馆中吃过。做这种面条要有一定技术，要有一定设备，工序繁多，且起早摸黑，很辛苦，现在从事这行当的人不多了。

做垂面首先要有气候条件，温度要低，只能在晚秋至早春之间制作。加盐量根据气温变化而增减。天愈冷，少加盐其韧性即可拉出细条；温度高盐量加多。若盐量不足，韧性就差，易断；盐量过多，则拉不细，且咸味太浓口感差。此外要当日做当日晒干当日收藏，故天气要晴朗；又因在露天晾晒，垂吊在3米多高的面架下，不能风吹，否则也易断，故风大也不能做。

做垂面

那时没有天气预报，母亲在要想做垂面这天，早上 5 点左右天还黑时即要起床看天气情况，看天空是否有星星及星星位置以定时间，还要看风力大小。她是从楼房靠近平屋的后门开出去看的，有时还会把我惊醒。如天气好，就准备拌粉揉粉。

做垂面用手工，设备较多，计有面板，面盘，面筷，面架，面柜，面桁等。

做垂面的工序有：揉粉，搓面，上面，转面，出面，落（收）面等。前面几个工种有一定时间间隙，母亲都安排得很紧凑。要么烧猪食、喂猪，要么去市集上进货，有经济收入的放在前，做饭洗衣等放在后。出面时已到午后，就把面柜中串有面条的两根面筷取出，拿到屋外站到高凳上，把一根面筷插进有 3 米多高的面桁孔中，另一根轻轻往下拉，使面条不断变细，最后会细到松叶针状，直到干燥为止。我不时也会帮忙。最后为落面，把晒干的面条，自面桁上取下，放在面板上折断，整整齐齐地一绞一绞放在箩筐中待卖。至此，这天的垂面才做完成，那时天也黑了。

母亲做的垂面既细又匀，大都是村人来买，我没有见过她去市集上出售。每次约做 20 来斤粉。据母亲说做垂面可对半赚，即可赚回 20 斤粉的价钱，加工面粉留下的麦麸(麦皮)可喂猪，利润更高，也是综合利用，综合效益。

母亲做垂面延续的时间也较长，在我出世前早已开始，在父亲 1943 年底过世前年年都要做。父亲过世后忙于生意有所减少，后来酿酒等生意愈来愈红火，更少做垂面了。

这一既要技术又很辛苦的行当，现在很少人做了。我老家附近几个村，仅山下村有人在做，所附的照片是我特地去那里拍摄的。

养蚕

　　从我孩提时起，到 1943 年父亲去世前我家年年都养蚕。家有两棵桑树，大的一棵长在家里菜园中；另一棵长在后门山旱地里，我常跟父亲到那边采桑叶来喂蚕。这两棵桑树不像现在种植的仅一人高左右成片桑林，而有近十米高，树枝散开一大片，人要爬到树上采叶子的大桑树。家里的一棵，我还常爬上去玩，有时小鸟成群停在树上准备啄我家猪吃后余下的食物。这两棵桑树基本上足够家养的蚕吃，如蚕大了临近"上山"时不够吃，再到市场上买一些。养蚕流程大致是：

　　把一张张蚕纸放在温暖处，甚至被窝里。过几天如芝麻大小的蚁蚕便会蠕动。以后逐渐长大，会爬行时，开始吃桑叶。此时桑叶要选嫩的，并剪成细条，使幼蚕的嘴能接触到，以利其咀嚼。蚕长大较快，为了能及时均匀地吃到桑叶，不断要分盘（竹制篾盘），蚕到中、后期长得更快，吃得也多也凶，吃桑叶的沙沙声清晰可闻。为了保证桑叶充分供应，让它们吃饱，还要不断分盘。

　　蚕长大结茧前，要对着灯光看其肚子是否透明（亮）。如果已透明，说明其丝已做成，即可"上山"吐丝结茧。照光时母亲拿起一条蚕对着油灯仔细看，拉拉长缩缩短，像玩把戏一样。已作丝的蚕，即肚子透明的蚕，放在小枝杈多的苋漆柴或麦秸秆上让其攀爬，俗称"上山"。它选好位置后便会在其上吐丝结茧。丝吐完茧结好后，自缚其中而"死"。有时夜里放上去，早上便可见到一颗颗雪白的蚕茧了，蚕自己缩变（"死"）在其中称为蛹。古人曰："春蚕到死丝方尽，蜡炬成灰泪始干。"多伟大！

　　蚕茧取下后，即可拉丝。拉丝是把茧放在水中烧煮，先抽出丝头，几根合起来穿过木架支撑的金属小圆孔，再卷入纺车辊轴上，辊轴饱满后，取下捆扎，便成丝品。我家做出来的丝多数是出售，有时也留些自家做绸衣养蚕也有风险，主要是发病，个别也有病死的，坏死的蚕很难看，我至今还有印象。不过母亲养的蚕一般都很顺利，也有利润。

我十岁时父亲去世，没人采桑叶，蚕也不养了。

收水磨

我村有氏族经济时期建造的水碓、水磨。利用水力冲转木盘再带动两只石杵作上下跌落在石臼上，把稻谷碾成米，因碾米时两杵轮翻上下相对运动，故叫"水碓"。我村有两座"水碓"，一座是村族所有，一座是蔡修多个人所有。带动备有上下两个重迭石盘仅上盘旋转下盘不动，把谷物(主要为小麦、玉米)碾磨成粉的叫"水磨"。

这些是我们祖先的发明，也是我村祖宗为村民福利建造的村有集体经济。为其正常运转，由村民承包，缴纳一定承包金，承包户再向用户收取一定费用，通常提取加工谷物的1.5%左右，要承包人自己去收取，称为"收水磨"。收取的费用除上交和维修外剩下归己，与当今的承包制类同，且多数是照顾困难户承包。如勤管理，有一定收入。我家早期经济困难，承包过多年。

我家承包的水磨位于村边2里远的大塘山麓。该山高约40米，山下有个约500平方米的大水塘。我们祖先引进附近溪水，利用落差在大塘入口处修建了水磨，这是族有的。该水磨造福全村村民，获益匪浅，日常人、畜吃的粉类粮食基本上都在这里加工。

收水磨主要由我父亲经营，除了收磨钱外，父亲还要检查水渠和蓄水池是否漏水，水闸活动是否正常，打粉用的绸布是否有破损等，每天总要去几次，有时还在那边等待守候，有些人未见我们来也会自觉留下磨钱(谷物)。磨钱都用粮食代替，故要备有小箩筐。父亲没空我去收取，我六七岁时就会为家干些事情，磨粉人也会给我磨钱。但也有个别磨了因我们不在逃付的，特别在夜间较多。父亲是睡在家平屋灶间，该房东边是空旷的田野，夜里人静时，2 里外水磨打粉发出的箩筛声他会听到，即使已入睡后的半夜他也会起来去收磨钱。那边坟墓很多，各种鬼神传说不少，我就听人说女鬼半夜坐在坟上对着镜子梳头，听了就汗毛直立、浑身发抖，但我父亲不怕。

磨粉、打粉都在水磨的二楼，底下是水轮，水轮下就是滚滚冲下的水。当磨粉打粉时，水力冲向水轮，水轮快速旋转，通过一根大木轴带动二楼的水磨的上磨（石制）也跟着转动，下盘不动。两盘均刻有槽纹，凭石制上盘的重压、旋转、摩擦，被磨的谷物磨成粉，源源不断从下磨槽中涌出，落在地板上。

木制地板有空隙，在强烈震动下，有少量粉末漏到底下翻滚的水中，并迅速随水流流向大塘。大塘里野生鱼种类多，特别是长白鱼、黄鲨，食性强，当水磨开动磨粉，急剧的水流冲向大塘时，它们逆水流冲到水磨下争抢觅食。当关闸水断停磨时，它们又迅速随水游回到大塘中。

父亲就利用这一特点，在流向大塘的水道上垒上石块，仅留一个小缺口，既不影响流水，也不影响鱼类上冲觅食。在蓄水池的水即将用完，马上要关闸停磨时，备好网兜在其边等候。当一关闸停磨，网兜即插向缺口，顺水而下的鱼也冲到网兜中。父亲速把鱼翻抛到岸上，再插回缺口，再把已捉的鱼翻抛到岸上。我兴高采烈地一一捡来，晚上叫母亲烧来吃。之

今日的大塘，左上角为水磨坊遗址

后我自己也会干这行当，每次都抓到不少鱼。这是我童年中美好的回忆之一，可是好景不长，惜我父亲过世太早，水磨不收，当然这样的捉鱼也停，不再有如此兴高采烈的事了！

纺棉纱

我们家乡几乎每家都在沙性地上种些棉花，织土布再成衣，或做棉絮被子，过着自给自足的生活。棉花与成衣之间，必要纺纱。纺成纱后可织布，再成衣，一切都是手工操作。母亲是纺纱能手，纺出来的纱既均匀又紧实，除自家用外，多数给人家加工，收加工费。人家也喜欢找我母亲加工。

母亲是在竹、木做的手摇纺纱机上纺纱。该纺纱机与我在电影上看到的延安八路军大生产时或有关展览馆上看到的纺纱机类似。

纺棉纱的特点是随时可纺，随时可歇。有空就纺，有其他事即可离开，因此母亲一有空便纺，有事便离开，不影响干其他事。纺绵纱可"见缝插针"地利用时间，特别是对于她又开小店又从事多种副业的大忙人很合适。

父亲去世前，常见她纺棉纱，父亲过世后因生意忙，效益更好的副业还有，纺棉纱少了。土改后养母猪、做垂面等不干了，纺棉纱的旧业又操起来。合作化时期生产队不种棉花，此活也停下。改革开放后，土地又分到家，种什么由农民自己决定，又有人种棉花，托我母亲纺棉纱的人也多起来，有时整天都在纺纱。

因纺棉纱时一手拉线，一手摇车，都很吃力，因此母亲常在旁边放一只待纳的鞋底，她为了调剂劳力，又不闲着，纺了一阵纱后，手累了，再纳（缝切）一回鞋底。因纳鞋底用手的部位与纺纱不同，用力不同，可调制劳力。原来纺纱累了的部位可歇一下，以发挥更大效益。邻居蔡素青等至今还在诵念我母亲这种节约劳力、"巴结"（抓紧时间）干活的好方法。

织麻线

暖天的蚊帐和有些人夏天的衣服都用麻布来制作。麻布用麻线织成，那时麻线是用苎麻丝一根一根地经手工粘搓连接成线，不是纺成，再用木制织机织成麻布。

母亲织的麻线既细又匀，连接处无疙瘩，自然流畅，除了织自家的麻线外，还给人家加工，收取加工费。

织麻线的工序是：地上割来的麻秆放水中泡涨，折断麻秆剥下麻皮，再用小麻刀片去外皮，片状麻肉晒干，分成麻丝，便可织麻线。织麻线时人坐在凳上，把麻丝放在大腿上，一根一根搓扭相接一起，放在专门用来放麻线的竹制"空心篮"中，到一定数量时，有序地卷在棒上，抽去棒后成空心的圆球，便可交织麻布匠织麻布。

织麻线也是随时可干随时可歇的活，母亲一有空便可拿来织一下，因此常穿插在其他活之间。熟练了之后眼睛不看麻线凭手感也可织。因此，夏天晚上乘凉时，特别在有月光时，她常在露天下利用纳凉来织麻线，邻居对她的"巴结"赞叹不已。

我家有片苎麻地，约半亩，位于离家2里外的戴庄村边。苎麻为多年生作物，收割后根部留在土中，次年春再发芽成长，再收割。父亲在世时我常随他去松土、施肥或收割，也是我童年值得回忆的情景之一。父亲过世后伯父也代我们管理过。

1949年解放前，常看母亲在织麻线。现随着科技进步，蚊帐被尼龙等人造纤维取代，这一行当几乎消失。

第二节　勤劳加节约　贫穷变小康

农业是我家祖辈沿袭下来的传统产业，父亲自少到1943 年亡故主要从事农耕。据母亲说：父亲在婚后至我出生时为止的十多年间，即使经常参赌，但不赌的时候仍会耕作，加上祖父母和我母亲的管教与监督，他也不是终日沉醉在赌场中。

我 1933 年出生后，父亲戒赌了，似有"浪子回头金不换"之势，专心耕作，积极协助母亲搞副业。如母亲做垂面，他先去磨好麦粉；母亲养母猪，他备饲料、配种、上市出售；母亲养蚕，他采桑叶；等等。确是"家和万事兴"。

父亲从事农耕，至今我还有许多记忆。在我三四岁时，他去田间劳动常把我带去。他在田里劳动，我在田边玩耍，抓蚱蜢、捉小鱼。有次在花园山脚的一丘田里，他劳动，我在山边玩，至今还记得很清楚。1940 年我八岁时，日本鬼子入侵临海城关，城里人逃到我们乡下，我们乡下人逃到山沟。我家有个亲戚，我喊他"公来姑丈"，住在环溪山口枫树下村，父亲要带我去那里躲避。去之前父亲还领着我去田里干活，回来走到下仇山脚时，他对我说：日本鬼子要打来，给你送到枫树下（村）去住（躲）几天。过后他就带我去了。

父亲劳力不是很强，约八分，那时家境已好起来，除祖传土地外，还买了几亩地，他亡故前共约有五亩，农忙时还雇些散工，俗称客工，蔡良修、蔡桂云伯父等是常客。

在我出生前父母除务农和搞副业外，还利用天时、地利、人和开了一爿小店。

天时：抗战前的 1927-1937 年，史称我国"黄金十年"，经济发展迅速，物价稳定。农业方面，有些农产品，如大豆，直至 80 年代还是抗战前的 1936 年产量最高。工业方面，我国第一座现代化大铁桥——钱塘江大桥，在抗战前夕的 1937 年春建成。文化教育也得到一定发展，如脍炙人口的电影《马路天使》《十字街头》《桃李劫》等就拍摄在这一时代；我村的大园小学创办在 1929 年，并逐年发展壮大。人民生活也有一定提高，工业品如香烟、肥皂、纸张、煤油、火柴等进入农村，农村商业也兴旺起来。抗战爆发后，军队、社会人员、物资流动量增大，也促进了商业发展。这是天时。

地利：我家位于村东边，临近大园小学，门前有一条本村最大的街，长约 700 米，宽约 15 米，因靠近小山湾，名叫山湾街；还有一条伸入本村中部的道路，在我家门口与山湾街相交，因此我家便位在三岔路口上。我村东边 3 里远是较大的集市——双港镇，村里人去双港多数是经我家门口，小学生上学、放学多数也经我家门口，因此我家是开店的好地方。在我家开店之前邻居蔡修树就开过店，因亏空没多久而关闭，我家租借他们的货柜接着开。土改后，特别在改革开放后邻居也在附近开过小店，不过也未见赚多少钱，先后关闭。我父母则不同，后来买田、建房开支，开小店和酿酒是主要经济来源。这是地利。

1950 年前的店间（中）（2007 年摄）

人和：父亲读过几年私塾（家馆），能写一手漂亮的毛笔字，性格温和敦厚，诚信待人，戒赌后家庭和睦。母亲虽是大字不识的小脚女人，但是一个善于开拓进取、精明能干、思维清晰、记忆力强、反应敏捷、应酬自如、刻苦节俭、一心致富的人。这是人和。

　　小店卖的东西主要是副食品和日用品。副食品有糕点、糖果、红糖、白糖、桂园、荔枝、酒类、香烟等；日用品方面有学生文具（纸、笔、墨、簿）、煤油、肥皂、火柴、蚊香、蜡烛、电池等。进货管道一般都是附近集镇，主要是离家 3 里远的双港，其次为店前，也有到临海县城批发来的。去县城进货常与本村后宅另一小店店主蔡交修伯伯互相托带。营业额较大的是香烟和酒类。酒类有黄酒、白酒（烧酒），也卖过醋。早年都在酒坊或私人酿酒处批发来，因酿酒要资金、要设备、要技术，后来，家里资金丰厚后才自酿。父亲在世时已开始少量自酿。

　　店内没有专人守店，谁有空谁卖。父亲在世时主要是母亲卖，她在家搞副业可兼顾到；其次是父亲，他农耕回家或进货回来就以他为主。我二姐 1942 年婚前在家时也参与售货；大姐在我四岁时出嫁，出嫁前必也参与过卖货；我在六七岁时就会卖货，会简单地算账，八九岁以后可充当"售货员"了，称秤、计算、收钱、记账都会，因此我从小就打下较好的心算基础。但我和二姐包装上远不如父母，卖的糖类、桂园、荔枝需要包装，父母包得有棱有角，我们则是一团扭。

　　为扩大经营，我村有几个赌博摊，父亲有时也拿些香烟、糕点到那边设摊。他过去痴迷赌博，母亲都以"赌博人"称呼他，现他"立地成佛"，身在赌场，"滴水不沾"。我即使不到十岁，有时也去看看热闹，少年时也与同龄人赌过，有时也在赌摊上押个一角二角。但约在八岁那年，感到这不是我该干的事，那年春节戒掉，之后从不参赌，连股票也未抄过，与父亲一样"立地成佛"。

抗战时物资紧缺，有时货源中断，如香烟进货难，我们买来烟丝或烟叶、烟纸自己来制作。制作时用一个木盒，其上有一小槽孔，孔中有一滚轴，烟丝放在烟纸上在盒面用小滚轴滚动，香烟即溜滚出槽外，再剪齐便成。如用烟叶制，先切成烟丝，喷些烧（白）酒再制。

我很小还未参加卖货时，约三四岁，要爬到货柜上掀开盛有糕点的玻璃瓶盖，偷糕点吃。因父母平时不给我吃，特别是母亲，严格禁止我吃零食，她说吃了浪费。但我嘴馋，很想吃，便偷，稍大后不偷了。

除了开小店外，父母亲还贩卖过大米。那是在抗日战争时，杭州与临海公路中断，北侧的天台县仍可通达，米价较贵。我们家乡与天台县仅隔一座大山，翻过安头岭便是天台。我们家乡也产稻谷，父母就抓住这一时机，收购本地稻谷，加工成大米，雇人挑到天台去卖，或天台人来收购，赚些差价。当时处于困难时期，国家提倡吃72米，意即100斤稻谷要加工出72斤大米。普通大米100斤稻谷大概只能加工出65斤，去的米皮较多。72米非但出米量多，且营养好，维生素丰富的米皮没有去了，只不过口感差些而已。加工72米不放在水碓中加工，而是在特制的木磨上加工，木磨称为"砻磨"，原理相当于磨粉的水磨，不过水磨磨粉的磨盘是用岩石制的，压力大。加工72米时稻谷放在木盘上，受压轻，用手通过木架推其旋转（相当于人工磨豆腐），72米便在上下木盘的间隙流出，实际上仅去了谷壳而已，因此100斤稻谷可加工出72斤大米。

本村人在本村开店因彼此都熟悉，赊账的很多，货物拿去后不付现金，到年终结算付钱，因此要记账。欠账中有几个大户，如乡长蔡行元，赌徒蔡小香（继寿）、蔡继榜等，数额较大，有时有争执。蔡行元都叫其乡公所队士（良满、远郎等人）来拿取，他本人可谓是一笔胡涂账；蔡小香、蔡继榜是赌徒、吃酒胡涂，且都是很近的邻居，提货时开心，要账时痛心，不免有口角。没有钱付时，用卖土地、卖房子或卖家具了结。我家就有一些家具、土地、房屋原是蔡小香、蔡继榜卖的。父亲在世时都是由他记账，他一手工整、清秀的毛笔字让我很敬佩，至今还有保存作纪念。"文革"时我单位红卫兵抄我家，把它抄出展览示众，诬为"变天账"，幸好账都收清，且父亲已于1943年亡故，才不了了之。所附照片是1966年8月文革时被抄去，后入浙江省地矿厅归档，毛泽东过世文革结束后的1978年，经我多次要求才还我。

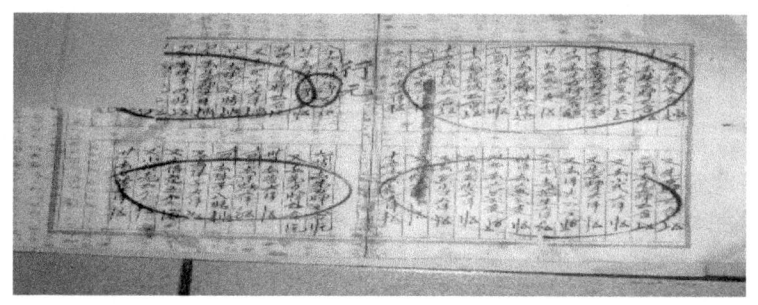

父亲制作的"总汇"账单

由于父亲积极农耕，用心经商，母亲操劳副业，家庭和睦，精打细算，处处节约，家境逐渐好起来，在我几岁时就已是"小康人家"，吃饱穿暖没问题。两个在家长大的姐姐都读到小学毕业，这在当时绝大部分农村妇女为文盲来讲已很不错了。大姐在1937年出嫁，二姐在1942年出嫁，都有"七杠红"嫁妆，意即出嫁时有七杠大件漆红的家具抬到夫家。两个从小给人家当童养媳的姐姐也常往来，后来完婚时也给了嫁妆。

我至今还记得很清楚，在我还很小的时候，有一年夏天午后在楼房后门口坐在条凳上休息纳凉时，母亲也在旁，父亲说：今后高中要给我读的。如今我是大学毕业，两个女儿也大学毕业；一个还是美国硕士毕业，现在美国工作；孙子也在浙江大学毕业，后去美国攻读硕士学位，现也在美国工作。如父母在天有灵，定会感到欣慰。

这种"小康"也是相对而言，我们吃的除有雇工时外，都是以稀为主。晚上稀饭（米粥）咸菜，早上把前一天的冷稀饭热一下吃，也是咸菜相伴。雇工吃的白米饭，我们有时吃麦麸饼，且母亲叫我们吃八分饱即可，她常有句口头语："少吃多滋味，多吃坏肚皮。"要我们以此勉之。不过我们一年到头吃得较为均匀，春荒时也有米吃，不像有些人收割时大吃大喝，以致接不到下季收割。我们穿的是自家做的粗布衣，也打补丁，不过母亲较勤快，破了即补，不露身挂片；母亲善于做布鞋，一年到头不会穿露脚的破鞋。因此这种"小康"也仅是均匀的简单温饱而已。

第二节　父亲病逝　举家哀痛

1943 年 5 月，邻居继才大嫂送来一碗烧好的鱼给我们吃。这是我们较要好的邻里相互赠送的习惯，也是农村和谐的风俗。父亲也吃了，次日早他肚子痛，接着就开始拉肚子。肠胃不好拉肚在当时我们农村是常见的疾病，在家卧床休息几天，吃些中草药或焦炭类食物（如骨灰、米饭锅巴炭）等，一般便会好。但他多日未见他有好转，叫来中医诊治，效果也不佳。到 6 月份稍好一些，也仅勉强能起床，但田间农事、家里店务等都干不了，要由母亲来安排、操办。田间活雇工，店里母亲进货，我与母亲两人卖，账由我记。

后来父亲病又复发，仍卧床不起，又请中医。常请本村蔡继德中医师，他也是我的小学老师，他住在不远的本村山坦附近，都是我去请。他来后先搭脉、看舌苔，再询问，后开方。母亲照例次次烧"点心"接待，大都有蛋有肉有黄花菜等较好的面点。药方开好后，继德先生吃点心，然后离开。我去附近集市双港或店前街药店捉（买）药，药买来后母亲煎药。但经几个月治疗父亲病还未有好转。

肠胃不好主要是由消化不良引起，父亲久病胃口又差，在饮食上母亲特别加以细心照顾，吃的主要是较稠的稀饭（粥），吃的菜大都是自家腌的咸菜和自家腌的咸精肉（蹄心肉）。母亲有一套腌咸菜、咸肉本领，香味可口。除了稠稀饭和精肉咸菜外，有时也吃些蒸蛋花等易消化食物。那时为了方便照顾，父亲从平屋灶间床铺移住到前面楼房底层，与我们同一室，因此与灶间有一定距离，母亲烧好后大都叫我送到前房给父亲吃，她再烧其他饭菜。

肠胃不好常拉肚子，粪便处理和清洗工作也很繁重，母亲除照顾父亲医病饮食外，还要安排农事、应付生意，我年纪又小，无力承担家里的卫生杂事。嫁在近村的大姐前二年亡夫，家父（丈夫的父亲）还在，儿子仅二岁，离不开；二姐才结婚一年且刚分娩，也无法离家。母亲就把从小给下洋庄村人家当童养媳带去的我三姐叫来家照顾。她那时十五岁，从小就干活，能吃苦，不怕脏，倒便桶、洗便桶等事都由她干，有空协助母亲烧饭，一直干到 12 月父亲亡故为止，连续半年多，这是她自 1929 年出生后至 2013 年亡故在我家待得最长的一段时间。

1992 年，九十四岁的母亲在临海我家亡故前一个多月，也请她和同样从小给人当童养媳带去的四姐来陪伴和帮助，我家对她们给的少，她们对我们给的多，三姐于 2013 年春亡故，是年她八十五岁，我很痛心。多年来为她对我们的恩情，我常去下洋庄村看看她，年终给些钱，之后就没这一机会了。四姐较早亡故，她家东庄村我也是常去的，姐夫多年前也过世，子女儿孙都在外谋生，此路也"断"了。想起她俩时我有些伤心。

父亲从1943年5月发病，那时我在读小学三年级第六册，因小学就在我家旁，有事在家，稍空便上学，也参加了期终考试。暑假在家较为忙碌，母亲除照顾父亲、接待医师、煎药、做饭外，还去市集进货，在家卖货，母猪也还在养，我要做她助手。请医生、去药店买药都要我去，有时简单的进货，如去市集批发几条香烟等也叫我去，还协助卖货、记账，父亲有事我也力所能及地分担，至今还铭记着父常倚着我的肩膀去户外院里的粪缸中上厕。因此，家里随时随刻少不了我，1943年下半年小学第七册时因父病我休学在家，父在农历年底亡故后，1944年春我进入第八册学习，也还跟上。

大姐在仅二里远的溪岸林村，因家境困难，只能经常来看看。由于她的处境，父亲对她也特别同情与关心。她家有几亩土地靠近我村，父亲常帮她管理，现在病了当然顾不上，更添加他们彼此的思念。二姐刚去夫家一年，育有一个仍在喂奶的儿子，离我家有十五里，据算命先生测命，她在回门年（婚后的次年）不能带儿子去外婆外公家，因此她只有在双港集市日时，借去双港"落市（赶集）"的机会匆匆忙忙地来家看望一下父亲。她在一年多前出嫁即将上轿前的瞬间，身着红娘服、头脸罩盖着红衫巾，在进轿前片刻流着泪要父亲来见面谢恩难分难舍的情景，我至今还历历在目。

向来关心疼爱我们的伯父，在父亲生病期间也无微不至地照料我们。他是诚实古朴的农民，头上还留着清朝的长辫。他早年妻子出走离异，一个女儿给山上的石门村一户人家当童养媳，家里仅他一人，自耕自收自己料理生活，对我们姐弟都很关心，对我特别溺爱，常叫我吃饭，即使烧不好我也很喜欢吃。父亲病时我家耕种的土地他来管理。我前后邻居中与我年龄相近的小孩，有个别常欺侮我，父在病重时向他嘱托，如我与别人吵架不管是非一定要把我拉回来，他以后也这样做了。在我父故世后，他常说让自己先"走"多好！

我二姐的家爷（丈夫的父亲）也常来我家探望，大多在双港集市时经双港再来我家。他懂些中医知识，会提些治疗意见；他性情温和善良，很关心我家的事，我前妻是他介绍的他本村人，那时我十岁；我父亲过世后家里的多个长工也是他介绍的。

我们期望父亲病好恢复健康。母亲常对我说："你爸身体好你万福。"我也盼有奇迹出现，但他病况愈来愈差。父亲与母亲也心知肚明他在世时间不长，彼此即将生离死别痛哭之后，也商讨后事。父亲躺在床上，母亲坐在床边前的条凳上，父亲说给他葬在后门山脚靠路边的一小块自家土地上，母亲也认同，我在旁聆听流泪。父亲还嘱了其他后事。不久父亲将伯父叫来，也交代他几件事，望他能关心我家，特别是关心我的成长，一再嘱咐：在和别人吵架时，不论有理无理，不论是输是赢都要把我拉回来。

我们怕来到的日子就要来到，父亲的病日益恶化，看来即将离开人世。我们家乡有个习俗，人在病危时要搬出房间移到堂前间。我家楼房与伯父共享的当中间是婚丧喜庆的堂前间，我们于农历12月8日把父亲从内间移到堂前间床铺上，由伯父挽扶，躺在刚铺的床上，继续治疗，其实也没什么药可治，父亲饮食困难，仅用其微弱的声音同我们作些最后交谈，实际是在等死而已，彼此都很悲伤。农历12月9日，已过了冬至，可说已进入新的一年，二姐带小孩从夫家界岭村来，见父亲这个样子，更加难过。

时间一刻一时一日慢慢地过去，我们有时一起、有时轮流厮守在父亲身旁，大家都束手无策，希望有奇迹出现，但都落空，终于在农历 12 月 12 日午夜后父亲不省人事，我们呼喊不语，呼吸停了，我们号啕大哭，呼天叫地。但不一会儿，父亲又苏醒过来，并说自己往阴间走，是祖父祖母不让他去，说家里儿子小叫他回来，他就回来，以后也不去了。我们听了他清楚的声音和讲述，以为真的起死回生，还同他讲了几句话，他也回答我们，一再表示不去了，我们以为奇迹果然出现。但不久他声音逐渐低弱，又说不出了，叫叫也无语了，呼吸也没有了，真的故世了！我们又号啕大哭。当时除四姐外，我们全家人都在他身边。父亲是年 49 岁（族谱上有记载）。

之后我才知父亲再次苏醒过来是由于死亡前蛋白质凝固释放出能量所至，称"回光返照"。

母亲用热水给他擦了身体，盖好被服，她已准备好一串铜钱放他口中，以示在他去阴间路上给他当路费。按风俗我在伯父陪同下把盛有香灰土的冬天取暖用的火笼和一双破鞋送到门外近一里外的岔路口。那时是农历 12 月 12 日深夜 2 点，天空晴朗，冷月高照，寒气逼人，肃静无声。我们放下火笼与破鞋，伯父讲了几句祝福吉利的话后返回。

次日母亲着手后事，设灵堂，拣日子，缝寿衣寿被，做棺木，买石板、砖块，设殡仪，通知亲友，我和伯父等协助。坟地选在父在世时定下的后门山南侧山脚路边一小块自家地上。

过了三天是出丧日子，远亲近邻都来吊唁，有乐队。用旧式殡仪给亲父拜祭。先家祭，后女婿祭，我是独生子，年仅十岁，什么都不懂，又悲伤，更无所适从，一切听候旁人指点。当拜祭完毕，要从我父亲遗体下抽出一条白布系在我腰间以示吊孝时，本应一下子抽出，我年幼力小，抽了多下还没抽出，旁人就喊用力！快！我才加力抽出。

　　父亲的遗体抬到街上落棺，围观的叔伯亲戚邻居不少也落泪，都说我父是好人，我家常请帮忙的堂伯父桂生（明河）伯爷虽是本村族族长也眼泪汪汪。那时不能有哭声，我们也只好忍住。但到棺材顶盖盖上，要订棺材钉时，我们手牵着系在钉上的麻丝，在敲钉子时，我们才能放声大哭。

　　我们家人除母亲外穿白衣服送他至墓地，大姑的儿子朝宽、朝才两位表兄已在那边砌作坟墓。安葬后返回，在旁人为我撑着布伞下，我捧着放有牌位的桶盘回家，放在灵堂上，准备做"七"。做"七"是悼念忘灵之意，共分7个"七"，每逢7日拜祭一次，平时每日三餐送饭上香。头"七"和末"七"隆重，专门制作纸房，供品也多，从亡故后第七日起做，我们也按这一风俗，一切都由母亲操办。

　　时近农历年夜，各家都有事要办，大姐三姐家路不远，在父亲出殡后先回家，二姐来之不易，还留着。头"七"（竖"七"）时大姐三姐四姐都来，做完"七"后又回家，又仅二姐再留几天。但娘家也不是久留之地，过几天后她不得不回夫家，离开前在父亲的灵堂前痛哭一场，我们也跟着哭。

　　姐姐离开后，家里就母亲和我两人，每天三餐灵堂的饭由母亲做好都由我送，真真已是母子相依为命之时，幸好伯父在旁，我们也热闹一些。

　　年关到，我们比别家事要多。首先小店要做账讨账；母亲打算把店继续开下去，要进货；对父亲生病及亡故期间曾帮助过我们的人要还礼……一般家庭的年关事我们也要准备。

二姐拜祭父母墓

这些事情母亲也一一安排解决。做账请桂生(蔡明河)伯父指导协助我做。那时我已读完小学三年级，一般的字会认会写，因此在桂生伯父的指导下做(总汇)了。做好后我沿着原先设定好的路线讨账，欠账人一般都会给我。

店里进货母亲已经半年多，已熟悉，我有时分担。至今我还记得我去店前街胡方庆先生处进香烟时，他看到我头上戴的帽（帽碗）顶上别上白布（以示吊孝），知我父亲已去世，问了我一些情况，我含泪回答。他连连说我父亲是好人，诚实厚道，讲信用，很可惜！他是我父亲生意上的朋友，为人和善，是抗日战争早期即从临海城关搬到店前街做生意的，抗战胜利后又搬回临海。之后我在临海读书和母亲去临海进货常去他处，至今我还同他子女有来往。

本村中医师蔡继德先生，多次给我父亲看病，母亲在年夜前家里杀猪后叫我送去十多斤猪肉给他，以示谢恩。

这年除夕，我第一次与母亲两人悲伤地度过。过了年后母亲还经常暗自哭泣，有次晚饭后我在前面楼房，母亲在平屋灶间还久未出来，久等之后我回灶间，看她伏在饭桌上哭泣，泪水直下。

第三节　母继父业　生财有方

父亲亡故时母亲 45 岁。家里小店已有一定规模，酿酒也已开始，生意均较好，有利润且稳定，其中也有母亲的策划与参与，但进货、账目与人际交往方面以父亲为主，家庭副业则以母亲为主。在利润上商业高于农业、副业，母亲是会动脑筋、想办法、有恒心、讲效益、一心想挣钱致富的人，因此即使父亲亡故后她很悲痛，但也面对现实，对父亲留下的生意不放弃，要继续经营下去。

作为一个目不识丁、小脚的农村妇女，要做生意谈何容易，困难可想而知。首先是没有文化，不识字，记账算账困难；进货管道、质量识别、人际关系有限；提货运货要体力，小脚女人当然也有限；货物进出，货款给付，卖后收款不免有争执有纠纷；酿酒是有一定设备、一定技术、一定管理水平的制造业，也是一高税收行业，均要应付解决。但她都一一解决了，并取得了很好的效益。农业上必然要继续，既有可观利润又可积肥的养母猪，她也不放弃。她对上述自身的困难，有一套解决或把各种困难降到最低限度的办法。

她不识字，但有极强的记忆力，有关生意上的事我想不起来或不知道，在家庭生活上几十年以前的事她都记得很清楚。如 1990 年我们谈起我在临海读书有些事情时，她还记得 1948 年我在建成中学读初中时，在操场上打篮球丢了一条裤子；1949 年秋在振华中学读高中时，请假回家未办食堂停伙手续，以致膳食费照扣。这些事我早已忘了，她仍记忆犹新，此时她已 92 岁了。又如她有许多外甥、外甥女，他们父母有的早已忘了自己子女的生日，一旦需要这个日子，他们就问我母亲，她会准确无误地告诉他们：你的这个孩子生于某月某日某时辰。

做生意必有经济上的进出，常有赊账，也有人常向我家借钱借粮的，时间长了，不免有所遗忘，也有故意赖账的，讨账时必有争执。我们邻居蔡继榜常向我们赊酒借钱，结账时常与我母争执，往往争得面红耳赤，有几次我很担心他们会争得打起来，但最终都凭我母亲的记忆力一笔一笔说服。她常说吵架首先要有理，有事实，抓住理，抓住事实才会赢。她常说自己在解放前到城关县衙门（法院）打过六场官司，场场都赢，没有理，没有事实不行，也说明没有记忆力也是不行的。

虽然她不识字，但她对钱币的元、角、分都认得，对秤上斤、两也都会认得，且一目了然，心算也很好。家里零星赊账我在家时由我记在账本上，我去临海县城读书后，请叔伯或过路人记，可弥补一些她不识字的不足。

进货。父亲病前大都是父亲去进货，父亲病后母亲去进货，大都在近地二三里路的双港镇或店前街，利用父亲的老关系，逐渐熟悉起来。父亲有病她也去不了远路，算账母亲比父亲更灵，不会出差错，也不会被货主欺价，因此父亲生病的半年多时间里，她已熟悉当地的进货管道。双港镇十日三市，她都必去；店前街十日两市，她基本上都去。货买来后多数自己带回，有时拿不了或拿不动，也有托本村市集回来的人代带，未见雇人挑回家。货物质量上母亲也很精明，且那时几乎没听到假货，就是香烟，名牌的哈德门、大刀牌也未听到有假的。

父亲亡故后，生意反而扩大，仅双港店前进货不够，有时她也去临海城关进货。去县城要步行60里的小路，且翻过两座山岭，较低的叫小岭，较高的叫大岭，我去临海读书也要经过这两座山岭，对我们十六七岁的少年来讲也够吃力的，何况对于小脚的她，难度可想而知。除走路外还要在望洋店村地方乘渡船过永安溪，江面宽约50米，永安溪靠近临海一侧很陡，上岸后要攀爬到岸上大路，且全是泥巴路，我们有时还伏爬上岸，当然她也要上岸，但不知她是如何上去的。

母亲不识字，到县城后，街道纵横，商店繁多，商品不一，人事不熟，又要住宿，确不是易事。幸好她说早先与别人打官司去过临海多次，也不是很生疏，都平安返回。因体力有限，货进来后一般都雇挑夫挑回家。挑夫是男人，走得快，但我母亲虽是小脚也能跟得上。

约在1947年我15岁时，那时我仍在家附近的琳山学校读初二，有一次我陪她去临海县城进货。她一到临海后，先找到位于时称中正街（现称紫阳街）与西大街交叉口西侧第二间的胡方庆先生开的店。胡先生是抗战时迁居我家附近店前街开店，同我父亲是世交，也认识我们。我们到后他连忙去旁边饮食店买了两碗馄饨给我们吃。不知是那时手艺好还是肚饿，很好吃。吃罢，彼此谈了些进货的事情，我就随母亲去街上买货，我们提着货，夜晚住在时称刘璈街（现称府前街）的堂姊处。次日早离开，我挑着货与母亲一起回家。

店里的货物品种比父亲在时有增多，除糕点、桂圆、荔枝、白糖等南货外，柿饼、红枣等北货也有了；文具中铅笔、橡皮、钢笔、墨水、毛笔、墨、砚台、各种簿本（有方格、横格、直格、无格、描红等）、各种纸张（有书写的白纸和红、绿等手工纸，写契用的宣纸等）；日用品中有灯芯、煤油、火柴、电池、蜡烛、蚊香等，香烟品种也增多，酒类都自制，且对外批发。

与父亲在世时一样，赊账的很多。因我要上学，等放学回来，不免有忘了的，即使星期天或放假，也因我懒没及时记上而丢了的。我离家去县城读书，找人记账不便，更丢了不少，但凭母亲极强的记忆力可弥补。年关到做账收账基本上由我去操办。有一次我和母亲一起去二十里外的枫树岗山村去收账，大概是有关放糯米银的账，此事我早已忘记，是母亲九十多岁后同我说的。

年关收账中也有纠纷。我记得最深的一次是收到乡长蔡子桂家，他说我把账记错了，他没有这么多。因他家都是叫佣人或乡队士来买，他本人当然记不清。我回来同母亲说了此情况。母亲自己去找他，把账一笔一笔说给他听，何月何日何时，谁经手等都讲得清清楚楚，他听后服服帖帖，叫我把账本拿来付钱圈账，还夸奖我母亲能干。母亲说自己是单边人（亡夫），做些小生意，家又有长工，外人说我好挣实则难支。蔡子桂对着我母亲说："你一个单边人可抵十个长工！"我当时也在场，那是在年三十深夜（除夕）的事

效益更好、收入更丰的是酿酒。

酿酒在父亲健在时即已开始，但量少，每年仅两三缸，几百斤糯米。父亲亡故后的1947、1948年母亲曾酿过二十多缸，六千多斤糯米，一直酿到1950年。酿的主要是黄酒，副产品有烧（白）酒，醋也酿过。

酿酒要有原料、设备、技术，当然也要销路，不是一般家庭妇女可应付的。

原料

酿酒原料为糯米。糯稻为冷性水稻，山区农田多是岩缝水，低温，宜种糯稻，产出较多。我家酿酒的糯米，早先父亲去世前和去世后初期大都在产出时到双港市集上购买。后来因数量增多，母亲便向生产糯米的山区农民订购，如曹山、山后面、枫树岗、毛楼等山村的农民，当他们春天粮食困难时，给他们预支糯米银，价格比秋收后市价稍低，如都依约，会做到双方两利，但钱已预支，到时也有不交货的，故有风险。这一切都是母亲自己同他们约定付款、交货事谊，没有记账，也没收据合同，都凭记忆和信用，秋收后他们大都依约送来糯米。

设备

土法酿酒设备也较多，大缸、酒刁、酒袋（绸制）、木制榨酒机（酒舀）、煮酒壶（酒海）等。除榨酒机是向别人租借的，其余都自备。

技术

1. 炊米筑窝。土制黄酒也有一定技术，这一工作要技术要力气，我们请的技师是桂生伯父，请良修伯父做助手，几乎年年如此。天冷缸外要加稻草或被褥保温，使其缸内糯米饭保持一定温度，以利其发酵。经过七天左右，酒酿水出来后，满到半窝口，便可充水搅拌，再让其发酵。

2. 酿酒打搅。发酵时糯米释出能量，温度增高，为了降温和发酵均匀，要用酒耙（木栅）按时用人工搅拌翻转，俗称打酒。把米团打散，把缸底的酒酿打捞到缸面，不断地翻打，够吃力的，打得冬天也会出汗。这一工作主要由母亲干，有时长工也参与，我也干过。每隔六小时打一次，半夜打了后，早上早起又要打，每缸要打十多分钟，四缸要个把钟头，够辛苦的。

3. 榨酒煮酒。酒酿到一定时候，有时也品尝一下，认为酿熟了，便可煮酒灌入刁中，封好后酒便制成。其间有一套繁杂劳累的工序。

炊米做酒窝、榨酒煮酒、封装这几个工序劳动强度很大，常提六十多斤的炊饭或酒壶上上下下，这工作是桂生伯父做的，他干起来干脆利落，动作轻快自如，很像一个长年的干活人。看他平时"游手好闲"，我问帮工良修伯父："桂生伯父以前是干什么的？"他说，"以前桂生伯父也是种田，开酒坊的，现年老了不干了。"又看他做酒的好手艺，才打消我的疑虑，也是干活人。桂生伯父又叫蔡明河，是族长，土改时以恶霸地主罪名镇压。

除了做黄酒外，还制烧酒，即市上所称的白酒。它利用榨黄酒留下的残米渣，加进一种收购来叫"辣了"的溪边草本植物，用蒸馏法制成。蒸馏出来的烧酒用小管直接流入酒刁中封存。也可用一种叫"汤猛刺"的木本植物根部来做辅料制作。有时还做醋，它是把大麦炒成焦炭来做。

因此制作、管理上又不需花大钱，大大降低成本。家庭作坊（私人经济）就有这种优越性。

酒在民国政府时期也是高税收行业，我们为逃税也东藏西藏，有的塞在柴堆中，有的放在稻草棚里，有的半夜我和母亲抬放到叔伯房份家。税务人员来稽查收税时，狰狞虎眼，威胁利诱，翻柴拆墙，还用一根铁棒乱戳，吓得我提心吊胆，但母亲应付自如。经多年这样暗藏搜查后，税务方面与我乡协商，采取包干制，本乡本村承包一定税款，然后各酿造户根据酿造量分担，缓解了收缴之间的矛盾。似乎与现行的税收差不多。

1950 年土改前一年，虽已解放，母亲认为自己是单边人（亡夫的寡妇），又是在干活的，不会划为地主，也酿了一些酒。但之后有风声说我们家有"肉"，可能也要划为地主。那时我在校读书，后来参军，母亲可能叫我妻或伯父当助手，把酒移放到两家平时较亲近的村人家中，每家两刁。土改后想取回，一家两刁都吃了，一家吃了一刁，还来一刁。

据母亲说酿酒利润较高，一般可对半赚，即 1000 斤糯米投资，可获 1000 斤糯米的利润。

农业上母亲也继续并扩大经营。除父亲亡故时已有 5 亩左右的土地外，父亲亡故后母亲陆续购买了不少。上文已提及，据土改档案我家有土地 22.484 亩。家无劳力当然要雇工。雇工有临时的散工和以年计的长工，即使田间的农活由雇工干，但农事都由母亲安排。母亲对农业也很熟悉，各个环节抓得紧。土改前她除了干些门前屋后的菜地活外，不下田干活，但常送点心饭去田头，晚饭后常与雇工商量农事，特别是与常请来我家帮工、与我父亲是世交的良修伯父，他对农事很内行，我家土地他都熟悉，母亲与他商讨农事最多。

由于母亲对农事上的精心管理，土地愈来愈多，粮食也愈来愈多，农忙时人工多，要准备饭菜、耕牛农具、肥料种子、打麦打谷、晒麦晒谷、进仓储藏等都由她一人操办，确非易事，地主也不是好当的。

粮食当然吃不完。除吃外，我中学读书学费和伙食都可用粮食充付，还有借贷和出售。出售粮食主要在春季粮价高时进行。

副业也还在干，母猪还在养（也为了积肥），养到1949 年。垂面也在做（自家也要吃），但比父亲在世时少。蚕不养了，替人纺棉纱等也没干了。

除开店、酿酒、农业、副业等收入外，借债、借粮的利息也有收入。

我家的债务都是人家上门向我母亲借的，其中也有借者托熟人介绍的向我家借的。有借现金有借粮食，后来因物价上涨快，收高利也得不偿失，借粮食较多。利息当然要收，具体我不知，数量是可观的。也有赖账或亡故要不来原本，故也有风险。即利益与风险同存。

我母亲借债一般不叫我记账，她凭自己极强的记忆力会记住，不会忘记。

有少数人不按约拖欠很久，或个别想抵赖的，但都被我母亲惊人的记忆力和坚持不懈的追讨要回。解放前我也陪她外出去枫树岗等地讨过账，即使有争执有口角，借出去的钱、粮物基本上都会收回。

土改时，借地主的债免除归还，因此有些向我家借债的人，包括在我家小店买去货物欠账的人，巴不得我家划为地主，可免除他的债务，因此积极活动，向土改工作队要求把我家划为地主，以便他可免债。不向地主还债虽是1947年制定的土地法大纲的规定："废除乡村中在土地改革以前的封建性剥削债务"，1950年土改法没此规定，也借用不误，但在我家买去货物欠的账总不属封建吧。债务也是我家进入"地主"行列的原因之一。

土改后，向我家借去的钱粮都不还了，但极少数人也有偷偷自愿还给我母亲的。母亲说，"沛华二嫂土改前借去一斗小麦，土改后夜里送来还我。"沛华二嫂是我邻居。

自农历1943年底父亲去世到1949年5月临海解放时的五年多时间里，我家财富猛增，用现今语言，是地地道道的"暴发户"，邻居说我家养了"五通"（一种五更时能把别家财物通到我家的怪物），哪里知道我家的滴点财富都是母亲辛勤劳动的结果。

第四节　不同寻常的勤俭节约

母亲经营这么多副业，还开店、酿酒，后期父亲又过世，怎么应付得过来？现我邻居中80岁以上的老人还健在的蔡显仁夫妻、蔡继东夫妻、蔡显正夫妻、蔡小春夫妻、蔡周鉴夫妻，蔡周军等，都是见证人。母亲在晚年时常说自己一世干了三世活，一点不假。

一般我们说的"勤俭节约"，指的是辛苦干活、生活俭朴、省吃省用。她不仅辛苦干活，生活俭朴，省吃省用，还有一套科学的、高效的、深层次的、能持续的节约方法，非但在物质上节约，且充分利用时间，充分发挥物效，也是一种节约。即使富了还始终如一。

一、充分利用时间

她每天都早起，常说"三早抵一工"。冬天如果做垂面，五时起床看天气、捏粉，然后烧猪食、烧饭，饭后喂猪，继续做垂面。若不做垂面，则烧猪食。早饭后，纺棉纱或上街进货。如农事上有雇工，早饭吃得比较好，要煮干饭，烧几个菜，也要五时起床。农忙收割时更加忙碌，除料理雇工饭菜外，要晒粮食。天天干到天黑。她几次同我讲过，夏天中午是舍不得午睡的，若没有其他事，午后还有织麻线或做布鞋等常年都可做的活。傍晚最为忙碌，村人来店买煤油、买火柴、买糖、打老酒等陆续不断，是小店生意一天中最好的时刻，但同时要做晚饭，我要烧柴，灶间与店间有一定距离，她只得来回跑。

她为了节约迟迟不点灯，夏秋时蚊子又多，实难对付。如果是做垂面的日子，要到七时后烧晚饭。晚饭后她也不休息，冬天剥玉米或打酒；平时则纳鞋底、织帐线、补衣服等。十时左右小店盘点。她九十一岁跌倒骨折，还坐在床上纳鞋底做鞋，以给我们及子女或亲戚、叔伯、邻居穿。

二、省吃、省穿、省用，发挥物效。

吃

除家有雇工外，常年基本上都以稀为主。早上一般是吃昨晚剩下的冷粥。冬天粥较稠，经加热后吃起来很香，特别是用母亲加工的萝卜酱或霉豆腐等咸菜下粥，非常可口，我至今还很想念。夏天早上煮热粥。中午一般是以蔬菜为主的面条，有时放些咸肉片或骨头，吃起来也很香。晚上都是稀饭。过年过节吃得比较好，但不铺张。她常教导我们："少吃多滋味，多吃坏肚皮。""吃得八分饱，走路像跳蚤。""吃得猛，像蚱蜢（很瘦的飞蝶）。"一颗米掉地上要捡来烧，一粒饭掉桌上要捡来吃。

2014年春节，我与在家长大的大儿子回家看望乡亲，2014年5月，我回家处理因村上规划要拆除我家老房的事。贴隔壁邻居芦秀英（土改后住入我家没收房的蔡雪花、王育兵的外甥孙媳），因她上下楼要走我家锅灶旁的那条公用楼梯，我家烧什么吃什么她一清二楚，这两次回去她都对我和在旁的邻居说：我母亲在做玉米粉糊吃时，放的玉米粉很少，做的玉米糊很稀，此时我儿参加生产队劳动，太稀吃后要饿肚子，要多加点玉米粉，两人常为加玉米粉多少争执。

我父亲在世时，去集市回来，常带些水果零食给我吃。但母亲自我幼小到十六岁离家去县城读书，从未为我买过水果或零食，她认为是浪费，粥、饭吃饱便够了。她自己当然更舍不得买，平时也不讲什么营养不营养，但活到九十四岁。要不是九十一岁时跌倒骨折卧床三年，或许会活得更长。她的长寿很大程度上得益于她一生的劳动、素食和动脑筋。

穿

我们一家除两个姐姐出嫁时买过"洋"布外，穿的都是自家种的棉花、自家纺纱的土布。从头到脚，包括鞋袜都是"土"的，通常染成黑、蓝色。但会穿暖，破了母亲及时补上，还很清洁整齐。直到1948年我在县城读初中三年级要做黑色校服才买了毕叽布，做了一套"洋"布校服。

用

她设法挣钱，也挣了不少钱，但舍不得花，常说用钱心痛，故处处节约。我家晚上的灯早年是柏子油灯。油盛在木架上的小锅中，用席草的草芯（俗称灯芯）敷油伸展到锅边点燃照明，灯芯根数愈多愈明亮，一般是两根三根。她说仅一根就可，能看见东西就行。我们用两根，她要批评。之后用煤油灯，煤油装在铁皮盒中，在一根小管子内穿上棉线，一头浸泡在煤油里，另一头伸出管外，煤油沿煤线渗到线顶，点火即燃。伸出管外的长度愈长愈明亮，她舍不得花油，要把棉线剪到与灯管口相平，这样当然不明亮了，也仅是看到东西的轮廓而已。我们家还卖煤油呢！20世纪60年代，我们村有了电灯，邻居家也装了电灯，她不装，说还是用煤油灯省。之后还是我给她装上的。

农村烧饭用柴，父亲在世时很少见他上山坎柴，除农作物杆梗外，主要靠去市集上买柴，父亲亡故后更是如此，家里还养猪，烧柴是一笔较大的开支，母亲在这方面很节约，且有其节约的窍门：柴不宜在灶中放太多，多了不易充分燃烧；柴火底下一定要掏空（以保证供氧充足），促使柴火完全燃烧；柴要放锅底偏内侧，不能放近灶口，火力是从内往外透的，这样锅中火力会均匀，被烧的食物不会有生熟之分，既省柴又可口。做饭时我常协助她烧火，有时没按她所嘱的烧，常受她批评。没烧好，锅中会看出，她也常亲自来灶下更正。

为了能充分发挥柴火的热量，达到省柴的目的，她很会利用锅灶中的余火。如早上加热昨天晚上的冷粥，需热两碗，她先热一碗后，灶中不再烧火，已热的一碗盛起来吃，再放下一碗冷的，待已热的一碗吃了后，灶中的余火也会将后放的一碗加热了，然后再吃。

20世纪80年代我调到临海城关工作，她有时来我处住，给我们做饭。当时我们烧的是煤饼，当电饭煲的米饭已烧好，移去电饭煲放在距离有2米远的保温圈中时，此时红红的煤饼火透在空中，必利用不上而浪费，但也仅几秒钟，她很心痛，提着电饭煲快速跑向保温圈。放下后连忙拿来铁锅放在煤炉上，尽量减少煤火浪费。她那时已八十多岁，因小脚平时走路身体就有些摇摆，我真担心她会跌倒，多次劝她慢些，但都不改。今日想起还有些心惊。

省柴与锅灶结构有关，铁锅离灶底太高，火焰的最高温点（氧化焰）够不到锅底，热量不能充分到达锅中而散失；太低则柴火不易烧透，因此高度要适中。锅灶壁要有一定坡度，太陡太斜都不好，适中的坡度能更好地反射汇聚热量。为了省柴，她自筑锅灶。1961 年 1 月 22 日，我自南京大学放寒假回家，记下当天母亲筑灶的事。

"今天母亲自任泥水工，筑锅灶，其实前几天已筑了粗模，今天修饰抹灰。对于这一套，她也是拿手好戏，从女人的角度看，这不简单，前后邻居无不赞绝。有人开玩笑说，若她为男人，也读书，那可做皇帝了。这次筑灶，我只做偶然的助手。晚上工程结束，她兴致很好，一半也为了迷信，煮糯米饭、夹腊猪肉、豆腐等，现她刚下楼。"

从日记中也反映出由于她平时的节约、勤俭持家，困难时期也不很困难。

我毕竟在家时间不长，十四岁上初中，十六岁去县城读书，之后在家的时间更少，我回老家后邻居常同我说起母亲节约的故事。

邻居陈蕉芳说："她就是节省！节省！省得特别，什么事都要省。冬天早上洗脸的热水，如有两个人在家，先热一个人的水，再利用余火热另一个人的用水。"

邻居蔡素青说："她纺棉纱纺长久了，手要纺酸（累）。她拿起一只放在旁边待切（纳）的布鞋底来切。"因两者手势不一样，用力部位不一样，彼此可调节，放松肌肉减轻疲劳，又不停工，可充分发挥效能，充分利用时间。蔡素青是 1958 年从安头村嫁到我村，那时我母亲已 60 多岁，纺棉纱是她土改后仍操的旧业。

土改后住我家没收屋的蔡修宽的大女儿玲玲，她与我家门靠门，两家仅一板之隔，是西头最贴近的邻居，她对我说了很多我母亲节约的故事：

她说："有次你大姐来，说母亲过分节约，使她从小吃得很苦，身体搞坏了。干饭煮来给雇工吃，自己家用麦麸饼放在干饭锅上边烤来吃，吃不下，吃不饱，以致她常饿肚子。

"桂娥(我妻)烧面条，母亲出去有事，桂娥先盛了一碗留给她吃，自己再吃些稀些、面条少一些的。过些时候母亲回来，留给母亲吃的这碗面条，因面条吸水发涨，汤少了。母亲一看碗里尽是面条，批评桂娥浪费，桂娥感到很委屈。

"家里晚上用煤油灯照明，灯的上部有根灯管存放灯芯，灯芯是棉线做的损耗品，用得差不多了要更换，以免夜里中途没线沾不上油而断亮。桂娥看它差不多用完了，就换一根新的，取下约一指长的老棉线。母亲看它还可用一下，批评桂娥浪费。

"福妹(玲玲兄嫂) 有人客，叫你母亲帮助做麦饼(这是她的拿手活)，一做就十五只，母亲还拿来一块咸肉当佐料。发现福妹烧柴不对头，灶底没掏空，空气进不去，火力前后不均匀，这样非但费柴，且铁锅前后热度不均，麦饼做来生熟不一，不好吃，批评福妹烧柴不对。

"她一人生活，冬天早上要热冷粥。我家人多是煮热粥的。她为省柴，拿来一碗冷粥来同我们换热粥吃。她说我们中午反正要再热的，这样也不费柴。

"我们家人多，冬天早上要烧热水洗脸。她说自己一人烧热水，等锅灶烧热也要费好多柴，不划算，到我家打一点热水洗，还一些柴给我们或调工（帮她家做补衣服等精细活）。"

以上这些都是玲玲同我闲谈时讲的，我想完全是真的，根据我与她长期生活在一起的经历看来，我母亲确是这样的人。玲玲现回大园村住，出嫁有近 50 年，她仅土改后的 50 年代是我母亲的邻居，这些故事也只不过是她记得而已。论政治成分，她家是贫农，我家是地主，土改时把我家的财产分给她家，住在我家原先我母亲开店的老房，但相处还算融洽。她母亲家务事较生疏，复杂的活要我母亲指点、帮助。我母亲一人在家，也需人照料，远亲不如近邻，也需要搞好关系。我把他们也视为好邻居。她母亲对我也很亲热，她母亲后来因家生活困难喝农药自杀，我很痛心。玲玲的丈夫蔡显春也是我村人，还是我邻居，仅小我四岁，我们从小就认识。玲玲对我母亲的回忆，她不会无中生有，也不会夸大，我更不会炒作。这是 2008 年 7 月我去双港镇经过她家门口，她叫我进她家坐坐，她随便谈起的。

母亲的节约，我深有体会。从小我基本是吃粥长大的，不是家没有粮食，而是她要精打细算、细水长流。我大了后她仍如此，1958 年暑假，我回家，有天上午母亲去大姐家，中午时迟迟没回来，我把昨天晚上剩下的冷干饭热来吃了。她回来后显得不高兴，她说这冷干饭准备留到晚上泡来吃的。这件事我久久记在心里，她确是算了吃，不是吃了算。

20 世纪 80 年代，她有时来临海我家住。但她又舍不得丢了老家，有事她要回去。我家在双港区店前乡大园村，位于店前与双港之间的北侧，公路不经过我村，公交车先经过店前（琳山）

站后再去双港。双港是终点站，我大姐又住双港附近，因此我给她买了去双港的车票，以便她可从容下车，又可使她去姐姐家休息一下，毕竟她已近九十高龄了。但车费要比买到店前下车贵五分，计九角五分。她见我给她买到双港，贵了五分，大发脾气，要我去退票再买到店前，否则不回去。我说退票费要二角(按票价的 20%收手取手续费)，又经我爱人劝说，才作罢。

她在我临海家住时，常为节约燃料、水、电与我妻和女儿争执。我妻和女儿也不是浪费之人，只因母亲省得特别才有口角。烧煤饼事上文已提及，用水也不贵的事，但母亲在洗衣、洗菜、洗碗等都不放很多，她说好好洗，同样可洗清爽，而且有时一水多用，如洗了衣服后洗抹布、拖地等。我妻看了后不习惯，常说："穷不会穷到水也用不起！"

还有一事我至今仍很内疚，她大便时用的手纸撕分得很细小，仅稍比银元大一点。我多次劝她纸不贵，用大一些，

用母亲棺板做的衣橱

她老是不听。有次她坐在便桶上，撕得银元大的手纸已拿在手里，我上前一把夺了，随即拿了一张没撕分的手纸塞在她手中，还大声说："用这个。"态度很粗暴，她也感到没趣，说了一句："不要这样嘛！"

20 世纪 80 年代，我的工资不到 100 元，妻子工资更低，家里有几个小孩，又建了房，经济上较紧张，给她的钱也很少，她在家时每月仅给她 10 元。但在 80 年代末她年已 90 岁时，她告诉我："有 400 元积蓄存放在外甥少华处，准备自己亡故时开支。她说，前后邻居对她都很好，一人在家常靠他们关照，孩子们对她也都很亲热，送葬的人定会很多。她说男人送葬的每位发一包香烟，女人发一条毛巾，小孩发一包糖果……"我真不知她这 400 元是如何节约出来

的，其中必有她给人家纺棉纱等副业所得。可惜她之后在我临海家亡故，遗体火化，骨灰暂存殡仪馆，未如她愿，也未了邻居和村人的愿。

三、深层次的节约

在今天我国耕地急剧减少之际，国人对此都相当担忧，可说近一个世纪来，我母亲都视土地如生命。1962年我在浙江大学任教时，第二个小孩出生，叫她来杭州帮助料理家务，并带她去西湖玩了一下，欣赏欣赏西湖风景。到西湖后，她不是称赞西湖的美，而是为西湖这么多草坪没有种粮食感到可惜！我说，这是风景区，是给人看看的。她说好看不能当饭吃。这是在西湖岸平湖秋月景点旁边的一片草坪边说的。可见她一贯对土地利用的重视。

我家1947年建房时，托住在山上岩细坑村大姑儿朝宽表兄买木料，他顺便为母亲买了可锯棺板的杉木料，棺板又称"冷板"。这是家乡较富有人家的习俗，有的还制作棺材，并上了油漆，以备后用，俗称寿材。土改时这不吉利的棺材板未没收，也没人拿去，仍留在家里。1984年，我在临海城关建了房子，随后要买木料做些家具。母亲说"家里的杉木棺板做棺材可惜，浪费，你拿来做家具好了，人死了什么都不知道，用松木板做棺板也一样。"杉木板耐腐，易加工，轻巧，不蛀，是上乘木料，但价贵，大的、好的又不易买到。松木板易腐，笨重，易蛀，一般不能做家具，但价便宜，易买到。母亲这么一说我也拿来做家具了。棺木板厚达3公分多，一片破解成三片，板大，两端又一样宽，又干燥，这样的板，现在本地难以买到，我们做了两只大橱。我单位鲍正启父亲(中农)临亡故前，叮嘱他要用杉木做棺材，以免在阴间受冻；我现在的邻居占乌皮，其父(中农)病危时，也嘱咐他要用杉木做棺材。我真感到母亲平凡而伟大，真是个朴素的唯物主义者。

　　20 世纪 80 年代，母亲年纪已 80 多岁，常在乡下和城里两地居住。1989 年她回老家已有多月，我们不放心她一个人在乡下，我较忙，爱人去想把她接回我家。但她说再过些时候来，后知有两个原因：一是 1958 年大跃进时在我家拿去的木料、砖头等还没退赔，村干部说不久答复；二是村干部要换届改选，每个前去投票的选民可发 2 元钱，那时她的地主成分帽子已摘掉，可参加选举，也有 2 元钱可领。因此她暂不回来。但不久晒菜干戈时跌倒，股骨跌断卧床，时年九十一岁。她说自己年老了，反对医治，在我大姐家卧床近三年。1992 年春节后接来我临海家居住，到 9 月时胃口不好，身体不适，又反对我给她医治。她说老了没有用，吃多余了浪费。她知自己活不长，叫我去乡下老家把她自己早已缝制好的寿衣拿来。

　　我去拿时，也告诉了姐姐和亲戚叔伯有关母亲的病况，他们也来探望。我们家乡有"落叶归根"的风俗，人老了即将亡故前要搬回家终寿，但亡故后就不能进村，须停尸在外。当时已提倡火化，但只涉及国家工作人员和城关群众，如发现城内人有土葬，政府要干预处罚。而农村仍可土葬，且母亲在父亲坟墓旁边早已建了生坟。人们习惯向往土葬的

祖父母、父母墓

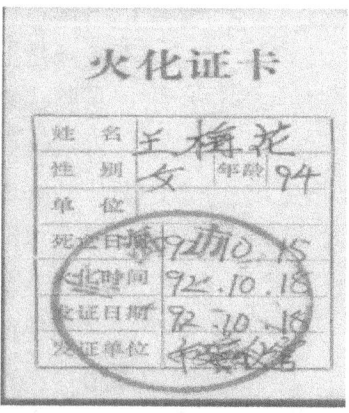

母亲的火化证

思想未改变，对火化的抵触情绪大，亲戚叔伯来我家，劝说我把母亲搬老家去，以免在城内亡故而火化。

我征求母亲意见。母亲说我们对她好，不愿回去。侄媳妇蔡素青问她："家有生坟，在这里（尸骨）放那里？"她说随便放哪里，火化后拿回去也可，反正人死了什么都不知道。"亲戚叔伯劝说她都没采纳。

她于 1992 年 10 月 16 日夜 10 时 15 分逝世。那夜我还去临海市职工学校授课，我下课回来后，据当时陪伴她的三姐四姐讲：母亲口中喃喃诵个不休，大意是我为什么还不回来。我就挨近她床前，牵她的手，她就紧紧把我握住，久久不松，还含含糊糊地喊着我的名字。大概握了 15 分钟后，她才渐渐松开，也安静下来，我们以为她睡着了，上楼睡觉。没几分钟三姐四姐说母亲无知觉了，我又下楼，呼唤不语，推她身体也不动，故世了。她没有父亲去世时的"回光返照"阶段，我们也没有痛哭，毕竟她已 94 岁，且家庭、后代都还好，没有什么欠挂，当时我心里想着，她确定是一位平凡而伟大的女姓。

当晚我们就按父亲去世时的习俗，给她用温水擦了身体，穿上她生前嘱付要给她穿上的寿衣，安放在与邻居争来的门板上。次日我们就通知殡仪馆来运去遗体，过了三天火化，在办手续时，我在登记表上填着：王梅花，女，94

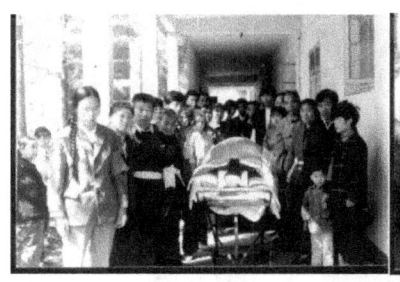

家人和亲戚与我母亲最后告别母亲遗体运去火化

岁，临海市双港区店前乡大园村人。殡葬人员见后说，这么大的年纪火化还第一次碰到，你们真不简

火化后家人及亲友合影留念
前排右1大姐、2儿媳、3四姐（她后左侧三姐）

单。哪知这是我母亲的主意。

当时除享有国家劳保的人亡故后要火化，否则不能享受劳保待遇，其余人都不强制，但城关的人不能公开地进行土葬，有的只好半夜偷出安葬，包括有些党政干部的父母，有的甚至用钱买通殡仪馆人员私下运出尸体进行土葬，我就知道这一事。我还参加多个亲友家人半夜偷出去土葬的葬礼和送行，其中有我爱人的外公、我同学高伯龙的母亲等，其余知道的也不少，回想母亲的无畏，真不简单。

因我忙于《石材大全》一书编写、出版，大都在外地，待1998年11月出版后，1999年冬至日，我才把母亲的骨灰和父亲及祖父母的遗骨移放在临海南郊茅山黄狗盘窝的公墓中，遵照母旨，一切从简。可慰的是：我站在城内1984年我家自建的房屋三楼可看到父母的坟墓。每当我遥看她的坟墓时，她"三早抵一工"、"少吃多滋味，多吃坏肚皮"、"吃不穷，穿不穷，

站在自家三楼遥看父母墓

不计不算一世穷"的声音似乎仍在我耳边回荡。

在父母亲墓前俯视临海市区

第五节　母亲的业绩

一、买土地

母亲一心赚钱，一心省钱，但也从长计议，该花钱就得花，在花中讲节约、讲效益。

土地是生产数据，是活命的依托，是不动产，不会贬值，土匪也不会抢去，火也不会烧掉，水也不会冲走，还可留给下代，历来朝代更替、皇帝变换，老百姓的土地仍原封不动。因此，有钱买土地是当时社会最好的投资方式，非但我家，农村的其他人家也如此，穷人有朝一日致富，也会想买土地。买土地可以说是农村社会的习俗，是人心所向。家里土地的多少可反映出家庭的生活水平、社会地位、身价。反过来人们也会重视土地，利用土地，爱惜土地，保护土地，促使社会发展进步。

父亲戒赌后，安心务农，协助母亲搞副业、开小店，加上母亲的节俭，赚来的钱必有积累，有积累必想买土地。在父亲去世前已买了几亩；父亲去世后，母亲经营的商、农、副业又兴旺，收入丰厚，又大买土地，自父亲去世时的5亩左右猛增到土改前的 22 亩余，其中多数买卖情况我也知道。1946 年夏，我小学毕业，升入在离家仅 3 里的琳山学校建成中学分部读初中，至 1947 年底，其间我都宿在家，亲历了母亲买土地的过程。

买土地时母亲与卖方谈好价格后，都是在晚上放我家写纸（契约）。母亲不识字，都叫我在场，一般书写人和中见人另请，写好后母亲叫我过目。因父亲过世，当时重男轻女，即使我那时仅十来岁，但契约的买方名字都写我，所以土改档案上我家土地登记人是我的名字。而我村其他亡夫的地主则称蔡 X 氏，这也可说明我家的土地主要是我母亲在父亲去世后她勤劳所得买来的。

在写契约时我母亲烧点心饭招待，大都是烧垂面，有肉有蛋有黄花菜等，还有酒，很丰盛。写好后我过目契子，有时也念给母亲听，吃过酒饭，母亲如数付（或补足）了钱，买卖告成，他们回家，我们把契子放在文书盒中。

因我家乡是丘陵区，土地不平整，一亩以上一丘的不多，因此即使她先后买了约 18 亩，但契约张数更多，在临近解放时，小文书盒放得满满的。

这类契约的文书格式我也见惯了，都差不多，其内容大致是：

卖契

立卖契 XXX（人），因缺用（或负债），将坐落在 XXXXXXXX 地方的水田（或旱地）X 亩 X 分，界址：东与 XXXXXXXXX 的土地（或其他地物）为界，南与 XXXXXXXXX 为界，西与 XXXXXXXXX 为界，北与 XXXXXXXXX 为界，卖给蔡行来，计法币 XXXX 元（或谷 XXXX 斤），卖款收讫，今后由蔡行来管业，决不争执，恐口无凭，特立此据。

计开

立卖契人　XXX

中见人　　XXX

代笔　　XXX

中华民国三十 X 年 X 月 X 日

这些契约是所有权的凭据，母亲当然是妥善保管，放在一个黑色木制文具盒中，文具盒放在衣橱内上格。

当时还有卖活契的方式，规定过几年后卖方可续回，因物价上涨，地价更涨，卖方续回时很便宜。活契的到期后大都赎回，也有再加钱而卖断的，故母亲经常要我找契子、看契子。为吸取这一教训，之后买活契基本消失了。

这些契约在土改时的交契大会上，我母亲与本村其他十多个地主一样把契约放在桶盘上，桶盘放在头顶，要面带笑容地走到主席台上，向台下分得土地的农民微笑，以示认罪，乐意交出。。

卖土地的人多数为赌徒，赌输了卖田卖地卖房子，也有贪吃懒做的浪荡子。天灾人祸导致卖土地卖房屋的我未见过，也未听过，即使有也是极个别的。我邻居蔡小香和蔡继榜都是前两者兼有之。蔡小香大名为蔡继寿，父亲曾开药店，也会中医，为富有人家，他从小读书多年，字理通达，人称他脚趾会写字。但他娇生惯养、好逸恶劳，每天沉醉在赌场中，终于到了卖土地、卖房屋的地步。我家不少土地从他家买来，甚至家具，至今我家的旧家具中仍有不少写着蔡小香名字；房屋卖给蔡继荣。解放前穷困潦倒，土地、房屋卖光（据临海市档案记载仅剩旱地 0.317 亩）。土改时他家划为贫农，分进土地；我家则为地主，土地遭没收。蔡小香是斗地主的积极分子，分得土地 7.561 亩和房屋三间，其中有些土地原来是他卖给我家，土改被没收再分给他的。

也有在我家买去酒、烟等副食品而欠账或借去粮食或钱还不出，导致卖土地，往往是我们再给他多少钱来凑足该土地价格，把土地或房屋卖给我们，蔡继榜就是。

酒、赌一起的蔡继榜常向我母亲借钱赊酒，欠账还不出，把我新房前一片菜地和该地连同我家隔壁的一间他的楼房在1948年以60担谷子卖给我家。我母亲买此房主要目的是买他位于我家1947年建的房前的该块菜地，以便作我家院子用。如果没有这块菜地，若对方在此建了房，挡在我家的门、窗前，我家里则漆黑一团。因此母亲愿出此高价。

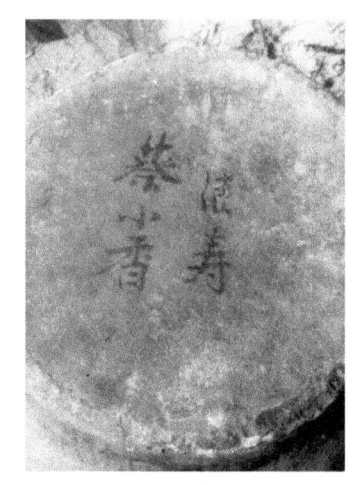

蔡小香卖的缸（底部）

我十六岁离家前从未看到蔡小香、蔡继榜等去田间劳动过。这也印证了我国农村经济学家董时进给毛泽东劝阻土改信中的观点："乡下不怕出高利贷大宗借债的，多属一些染上嗜好的懒惰浪费的地主，他们有的是田地作抵押，也才有人肯放账。"

从1943年年底（阳历为1944年初）父亲过世到1949年5月29日临海解放的5年半期间，我母亲共买了约18亩土地，这在我人多地少的家乡，确是一个不小的数目。我村土改土地名单上有11户地主（实为14户），其拥有的土地量超过20亩的实际上仅3家；一家的土地主要是祖传（蔡荷芳）；另一家是其亡夫所挣（蔡谢氏）。真正勤劳、开拓致富的仅我母亲一人，身为文盲、农村妇女的我母亲，有如此成就，全乡或许全区、全县是第一人。

二、建房子

　　我家的旧房子前已介绍，在楼房与平房间有一空地。我家一间半楼房已很破旧，又是店间，我长大后要结婚生子，因此，父母有钱便想建房。父亲在世时就有此打算，因空地是与伯父共有，双方未取得共识而搁下。父亲过世后，伯父同情我们，同意我们建房，母亲就准备资金，在1946年开始筹建。

　　建房是一个综合工程。当时建砖木结构的房子已不错了，根据地基，准备建四间楼房，除资金外，首先要买木料、砖石及其辅料，其次是请工匠。这些都要与外人打交道，作为亡夫的农村妇女谈何容易！但都被她一一解决了。她自己到山上去判（买）树，自己去窑炉定砖瓦，自己采购石料，自己去联系工匠。这些都不免有货物质量要求、价格高低，讨价还价。她是外行，怎么做到不吃亏、公平合理，且各种材料交货期要配合，各工种工匠工期要衔接，确是不易。

母亲1947年建的房屋（2012年摄）

　　因部分旧房被拆，家里又要做生意，又在养母猪，工期不能长，也是难事。

　　在竖房的前三个月，向各地买来的木料(包括承载瓦片的椽料)，陆续运到，且先后时间相差不多，都是堆放在紧靠工地旁桂球伯母(蔡谢氏)家的土地上，堆得像座小山。

　　石料和砖瓦也是建房主要材料。木料运来不久，石料也陆续运到。石料有多种，有乱石、条石、石板、偿齿(垫柱石)等。乱石，雇人到离家三里远的溪滩中选取，然后挑回，只付雇工费；或去岩仓运来，付少量出仓费。乱石用来填地基和砌墙用，东灿楼板下(一层)的墙是用乱石块砌的，墙厚牢固，可防小偷，但成本高，至今已近70年仍无任何走样。用作地基的乱石，主要放在承重墙和柱博下面。条石，用在门口和沿阶。石板，用在隔开板壁与地面相接处，木板与地面(泥土)相接处要用竖立的石板隔开，以免木板与地面相接受潮霉烂。偿齿(垫柱石)，是放在柱子下与房基基石之间、略大为柱的方形块石，做得方方正正，呈四方形(也有圆形，甚至雕花的)，全屋的偿齿高度都要一致。

　　还有砌墙用的沙子、石灰也应备好。沙子可向溪滩淘沙人买或雇人淘，石灰要去15里外白水洋镇溪港边用海贝壳烧制的石灰窑中买。这些都要落实，按时运到。

　　各种铁钉、竹竿(竖屋时做撑杆，打墙时做脚手架)、麻绳(绑竹竿用)等辅料也要备足。

　　接着泥水匠来家，先拆平房，盘地基。

　　地基盘好后，木匠也进来，根据地基长宽定下木料尺寸。木料是在我家旁的新祠堂(小学)里加工，要选在小学放假时期，也须事先联系应允。

　　木匠加工时间最长，前后约有三个月，分两地，各约一个半月。前期(竖屋前)放祠堂小学内，主要是制作各种柱料、桁料，竖屋架用；后期主要内部结构，可放在已竖起来的新屋内加工。木工领头是桥头蔡村的权老师，他确有本领，我的房屋后侧地基是斜的，各间桁料长短不一，且桁、索穿孔的斜度也不一，孔的形状也不一，但他处理得毫无差错，也无一根木料报废。似乎有像巴黎埃菲尔铁塔的工程师埃菲尔一样准作。

竖屋这天是经算命先生择日过的喜庆日子，都要办酒席的，亲戚叔伯来送礼道贺，我们办了许多桌酒席。也需要帮工，乘此机会请客人帮忙。竖屋时要把各房博（排架）用穿孔的毛竹系上，再由十多个人把它竖起，木工爬上去再一一串上横索，一排排地竖，竖立起来后房架就搭起来了。最后剩下中堂这间房上端的一根栋梁，这根栋梁木料要直，两端粗细差不多。安放这根栋梁是要拣日子时辰的，期望吉利，栋梁上要贴上写有"泰山在此"等吉利、稳固几字的红纸，以祝家庭来年好运。安放时木工要讲吉利话，我家要送红包，并撒大米、小麦、玉米、花生、黄豆五谷，以示日后风调雨顺、五谷丰登。安放这根栋梁时是建房的高潮，围观的人很多很多，我和母亲都在场，这也是我母亲一生事业的顶峰之一。不少村人背后都赞许我母亲的能干。

屋架竖好后部分木工马上在房顶上订椽，泥水工就盖瓦，其余木工安装谷索（上面可储放几千斤稻谷的桁条而

东灿乱石砌的墙壁

名），以备在其上可踏（构建）楼板（隔层板）。几千根木椽钉好后，全部木工转入踏（订）楼板，此时需大量铁钉，把木板订在谷索上。泥工盖好瓦片后，即转入砌墙。墙未打到谷索（底层顶），部分楼板已订在谷索上了，上

下楼层就已分开。这是我亲眼所见，至今印象还很深。我看到不少人家的新房，外墙砌好后，因财力不足楼板多年未建，也有屋架竖好后多年未砌外墙的。我家一气呵成，说明我家财力的雄厚，母亲备料的充足。

在建楼板的同时楼梯也做上，新楼房比老楼房高大。老楼房底层仅三米高（自地面至楼板），新房有四米高。因此楼梯也长也高。又因楼上要放大谷仓，谷子挑上挑下都要经过楼梯，楼梯较宽，两榜木料很粗，坡度较缓，远比老楼房楼梯好走。楼梯安放在靠近老楼房的一间新房中。为来往方便，新楼房与老楼房楼上相通，但新楼层高出老楼层一米，因此新楼房又另做了一条短扶梯通向老楼房。这些细节母亲都考虑得很周到。土改后老楼房没收分给蔡修宽，曾有一段时间他家也从这新楼梯上下，再经新、老房的短楼梯，到达自己老房。

自泥工、木工进家到房屋基本建好，约五个月，其间工匠有 40～50 人，这么多人吃饭确是大问题。母亲请来羊吞村舅母帮助，她在我家约半年；办酒席宴请客人时请塘头村王岩表兄来做厨师。菜肴佐料大都是母亲自己采购。一天四餐，酒肉不断，开支当然不少，且小店生意同样做，母猪同样养，一般的农村妇女是难以胜任的。

墙砌好后还做了台门。台门位于朝南新房的廊沿东侧，即东边一间新屋的屋前，其上写有"紫气东来"四个大字，大门口便是大园小学和通向双港镇的道路。四间新房前沿阶下仅滴水地是我家的，前面是蔡继榜的菜园地，后侧是第四房众光（族有）田，又无其他房屋阻挡，室内采光好，冬暖夏凉。家乡有句俗语："有吃无吃（无关），三间朝南屋（要紧）。"母亲一心希望我们以后生活好一些。

木工继续室内构建工作，各间的隔板（板壁）、门窗、我楼上的婚房，还有谷仓、猪舍等，又做了一个多月才告完工。这样筹建一年，建造半年，母亲历尽心血的新房总算落成，且一气呵成，一应俱全。

新房建成后，工匠工资如数付给，不论是材料款还是工钱，都没拖欠，这在农村建房人家是少有的。

我们住进新房后，母亲继续养母猪、酿酒等事业。猪舍做在东侧一间楼下，与厕缸一起。小店仍在老楼房中，其优越位置是新房不能取代的。家里仍只有我和母亲两人，当然是相当宽敞。1949年我还在该新房中结婚。

福兮祸所伏，也由于建了这四间新房，1948年又买了一间楼房，更促使我家进入"地主"行列。在当时我村地主蔡继良，本人教书，土地只相当于全村人口所占土地的平均数，因其有七间好楼房而被划为地主。我家这么多房子更不在话下了，不管你这些房子是如何得来的。

三、娶媳妇

儿女婚事是儿女的事，一般不是父母的业绩，因我的婚事，母亲的确化了很大心血，且比较隆重，也提一下。

我们家乡所说的媳妇（又称新娘、新妇）是指儿子的妻子，也叫儿媳。我幼年丧父，是独生子，家境还算比较好，姐姐都出嫁了，加上家乡早婚的习俗，母亲早就把我订婚、结婚的事安排好了，以便早得贵子，成家立业，在那时完全是可理解的。

我的婚事是1943年我父亲病时，二姐的家父常来我家探望父亲，同我母亲谈成的。我只知他们在讲此事，从未插话，他们也从未征求我的意见，当然我也没见未婚妻一面，毕竟那时我只有10岁，父亲又病重，一切都顺母意，是典型的"父母之命，媒妁之言"的包办婚姻，心里并不乐意。我认为今后自己要干番事业，不想结婚太早，但见母亲向来的艰苦，特别在父亲过世后对我成家的期望，我不想给她带来打击，只好依顺她。

旧社会的婚事较认真、隆重，是否都属于封建礼教我看不一定，相应都有一定道理，毕竟家庭是社会的基础，和睦的家庭对社会的稳定至关重要。问题不在于旧社会结婚众多的礼仪，而是彼此缺乏了解，导致了一些问题的产生。但离婚率远比现今低。

我的婚姻经过，也是典型的旧社会礼教的演示。1943年父亲病时二姐家父来探望，母亲在锅灶边做饭，他站在我母亲对面的灶口边对我母亲说，给我提个亲事，就把此事说开了。我们烧饭的祸灶在通向墙壁的出烟口处筑有呈阶梯上的出烟孔，靠近墙壁处砌有似门状的凹槽，凹槽凹进去处张贴灶师爷佛像，过年过节也奉以供品和点燃香火，以求家庭丰衣足食、四季平安。后来我才知他在灶师爷前说话，是想图个吉利。

说成后在1944年订婚。我家送去定礼，有聘金，有给对方父母吃的"串杠红"，内放有七大盘菜肴，母亲托人在媒人的陪同下送去，这是小礼，俗称"定头"。

再过些时候，约1945年，因母亲从事多种副业，家里实在忙碌，想请对方提前来我家，通过媒人与对方父母商量。因对方也是大户人家，未能同意。1947年我家建了房子，母亲想在1947年我15岁时让我完婚。但经算命先生测算，我15岁结婚不利，母亲又只好罢休。16岁是双数，也不是结婚的好年头，最利的是1949年我17岁。母亲也只好等着。

婚前一年要送大礼，称为"拜肯"。要给钱和谷物为女方做嫁妆用，双方要经过媒人商讨同意，多出钱多嫁，少出钱少嫁，但也有不计较的，我未听见他们有争执，看来对方也算通情达理。此外还送些吃的礼物，以示感谢其父母养育之恩。"拜肯"时要先经算命先生择日，定下结婚日子，并写在红纸上，交媒人送上，我的婚期是农历 1949 年 9 月 12日。

　　一个婚姻的完成，媒人来来回回不知跑了多少次，每次来时母亲都要烧点心饭给他们吃。在我这桩婚事之前，自我五六岁开始，因家境还好，又是独生子，上门说媒的人陆续不断，大都是因一些小事情而未成。我就知道近村有两个与我年纪相仿的女人，后来也都认识，都经媒人来我家说过亲。一个是因媒人来说亲后的次日，我母亲打破了一口碗而未成；另一个是说亲后母亲梦见讨饭人（乞丐）又未成。据母亲说，来家说亲的前后有二十多个，可见母亲在我婚事上所花的心血。

　　旧社会农村很少有自由恋爱，更无婚姻介绍所，婚姻是人类生存发展、社会事务的重要组成部分，要有人去办，这就是媒人。媒人一般年纪偏老，多为妇女，俗称媒婆，一般都是两人，有相当于法院取证一样，保证提供的情况属实，财物过手不致缺失，也让商讨过程中多一份主意，以促使其成功。她们既是热心人，又要有一定的口才，男女双方多数婚前没有接触，彼此不了解，这需媒人做些说服工作，因此在说媒过程中，常去双方家庭沟通，双方互相通过媒人了解其本人和家庭情况，媒人即使有添油加醋，但基本上是实事求是的，至少招摇撞骗的没有，因此也有它较稳定的一面。

　　媒人说媒不提介绍费，这与现在的婚姻介绍所大不相同。媒人的工作量远比现今介绍所大，如初次成功，还有送"定头""拜肯""完婚"等步骤，其间都涉及经济，多有讨价还价的，全靠媒人的"嘴"来摆平。媒人报酬很低，去说媒时吃碗"点心"（面条），完婚后男方送只猪腿（谢媒）等。对社会的贡献远比她们取得的报酬少，也有抱着做好事，即相当于现今的"为人民服务"而干这一事。但在一段时期中，由于反"封建"的需要，对她们赞扬的少，贬低的多，如所谓"父母之命，媒妁之言"，似乎她们是封建社会的维护者，有失公允。

我们婚前不仅女方要做嫁妆、做新衣等准备，我们也有很多事。婚房中的床铺要男方做，且要上乘的。我们请木工做了雕花木床，漆成紫绛色。结婚是大喜日子，要提前一两个月通知亲友来吃喜酒。通知方式是发请帖，因我在校读书，母亲托人写好后请伯父送发。婚礼时日子（宴请）两天，要准备人客来后吃、住。菜肴购置是大事，除在附近市集上买外，较珍贵稀缺的食品，母亲专门去临海城关采购。另外在临近日子前要送给女方家多少斤肉、多少斤粮食，以便对方好办酒，这些也要母亲处理。毕竟对方把一个女儿养到成人离家成婚，论财产也是花了不少的，这种偿还也弥补不了他们所花的贷价，只是象征性地意思一下而已。我们祖先所定下的这些礼仪是有道理的，因得人心而延续下来。

我结婚的日子也是凝聚母亲一生心血的日子，家境好起来，亲戚叔伯友人又较多；有我四个姐姐的家人、我父母辈的家人（姑姑家，舅舅家）、父亲生前友好、我同祖宗的叔伯、邻居等；我祖父有兄弟五个，有的又有多个子女，子女中又有多个子女，是小有名气的"五份人家"；邻居中也有多个兄弟的；有的虽不是亲属但与我家很要好的，这些人都要请来吃婚酒；母亲是亡夫之妇，既要做生意，又要搞副业，要立住脚，要争取过好日子，不免与人打交道，要得人家关照、帮助，也乘此机会致谢，邀请他们来聚饮；我也有些好友、同学需邀请。这样一来客人就多了，约共30桌200多人，这些客人要在家吃喝两天，远道的还解决住宿，确不是易事。当然都要母亲一人操劳。

这么多客人来吃饭，必要相当招待服务人员，有厨师、烧火、宰杀、洗涤、端盆送菜等工作；还有负责借桌、凳、碗、筷等餐饮用品；还要人去市场采购蔬菜类副食，要杀猪、杀鸭、杀鱼等等。这些人事先要安排好，共约有二十来个。因他们都是干活跑腿的，俗称"行堂"，婚礼宴席之前请他们先来家吃饭，称为"请行堂"，以便他们在客人来到之前"上班"。这些事也都要母亲策划。

两天婚礼的安排是：第一天客人来到，先吃面食点心，上午下午来的都有，晚上正餐开始，有乐队伴奏(唢呐、锣、鼓、箫笛等)。客人餐毕离席后，要饭人（乞丐）也可入桌就坐吃喝，让其吃饱，仅是菜肴稍次而已，但也有鱼肉等荤品。

第二天为日子（结婚）日，早饭后在锣鼓、唢呐等的伴奏下，抬着新娘坐的大红轿，放着鞭炮，媒人引导，吹吹打打去新娘家抬嫁妆和接新娘。嫁妆上午就抬回，计有四扇门大橱、铜钱柜（既可当床铺睡觉又可放衣物、棉絮和金钱）、写字台、梳妆台、八仙桌，床前柜、两只开门箱、小柜、条凳、两把靠背板椅，两把正骨排凳、大小木盘木桶、尿桶等木器；另有被褥多条，苎麻口袋等；衣服及贵重物品等放在上锁的柜和箱中。几十人的队伍在鞭炮声中浩浩荡荡抬进我家，围观的村人赞叹不已，这样的规模是附近村人多年没有见到的。

下午四点多，红花轿抬着新娘，在铜锣和唢呐声的吹打、鞭炮声和媒人的陪伴下渐渐向我村我家走来，也给农村的田野增添了美景。这种景象我小时候看了很多，特别在秋冬之交时节，四人抬着大红花轿穿着整齐的人群在乐声鞭炮声中在乡间的道路行进，但现今已经没有了。花轿将到家门口时，有几个壮汉在门外等待，即将进门时，迅速抓住轿杠，快速冲进屋内，安放在堂前间，俗称"鹊鹊轿"，有喜鹊降临之意。新娘下轿先去婚房小坐，"行堂"准备拜天地。在未拜天地前去婚房的路上，新娘脚上的新鞋不能落地，来回都要用草席铺地，由陪姑扶着新娘在席子上缓慢走到楼上婚房中，以示此时还不是我家人，因此双脚不能落地。新娘穿的红中绣黄花衣服，戴各种珠宝的花帽，着装美观，头上盖红布把脸也遮住，客人相争要见其一面也难。

"拜天地"时，新娘再由陪姑扶下楼到堂前间，陪姑是我大姐和我舅母家表姐。我穿的是"士林蓝"长衫，我由表姐夫用红绸布牵带到堂前。新娘新郎两人一起在司仪的口令指示下先向天行三鞠躬，再向地行三鞠躬，再向祖宗行三鞠躬，再新娘新郎相互对拜。拜毕新娘揭开红头巾，陪姑再引其回房间，此时新娘已是我家人了，不需草席铺就，新娘脚上的鞋可着地走回婚房内。

"拜天地"就是对天对地表示敬意，感谢它们给我们赖以生存的阳光和土地，也向它们表示忠诚，向他们发誓，表示会珍惜它们赐给我们的恩惠，好好劳动，好好生活。向祖宗跪拜，表示对祖宗孝敬，感激祖辈养育之恩。最后夫妻对拜，表示今后夫妻要彼此尊重，彼此相爱，家庭和睦。旧礼教结婚中的"拜天地"项目，具有朴素的唯物主义精神，它告诉我们，幸福生活靠天靠地，不是靠鬼神和皇帝。同北京的天安门、地安门；临海的兴善门、崇和门一样，安定和谐，都是我们祖先留下的灿烂文化。封建社会也有不封建的领域。

我能最后享到这个中国几千年的习俗，乘上这个末班车，经历了这一难忘的时刻，也是我人生的财富。

在拜天地前，跟我家很要好的邻居蔡显森母亲提醒我：你母亲很辛苦，带你成长不容易，你今日要向母跪拜谢恩。我听了她的话，向母亲跪拜道谢。

随后"行堂"又把好桌凳，大家吃婚夜酒，新娘在陪姑的陪同下坐在堂前间左上第一桌第一位，未吃饮前我从灶间门缝上看其一眼。因化了妆，又戴着大大高高琳琅满目的装饰帽，看不出真面目，但这是我第一次见到她，也是封建旧礼教害人之处。随后婚宴吃饭。除拜天地时外，自新娘进门后乐队都在吹奏敲打，热闹非凡，特别在晚宴时唢呐吹奏的《喜洋洋》，动听悦耳。全屋沉醉在一片欢庆中，在通明的灯光下，有的猜拳喝酒，有的谈天说地，敬酒祝酒，笑语连连。客人除在宾席中各分了一双红鸡子（蛋）外，还不断向我（新郎）要，向我母亲（妈娘）要，也许我母亲会感觉到这是她一生中最开心荣耀、梦寐以求的时刻。

婚宴毕闹洞房。一些年轻的人设法挑逗新娘微笑，新娘偏偏要装着不笑，但有时也装不住，笑开了。也有些人出一些稀奇古怪的问题，要新娘回答，新娘回答不出要罚，罚红鸡子，罚糖果，罚与新郎亲嘴等无奇不有的东西，常常玩得哄堂大笑。

时到半夜送洞房。厨师送来洞房饭，有馒头、肉块等。房间里只留下新娘新郎和两位陪姑四人。陪姑请新娘新郎吃洞房饭。陪姑用筷夹起一块肉，先给新娘吃一口，再给新郎吃另一口；另一陪姑夹起馒头，新娘先吃一口，新郎再吃一口。这样两人同吃一块肉，同吃一个馒头，表示今后相亲相爱，一心一意，同心同德，同苦同乐。

次日早晨，新娘下楼先向我母亲作揖跪拜，以示孝敬；然后以她名义端桂圆茶敬请长辈亲戚，他们也给她"见面钱"。表示初次见面的礼物。

随后客人相继向我母亲告辞，母亲也回些小礼物，如肉、馒头、红鸡子等。

但礼仪并不是到此就结束。春节时我家先请至亲叔伯妇女来我家宴请，随后她们家逐一要设宴招待新娘，此时我妻和我母亲连续多天要去近亲属家吃饭，俗称"请新妇"，但我不能陪同，同桌的全都是女的，一连吃了七八天，甚至十多天的荤肴，表示亲属对新娘的尊敬，也借此认识熟识一下。

　　同样新郎也要去女方家拜见岳父母。先由新娘的兄弟来我家请我去岳父母家，进门时还放鞭炮，到家引我见岳父母，并跪拜。再引去其至亲叔伯家，拜见我妻的长辈。拜毕后回到岳父母家吃茶点。接着岳父母家宴请我，并请至亲叔伯作陪。随后至亲叔伯轮流宴请我，俗称"请新郎"，其作用与"请新妇"相似，借此彼此认识一下。我一连七八天，天天在吃"山珍海味"，肠胃负担太重，实在难以承受，拉肚了，但还要去赴宴，否则有失礼貌。

　　新娘结婚后次年要回自己老家过日子，俗称"回门年"，一般是农历二月二日动身，年底返回。那时是1950年，我妻在我村小学继续读书，未过完"回门年"。婚礼及后续的礼仪到此才告结束。

　　以上这些旧式礼仪我都亲历过，那时我十七八岁，至今仍记忆犹新。1950年冬，我县土地改革开始，反封建口号响彻云宵，这一切旧礼仪也随之消失。

　　1949年5月29日，临海县城解放，但乡下农村仍一切依旧。1951年春，我村进行土地改革，我结婚的新家具，除一把板椅和一把纳头（骨牌凳）外全部没收，分给贫雇农，时仅一年半。

　　家具多少也是划定地主的根据之一。我村地主蔡桂秋，论土地，其家人不及全村人均土地数，论房屋他家五人只两间旧楼房，也仅全村人均数。他是我的贴近邻居，父子俩长年参加农业劳动，因其儿子结婚时，儿媳也陪嫁了一套好家具，土改时有些人就盯着他家这套家具，加上他是地主恶霸蔡明河的兄弟，也把他划为地主，故他家土改时仅没收家具，未没收他家一寸土地和半间房屋。我结婚时女方在众目睽睽下嫁来这么多新家具，当然必是块"肥肉"，也促使我家进入地主行列。

第六节　母亲的经济头脑和她的多才多艺

我母亲一生奔波，主要是为了经济，她有一套思路开阔、开拓进取、敢冒风险、扬长避短、脚踏实地、效益为先的办法，可称为农村的经济学家。虽然时代不同、环境不同，但精神尚在。我们现在弘扬民族文化，提倡孔子学说，也在于其精神。

在我母亲看来，搞经济就是"多收入，少支出"六个字。她一生就围绕这六个字转。我家财富的剧增离不开一个"苦"字，也离不开一个"省"字。她晚年常说自己"一世做了三世的活"。"吃不穷、穿不穷，不算不省一世穷"。现要脱贫致富，也不外乎沿着我母所走的道路。重温一下我母亲一些做法，对人们、对社会、对国家大力开展的扶贫工程有所裨益，她的经济思路和才艺大致是：

一．发挥自身优势

1．发挥自己绘画、做布鞋的技能

母亲在腌咸菜

母亲结婚后不久，父亲嗜赌不管家，家经济当然不好。母亲虽不识字，但能绘画绣花，特别擅长画梅花；又善于针线活，她做的布鞋美观合脚。早先农村姑娘结婚要穿花鞋，她的手艺发挥了作用，给人家做花鞋。虽不收工钱，但做花鞋人家也不会亏待她。结婚时送来鱼肉、馒头等高档食物。母亲分餐吃，节约吃，往往一家送来的一碗佳肴可吃三五天，也节省开支，改善了生活。

约在 1985 年，地主摘帽后，因她画画有名，又会手工，村妇女主任李仙香动员她参加区里剪纸比赛。那时她已近九十岁，还得了三等奖，奖来一条大毛巾。晚年她参加农业劳动之余，给家人、亲戚、叔伯做布鞋，甚至九十一岁骨折后还坐在床上做。她做的布鞋合脚、美观，也可证实她给人做花鞋确有其事。

2、利用自己人勤、手巧、心灵特点，从事加工棉纱和帐线，做垂面、养母猪等副业。

这些工作前文已述及，有一定技巧，不是一般农村妇女都可做的。我家附近几十户邻居没有一人从事这些工作，有的曾从事过，因效益不高坚持不下，有的想干而不敢干，有的就根本不会干，只好在家做饭、带孩子等家务。我家乡因土地少，妇女是不参加农业生产的，因此妇女有空没事就串门谈天。做垂面在光天化日下，谁做谁不做全村人都知道，我知全村三百多户人中只有"花台门"那边有两家；养母猪的人家小猪要上市出卖，谁养村人都知，全村也仅二三家。她是脑灵手勤的出众者。

二、利用客观环境

1. 租种宗族公有土地

土改前我村三百多户一千一百多人，几乎都姓蔡。各代祖宗都或多或少留下族有土地、山林及一些公用设施，其土地即土改中征收的"轮种祀田"，我们叫"众光田"。这些财产的收入供本氏族祭祖、济贫、奖学、修建公共设施(如造桥、铺路、修建祠堂、水利建设)等开支，有相当于土改后建立起来的"集体所有制经济"，但经营方式有所不同。

这些土地承包给村民耕种，租金低于社会一般标准。早年我家经济困难，父母争取到不少这种土地耕种。据母亲说：有多年是主要靠这种土地的收益，省吃俭用以维持生活。这种"众光田"你不放弃，已经是你种的可以延续种下去，有的一直种到土改时，因此在土改时我家土地占有状况这一栏里，有租入土地1．00亩，便是这些土地。其中有一丘田还远在花园山脚，父亲去劳动时我多次跟他到那边玩。此外，我家还承包了宗族加工粉类的水磨坊。

2. 利用家庭位置优势开小店

我家位于本村东边山湾街，这条街是我村最大最长的街。又是三岔路口，是村人去双港集市赶集主要路径，旁侧还有小学，人流量大，母亲就充分利用这些有利条件开小店。我父亲读过多年私塾，也发挥了他有些文化的优势。

3. 利用家有桑树养蚕

我家有两棵大桑树，在家菜园地的一棵祖传的，在后门山的一棵我不知来历，但这些都是家原有的。母亲就利用这些桑树来养蚕。

三、以市场为导向

开小店、养母猪、做垂面等行业当然都要以市场为依托，但母亲更直接以市场行情来做生意。粮食是农村头号物资，是市集上交流的主要货物，其价格规律是：收割后新粮上市时粮价便宜，收割前粮价贵，特别是春天，所谓"青黄不接"时更贵。造成此情况的一个重要原因是，有些人家新粮收割后大吃大喝，所谓"硬来硬到底，麦来不吃米"这句民谚语，便是指有些人家麦收后天天吃高耗粮的麦制品（馒头、麦饼等高档食物），不考虑日后生活如何。母亲收割时用粮与先前一样，不浪吃，有积余，趁春天粮食贵时出售，可卖上好价钱。甚至新粮上市粮价下跌时买进粮食，春天粮荒时卖出，以此赚钱。抗战时利用粮价差异还贩卖过 72 米（即 100 斤谷可加工出 72 斤糙米，而一般米只 65 斤）。

四、多种经营，互相利用

母亲经营多种副业，还开店、酿酒，其本身都是独立的经济实体，但母亲能充分互相利用，发挥效益。如做垂面需大量小麦粉，小麦磨粉后必留下麦麸(皮)，是养母猪的高档饲料。养猪能积肥，也是养猪的目的之一，所以坚持到土改前。这也可说是我国珠江三角洲良性养植生态循环：养蚕—蚕蛹(鱼饵)—养鱼—塘泥(桑肥)的应用，最后才有丝稠产品。其实母亲根本不知什么叫生态循环，也不知有个珠江三角洲。母亲在我暑假时要我把与别人合养的耕牛牵来看养，目的也为了积肥。在她脑子里，肥料就是粮食。

开小店、酿酒也与做垂面、农业有关。垂面要卖出去，我们没有时间，也不需到市镇上卖，放在小店中卖即可了。我村较大的财主(地主)，如蔡桂球妻(蔡谢氏)、蔡荷芳家都在酿酒，其主要目的是给家中雇工吃（一般晚上雇工都有酒喝），如果去商店买，那开支不少。我家有长工有短工，当然要用酒，自己酿造，既可外销（赚钱），也满足内需（省钱）。父亲和我都不会喝酒，这个"内需"便是给雇工吃的需。

五、善抓主次，效益第一

母亲作为农村妇女，她力所能及的是手工副业。但根据效益不断变换，从给人家做花鞋到养母猪，从给人家纺棉纱到开小店，从养蚕到酿酒，这些都根据效益而定。做花鞋和养蚕以后放弃了，虽棉纱还在纺，但也很少了，因效益不如养母猪、开店、酿酒。

六、开拓进取，敢冒风险

养母猪效益比织帐线好，开小店的效益比做垂面好，但也不是易事，养母猪亏空的也有，开小店亏空的也有，我的邻居就开亏了。母亲为了取得更大利润，就要冒几分风险，如抗战时还做贩米生意。父亲亡故后，一般农村妇女能守住家就不错了，但她非但守住，且不断设法扩大经营，迎难而上。去山村放糯米银订购酿酒的糯米(期货)是有风险的，她不怕，不依约交付的就去追讨。从她身上早已知"风险与效益同存"，"胆大必须心细"的哲理。

七、开动脑筋，找出窍门

母亲非但是做花鞋、纺棉纱、织帐线、做垂面的高手，养母猪、开小店、酿酒的盈利者，且是腌咸菜、烹调的能手。她腌的咸菜（盐菜、萝卜酱、豆瓣酱、咸大蒜、葱薯……）、咸肉味香可口，我可说走遍中国，品尝过各种菜肴的人，近些年来正餐前放些咸菜先请客人品尝开胃，但远远没有母亲做的好吃。我至今还怀念这些咸菜，特别冬天早上下稀饭的萝卜酱、豆腐乳、咸肉炒盐菜，一直念念不忘。腌咸菜技术性很高，要动脑筋，盐太多有苦味，太少会长虫，难以掌握，有如做垂面一样加盐量要灵活适中。但农村家家靠咸菜过日子，即家家妇女要腌咸菜，不像做垂面那样可做可不做。因此母亲便成了她们请教的对象，名副其实地做了她们的师傅。做布鞋也是母亲的拿手活，也是动脑子的结果。那时农村人人都穿布鞋，母亲也成了她们的家庭老师。几个邻近的邻居，如显森母亲、周尹母亲为这些事常来我家讨教。

烹调方面母亲也是高手，家里有雇工有客人，烧一两桌菜没问题。

1954年，我从部队探亲回家，海军舰上伙食很好，中、晚两餐天天有鱼鸭鸡肉，但吃腻了真不想吃。回家后母亲要杀只鸡给我吃,我说在部队吃鸡吃得太多,不要杀了。她坚持要杀,我也任她了。烧起来可真好吃。我看她除了鸡肉外,加了一块肥肉、黄花菜等,还放了一片瓦片,在泥罐中烧,真是芬香可口。

春节后家里客人很多,要做几盆菜,其中有一盆是"鸡子泡",用带鱼块、鸡蛋、面粉调和,放在油中炸起来,母亲每年春节前都炸很多,客人来了拿一些便可很快地烧一盆。其他人家这种"鸡子泡"不多,即使有,烧时也"泡"不起来,很生硬,不好吃。而母亲的"鸡子泡"发得很大,很软口,加点葱花,真好吃。我大姐家的菜常是母亲做,她媳妇也常吃我母亲做的"鸡子泡",在母亲亡故后,她多次说:没有学到我母亲这套手艺深感惋惜!

20世纪70年代,家自留地分在青阳山上,离家有三里远,我也跟她去过那边,要爬山岭。春天种洋芋(马铃薯),附近农民说我母亲种的洋芋最大,不少农民都向她取经请教。我问她:你怎么种的?她说:"施肥要施在两株中间,不要施在株根上。"我听后觉得很有道理。我记得植物课曾讲到,吸收养分的根是毛根,毛根长在根系的顶端,因此不要施在根株上,要施在两株中间,即施在毛根上,使肥料能充分吸收。

这些都是她开动脑筋的结果。

八、不怕挫折,坚持到底

母亲一生遭受了很多挫折,婚后父亲入赌,赌到什么地方她追到什么地方,在她生小孩月子未满追到十五里外的上雪村,劝他不要赌。父亲赌输了还曾卖过房屋,她请族长调解,终于要回,这在当时重男轻女社会里不是易事。父亲入赌家里当然常吵架。但她不灰心,继续劝说,后来父亲终于戒赌了,安心在家务农,协助母亲搞副业,发家致富。

养母猪也有不顺利的时候，母猪小猪有病，母猪难产，小猪有病死的，有产出时被母猪压死的，但她都不灰心。我大概只有四五岁时，有次母猪有病，父母提心吊胆，除给它吃的热性药（如胡椒等）外，还烧香拜佛，从大橱里拿出件红棉衣服给母猪盖上，可能是保暖，她逐渐好起来，终于化险为夷。之后有了经验，愈养愈顺利。母猪养了几十年，非但赚了钱，也积了肥，粮食增产。

开店酿酒也有风险。因赊账多，成本回笼、资金周转有时也困难。赊账讨账不免有摩擦，甚至吵架、结怨。有的店家就因赊账资金难收而关门，我邻居蔡修树就是这样。还有货物积压滞销变质，或物价上涨成本提高，影响销路，导致亏本也常见。母亲也必会碰到这些问题，她都逐一克服了。总体上讲开店、酿酒都还顺利，且收益很可观，发了财。

父亲去世给她的打击很大，她非但顶住，还振作起来，开拓进取，生意越做越大，财富积累更多更快。

土改给她打击更大，几次想烧房自杀，想起自己还有子女，才缩回来。土改后埋头务农，重操力所能及的副业，生活又好起来，重新赢得人们尊敬。

这些都是她不怕挫折、坚持到底的结果。

九、搞好关系做到双赢

母亲在自家消费开支上异常节约，但对外交往待人接物，处理互相关系上却很大度。我常看她接待亲友、来家做工的客工，饭菜相当丰盛，对邻里堂份财物进出也很大方。因我少年离家，多数情况不很了解，最近我听到她处理的两件小事，足可见她的为人和本领。

前已提到，我村有两家小店，除我家外，后宅还有蔡修交家也开店，我们不是同行克妒，而且互相帮助。去县城进货彼此托带，店内缺货互相调剂，这些情况我也知道，我还常去他家拿取我家已卖完的货物，但生意外有些事我却不知晓。2018 年 9 月我在台州医院碰到本村蔡统尚（入赘溪岸林村）夫妻，他说去看望住院的溪岸林村的林元舟。我大姐家在溪岸林村，我常去溪岸林村，认识溪岸林村很多人，包括林元舟，我就跟他们一起去看望林元舟。我们进了他病房，他妻子也在，我们互相问候后，蔡统尚说元舟妻子也是大园村人。因我少年就离家，不认识她，问她那家人，她说与蔡继斋、蔡行山是兄弟。我早就认识他俩，知他们是与我父母一样开小店的蔡修交儿子。蔡统尚也把我向她作了介绍，我也作些补充，说少年时常去她家取货、送货。她说今年她 75 岁，比我少 11 岁，我又少年离开大园村，当然不认识我。但她对我母亲印象很深、很好，她说自己母亲布帐前襟破了，她母亲不舍得换新的，是我母亲拿去自家的帐布给她母亲换上，这事她至今印象还很深，还很感激，我当然不知此事。

她还告诉我其兄蔡行山住临海城隍山养老院。2018 年 10 月 2 日我去该养老院看望蔡行山。他比我少 5 岁，从小因我们两家都开小店早就认识，谈得随便。他说自己家要用酒，他父亲叫他到我家买酒。我母亲给他带来的酒瓶打满后，说：小弟，不要付钱，你拿回家去好了。行山就没付钱拿回家，还说她多次这样，至今也还记得很清楚。

看来这两件事发生在我父亲过世后，母亲知自己亡夫处世的艰难，要做生意，要靠别人支持、帮助，首先自己要付出，要搞好关系，帮人家等于帮自己，用我们当地的话说，她知道"死•活门"，用现代交际语言，她会做到"双赢"。这两件小事我迟迟听到，我不知道的此类事肯定还有，这也是我母亲的高明之处，也是她的本领。母亲在父亲过世后能发财，是多种因素综合结果。做资本家不容易，做地主也不容易，他们确是社会中的精英。

第四章 我村我乡我县的一些地主

第一节　　　我村的地主

我村土改时有 300 多户，按上级要求要把农户数的 4%-5%划为地主，以孤立少数，争取多数。也是有名的 5%公式的具体运用。我村划为地主的有 11 户，其中蔡桂秋、蔡来修、蔡继良、蔡柳明 4 家是后划的。但实际上不少于 17 户，为凑足一定的土地数，把早已分家的几户代际家庭合在一起算一户。

根据临海市档案馆资料，这些地主土改前后土地占有量如下（表 3-1）。

大园村土改前后地主占有土地统计表（亩）
（据临海市档案馆档案数据）表 3-1

姓名	人口	自耕田	自耕地	租出田	租出地	租入田	租入地	土改後田	土改後地
蔡行来	3	7.821	4.818	7.657	2.188	1.000		3.986	0.005
蔡嫩氏	5	16.720	5.455	10.688		2.866	0.801	7.866	3.458
蔡来修	3	6.215	0.859						
蔡继良	7	6.575	2.773			2.714	0.5	8.400	1.001
蔡谢氏	3	14.12	6.682	1.092	2.429	1.414	0.429		
蔡荷芳	*	18.58	15.716	3.354	1.520	1.752	0.280	3.605	0.357
蔡柳明	3	7.145	0.829	2.287		1.537	0.214	3.001	1.260
蔡桂明	8	1.002	1.644	5.001	1.840	0.715		8.002	1.260
蔡行瑛	4	4.406	0.758	2.571		0.429		6.000	0.758
蔡继甫	4	4.858	2.869	2.643	1.570			4.801	2.869
蔡子桂	3			11.004	4.570				

*临海市土改档案资料上蔡荷芳家 3 人，与实际有出入。

*临海市土改档案数据上蔡荷芳家 3 人，与实际有出入。

以上的前 10 户地主共有土地 174.685 亩，计 58 人，人均 3.012 亩。实际还划上地主的还有蔡桂秋、蔡明河及蔡继文、蔡继浩、蔡继足、蔡周凯等家。因档案数据未记载其土

地数，仅记有"镇压""劳动改造"处理的数据，可证实他
们也被划为地主。蔡桂秋是我邻居，我知他土地不多，后又
经多方了解其土地约 3 亩，现就按 4 亩计算；蔡明河家（包
括子孙）有 10 人，土地约 10 亩。但他们是蔡钱氏后代，其
人数、土地数可能算入蔡钱氏之内，但又不甚准确。蔡子桂
是逃亡地主，有土地 15.219 亩，家 13 人。就按上表计算，
全村 11 户地主共有土地 189.219 亩，共 71 人，平均每人占
有土地 2.665 亩，我村土改时人平均土地为 1.39 亩，不足
人平均的 2 倍。与现在村人拥有财富彼此间的差距，真是小
巫见大巫。

下列 4 户为富农成分，其土地占有量，见表 3-2。

土改前后大园村富农占有土地统计表（亩）（据临海市档案
馆数据）（注）表 3-2

姓名	人口	自耕田	自耕地	租出田	租出地	租入田	租入地	土改後田	土改後地
蔡修善	5	12.344	1.001	1.143	1.464			8.005	1.001
蔡瀚蓄	5	6.414	2.533	3.431				6.716	2.533
蔡繼傳	10	15.725	3.470	1.10	5.93	1.071	0.794	12.728	1.546
蔡桂蘭	6	8.291	2.409	0.858	0.679	1.001	1.001	7.291	2.409

注：表中的蔡继传是本村上角人，不是本村农会会长的蔡继传，
后者为雇农。

以上 4 户富农共 26 人，计有自耕和出租土地 66.792
亩，人均 2.5689 亩，接近地主。因有些地主不是因土地
多，而是由于房子多或有好家具或伪职或家势强等被划上地
主。

下列为部分中农成分的土地占有量（表 3-3）。

土改前后大园村四个中农占有土地统计表（任意选取）
（亩）（据临海市档案馆数据）表 3-3

以上 4 户中农共有土地 11.898 亩，共 9 人，人均 1.322 亩。

土改前後大園村四個中農佔有土地統計表（任意選取）（畝）（據臨海市檔案館資料）表3-3

姓名	人口	自耕田	自耕地	租出田	租出地	租入田	租入地	土改後田	土改後地
蔡小花	2	2.215	0.801			1.858	0.876		
蔡繼及	2	1.859	0.315			0.572			
蔡時興	1	1.787	0.043			1.858	0.872		
蔡小樑	4	4.460	0.418			2.150			

土改前后大园村2户贫农占有土地统计表（亩）（注）（据临海市档案馆数据）表3-4

土改前後大園村2戶貧農佔有土地統計表（畝）（注）（據臨海市檔案館數據）表3-4

姓名	人口	自耕田	自耕地	租出田	租出地	租入田	租入地	土改後田	土改後地
蔡繼壽	7		0.317			6.615	2.146	7.101	0.460
蔡繼本	3	1.144	0.300			1.572	0.282	3.600	0.300

2户共有土地1.761亩，10人，平均每人0.176亩。因所选户数太少，代表性不大。蔡继寿、蔡继本为土改中较突出人物，见第二章介绍。

小土地出租仅为蔡桂清一户，其土地数，见表3-5。

蔡桂清(小土地出租)土改前后土地占有统计表（亩）（注）（据临海市档案馆数据）表3-5

蔡桂清(小土地出租)土改前後土地佔有統計表（畝）（注）（據臨海市檔案館數據）表3-5

姓名	人口	自耕田	自耕地	租出田	租出地	租入田	租入地	土改後田	土改後地
蔡桂清		1.823	0.258	0.127	0.183	0.927	0.358	1.823	0.288

注：蔡桂清是我父亲兄弟（族谱上有记载），从表上看计有土地2.391亩。他曾同我说，原来也要把他划为地主，因实在没有财产可分，且一向劳动，降为小土地出租，但又无土地租出。表上甚微的租出土地不详（可能是族有祀田），就是按表上所载仅有0.127亩田和0.183亩地出租，也不应划为"小土地出租"。因属于我们众多地主家族一员，又无财产可分，才给以"小土地"处理，实际上是剥夺他劳动农民的成分而已。

我村土改时人平均土地为1.390亩。

蔡桂清是我伯父。他拥有的土地全是从我祖父的土地与我父亲平分后得来，之后没有卖也没有买。我伯父单身，一向务农，一间半祖上留下的旧楼房，也没好家具，土地均自己耕作，生活仅温饱而已，可说是中国农村典型的守家者，与世无争，确是安分守己、守旧的诚实农民。不管民国时期，还是在解放后还蓄着辫子。

我村地主情况简介如下。

蔡行来

笔者就是蔡行来，幼年丧父，农村重男轻女，传宗接代是男人，即使我是仅十来岁的小孩，父亡故后母亲买土地的契约上还是写我名字，土改时也沿用，因此土改表册上用我的名字。1949 年家乡解放时我虚龄十七岁，1951 年土改时我十九岁，因我是长期在校学生，当时又已参军，没有追究我，实际挣钱、买田地都是我母亲王梅花。如果我在家务农的话，按虚年龄算也是地主分子，本村的蔡继来比我少一岁，因其父是地主，也把他作地主批斗，我的同学中也有类似情况，因此，我能避开这场浩劫，主要是得益于我参军离开了家。从表 3-1 中知土改时我家原有土地 22.484 亩，第三章第六节《我母亲的业绩》中已说明，其中有 20 亩左右是是我父母买的，主要是父亡故后母亲买了 18 亩左右。

蔡钱氏

她是蔡昌见之妻，蔡昌见是我祖父兄弟，他有四个儿子，其中前三个即蔡桂秋、蔡明河、蔡桂明均划为地主，四子蔡桂兰为富农。除蔡桂明外，其余地主土地数在档案中都未标出。蔡钱氏土改时已九十五岁，其夫于 1949 年时去世。土改前两夫妻一家，家仅两人，请远房亲戚来料理家务。他们住在本村上角，我小时常见他们用拐杖蹒跚来到住我家附近的儿子蔡明河家。土改时四个儿子除幼子外都是六十岁以上的人，且都早已分家，其儿子又子孙满堂，大都也各自有家。

如蔡钱氏大儿子蔡桂秋土改时六十九岁，他有三个儿子一个女儿，其中两个儿子早已分家，另住别处。大儿子蔡继荣买了蔡继寿的房屋，住在我家附近，蔡继荣又有三个儿子一个女儿；二儿子蔡小荣住本村上角，蔡小荣也有三个儿子一个女儿。蔡钱氏二儿子蔡明河住本村山湾，土改时已六十四岁，他四个儿子都有妻室。大儿子蔡继文在国民党空军服役后去台湾，大陆妻有3个子女，也划为地主成分；蔡明河第二个儿子蔡继浩、第三个儿子蔡行焕都有妻室及子女，都划为地主；蔡明河仅与已婚的小儿子生活在一起。我还常去他们各自的家，这是很清楚的。

因此，给蔡钱氏划为地主实为空名，挂个牌子。其原因是蔡桂秋、蔡明河家土地不多，人口又多，划不上地主，把他们合起来归在其母蔡钱氏名下，蔡钱氏家有了十五人，三十多亩土地，自然可划上地主。按规定地主家庭十八岁以上的人都可定为地主分子，这样其长子蔡桂秋和次子蔡明河及其儿子，自然也成了地主，可以批斗，可以枪决，也可没收财产了。

蔡桂秋

档案上没有找到他的名字及成分和拥有土地数，但把他划为地主进行批斗，分了家具，强迫劳动是事实，在我村地主处理结果上也有他的名，他的处分是"劳动改造"。

他是我邻居，我知他土地不多，仅两丘田在下仇山麓我家土地旁边，三亩左右。他有三个儿子，大的两个儿子住在别处，小儿子蔡继全与他住一起，土改时已二十八岁，早已婚，有子女，也早已分家。蔡桂秋在楼下烧饭，蔡继全在楼上烧饭。他儿媳结婚时，娘家有套好家具嫁来。蔡桂秋和小儿子同住，仅有两间楼房，其中一间是与邻居蔡三花合用作灶房的偎头间，不能当房间用。蔡桂秋终年参加劳动，既无雇工也未出租，他有一头水牛，也都自己喂养。每当下大雨涨大水时，他穿着蓑衣挡雨去溪边钓鱼，以改善生活。他平时生活也很艰苦，冬天常仅穿一条单裤，或短裤，外扎一条裙布，本是划不上地主的。为了打击蔡明河的封建家族，为了没收蔡桂秋小儿媳家具，把蔡桂秋连同小儿子蔡继全合在一起都划为地主。因他土地和房子都不足村民的平均数，所以土改时没有没收他的土地和房屋，仅没收了儿媳占四香的一套家具。

土改时蔡桂秋已六十九岁，同样站着或跪着接受批斗。斗别的地主时，他与其他地主面向主席台站立在前面，经过几个小时批斗结束后，散会时主持人叫这些陪斗地主也可离开，蔡桂秋也转身准备离开，因年老站久了一转身常昏倒在地。有次批斗后，县里来的一位女干部讽刺性地问他：国民党好还是共产党好？因他不识字，又不识时务，随口说国民党好。那位女干部板起脸孔要打他，一个村干部来解围，说他胡涂不懂，并非有意，才罢休。这些是当时也参加陪斗的蔡继来告诉我的。

与他住一起也划为地主的小儿子蔡继全，因不忍经常批斗、体罚，后来参加反共救国军，判刑四年。

晚年蔡桂秋生活悲惨，土改后他还有些劳力，农余上山挖掘已砍掉树的树根（桩）卖，年老体弱难以为继，住在一起的小儿子又坐牢，粮食不够吃饥饿在床，饿得呼天喊地，远远的村民都会听到。这是我母亲同我说的。

蔡明河

他是我村族长，土改时定为恶霸地主，在土地名册上也没有他的名字，但在我村地主处理名单上，对他处理是镇压，罪名是恶霸地主，详见下节。

蔡来修

他接替蔡文波长期任大园小学校长，我在他领导下读了六年书。因他在校工作，家里土地主要请雇工耕种，有楼房三间，又是伪临海县参议员，家三人共六亩多土地，不到村平均数的两倍，按土改法相当于小土地出租，够不上地主，他之成为地主，主要是因他是国民党政府的县参议员。

蔡继良

他也长期在小学教师，还教过我书。他大儿子蔡周凯也是教师，父子俩早已分家。蔡继良住老房，在老房烧饭；蔡周凯住在新房，还占一间老房，烧饭在新房。蔡继良小儿子蔡周泽与我同龄，也是同学，我常去他家；1950年上半年我在大园小学教书，蔡周凯是校长，我更常去他家。他土改前与父蔡继良分家是很清楚的，灶间也分开。我们是同房份（同祖宗），蔡周凯两次结婚我都去吃婚酒，情况较了解。为了可以没收财产，把他们两家土地合起来计算。两家7个人也只8亩多土地，其人均占有的土地数不到村人均土地数的1.390亩。但有楼房7间，其中稍旧的老房5间朝南，蔡周凯1947年建的2间新房朝西，朝南5间被没收。

对蔡继良我有三件事至今不忘。

（1）我在读小学三年级时他教我常识课，他在课堂上讲：人体需要铁的养分。我想人体是由肉和骨头组成，怎么有铁的成分？我们吃的是米麦和蔬菜，怎么有铁吃下去呢？他对此作解释：这种铁成分是我们眼睛看不到的，像氧气和氮气等一样，它存在植物当中，我们的米饭、蔬菜中都有铁，烧饭用的铁锅、铁饭锹磨损后留下的铁末粉，也搓混在饭菜中，我们吃下去后，也会"参加"长肉。我才知我们天天在吃黑黑的铁。

（2）有次在课堂上谈起男人女人本领的大小问题，我说："男人本领总比女人大。"他说不一定："你母亲本领就比你父亲大。"

（3）1956年春，我从部队复员回到中学读书准备参加高考，蔡继良临时来城关井头街的女儿家，我去看望他。彼此谈了些情况后，他问我："考什么专业？"我说："想考文科，中文或历史。"他说："你不要考文科，文科没有什么技术，你家成分地主，还是学'实业（理工）'好。"我一向视工科知识面狭，工作面也狭，老是呆在工厂中或工地上，太单调；理科搞研究，动脑子，钻在实验室，玩数字，也感无聊。学文科综观历史地理，探讨人生，研究社会，面向世界。莎士比亚一人可顶十万个印度人，鲁迅、郭沫若都弃医从文，文科知识面广学问渊博，也可为社会为国家作出贡献。但蔡继良的话也有道理，当今政治变量大、成分论阴影不离，在社会上、在实际生活中有了专门技能，才会用到我，人的生存毕竟第一位。我的数理化成绩还不错，不利用上也可惜。就在临高考前，由于他给我的启发，我决定考理工科。在填写志愿时，我第一志愿第一个学校是南京大学地质系，既是理科又面向广阔的大自然，有室内有野外，结果如愿以偿，可以说蔡继良的一席话改变了我的一生。

1949 年蔡周泽去世，我也离家，听说土改后合作化时，他年纪也大了，看养生产队一只牛，赚些微薄工分渡口。自 1956 年那次谈话后，我再没见他一面，至今还常想念他。

他大儿子蔡周凯长期从事小学教育，1950 年后他任大园小学校长时，家曾被土匪抢劫，还向他开枪，幸好未中逃脱，次日晨我还前往他家观看。土改时说他与土匪有来往被判刑七年，但拿不出具体证据，借 1947 年他再婚前在前王桥村小学任校长时与一女教师有男女关系判刑。出狱后从事五金灯具修理，1960 年后我去拜访过几次，他说自己是被冤枉的。

蔡谢氏

蔡谢氏是我堂伯母，住我家斜对面。其夫的父亲与我祖父及蔡明河父亲都是兄弟，共有五个，又叫"五份"，他家是老大，故还是近亲属。其夫蔡桂球早已去世，众人说他很贤慧。她家有四个女儿一个儿子，儿子蔡继业比我大 12岁。他有才（财）子风度，家里中堂客厅布置时髦，常坐在中堂后门半人高的门墙上看书、诵诗，有时背着猎枪打猎。1942 年回浦高中毕业后，从军抗战，曾在军校任教官，后来回家多次，他说 1949 年经上海吴淞口撤去台湾。1988 年来家探亲，可惜日夜思念他的母亲已去世，仅去坟上吊唁而已。我全程陪他去老家，因家无人，生产大队（村）领导在办公室接待他（见所附照片）。

因我们家都是地主成分，她与我母亲常一起开会，接受批斗，定期学习改造，彼此常有交谈。因我常回家，我们也常见面。我母亲之后对我说，她见到我后，就想起自己儿子远在台湾，见不着听不到而伤心流泪。

蔡谢氏为一般农村家庭妇女，诚实厚道。其家上代较穷，土改时有近三十亩土地及十多间房屋，均为其夫蔡桂球十七岁开始经商和从事农业所挣，不幸他四十四岁时即因病亡故。夫亡后她守家维持原状。家常年有长工，每年也酿酒，但不出售，主要给雇工吃。她是守家人，不多话，似乎与世无争，除个别人偷她家财产打官司外，与邻居也较和睦，有大家风范，是有福分的人。她不像我母亲那样开拓能干，终年忙碌，天天与人打交道，难免有纠纷，纠纷时又据理力争，格外引人注目，也得罪一些人。蔡谢氏在地主中较听话，曾被评为守法户。而我母亲常与村干部顶撞，是顽固不化

回来探亲的蔡继业（右）与村人和笔者（中）交谈
（1988 年）

分子，吃亏也最多。一起开改造会的地主常劝我母亲向她学习，逆来顺受。但我母亲屡劝屡教都不改，地主陈蕉芳等常同我讲起此情况。

蔡荷芳

他是我村最大地主。参见第七章（《地主是应该打倒的阶级敌人，还是乡村中的精英》）第九节《蔡荷芳、蔡行俊父子命运的思考》。

蔡柳明

蔡柳明读过几年私塾，曾当过副保长，半劳动，农忙时雇些临时工，土地十来亩，房屋二间，在地主中并不出众。同结发夫妻生有三个女儿，都受过中等教育。因蔡柳明夫妻重男轻女，经妻子介绍她的堂妹与蔡柳明再婚，生了三个儿子。表上所列土地数系他再婚家庭的土地数，他前妻家成分为中农。

蔡桂明

蔡桂明是蔡明河大弟，从事农业劳动，但劳力不强，喜欢打猎。家有两子，大儿子蔡继足，土改时已 26 岁，早已婚分家；二儿子蔡继来也结婚分开。土改时都集中当一家论，家共 8 人，土地 9.485 亩，其土地按人口平均数仅为 1.188 亩，也不足本村每人平均占有数 1.390 亩，根本划不上地主。但他与恶霸地主蔡明河是兄弟，为打击他们家族的势力，把他也定为地主。与蔡明河一起接受批斗，蔡明河枪决时，还把他也拉到审判大会旁的刑场陪蔡明河枪决。事前主持人交代行刑人员不枪决他，仅吓他一下押回。但行刑时枪响了三次，主持大会的杜区长速赶去准备责问，才知另一个也同时枪决的蔡三老（匪嫌）第一枪打中后脚还会动，行刑者补了一枪，不是枪决蔡桂明。

蔡桂明判为三年徒刑（但在大园村地主处理表上未列出）。他的小儿子蔡继来是养子，土改时农会要他揭发蔡桂明，许诺给他雇农成分，可分田，但被蔡继来拒绝。他说继父没对他不好，也没有什么不好。农会报复蔡继来，虽然他当年仅 17 岁，不够划为地主的年龄，但也把他与地主同样批斗，参加义务劳动等，其妻感到前途无望，上吊自杀。后来蔡继来参加反共救国军，判刑四年。蔡继足及堂份叔伯以后都把蔡继来当亲兄弟看，关系融洽、亲热。

土改时大儿子蔡继足有 26 岁，早已成婚分家，与蔡桂明分开生活，但不给分户，这样全村地主数表格上又少了一户，与蔡周凯一样实际上划为地主的比表格上又多了一户。

蔡行焕

蔡行焕是蔡明河第三个儿子，土改时 26 岁，师范毕业，曾教过书，解放前后社会动乱教书时续时断，不教时在家务农，土改时划为地主。上表中蔡行焕有土地 7.735 亩，4 人（实际上 5 人，两女一子），其土地数可能有出入。蔡明河有四个儿子，每个分给 300 担谷钱(70 担为一亩)，约 4.3 亩，即蔡明河原有总共约有 17 亩多。老大蔡继文土改时 43 岁，虽人在台湾，妻子和三个子女都在家，四亩多土地早已分给他们。老二、老三也早有妻室儿女，也早已分了土地。小儿子蔡金志刚婚，还在一起生活，已留下四亩多土地给他，其实当时蔡明河一家 4 人，仅 4.3 亩，远远够不上地主的。但土改时为了凑足一定土地数量，以便可把蔡明河划上地主，把他归到 95 岁的母亲蔡钱氏下，故档案中未见有蔡明河及蔡继文蔡继浩等土地数，也都没单独列户。蔡行焕个人实际土地数也没这么多。因蔡明河土改中镇压，如用蔡行焕代替蔡明河土地数又不够。因此这个数字不可靠。不论从哪一角度，按人口土地占有数，蔡明河及子蔡继浩、蔡行焕都划不上地主。如把四个儿子都作为蔡明河一家人，共有 16 人，有土地 17 亩，平均每人 1.06 亩。我村平均每人

1.390 亩，他们在平均数以下，都不能划上地主。故常有人说土改有些乱来也不是没有根据。

蔡继甫

他是蔡自来的养子。蔡自来的父亲蔡德金早逝，缺乏管教，蔡自来 20 多岁时就已为匪，土改前被解放军剿匪击毙。蔡继甫土改时仅 9 岁，为继承人，当作顶替地主。因家庭衰落，没什么油水，吃的苦头相对较少。

蔡子桂

蔡子桂及其子蔡行元和儿媳蒋晓珠都任过伪乡长，派捐抓丁，也许从中受贿。因城关有房，临解放前离村避住到城关。土改时除蒋晓珠逃跑外，蔡子桂和蔡行元都被镇压。蔡子桂因本村其家没人，划为逃亡地主，土改时房屋全部没收。蒋晓珠 1956 年在上海回来自首，判三年徒刑。刑满后把她户口迁到江苏丹阳，但人都在临海，病重时其亲属把她接回老家，因家无房，病危时放在邻居公用间中去世。

第二节　我村地主的处理结果

我村地主登记表格上 11 户，实际上至少 14 户，在市档案馆土改数据中，做出书面处理的仅 6 人（表 3-6）。其中镇压 3 人，劳动改造 3 人。受劳动改造处理的 3 个地主，上文已有介绍，不再另述。被镇压的是蔡行元、蔡子桂和蔡明河，介绍如下。

临海县环溪乡大园村摧毁封建势力登记表表 3-6

姓名	成分	反动党团	伪职	处理结果
王梅花	地主			劳动改造
蔡明河	地主	国民党员	伪乡长 6 年	镇压
蔡子桂	地主	国民党员		镇压
蔡行元	地主	国民党员	伪乡长 5 年	镇压
蔡桂秋	地主			劳动改造
蔡荷芳	地主		伪保长 3 年	劳动改造

注；1，临海市档案中我村地主只记有上述人员的处理。原文第一位是我母亲王梅花（劳动改造）。其中蔡桂秋、蔡明河土地册上无其名，归入到蔡钱氏名下。土改时前者69岁，后者64岁，早已与其母蔡钱氏分家。

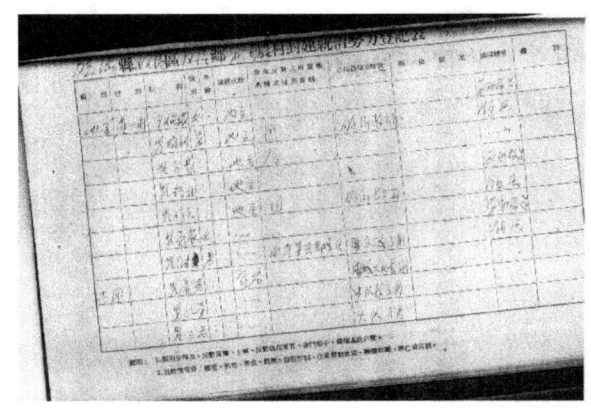

临海市档案馆馆藏大园村地主处理结果表

2，蔡明河不是国民党员，也没任过乡长。蔡子桂当过乡长多年。

3、土改档案中大园村地主处理结果表中其下还有土匪的处理，表中从略。

一、乡长蔡行元蔡子桂

蔡行元任伪乡长多年，其父蔡子桂也任伪乡长多年，其妻蒋晓珠任伪乡长三年，是真正的乡长之家。他们任乡长也免不了要抽壮丁、收税，虽都是行政上的职责但必得罪一些人。因我家与他家相距较远，情况不大了解，只知他家养了一匹马，因那时交通不便，城关又有家，常骑马去县城。马颈上系铃，马未跑到急促的铃声早已入耳，惊动四方，很威风，且常经过我家门口。

土改时蔡子桂、蔡行元均枪决。

蔡行元有子女九个。大儿子蔡临西与我同龄，临近解放的1949年其母送他到广州航海学校读书，后来去香港，任远洋轮船船长。二儿子蔡临黄解放后在临海判刑送去青海服刑劳改，刑满后在青海省西宁工作，曾任青海省国民党革命

委员会常委，上世纪 80 年代回临海时我们曾见一面。老三
蔡临云、老四蔡临焦为女儿，土改后在城关照顾其祖母。
1956 年 8 月祖母去世后，以城市贫民身份去上海谋生，户
口也迁入上海，后来在上海工作（其母蒋晓珠是我岳母的朋
友，此事是她们告知我岳母的）。其余几个在蔡行元镇压时
都还寄养在奶母家，后来就在奶母家长大，大都为农民。其
中有三个现居住临海城关，2010 年在原来是他家关马的平
房房址上建了三间楼房。在为生活挣扎了几十年后，现还可
说有个安定的住所。

二、族长蔡明河的镇压及其"事业"

在前述有关章节中已提到，我村土改时有三百多户人
家，基本上都姓蔡，是临海西乡较大的村庄。祖上先后有
"八柱"（八个兄弟）"四份"（四个兄弟）等房份，前者较
早，后者较晚。他们各有较多山林、土地等产业遗传给下
代，通过下代经营管理，产业扩展，为孝敬他们，分别以其
遗产建有祠堂。"八柱"祠堂建得较早，称老祠堂。"四
份"祠堂建得较晚，称新祠堂。两者建筑都很精美、实用。
特别是新祠堂，雕梁画栋、气势宏伟。这些是我村兴旺发达
的主要标志，也起了凝聚人心、和谐相处的作用。这些族产又代代相传，代代族长集体管

1938 年蔡明河主持重建的老祠堂

理，大都得到发展，即土改时作为征收对象的"轮种祀田"的收入，用来祭祖、扶贫、奖学、造桥铺路、制订族谱、修建公共设施、应付意外事件等费用。我小时多次参加清明拜祭祖坟，有猪羊等祭品，成群结队，热闹隆重，凡去的每人都发一双大馒头，以示慰劳和奖励。村边磨粉的水磨和碾米的水碓，都是氏族出资修建，承包给村民管理，"民以食为天"，族（村）人的谷、麦加工成米、粉主要依赖于这种设施。氏族的公有土地以优惠租金租给贫苦家庭耕种，也是一种扶贫举措。

我村原来的老祠堂还建有戏台，我小时还在此看过戏，在1938年我6岁时被火烧了，据说是乞丐宿夜用火不慎引起。后来在族长蔡明河等主持下又重建。重建时我亲眼看它竖起屋柱，几根粗大笔直的柏树柱子与横梁串栅好以后，用几十根竹竿系上，由几十人推、拉才竖立起来。木工再爬上没有固定的柱博再用横栅固住，场面惊险壮观，至今我还记忆犹新。现在是村老年文化活动场所。

新祠堂建筑更宏伟，两层楼四合院，大门由三双大木门组成，前有两根大棋杆，棋杆下端用制作精细的条石围护。正厅大柱直通有三层楼高的绘有各种花鸟图案的天花板，厅堂宏伟、气派。靠正墙一侧放有亡故族人的牌方。我父亲1943年病故，在家做了"七七"后，牌方也送放在其中，牌方上写有他姓名、生、卒年月，牌方漆成红色，庄重雅致。可说也是我国民间一种葬仪文化。

民国时期废私塾建学堂，1929年蔡明河创办了大园小学，校址就设在新祠堂。在改设校址后，在中堂牌位前方用竹帘遮挡，作为学校的大会堂。在竹帘正中贴有孙中山遗像，两侧写有"革命尚未成功，同志仍须努力"的对联，横批是"天下为公"，其右侧写"总理遗嘱"，左侧写"学生守则"。每逢星期一上午第一节课时为纪念周会，全校师生都参加，由校长蔡来修先生主持，先唱国歌，然后跟读总理遗嘱，再向孙中山总理遗像默哀三分钟。礼毕后他宣讲孙中山先生领导的革命事迹、当前国内外大事，最后布置本周学校工作和对学生的要求。也有教导主任、训导主任讲话的，但不是每次都有。星期六下午开周末大会，通常也由校长蔡来修先生主持，总结本周工作，表扬好人好事，今后注意事项等。

　　这个大堂也是我童年、少年启蒙时期难忘的地点之一。由于课本和校长等的教育，我深感孙中山先生的伟大，记得有一段时期当我刚进校大门，看到对面孙中山先生肖像，就先向他鞠一躬后才走向教室。

　　正厅两侧各有一个花园，整个四合院走廊雕花，墙壁有石灰塑像，都栩栩如生。

　　1946 年，我就毕业于这所小学，1950 年上半年还在该校教了一学期书，工资都是村里氏族集体经济开支。解放后几十年也是大园小学校址，但在上世纪 90 年代扩建校舍把整个新祠堂拆了，祖宗牌方烧了，培育我们富含民族、文化气息的摇篮荡然无存，很可惜！

　　1949 年夏我初中毕业，相当于清朝的秀才了，氏族中有奖励，约有 1000 斤的谷租由我家收取。

　　我村山林很多，除本村东、南侧由松树林围绕外，在约五里外的滑溪山沟的山中拥有十多里长的山林和竹林，有专人看管，每年村民有树木、毛竹和竹笋可分。在要分的前一天傍晚，由敲锣工蔡桂川在村中走街串巷敲锣通知。

村民经济来源90%以上来自农业，因此土地占有多少反映出贫富的差距。当时总的来讲不很悬殊，更没听说有人饿死，也没听说有谁逃荒外出要饭。

1929年蔡明河创办的今日大园小学

社会秩序方面，有小偷，我家被偷过，邻居蔡继照偷了蔡谢氏家（地主）财物，民国法院判处三年徒刑（实为同一人）。1947年以前未听说有外出为匪的。土匪主要在第三次国共内战进入第三年，国民党败退，中共地下工作活跃，国民党政权不稳，社会混乱，土匪才猖獗起来。我村在匪乱鼎盛的1949年约有七人为匪，其中三个（蔡自来、蔡行异、蔡小焕）在之后剿匪中被打死，一个任中队长（蔡显兴）土改时被枪决，还有一个蔡三老，未见他为匪，但说是匪参谋长，也在土改时与蔡明河一起被枪决，其母亲说是邻居报私仇所致。他们大半也是时代的牺牲品。

我国农村社会长期闭塞，国家政权基本上只达到县一级，广大农村以自治为主。辛亥革命后，民国时代在农村虽设立区、乡、保、甲行政隶属制度。但由于连年战争，这些行政机构主要是剿匪、抓赌、抽丁、派捐等事，不管村族集体经济，也不插手村族事务。因此村族上的事仍是由族长来管，也可说自治或村治。

　　村族的事情，也可说公益事业，是解决村民生产、生活、相处、教育等事，在政府无力承担时，总得有人去办，且要办好。山林要维护，设施要管理，道路要维修，纠纷要调解，特别在集体经济代代都要有所积累，那确不是件易事。这都落在族长身上。

　　族长是自然形成，主要是办事公正，处事有方，深孚众望，虽不是民主推选，但还是在长期实践中产生。这当然涉及其本人的学识修养、家庭人力、财力等条件。我村族长有多人，大都是代表其自身的房份，参于商讨村族事务，也可说是集体领导，但也有最高角色的。我知道的有蔡明河（代表四份房族中的一房）、蔡明斋（代表四份房族中的四房）、蔡柳堂（代表新二房）、蔡文波（代表老三房）等。1949年，我村把土匪张双构等打死，引起几百个土匪包围我村，总部设在双港镇。在千钧一发的严峻形势下，是蔡明河和蔡明斋两人空手徒步前去双港镇处理，这是我在小学旁亲眼看到的。不过对全村来讲一般以蔡明河为主。因此蔡明河可说是全族的族长，我村几乎都姓蔡，也相当于村长。当然那时没有比现在村长权力还大的（中共党）书记，所以他是本村的最高角色，俗称"头脑"。

　　蔡明河又名蔡桂生，他是我的近亲叔伯，其父亲与我祖父是兄弟，且住处相距不远，他比我父亲大几岁，我称呼他为生伯父(俗称伯爷)。他有兄弟四个，又有四个儿子，且都受过中等教育，家族人丁兴旺，其父蔡昌见，是本村老族长。蔡明河读多年私塾，最后毕业于县农村自治讲习所，字理通达，并热心村族事务。据村谱记载，他于1929年创办本村小学，1937年任本村族修谱总理，在村民中有较高威望，参加族有山林、宗祠、集体经济等公益事业管理、调解村民纠纷等。加上父家和自家有如此背景，在其父亲年老时自然继承父亲蔡昌见衣钵，做了本村族长。土改时定为恶霸地主，被镇压。

村民对蔡昌见老族长也有一番传说。蔡昌见有兄弟五个，有姐妹两个，在一个姐妹亡故时夫家未通知蔡昌见父辈家，这在当时农村是很大的失礼，丧事完毕后蔡昌见等去妹夫家交涉，又没有得到妥善处理。蔡昌见一气之下要去衙门（法院）告状，但其他兄弟都说算了，不愿参与，唯蔡昌见一人坚持，卖光自家家财打完这场官司，终使对方赔礼道歉。但蔡昌见家财败了后，他奋发图富，给人家打工挑粪，别人挑一担粪要收两角，他收一角，人家都喜欢找他挑，生意特别好，又富起来。村人看他这样忘私顽强地主持公道，争取公正，刻苦起家，又打赢官司，有纠纷就找他调解，逐渐获得村人信任，后来当上族长。他乳名黄岩，村人都雅称他"黄岩头脑"，在附近几村也颇有名气。

农村还有件头痛事是邻里之间、房份之间、村族之间免不了利益上的冲突，常发生纠纷。为化解矛盾、和好相处，用现在话即促使社会和谐、安定团结，这些纠纷需要人去解决。找谁去解决呢？这个人要有威望，要有能力，要办事公道，这样大家才会服你。再者农民中也有品德不好的，如不赡养父母、小偷小摸等，总要有人管教，政府无力管理，也管不了这些婆婆妈妈、鸡毛蒜皮的事，这就需要族长，当然落在有文化、办事公道，有威望、有实力，讲话算数的人身上。

我不大知道蔡明河做本村族长起于何时，我想或许是与当今提拔干部一样，先从基层干起，在县农村自治讲习所毕业后，先参与本房份事务管理，后才进入村族管理。我知道他参与几起村族公共事务。

（1）创办学校

据族谱记载，蔡明河在1929年创办大园小学。从校址选择、设备添置、教师聘请、学生招生，课程开设、上下衔接等众多事务都需一一完成，不是一蹴而就的事。

（2）应对村纷

1928年，邻村店前(朱姓)与我村为争山林发生纠纷引起聚族械斗，时达一年，双方雇兵，耗资数万，死伤十余人，屋舍被焚，田地荒芜。店前村族长朱芝英（朱子英）是蔡明河的妹夫，当时蔡明河已是我村族长，朱芝英来和蔡明河商讨解决办法，双方达成几点协议。但次日店前村把队伍拉出来做出向我村进攻的态势，我村守备人员见势不妙，开枪打死朱芝英堂弟、生物学家朱洗胞弟朱玉山。案子变大，互相指责，实为误会。朱洗母亲要朱洗在法国回家处理，朱洗从法国回来后，经了解是本村主动出击，我村在防守中击毙其弟，自己理亏，怎么能责怪别人？劝说村人息怒，事态才平息。后经调解，我村也赔偿他们很多白银，卖了山林，双方都受损失。此事临海县志也有记载。我母亲也常同我讲起这一往事。

蔡明河与朱芝英两亲家从此断绝来往。朱芝英的儿子朱启秀是我同学，也与蔡明河儿子蔡金志是同学，都同在店前村旁的琳山学校读书，他们也不来往。可见蔡明河对全村利益的重视，对村民的忠诚。

（3）修编族谱

为记述本氏族来历、发展、人员变化、出过什么人才、发生过什么大事，不论成分出身，都要给予记载、编写成册，且定期修补。其作用相当一部村（地方）志，这对于了解本氏族概况、寻根问祖、凝聚本族人心、增进团结、给社会和国家提供民间基本素材都有一定好处。但易形成小集团，不讲阶级，不讲贫富，与天下穷人是一家是相抵触的，故现政府不提倡。但人心所向也难阻挡，现台州各地农村几乎村村都在修谱，都在寻根问祖，全国各地也许有此趋向。有次我从黄岩返回临海，一位同车的临海大石人，说自己与黄岩头陀乡一村庄同祖宗，去那边修谱回来。我同学赵尚理，大石下赵村人，他说远在福建的赵姓人找到下赵村，说他们是同一祖宗，是宋朝皇帝赵匡胤的后代，要通谱。这也许是一种民间文化。

修谱要组织人员，要收集数据，要请人编写，印刷出版，涉及经费开支，当然也要族长策划、组织、操办。我五六岁时到蔡明河家玩，刚修成的宗谱一套（多册）放在他中楼上小佛堂中。其他房份和与我村有血缘关系的近村都有存放。土改时宗谱被认为封建主义残渣，我村族谱全被烧了，仅附近的桥头蔡、毛楼等村本氏族分出去的蔡姓小村还有保存。。

20世纪90年代，各地又掀起编谱风，我村干部和贤达根据上述留下的这些旧族谱组织人员重修了族谱。感谢这些本村分出去的蔡姓小村，我有幸看到我们祖宗的演变历程。

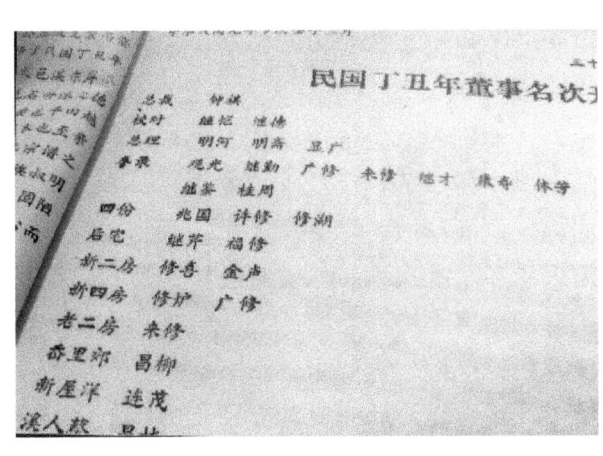

1937年本村修谱蔡明河任总理

在1996年我村重修的族谱上，记载着1937年（丁丑年）氏族修谱时蔡明河任修谱董事会总理一职。1996年修订的族谱，对土地改革一字不提。如对土改中被枪决的蔡明河仅写蔡明河生于 1888 年，卒于 1951 年。我曾问过一位参与修谱人员，问他对土地改革这一大事为什么不提？他说各人看法不一，为了村族今后和谐还是不提为好。他的这番话虽与土改唱反调，实为弥补创伤。

（4）**修建祠堂**

上述提到的我村老祠堂 1938 年被大火烧毁重建，这个四合院，特别是正厅仍较宏伟，重建工作量大，是蔡明河主持重建，现是村老年协会活动场所。但现在村民与大园小学学生一样，不知也有蔡明河的这份功劳。2015 年 4 月 6 日中央电视台新闻频道播出题为："祠堂是村族文化的符号"的银幕，因此，蔡明河也是村族文化的维护和发杨者。

（5）**对付匪乱**

1948 年起，由于第三次国内战争国民党军队败退，政府管理削弱，匪乱兴起。我村利用族资购置枪支抵御土匪进村抢劫，围栅栏、筑碉堡、建大门，这都要经济、要人力，还要人去组织，这就靠族长策划运作。

与我村同祖宗的小村桥头蔡，也购置了三支长枪防匪。1949 年夏，双楼村匪首张双构带领两个土匪来到桥头蔡村，借口"借枪"，实则要拿去这三支枪。张双构腰间插着手枪，其余两匪空手，桥头蔡村仅几十户的小村，难以对付，只好与匪周旋，请匪吃饭。私下派人来向我村求援。我村族长相议后派近十多个壮汉携带枪支赶赴桥头蔡村。原想吓退土匪，但张双构出言不逊，态度傲慢，气焰嚣张。我村人缴了张的手枪，还把他们捆绑起来。在解押到我村的路上张双构和另一土匪还扬言以后要报复，态度恶劣，被我村蔡修华等枪杀，第三个匪求饶幸免。次日他的匪帮几百人聚集在附近双港镇，要来我村杀人放火。上已提到，在这危急之际，我亲眼看到蔡明河、蔡明斋两老人赤手徒步前去双港与匪首谈判，又经邻村族长朱子英调解。给张双构妻等每家

3200 斤稻谷，以了此事。族谱中对 1949 年夏防匪镇匪也有记载。

（6）维护山林

我村东、南、西南侧都有高大的松树林，间有高大的樟树、枫树，有的树龄有几百年。东边叫马架山，形似马鞍状，低矮，仅七八米高，与村舍仅隔百来米。我家在村最东侧，每天开门就见到马架山上茂密的松林和其南头的一棵大枫树。村南侧叫后门山，高约三十多米，与村舍挨在一起这一边（北侧）是茂密的松树林，多户人家房屋位在山湾中，故这一带称山湾，我家也靠近后门山，门前一条街便叫山湾街。我家离后门山仅五十来米，山麓是耕地，大都种蔬菜，我有多块菜地在那里。由于这些近村小山树林茂密，其间又有坟墓、杂木，一般无人进出，白天便于野狗野猫等躲藏，夜晚来村里抓鸡觅食，我家鸡也有被抓走。有些人家专有放在鸡窝口捕捉野猫抓鸡的木制猎具，我父也借来捕捉过，但未捉到。

后门山山脊南侧是耕地，我们常爬过此山到地里劳动。

在近村山麓有东、西两个大草坪，供耕牛吃草，晒干农作物。夏日傍晚牛羊在草地上吃草，蜻蜓在低空飞舞，燕子在高空翱翔，我们在草地上玩耍，牧童式的生活至今还留恋难以忘怀。西侧草坪上山坡有棵参天的大松树，高约 40 多米，树干笔直，三个大人也合抱不过来，仅上端长着伞状的树枝针叶，树根枝杈裸露在地上，因树龄久长，松脂外溢，似纵横交错的油棒，也像瘦人的血脉。我们常在其下玩耍，即使无风，若耳朵贴在树干上，也会听到高空沙沙作响的风声，我们常贴着耳朵欣赏这悠扬的声音。对这些山林及环溪山里的竹木林，蔡明河都派人严加看管。

村边的松林看管相当严厉，村民也较自觉，未见有偷盗的，但如有发现，追究不舍，查实后重罚。为了松树快长成材，每年都修砍树枝，使树干直立粗大，并砍掉一些弯小的，以利整体的生长。这些砍下的树枝和弯树，廉价卖给村民。我父亲不会上山砍柴，他过世后我家更无劳力，家里又养猪、酿酒，用柴多，常买来储备。平时对树上落下的松叶（针毛），村民可以随时去拾回当柴，因易点燃，几乎家家都用来点火助燃。收拾时用竹耙在树下耙。因做饭的木柴紧张，要到远处砍伐，又不易点火，松毛就特别珍贵，这种竹耙几乎家家都有，小孩也可干，耙得地上光光的。特别是冬天刮大风时，松叶枯黄，大风猛吹，早上来拾松叶的特别多，有时还互相争抢，热闹非凡。

可惜这些高大茂密的松树林现已变为荒秃秃的山丘。马架山松树林砍去后改栽茶树，后来西侧、北侧作为房基分给村民建房。后门山在 1958 年把松树林砍了作办大炼钢铁的燃料，随后改作养鸡场地，养了近万只鸡，称为"万鸡场"。由于管理不善，死的死偷的偷，鸡场倒闭。后来部分地段也改种茶树，部分分给社员当自留地。两个大草坪均作为自留地分给社员开垦，草坪也没了。昔日的那棵大松树也早已荡然无存。

滑溪山里十多里长的山林、竹林也常年有人看管，每年可分树、分竹、分笋。烧饭的毛柴（不成林的杂木）村人可自由砍伐，树木则不行，砍了要重罚。土改后，特别在 1958 年后，山林破坏严重，村人烧柴紧张，曾限时限地砍伐，村民叹息山林没有解放前管理得好。近年来由于煤气在农村普及使用，烧柴用量减少，山林又茂密起来，野兽繁衍，特别是野猪成群出没，遭塌庄稼，由于火药猎枪已被政府收缴，农民无力对付，只好望兽叹息。

抗战期间，蔡明河送子参军。老大蔡继文参加空军，老二蔡继浩参加赴缅远征军。

族长在处理族产上是否有贪污，在邻里关系上是否有以势欺人，这些也许有。但在清明祭祖时要算账、结账，各房份都派人参与，也专设有账目管理员，族长是自然形成，要众人信服，且村族集体财产代代经管都有积余、扩展，大的贪污不大可能，多是不计报酬的义务者。在儒家文化和佛、道教等教义自律下，族长欺人之事也不多见。

蔡明河在土改时镇压了。其罪名是恶霸地主，但未见有血债，也不见他恶在那里，更谈不上我国现在刑法上规定的处以死刑的罪行，在现已解密的土改档案中说他任了六年伪乡长，是国民党员，这些都是不存在的。为此我曾询问村里几位 85 岁以上的老人，他们也说蔡明河从未当过乡长，也不是国民党员。也许表格填错了，把曾任多年乡长的蔡子桂任乡长的事误写在他名下；也许是人家诬告，而当时又未加审核，那时对枪决是很草率的。

他家土地虽不多，不过 1938 年建有一座完整的相当气魄的十五间四合院楼房，这座新房也是他被划为地主和被枪决的原因之一。我亲历了母亲建房的艰辛，但仅是四间，蔡明河建那么多精美讲究的楼房所化心血更可想而知。2020年春节我去看望现住在双桥临海市养老院当年住蔡明河新房旁边的王家治，他说在蔡明河建房时，其妻不知流了多少眼泪！我只知蔡明河枪决后她心痛流泪过多而失明，听不懂他的意思，反问他，她为什么流泪？。他说，天天有几十个甚至近百个工匠要吃她烧的饭，米饭硬了或软了，菜肴咸了或淡了都常被工匠指责，被丈夫蔡明河指责。

1949 年秋某一天，解放军在我村新祠堂（即蔡明河创办的大园小学）中堂大厅召开村民大会，要求大家将手里的枪支上缴。我见蔡明河当即申报：村里为防匪购买的枪支存放他家保管。以后如何处理我不知。

蔡明河房屋的台门，其上的雕塑和"紫气东来"四个大字文革中被刈除（2020 年摄）

蔡明河在土改开始前即外出避藏。据其幼子说：曾有一村民告诉他，他父亲避住在温岭县一个寺庙里，他去看望，见父亲身上长满虱子。后在天台草席集市上抓获，他知回去要批斗枪决，在解押他回村行至安头岭附近，他借上厕所为名，当即吃下随身带的毒品鸦片，不久即昏迷，躺倒在地，来抓的人把他缚在竹杠上如抬牲畜一样抬回本村；到本村时仍未苏醒，丢放在村中他主持重修的老祠堂里；次日早看其还活着，就把他关押起来，再过一天审判他时还没完全苏醒。这些是当时任本乡（环溪乡）土改工作队队长后任中共临海市副书记我同学胡庆邦告诉我的。宣判大会在本村天主堂前空地上举行，前来观看的人山人海。宣判后即拖到附近二十米远的假山岭头枪决。这假山岭是他主持村族与店前村为山林械斗修建的炮台基（瞭望台），炮台拆除后留下高大的台基，行人过此要爬坡，因原本不是山，故又称假山岭。据张增连说，由一个南下干部用开花弹行刑，脑壳打碎。蔡明河枪决时 64 岁。

据其媳妇陈蕉芳告诉我，审判大会前一天，土改工作队告知他们，叫他们准备好棺材收尸，不准去观看，还要付子弹费。他们连夜制作棺材，次日下午枪决后，家无男人，只好由陈蕉芳和蔡明河孙女蔡春玉等抬着空棺材去收尸。据陈蕉芳说，脑壳全破了，但头皮还吊住且完整，死时人扑在地上，把头皮反过来还像一个人头。此时他大儿子在台湾国民党空军任职，抗战时曾参加赴缅远征军的二儿子被管制，曾任小学教师的三子在家也被管制，最小儿子在朝鲜前线志愿军中为国効劳（这是他给我来信之语），小女儿和大孙女也在朝鲜志愿军中服役。

因此，蔡明河之死不仅是他个人生命的终结，也是一个时代的终结，是中国农村长期自治的终结。对社会带来的影响和后果远比对他本人及其家庭带来的影响和后果大。三千多年以来，中国农村相对较为安定，人们基本上彼此和谐相处，日出而作日落而归，逢年过节还有所乐，生产有所发展、生活有所改善，虽有穷富之分，但也有慈善举措，除特大自然灾害外，无大规模外流和饿死，文化教育、交通邮电也有所发展，我们常说我国是五千年文明古国，有优秀的文化遗产，也体现在广大农村。这些当然是要有许多因素促成，其中也离不开我们过去常批判的神权、政权、族权。对这些现象确有重新认识和评价的必要。如《炎黄春秋》2014年第7期发表中国社科院美国所前所长资中筠写的《革新中国传统历史观》一文指出："我国近现代的官史可信度不如古代史。现在写前期'民国'，一味贬之，不能有褒有贬公正对待。"

一个氏族如同一个单位，要维持其族民生活正常运转、彼此协作与和谐相处、安定团结、一致对外，如同单位规章制度一样，必须要有所可循的行为标准，何况各家各户分散居住、分散生活。除了社会道德和政府法令约束外，大量的具体的事要有人来主持处理和协调，才能使村民安心生产、安心生活，这就要有是非标准和掌握该标准的职能机构及执行人。土改时的农会，合作化和公社化时的生产队长，现今的村委、村党支部，都是这个职能。社会是逐步逐步发展进步的，历史是一天一天演变过来的。那么在以前也应有这个机构，有这个人员，这便是氏族领导集体及族长。"实践是检验真理的唯一标准"，古今中外都如此。中共建国前我家

乡、我村，人们生活大都有温饱、社会秩序相对安定、山林
环境得到保护，为什么能这样？当然与族长治理分不开。如
有土匪抢劫、杀人放火、强奸等，政府要严惩的犯罪行为，
氏族也是要过问的。小偷、赌博也要处理，通奸也受谴责。
族长不领工资，账目也公开，从中贪污的也有，但对比现在
国家公务人员的贪污、吃喝、多占，要少些。因此，按现在
法律，蔡明河是没有死罪的。如说其有罪，他的罪就是：不
给他枪决的活，像土改时农会会长蔡继传等后任掌不了权。

　　其次他家人丁兴旺，有四个兄弟四个儿子，四个儿子都
中等学校毕业，是书礼之家，这些后任者在盖村印时不知印
章已颠倒的文盲，不论在哪方面怎么能及得上？不镇压蔡明
河，蔡继传等村领导就立不住，土地改革实为通过此手段争
取农村领导权。是贯彻 1925 年中共四大争取领导权的兑
现，什么压迫、剥削不过是借口而已。这就是真实的历史。

　　蔡明河虽死了，其后代站了起来。大儿子蔡继文在台湾
任空军军官，有两个儿子，一个自称是台军少将，两岸开通
后都来过老家，蔡继文还来过两次，一个女儿还定居美国。
曾参加赴缅远征军的老二蔡继浩因有医术，土改后在黄坦卫
生所工作，后调至附近双楼卫生院。退休后由其仅小学毕业
的儿子顶替，四个孙子都有较高学历，一个在临海移动通信
公司任副总工程师，三个从医，其中一个为临海市第四人民
医院院长。老三蔡行焕 1955 年病故，两个女儿家还好。老
四在部队从事医务工作，退伍后在农村卫生所。其两个女儿
仅小学毕业，政府不让她们升初中，但后来她们通过自身努
力，大女儿现是小学教师，小女儿为临海市第四人民医院副
院长、临海市政协委员。蔡明河的女儿蔡仙香和大孙女蔡菊
梅 1950 年参加解放军 21 军，后入朝参战，现退休后随军部
定居太原。

第三节　我乡其他村的地主

土改时我村属于环溪乡，是全乡乃至全区最大的村庄，地主当然也最多。其余都是小村，但也要划出一些地主，否则农民没有财产可分，发动不起来，穷人也掌不了权。因按人口比例划分，矮子中也定会挑出高个子，这便是"矮子中拔将军"，下列是各小村中的"将军"（表3-7）。

环溪乡除大园村外其他村地主占有土地情况（据临海市土改档案）表3-7

環溪鄉除大園村外其他村地主佔有土地情況（據臨海市土改檔案）表3-7

姓名	人口	自耕田	自耕地	租出田	租出地	租入田	租入地	土改後田	土改後地
陳小尚	3	6.850	2.365	10.57		2.858		3.6	
陳公漢	4	7.857	2.173	4.430		1.358		4.8	
楊玉仙	3	2.805	0.323	1.905				2.110	0.428
陳公庭	2	4.644	0.771	3.717		1.287	0.715	2.143	0.547
蔡占氏	2	6.861	1.602	1.00		0.620		2.143	0.457
張慶乾	5	8.391	3.787			0.429	0.929	4.320	2.740
洪宗富	2	3.357	4.318	0.214	0.471	0.214		1.201	1.400
鄒崇明	8	9.983	4.824			0.43		8.000	1.602
蔡修朝	6	9.143	1.480						
林桂釵	4	12.362	2.388	0.043	2.899	1.572	0.357	2.400	1.201
林方樹	5	10.970	2.480	2.092		1.451	1.073		
王秀法	4	11.483	3.687	3.640	0.179	0.608			
王小腳	1	3.210	3.511	0.256		0.425		1.002	0.201
王克典	4	10.343	5.487			1.573		4.002	0.601

上述14家地主中共有53人，土改前自耕土地和租出土地共计178.871亩，人均3.3749亩。其中陈小尚、陈公汉、陈公庭等为环溪口村，张庆干为上园头村，洪宗富为桥头村，邹崇明为塘王金村，林桂钗、林方树为溪岸林村，王秀法、王小脚、王克兴为圹田王村。

现其中某些地主简介如下。

陈小尚

陈小尚任过伪保长，家有土地19.785亩，是环溪口村土地最多者，土改时镇压。他的脚有残疾，行走困难，解放前到设在我村的伪乡公所办事，常经过我家门口，走起路来摇摇摆摆，还靠随身带的拐杖支护。我们小孩见他远远走来，就喊："船来了，船来了。"当他走近我们时，我们怕他听到，怕他用拐杖打我们，拔脚就跑。

土改时他被关押在临海城关。在处决前，从临海城关解押到他本村批斗的路上，他实在难以行走，也知自己回去要死，就要求解押人员就地给他枪决。解押人员也耐不住他这样摇摇摆摆蜗牛似的行进，应准了他的要求，就把他枪决在路边。他枪决后家属来收尸，其兄陈公庭说：把他的棺材外箍上竹篾圈，以免他以后反攻倒算。陈公庭也是地主，农会干部说他这是讲反话讽刺，为陈小尚鸣冤叫屈。在之后斗争地主陈公庭时，要陈公庭夫妻身上都套着竹篾圈，以此出丑的方式给予惩罚。

张庆干

张庆干是我父亲世交，身材高大，后结为亲戚，我大姐拜他为干爹。他曾任伪保长，土改时判过刑。他儿子张增连比我小四岁，从小也在大园小学读书，我们常一起玩。解放后 1952 年 16 岁在琳山小学读书，他任班长，学习、工作都很好。因年龄超过少先队员，他申请入团。班主任朱昌元说他家成分是地主，不同意。1958 年大跃进在双港钢铁厂工作，何尧章、周光明介绍他入团，又因家成分是地主，团支部不同意。后来调到白水洋陶器厂工

作者与张增连（右）（2014 年摄）

作，并任班长，工作积极。1961 年，又因家成分地主，第一批下放回家。回家后又因成分不好处处受歧视。在这走投无路之际，经本村人王小香介绍，参加反共救国军，被判八

年徒刑。本是王小香为首，因王小香家庭成分是中农，仅判五年。张增连常说："我已举手向共产党投降了，还屡遭挨打，我这个反革命是共产党逼出来的。"

洪宗富

洪宗富家土地7亩多，在地主中还是较少的，房子也不多，但有一台碾米机，经营碾米业务。他所在的桥头村有我的同学、教师、朋友多人，都说他生活不富裕，房子也差，是"矮子中拔将军"式的地主。

邬崇明

邬崇明不识字，据该村邬由琴说，他只埋头苦干种田。在塘王金村是土地最多的人家，有14.807亩，故划为地主。

林桂钗

林桂钗在土改刚开始划分阶成分时时，村农会干部议论也要把他划为地主。那时他妻刚生下的小孩要吃奶。妻子听到自家要划上地主，怕受批斗，逃回到娘家下洋庄村去。林桂钗家对门为农会干部家，林桂钗抱着啼哭的小孩在门口说："我老婆出走，小孩没奶吃，想讨点奶吃。"那位干部说："你要划上地主了，还要为小孩讨奶吃！"林桂钗感到绝望，放下啼哭的小孩，磨快自己家的菜刀，割喉自杀。但因割得不够深，只见鲜血直流，久久未死，躺在灶口柴堆上吐气。巡视的儿童团员经过他家门口，听到屋内有似煮粥或杀猪未死前的呼呼声，推门进去一看，见林桂钗自杀躺在灶下柴堆上，吓得他们拔脚飞跑，连忙报告村干部。村人知道后也来他家看个究竟，林桂钗眼神还会向围观的人示意。近村的张增连告诉我，当时他听到此事，前去看热闹，也确实如此。半天后林桂钗死去。

林桂钗辛勤耕作是前后村人都公认的。我同学邬由琴对我说：他的土地与林桂钗土地挨得很近，常见他起早摸黑下田干活。他这几亩田位置好、土肥，庄稼大。他不识字，未干过伪职。

当时参加土改工作队、曾教过我书的洪宗清老师告诉我："因林桂钗自己参加劳动，准备定他为富农，未死前外边谣传要把他划为地主是不对的。因为当时政策是保护富农的。之后他自杀，负责他村的工作组人员（大石人）有责任，感到可怕。为了使他免受处分，给林桂钗提升为地主。地主自杀是畏罪，死有应得，他就不会受处分了。割喉的时间约在深夜到黎明，那时儿童团夜里在他家四周放哨到天明，听到屋内有似煮粥满出来的声音，从门缝中一看，是林桂钗躺在锅灶下割喉吐气，'呼……呼……'不是煮粥。儿童团员连忙报告村干部。"洪老师还说，当时划地主和枪决都有指标，工作组也很难办。

林桂钗死后，其妻作为地主婆同样被批斗，接受各种专政。有次干部要地主们站立一横排，把每人编上阿拉伯数字1、2、3、4、5、6、7、1等音符号，相继表示"哆、来、咪、发、梭、拉、西、都"，要地主们各自记住。然后，干部用木棒敲地主的头.如敲到编号为5的地主，要他发出"梭"的声音；搞到编号为6的地主，要他发出"啦"的声音……干部想以此方式要地主们拼唱出"东方红"这首歌的曲调，用以奚落、出丑地主以取乐，他还用手挥打拍子，依次敲指5、5、6、2、1、1、6…地主们相继唱出"梭棱拉来，哆哆拉来……"当敲到林桂钗妻时，她不唱。干部问她为什么不唱？她说："破罐不怕摔，泥鳅不怕烂腐泥"，意即我今天到如此，我有我人格，我就不唱，横要横到底，不怕。干部大发雷霆，训她、骂她，但也无奈，"东方红"唱不成。这是当年已十五岁目睹此情景的本村人林元礼告诉笔者的。

林桂钗家产被没收后子女生活困难，送给人家带养。我的远房堂哥蔡继村妻是林桂钗的女儿。蔡继村是生产队干部，他们夫妻办事较公道，与我家有远亲关系，我母亲有吃亏的事常先找他，通过他再向上申诉。他也常为我母亲说些公道话。

王秀法

据张增连说，王秀法为人忠诚。他们平时也是种田为生，只不过土地是全村最多的，计有 18.989 亩。

环溪乡非地主成分农民（部分）土改前土地占有情况，见表 3-8

环溪乡其他村非地主成分农民（部分）土改前土地占有情况（据临海市档案）表 3-8

成分	村名	姓名	人口	自耕田	自耕地	租出田	租出地	租入田	租入地
中农	環溪口	陈公和		2.074	0.713			2.788	0.028
中农	環溪口	陈小束		7.525	1.358			3.143	
中农	環溪口	张贤逵		4.142		0.429	0.286		
中农	墙玉金	郾老六		1.336	1.010			2.138	0.449
贫农	橋頭	洪占氏		1.215	4.002			0.016	
中农	溪岸林	林桂金		5.781	2.060			1.687	1.418
中农	塘田王	王三友		4.359	1.273			2.879	
贫农	塘田王	王三女		2.302	1.201			2.000	
中农	塘田王	王秀仁		4.545	2.157			2.932	2.144
中农	塘田王	王秀原		9.549	1.592			0.741	0.929
中农	二村	蔡修培		5.790	1.589			0.329	0.283
中农	二村	蔡繼堂		6.182	1.761			1.532	
贫农	三村	蔡修燵		0.429	1.228			0.556	
中农	三村	蔡繼海		2.571	3.032		0.72	7.541	3.786
中农	四村	蔡小花		3.359	1.043	1.344		0.786	
中农	四村	胡吉山		5.590	1.330			0.451	
贫农	五村	蔡繼福		1.313	0.120	0.119		0.172	
中农	五村	蔡繼束		1.402	0.557	0.229		1.573	

上述 14 户中农有 68 人，共有（自耕和出租）土地 86.477 亩，人均 1.271 亩（大园村 4 户中农，人均耕地 1.322 亩）。4 户贫农中有 15 人，共有土地 11.81 亩，人均 0.787 亩。前述 14 户地主中共有土地 178.871 亩，人均 3.375 亩。大园村 11 户地主，人均 2.665 亩。因大园村有

的地主不是以土地多划为地主，而是房子或家俱多或好而划为地主，故地主人均土地数偏低。大园村 4 户富农共有人口 26 人，耕地 66.792 亩，人平均 2.569 亩。综合上述情况，本乡地主、富农、中农、贫农之间土地拥有量的人均差距比，大致分别为：3.0、2.5、1.3、0.6。其差距远比现在不同阶层人群中拥有的财产差距小。

第四节　　环溪乡土改总结

（一）　　　环溪乡自然情况，见表 3-9

环溪乡自然情况统计表表 3-9

（二）環溪鄉自然情況統計表表 3-9

村數	戶數	人口			土地（畝）	人平均（畝）
		男	女	小計		
43	955	1833	1734	3567	3855.096	1.04

环溪乡成分情况，见表 3-10

（二）环溪乡成分统计表表 3-10

（四）環溪鄉成分統計表表 3-10

雇農				貧農				中農			
戶數	%	人口	%	戶數	%	人口	%	戶數	%	人口	%
16	1.68	33	0.09	479	50.1	1589	44.5	395	41.3	1722	49.27
富農				地主				小土地出租			
戶數	%	人口	%	戶數	%	人口	%	戶數	%	人口	%
9	0.94	50	1.4	27	2.8	120	3.46	29	3.06	53	1.49

环溪乡土改进程 1951 年 3 月 3 日至 1951 年 6 月 22 日

（三）　　　环溪乡土改斗争情况，见表 3-11

（五）　環溪鄉土改鬥爭情況統計表表 3-11

鬥爭名稱	次數	鬥爭對象及人數					處理情況			到會人數	發言人數
		地主	富農	匪特	其他	合計	鎮壓	判刑	管制		
審判鬥爭	2	5		1		6	3*	1	2	5242	193
講理鬥爭	17	11			1	12			12	3354	255
劃階級鬥爭	7	27	9			36			36	2728	87
交契大會	2	27				27			27	3853	27
合計	28	30*	9	1	1	81	3**	1	77	15177	562

（四）　环溪乡土改斗争情况统计表表 3-11

*有些合计数字，如被斗地主合计不应 30，但有些既在讲理时被斗，又在划阶级被斗，有重复，现抄原文（下同）。

**镇压的应为 4 人，计蔡明河、蔡子桂、蔡行元、陈小尚。

（三）　环溪乡土改没收征收财产情况，见表 3-12

（四）环溪乡土改没收征收财产情况统计表表 3-12

类别	没收户数	征收户数	土地（亩）	农具（件）	耕畜（头）	房屋（间）	傢俱（件）	糧食（斤）	火槍（支）	刀（把）
地主	27		237.591	342	12	129	2128	5088	4	4
富裹		8	15.647						6	2
小土地出租		10	30.134						2	2
公校產		2	10.14			4				
輪種祀田		271	854.663							
合計	27	291	1148.175	342	12	133	2128	5088	12	8

环溪乡摧毁封建势力情况，见表 3-13

环溪乡摧毁封建势力情况统计窗体位：人表 3-13

类别	名稱	原有人数	镇壓	已死	判刑	管制	劳动改造	逃亡	自殺
地主	惡霸地主	7	4					2	1
	不法地主	2			1		1		
	劳跡地主	18					18		
	小計	27	4		1		19	2	1
反动组織	反动會道門	1					1		
	國民黨	2							
	土匪	24	1			11	12		
小計		54	5*		1	11	34	2	1

*镇压人数不止 5 人，仅大园村土改时镇压的土匪就有 2 名（另有剿匪中击毙 3 名），因此至少 6 人

第五节　我家附近几个乡的地主

土改时我家属于双港区，共有 16 个乡，下列为我家附近的几个乡。这几个乡的情况在土改前我有所了解，早就认

识了其中一些地主，还有我较多的亲友，因此情况较为熟悉。现简介如下。

一、　界岭乡
（一）界岭乡自然情况见表 3-14

界岭乡自然情况统计表表 3-14

界嶺鄉自然情況統計表表 3-14

自然村	戶口	人口			土地	
		男	女	共	總數(畝)	平均
37	815	1557	1362	2919	3791.289	1.240

（二）界岭乡成分情况，见表 3-15

界嶺鄉成分統計表表 3-15

雇農				貧農				中農			
戶數	%	人口	%	戶數	%	人口	%	戶數	%	人口	%
14	1.7	22	0.8	484	59.3	1369	46	353	43.56	1037	35.52

富農				地主				小土地出租			
戶數	%	人口	%	戶數	%	人口	%	戶數	%	人口	
13	1.6.	69	2.3	31	3.8	146	5.0	9	1.1	15	0.5

（三）界岭乡土改前农户占有土地情况，见表 3-16

界嶺鄉部分農戶土改前土地佔有量統計表單位：畝表 3-16

村名	姓名	人口	成分	自耕田	自耕地	租出田	租出地	租入田	租入地
界嶺	占德慶	5	地主	7.640	2.780	3.364		1.430	1.100
界嶺	占德森	5	地主	4.850	0.460				
界嶺	占德利	6	地主	7.780	1.480	13.850	2.230	1.371	0.180
界嶺	占增長	5	地主	8.570	2.500	17.690		1.436	0.460
界嶺	占德明	2	地主	1.470	1.140.			4.716	0.900
界嶺	占德祥	4	中農	2.960	1.100	0.960			3.832
界嶺	占德芳	4	中農	2.960	1.020			3.950	3.809
界嶺	占兆獻	6	貧農	1.740	0.590			0.600	0.509
界嶺	占大妹	4	貧農	0.480	0.710			3.690	0.710
水碧郭	占于梅	7	地主	10.035	1.820	1.429		0.748	0.90
水碧郭	占換仁	6	地主	13.166	5.20	1.618	0.1	2.898	
水碧郭	占德明	5	地主	25.198	8.17			3.094	1.40
透滂堂	占小普	4	地主	21.829	5.600	26.110	10.01	0.714	1.460
透滂堂	占德櫻	9	地主	10.067	3.140	7.132	2.70	1.168	
透滂堂	占篤卿	8	地主	9.901	2.420	3.404	0.406	2.854	2.700
透滂堂	占于良	2	地主	10.014	3.470	5.759			1.320
透滂堂	占朝壽	6	中農	5.190	3.240	0.174		0.475	0.300
透滂堂	占德堂	4	中農	3.339	1.880			0.348	0.452
梅樹下	朱音注	5	地主	10.357	2.252	8.085	1.300	0.832	0.650
梅樹下	占朝滿	8	中農	5.390	1.650			2.018	0.580
梅樹下	占德溪	4	貧農	1.117	0.120			6.876	1.040
梅樹下	王文光	7	地主	8.771	2.220	0.593	1.300	0.693	0.560
水晶坦	張哲夫	7	地主	5.234	1.130	9.427	0.300	1.902	0.870
水晶坦	張慶恩	3	中農	2.851	0.300	0.475			0.450

（四）界岭乡土改过程

界岭乡土改通程统计表 单位：人表 3-17

斗争名称	次数	斗争对象及人数				处理结果			到会发言人数	
		地主	富农	匪特	小计	镇压	判刑	管制	人数	人数
审判斗争	3	5	1		7	13		1	8500	518
说理斗争	16	12			12			12	7400	437
割管级斗争	6	20			20			20	2450	317
交案大会	1	28			28			28	2361	202

编者注：此表镇压、判刑人数有误。

（五）界岭乡摧毁封建势力情况，见表 3-18

界岭乡摧毁封建势力统计表 单位：人表 3-18

摧毁对象	原有人数	级	已死	判刑	逃亡
恶霸地主	5	5			
不法地主	8	1	1	4	2
劣绅地主	16				
国民党员	32				

（六）界岭乡没收征收情况，见表 3-19

界岭乡没收情况统计表 3-19

对象	户数	土地（亩）	累具（件）	耕畜（头）	房屋（间）	家俱（件）	粮食（斤）
地主	29	523.83	1484	1592	116	2008	3511

界岭乡较有影响的地主介绍于下

占朝广

占朝广是该乡五个被枪决的地主之一，水对郑村人，一向务农，从未干过伪职。据市档案数据，他是土地登记人地主占德明的父亲。家有 5 人，土改前有土地 33.368 亩，全部自耕。为全村最多者。占朝广辛勤耕作，未雇长工，只是农忙时雇些短工，这是全村、近村人都知道的。他的辛劳与一般农民的辛劳不同。如夏天天旱时，农民争着要从河沟中引水到自己稻田中，黄昏时引水人多，常互相争引，引来也不多。下半夜要睡觉，人们都回家，他不睡，常由他一人引水，当然很辛苦。又如把猪粪挑到田间施肥，这时需请几个雇工。他自己进到猪圈中把粪盛在筐中，并挑出一里多路后，再交给雇工挑到田间，即苦的活自己干，且可督工，使雇工也紧跟其后。这是该村现已 87 岁的占德清告知我的。镇压的理由是：他是本村土地最多者，不处死他，农民不敢分他的土地。

占德均

占德均也是镇压之列，界岭村人，市档案数据中记载他是反动组织分队长，民国 32 年(1943 年) 任副乡长，保长，假共产党员。枪决时解押他从自家后门进，前门出，给他的家属也再刺激一下。他是我前妻的小叔，这些情况是我前妻告诉我的。1950 年我去岳父家做新郎时，在他家吃过饭（请新郎），也与他交谈过。

占德杰

他是通济堂村人，伪乡长，档案中记载他还是三青团分队长，土改时镇压。他是店前村朱子英的亲家，朱子英女儿朱彩凤嫁给占德杰儿子占茂植。占德杰还在双港镇利用自己临街的房子开了一家中药店。朱彩凤是我旁亲，占茂植是我同学，我早就认识他们。占德杰因头颈有残疾，脑袋歪斜，人称"歪头德杰"。我与占德杰无交往，他也不认识我，但他常在他开的中药店内守店、闲淡，凭他歪头的形象，当我经过他店门口时便认得出这是我同学占茂植的父亲"歪头德杰"。

土改后他们家仍住双港镇，占茂植已故世，朱彩凤仍健在。因我早认识朱彩凤，更是因她兄弟朱启秀、朱启春都是我从小交往较多的熟人，又认识其夫占茂植，因此我每逢去双港镇时常到她家一坐，谈谈他们和朱启秀家人情况。她有两个儿子，一个从事养蜂，另一个务农。务农的儿子现已 50 多岁，因家成分地主等原因至今还是未结婚的光棍，与母一起生活在养蜂的兄弟家，很可能像朱启春那样靠兄弟过老。朱彩凤年纪比我大几岁，我多次从美国探亲带回的深海鱼油补品都送瓶给她，她感激不尽，还说吃后看电视清楚了许多。惜我年事也高，何时再去美国也难说了。

占德清

占德清为水对郑村人，是档案中地主占子梅之子。占子梅家 7 人，有土地 14.290 亩。占德清土改时 28 岁，也划为地主，被判刑 5 年。其档案上写着他是三青团员，是胡丕太（伪区长）、朱芝英（绅士）的帮手，任户籍警五年，抢亲、通匪。现他还健在，他对我说，自己为逃避抽壮丁干过伪乡户警几个月，不是三青团员，因妻为店前人，与朱芝英同村，仅路上碰到打打招呼，胡丕太是他任户警时的上级（区长），没有什么特殊关系。土匪到和尚地村抢劫烧屋，他还赶去救火，被烧的人还要留他吃饭，说他通匪完全是诬害。提审时也早就说明。出狱后还想申诉。

二、保和乡

（一）　　　保和乡自然情况，见表 3-20

（二）保和乡自然情况统计表表 3-20

自然村	户数	人口			土地情况	
		男	女	小计	亩数	平均
27	807	1546	1398	2944	3694.883	1.3

（二）　　　保和乡成分情况，见表 3-21

（四）保和乡成分统计表表 3-21

雇农				贫农				中农			
户数	%	人口	%	户数	%	人口	%	户数	%	人口	%
18	2.2	28	1	354	44	1295	44	360	44.7	1312	44.5
富农				地主				小土地出租			
户数	%	人口	%	户数	%	人口	%	户数	%	人口	%
10	1.2	48	1.6	29	3.6	132	4.5	28	3.5		

（三）保和乡农户土改前土地占有情况，见表 3-22

保和乡部分农户土改前土地占有情况统计及单位亩表 3-22

村名	姓名	人口	成分	自耕田	自耕地	收出田	收出地	收入田	收入地
山下	倪方园	8	地主	7.179	0.99			2.474	
山下	倪顺师	1	地主	5.166	0.2	1.957	0.5		
山下	倪方显	4	地主	6.431	0.207			3.094	
山下	倪方斗	5	地主	7.369	1.309			1.143	0.267
山下	倪德文	4	中农	4.379	0.132			0.711	0.066
山下	倪德海	6	中农	3.854	0.699			1.909	
山下	倪方军	2	中农	1.974	0.566			1.737	
山下	倪允樟	5	贫农	3.326	0.28			1.944	
倪梁庄	文仁规	7	地主	15.286	1.67	75.592	6.41		
倪梁庄	文松夫	1	地主		0.992	14.281	0.2		
倪梁庄	王桂香	12	地主	17.611	1.202	3.853	0.4		
湖梁庄	文仁香	4	地主	7.092	1.8	4.145		0.791	
倪梁庄	文仁顺	3	中农	4.43	0.47			0.143	0.09
倪梁庄	文仁松	3	中农	4.426	0.93			0.001	
党巷	倪方珠	3	地主		0.15	11.901	1.14		
党巷	倪三苗	2	地主	3.197	2.2	2.99		0.143	
党巷	胡子俦	7	地主	0.429	1.07	11.044	0.6		
党巷	王燧洽	5	地主	0.475	0.19	6.5	1.5		
党巷	王荟和	8	地主	23.712	3.071	21.249		0.745	
党巷	苏邵璇	3	中农	2.859	0..700			0.42	
党巷	金荟烘	3	中农	2.43	0.16				
西杭	林达明	5	地主	15.325	2.1	13.613	0.2	0.475	
林庆洋	唐汉荣	3	地主	9.476	1.35	0.467		1.469	0.37
林庆洋	唐汉元	7	中农	8.749	1.03			2.332	
雪山	杨连元	7	地主	9.—	2.13				
雪山	王笋花	7	地主	11.—	1.5				
雪山	黄贵三	1	地主	0.44—		5.6—			
雪山	杨成堂	3	地主	2.64	0.2	3.—			
雪山	杨茂炎	11	地主	22.—	1.—	25.—			
雪山	杨贵炎	2	中农	2.1	0.15—				
雪山	杨茂炽	5	中农	5.4—	0.1—	1.—	1.—		
四亚园	杨大樟	6	地主	9.6—	0.3—				

（三）　　　　保和乡摧毁封建势力情况，见表 3-23

（四）　　　　保和乡摧毁封建势力统计窗体位：人表

3-23

（六）保和乡摧毁封建势力统计表 单位：人 表3-23

类别		原有人数	镇压		判刑	罚款	管制	劳改	逃亡	瓦解	自杀
			杀	已死							
地	恶霸地主	8	2	1			5				
	不法地主	17					9	4	2		1
	劣迹地主	4		1			3				
勤组织	教会门	5									
	国民党员	27		2			10	10	2		
	三青团员	31									
	土匪	34	3	1			5	22		2	

较有影响的地主介绍于下。

宋仁焕

宋仁焕系被镇压的地主之一，他是附近几个乡（可能为全双港区）最大的地主，其罪恶主要是土地多、出租、雇工。据档案数据，他有土地98.958亩，其中出租田有75.592亩，出租地有6.410亩，家有7人，一座四合院木结构楼房。因家财大，为防土匪抢劫，门前筑有岗楼。他未干过伪职，其女儿宋云凤是我在琳山学校读初中时的同学。宋仁焕土改时在双港桥头旁枪决，时年60岁。

宋谢氏

宋谢氏为宋品章之妻。宋品章是宋仁焕兄弟。他在土改即要开始时，知自己在土改中难过关，在双港药店买来鸦片服毒自杀。据说他与中共地下党人有接触，知自家土地多，要没收，解放前就已变卖了不少。

三、保中乡

（一）　　　保中乡自然情况，见表3-24

（二）保中乡自然情况统计表 表3-24

自然村	户口	人口			土地	
		男	女	小计	总（亩）	人均
16	936	1950	1774	3724	5301.313	1.464

保中乡成份情况，见表3-25

（四）保中乡成分情况统计表 表3-25

雇农				贫农				中农			
户数	%	人口	%	户数	%	人口	%	户数	%	人口	%
24	2.6	50	1.4	416	44	1304	35	421	44.9	1751	47.0
富农				地主				小土地出租			
户数	%	人口	%	户数	%	人口	%	户数	%	人口	%
18	1.9	54	1.5	41	4.4	201	5.3	47	6	166	4.5

注：其他成分尚有3户，3人。数字汇总后有少许出入。

（三）保中乡土改前部分农户土地占有量情况，见表 3-26

保中鄉土改前部分農戶土地佔有量統計表單位：畝　表 3-26

村名	姓名	人口	成分	自耕田	自耕地	出租田	出租地	租入田	租入地
店前	朱當桃	2	地主	20.920	2.588	0.929		3.143	
店前	楊連理	5	地主	8.585	1.859	13.896			
店前	謝開英	6	地主	12.534	4.829	6.146	0.714	1.000	
店前	朱當琛	7	地主	0473	1.519	15.503	0.629		
店前	陸桂遐	3	地主	4.413	1.000	20.104	6.143		
店前	朱當祿	6	地主	8.071		12.104	1.858		
店前	朱泅昌	7	地主	2.001	0.143	38.737	7.859		
店前	朱大英	1	中農	1.929	0.286				
店前	朱禍善	5	中農	3.144	4.317	0.858		1.257	
店前	何汝海	3	中農	3.179	0.027			4.538	
下洋莊	朱宏歆	6	地主	12.571	2.624	0.100			
下洋莊	楊葉章	5	地主	4.071		4.711			
西洋莊	朱裕昌	6	地主	10.071	3.143	7.572		0.429	
西洋莊	朱惠香	5	地主	3.357	3.386	17.351	6.719		
西洋莊	朱仁中	4	中農	3.570	0.313			4.857	

（四）保中乡土改进程，见表 3-27

（五）保中鄉土改進程統計表(1951 年 1 月 3 日至 1951 年 4 月 2 日)單位：人表 3-27

鬥爭名稱	次數	鬥爭對象及人數				處理結果				到會人數	發言人數
		地主	富農	匪特	小計	鎮壓	判刑	管制	小計		
審判鬥爭	11	10		9	22	7	1	14	22	20590	518
講理鬥爭	25	18	2		20			20	20	5023	430
劃階級鬥爭	1	18	1		18			18	18	400	45
交契大會	10	32			32			32	32	4500	12
合計	47	78	3	9	92	7	1	84	92	30513	1005

保中乡摧毁封建势力情况，见表 3-28

（七）保中鄉摧毀封建勢力情況統計表單位：　表 3-28

類別	摧毀對象	原有人數	鎮壓	已死	判刑	罰款	管制	勞改	逃亡	瓦解	自殺
地主	惡霸地主	10	5	1			3				
	不法地主	14	1	1			1	10			
	劣跡地主	19					15	3			
反動組織	反動會道門										
	國民黨	4									
	三青團										
	土匪	39	12	3	10		6	7			
	合計	86	18	5	10		25	21			

（六）保中乡没收征收情况，见表 3-29

保中乡没收徵收情况统计表表 3-29

對象	沒收戶數	徵收戶數	土地(畝)	農具(件)	耕畜(只)	房屋(間)	像俱(件)	糧食(斤)	武器短槍長槍刀
地主	41		659.350	571	19	158	2956	7476	2416
富農		2	22.441						
工商業									
小土地		26	46.169						
公枚產			41.296						
輪種祀田			1246.289						
合計	41	28	2015.545	571	19	158	2956	7476	2416

（七）保中乡店前村(部分)封建势力情况，见表 3-30

保中鄉店前村(部分)封建勢力情况登記表表 3-30

類別	姓名	成分	偽職情况	任職時間	歷史情况	處理結果
地	朱芝英	地主			統治全黃沙	鎮壓
	朱昌桂	地主			統治本村一半	自殺
	楊旭東	地主	偽鄉秘書	12年	統治全鄉	鎮壓
主	朱敏秀	地主			統治全村	判刑
偽職人員	朱玉成	地主	偽鄉長	5年	統治全保中鄉	扣押
	朱茂賢	中農	偽保長	5年	統治全村	在家勞動
	朱雷全	中農	偽保隊副	5年	統治全村	在家勞動
富農	朱時君	富農			統治本村一半	在家勞動

较有影响的地主简介如下。

朱芝英（朱子英）

朱芝英是临海土改档案数据的书写，村人称他为朱子英，是前文已提到的我村蔡明河妹夫，也是我堂姑夫，店前村人。两人均是本村族长。因早年朱、蔡两姓(村)为山林械斗，各为本村利益，械斗后两家基本上终止来往，我们当然更无来往。我在附近琳山学校读初中时，有时经过店前街仅偶然见过他几次，高高的鼻梁，消瘦的身材，说话斯文。他被枪决较早，在1950年秋冬之交，土改正始之前即枪决，目的是制造恐怖气氛，为土改作准备。那时我还在回浦中学读书，星期天回家听到此事，人们对此议论较多。

朱芝英没干什么伪职，抓丁派捐没他的份，但他言出有据，办事公正，与前后邻居相处和睦，家族人丁兴旺，著名的生物学家朱洗(琳山学校创办人)、伪乡长朱玉成(东吴大学毕业)都是他堂兄弟,是有学识、有理智的族群,因此朱芝英在村民中有威望,邻里间有纠纷常找他调解。做个众人信服的调解人也不是易事,说话要有理有据,方案要切实可行,双方才会心服口服,矛盾才会化解,其首要条件是处事要公正。久而久之,要求他调解的人也多起来,有委屈有吃亏的人也会来找他诉说,朱芝英也从中提高了威望,逐渐在邻里间、在村上,甚至在附近姓朱的四个村(店前、下洋庄、西洋庄、前塘)中,有一定影响力。

社会上结亲交友,常讲究"门当户对",我村的蔡明河在村上的身份与朱芝英差不多,他们是亲家。朱芝英的女儿朱彩凤嫁给乡长占德杰儿子占茂植。双港区最大匪首、白箬乡伪乡长王继学与朱芝英也有交情,其中有一说法是朱芝英为了要王继学部下不抢劫他的村庄及附近朱姓几个村的财物,才与王继学结交。

在朱芝英被枪决的档案中写着:

姓名	成分	参加反动政府党团匪部番号	任何职务	历史情况	处理结果
朱芝英	地主	无	无	统治全黄沙	镇压

黄沙是双港区的主体,约有 80 多平方千米,俗称黄沙洋,是半山区中一个较大的盆地,内有 10 多个乡,经济、文化、教育都较发达。朱芝英既非区长,连乡长也不是,也无一兵一卒,怎么能肯定他统治全黄沙而有枪决之罪呢?他只不过善于调解纠纷,有一定公信力,有一定影响力,全黄沙地区都知道他而已。

去年,我现在的邻居、原前塘村村民老杨对我讲:塘田王村王三弟的土地被王继法强占。王继法家势强,王三弟奈何不得,他向旁人诉说。旁人说:你送些礼物给朱芝英,请他调解。王三弟按这位旁人所说,买了猪腿送给朱芝英。朱芝英拒收，但愿了解了解做做工作。朱芝英问了王继法到底怎么回事。王继法支支吾吾答不出。朱芝英再问了王继法，王继法承认自己有错误，主动把土地还给王三弟。王三弟感激之余到处称赞朱芝英。

店前及附近村民有句民谣："蒋介石一个印，不如朱芝英一封信。"

在要枪决朱芝英那天，据当时与他同关在一牢房的同村人朱云登对我讲，在提解朱芝英时，朱芝英与他说："我今天回去可能没命了。"其家人也得到相关讯息。原本是解押到店前乡枪决的。当时土改还未全面铺开，贫下中农还未充分发动起来。当把朱芝英解压到白水洋派出所时，因朱芝英在民间有较高威信，几百个店前村及附近朱姓农民赶到派出所请愿，以为共产党相信群众的，说朱芝英是好人，要求释放。解押的负责人出来讲话，要求派代表进去交谈，其余人到附近小山上休息等候。当他们刚到小山，朱芝英即从后门被拉出立即就地枪决。参加请愿的人如成分不好，也受株连，本村地主杨旭东的死，儿子朱启秀的判刑都与此有关。

杨旭东

杨旭东是曹山村人，住入大都是朱姓的店前村，外村人在此立足并有发展是不易的。土改中也被镇压，其档案上写着：

姓名	成分	参加反动政府党团匪部番号	任何职务	历史情况	处理结果
杨旭东	地主		伪乡秘书 12 年	统治全乡	镇压

罪名是任伪乡秘书(文书)12 年，统治全乡。乡文书是较低级的文职职员，不可能会统治全乡。他女儿杨银妹告诉我，其罪状之一是参与请求保朱芝英命的请愿。据市档案数据，他家 5 人，有土地 24 亩多，约为当地人均土地的 4 倍。他儿杨达理是我初中同学，我曾去过他家，多间楼房相当漂亮。

朱启秀

朱启秀是朱芝英的儿子，是我同学，又是我旁亲，年纪比我大 2 岁，在校也比我高一级。我们较熟悉。土改时他判刑 7 年，市档案上说他统治全村。土改前他是个初中生，土改时仅 20 岁，1949 年前均在校读书，村里这么多长辈怎能容他统治？他出狱后告诉我，他妻曾经父母包办许配给某人，她不去，也没来往过，更未结婚，中断后与他结婚，土改时诬害他强占民妻。他也参加向政府请求保其父亲朱芝英有关，其重要原因还是在于父被镇压，凝他有报复思想。可能在乔司农场劳累过度，刑满回来后已成驼背。其弟朱启春比我少一岁，因家成分是地主，终身未婚。他俩均在多年前去世。

朱启秀儿子改革开放后外出经商，效益卓著，在苏州购有可观的不动产，间或回家处理一些事情，为人贤慧，办事通情达理，深得群众好评，还曾调解村上两"头人"之间矛盾，似有其祖父朱子英的基因。2016 年村干部换届选举，他被选为副村长。其家人和叔伯劝其不要当这一职务，以免重蹈其祖父、父亲轨迹。他说，我正为他们争气，乐任这一职务。

朱玉成

朱玉成曾任伪乡长 5 年，是土改时双港区唯一未被镇压的乡长，仅判三年徒刑。其原因是他保护了中共地下党在其琳山学校中的活动。

琳山学校创办人朱洗是其胞兄，他于 1920 年赴法勤工俭学，师从著名的胚胎学家巴德荣教授，1930 年通过法国科学院考试，获博士学位。回国后长期在外工作，任多所大学教授，或在研究机关从事科研，解放后任中科院上海实验生物研究所所长，琳山学校校务交给朱玉成负责。

琳山地处双港区农村，北与天台、西与仙居两县接壤，南侧是括苍山，便于中共地下游击活动。琳山学校在抗战期间，许多知名学者凭朱洗的关系曾来此任教，如许天虹、毕修勺、陆蠡、朱光玉、徐宗亨等人，有些是留法的，思想比较活跃，师生在教学之余，常探讨国家民族前途。无政府主义思潮较浓，对巴枯宁-克鲁泡特金、吴稚辉、陶行知等人较崇拜，认为中国未形成大的地主庄园，农村两极分化不显著，共产主义不适合中国国情。但对现实也很不满，认为政治腐败，人民生活困苦。一些宣扬共产党的书籍，如我曾看过的《抗日中的八路军》等类图书，图书馆也有收藏。有些教师在同学中散布对国民党的不满，除地理教师王克云先生借上地理课大讲国民党军队失利的战况外，金镇扬、朱汝桐等先生也常大贬当时的政局。

琳山学校是一所综合性学校，有我就读的临海县私立建成中学琳山分校，还有琳山初级农业学校、琳山小学。我是1946年夏考入该校的。学生主要来自附近农村，由于内战，经济每况愈下，生源减少，学费收入抵不了学校开支，1947年年底，建成分校并入城关本部。我于1948年春去城关续读，校长陈启忠是国民党临海县党部书记，是死心塌地的反共老手，常在每星期一纪念周全校大会上痛骂共产党。学校的自由思想空气一点也没有，教师也很少与同学接触往来，与在琳山分部时大大不同。因此我虽已离开琳山，但对琳山还有感情，还很怀念。

1948年暑假我在家，见到家门口对面墙贴了一张琳山学校暑期举办补习班的布告。在我们离校后，琳山还留有琳山初级农业专科学校，琳山小学，几个老教师仍还在校。我凭着过去对琳山和对老师的感情，毅然报名参加。给我们讲课的有陈松林老师和时在杭州浙江医学院读书的陈希清学长。他们除给我们讲课或阅读一些法国文学作品等外，还给我们大讲当时的政治时事，特别是陈希清生动地讲述杭州当时由于于子三事件引发的反内战、反饥饿的学潮。

　　1949 年夏，临海解放后，王克云先生带领解放大军经过双港，陈松林先生也带几十名学生参加了解放军，金镇扬先生、朱汝桐先生也参加新政府工作。原来他们都是中共地下党党员，常在山顶上金镇扬先生住处的单房中开会，朱玉成身为伪乡长，也知他们在活动，只不过是熟视无睹、睁只眼闭只眼不加以干预罢了。因此他有了这一功劳，土改时免于一死。

　　琳山学校为中共地下党提供了活动场所，培养了干部。他们在建国前处于困难条件下团结一致，但在建国后和平环境下当了官时却有了纷争。为写党史，陈松林先生说是他的功劳，而王克云先生说他沽名钓誉，功劳是他的，真是"打天下易，共天下难"。当年慷慨激昂痛骂国民党的陈希清，"反右"时被划为右派，如今闲事不管在家闭目养神。

四．杨岙乡

（一）　　　杨岙乡自然情况，见表 3-31

杨岙乡自然情况统计表表 3-31

杨岙乡自然情况统计表表 3-31

自然村	户口	人口			土地情况	
		男	女	小计	总数(亩)	人均
18	602	1218	994	2212	2955.41	1.378

（二）　　　杨岙乡成分情况，见表 3-32

杨岙乡成分统计表表 3-32

杨岙乡成分统计表表 3-32

雇农				贫农				中农			
户数	%	人口	%	户数	%	人口	%	户数	%	人口	%
2	0.34	2	0.099	276	45.8	1030	47	278	46	1046	47
富农				地主				小土地出租			
户数	%	人口	%	户数	%	人口	%	户数	%	人口	%
9	1.49	35	1.59	14	2.3	59	2.63	13	2.5	20	1

　　　　　　注：其他成分尚有 11 户，20 人。

（三）　　　杨岙乡部分农户土改前土地情况，见表 3-33

杨岙乡部分农户土改前土地统计窗体位：亩表 3-33

杨岙乡部分农户土改前土地统计表单位：亩表 3-33

村名	姓名	人口	成分	自耕田	自耕地	出租田	出租地	租入田	租入地
和尚地	莱良焕	6	地主	11.987	0.9	5.615			
和尚地	金银花	8	地主	6.742	4.429	2.9			
和尚地	莱尖堂	3	中农	1.994	1.05			2.571	0.2
和尚地	周道川	5	贫农	1.373	0.85				
和尚地	金菊花	1	贫农		0.15			1.64	

杨岙乡土改进程，见表 3-34

杨岙乡土改进程统计表(1951 年 3 月至 1951 年 6 月)表 3-34

斗争名称	次	斗争对象及人数					处理结果					到会人数	发言人数
		地主	富农	匪特	伪职	小计	镇压	判刑	罚款	管制	小计		
审判斗争	3	4	1			5				4	4	4126	196
调理斗争	21	9				9				9	9	3820	203
划阶级斗争	1	14	8			22				22	22	3460	51
交契大会	1	14				14				14	14	3426	4
合计	26	41	9			50				49	50	14832	454

杨岙乡摧毁封建势力情况，见表 3-35

杨岙乡摧毁封建势力情况统计表单位：人表 3-35

类别	摧毁对象	原有人数	镇压	已死	判刑	罚款	管制	劳改	逃亡	自毙
地	恶霸地主	4					4			
	不法地主	3	3							
	劣迹地主	7		1			6			
主	小计	14	3	1			10			
反动组织	反动会道门									
	国民党	1			1					
	三青团									
土匪		2					2			
合计		17	3	2			12			

（四）　　杨岙乡没收征收情况，见表 3-36

杨岙乡没收征收情况统计表表 3-36

对象	没收户数	征收户数	土地(亩)	农具(件)	耕畜(只)	房屋(间)	家俱	粮食(斤)	兵器		
									枪	火枪	刀
地主	14		127.5	192	9	30.5	787	510		3	14
富农		1	5.591								
工商业											
小土地		9	16.83								
公校产		45	77.61			41					
轮种杞田		179	424.2								
合计	14	234	651.8	192		71.5	787	510		3	14

杨岙乡土改镇压的人数前后统计不一，在土改进程统计表中为 1 人，在摧毁封建势力统计表中为 3 人，且又不是恶霸地

主。现也难以找到经办人或知情人进行核实。据说，最早镇压的是该乡和尚地村周人树，再在土改后期又镇压了叶良焕两个儿子，这三人被镇压是肯定的。

周人树、叶良焕的两个儿子

周人树是小学教师，多年任附近通济堂村界岭乡中心小学校长，家庭成分是地主，但家庭农事全由他母亲经管，他毫不过问，也未任伪职和做过不当之事，对他的枪决现在乡人不少还耿耿于怀，为他鸣不平。有一种说法是：和尚地村土改时 60 多户中有姓周和姓叶两大姓，两姓间有矛盾，叶姓人诬告周人树，当时整个杨岙乡还没枪决一个人。村中掌权人和土改工作队认为也需要杀个把人，起威慑作用，把周人树报上去即批下，周人树就这样被杀了。后来周姓人不服，也告叶姓地主叶良焕的两个儿子，叶良焕的两个儿子也被杀了，因此共镇压了 3 人。但他们民愤都不大，也可说名气不大，年纪也不大，称不上恶霸，故归入不法地主中。

周人树的母亲金银花以勤劳节俭闻名于近村。土改时参加斗争打骂地主的当年儿童团员胡某(我同学胡尧钗妹妹，也是我同学叶良山妻)说："周人树母亲外出见到路上有堆牛粪，会设法把它弄回家当肥料(如夏天就用芋叶包牛粪)，当时如此凶狠斗她也有些想不通。"另一村民去年对我说："她雇工种豆、种麦，她自己来放豆子、麦子(种子)，以保证速度和质量。"我有一个住她附近塘头村的亲戚钱再渺告诉我："周人树母亲来他家有事，他烤了一片麻糍给她吃，她吃几口以后，留下放在穿在身上的衣服内带回家给小孩吃。"现住在双港天主堂的朱云登说，"非但周人树枉死，他母亲的地主也枉做，她节约得连煮粥的铁锅也不洗，以免粘在锅上的米沫浪费。"据临海市档案馆数据：金银花家有土地 14.071 亩，8 个人，按杨岙乡人均土地 1.387 亩计算，略多于人均数 3.007 亩，仅高出人均 0.376 倍。就是这

3.007 亩的 0.376 倍土地，结束了落后和文盲充斥的农村一个教师的生命。据表上记载，这也说是反封建的一部分。

叶良焕家土地稍多，有 18.502 亩，家 6 人，是人均的 1.66 倍，付出了两条人命。据说叶良焕的孙子现当上和尚地村村长。

五、黄坦乡

黄坦是名副其实的山区，虽与大石区交通较便，但行政上向来隶属于双港区。改革开放后政区建制多变，在 20 世纪 90 年代苏建国任临海市中共市委书记时，撤区扩乡，区级第一、二把手提到县里各科局级当领导。这些区级干部为争好岗位，送钱送物给苏建国，苏从中渔利。之后查出苏建国贪污受贿，被判刑 11 年徒刑。另一书记上台又撤乡设镇（相当于原来的区）。在这些政区变动中，不免有人事调动和升迁，在这腐败环境下，"权"就是资源，就是摇钱树，有决定权者受益。某地中共的第一把手，是该地区至高无上的权力拥有者，政府首脑都要听他的。

苏建国任临海市委书记时，蔡学武任临海市市长。蔡学武是我老家大园村人，其母亲就是前述提到的我村地主蔡钱氏家请来帮助她两老人料理生活的小女孩，长大后蔡钱氏为其成家，其大儿子为蔡学武，从中侧面也可证实蔡钱氏家没有 15 人和 30 多亩土地。否则不需要蔡学武母来家帮助料理他们俩老人生活，即使来了她这个小女孩也承担不了这个大家庭的家务。我家与蔡钱氏家是近亲叔伯，他们对蔡学武家很爱护，我们对他也很亲热，我在建德梅城浙江省地质大队工作时，还请那时也在梅城冶金学校读书的蔡学武吃年夜饭。我更不会在他当了市长后诬说他们的家世，土改确有些乱来的。现在离苏建国判刑已 20 多年，蔡学武也退休了，未听说他在经济上有什么问题，要升官一般不找他。也可说明我国政治生活中，中共党组织凌驾于政府之上是现实。

　　据说苏建国因贪污在十里坪农场服刑期间，经他提拔的临海县科局级干部每月轮流去看望，都带去不少贵重、高档的慰问品，按当时物价每月总价不下二三万元，是旁人告诉我这是苏建国他兄弟讲的。他判11年徒刑服刑几年后保释就医，出来后就被他任书记期间的受惠户、民营大企业家卢某聘为顾问，据说年薪20多万元。

　　现在黄坦乡属于白水洋镇(相当于原来的双港区)。土改时黄坦分为黄坦、赤峰、上宅三个乡，现又归并为一个黄坦乡。本节所述的黄坦乡是土改时的黄坦乡，不是现今的黄坦乡。

　　自黄坦溪谷口两岸高山入云的清水坑进去，自山谷谷底到山腰间出现一个个村庄，据说共有108个。地少人多，庄稼几乎种到山顶，一块块不大的梯田沿山坡弯曲而上，也是一道绝好的风景线。故黄坦的花生、芝麻、黄豆等旱地杂粮较多。山区百姓由于自然条件限制，向来生活艰苦。据说农业合作化时期，农民卖儿卖女和"典水面"(穷农民的妻子收受单身男子一定酬金，夜里去单身男人家住宿，白天回夫家干活，怀孕后，育下的小孩为该单身农民子女，再付出一定费用，即借妻生子)的现象时有存在。改革开放后出去打工经商办工厂，甚至迁居到宁波郊区务农的不少，留下来的大都是老人，耕地不少荒芜。黄坦有我不少同学和亲友，过去曾去过多次，近年为写此书也常进出黄坦，目睹留下的农民在自己土地上精耕细作，即使田园有荒芜，但新房不少，看来生活有了很大改善。

　　(一)　　黄坦乡自然情况，见表3-37

黄坦乡自然情况统计表表3-37

自然村	户数	人口			土地情况	
		男	女	小计	总数(亩)	人均
35	875	1876	1577	3453	2671.58	0.9073

　　(二)　　黄坦乡各类成分情况，见表3-38

黄坦乡各类成分情况统计表表3-38

雇农				贫农				中农			
户数	%	人口	%	户数	%	人口	%	户数	%	人口	%
20	2.3	32	0.92	544	62	2129	61.7	248	28.3	1052	30.5
富农				地主				小土地出租			
户数	%	人口	%	户数	%	人口	%	户数	%	人口	%
19	2.2	124	3.6	21	2.4	90	2.26	13	1.48	23	0.63

（三）黄坦乡农户土改前土地占有情况，见表3-39

黄坦乡部分农户土改前佔有土地统计表单位：亩表3-39

村名	姓名	人口	成分	自耕田	自耕地	租出田	租出地	租入田	租入地
程梅	李寓俊	7	地主	4.401	1.652	9.536			
程梅	戴春来	7	地主	6.77	4.936				
程梅	李义川	3	地主	7.725	2.457	5.802	0.734	1.001	
程梅	梅安灶	8	地主	5.171	5.006		4.33	4.001	
一村	李宝玉	1	地主	0.824	0.869	11.105	0.201		
二村	李义初	2	地主	5.157	1.725			1.194	
四村	倪寿英	5	地主	4.835	3.328	7.771	2.102	1.001	
四村	倪明章	6	地主	7.788	5.455	1.001	0.334	1.419	
四村	倪明金	4	中农	2.003	1.636			0.702	
四村	倪明创		中农	1.885	0.766			3.118	1.251
四村	倪学正	5	中农	1.502	1.703			2.168	0.735
中央屋	陈克爱	2	地主	2.129	0.835	2.187	0.318		
中央屋	陈学先	5	地主	5.584	3.539	6.317	0.318	1.701	0.334
中央屋	陈友字	10	地主	6.801	3.139	16.243	1.243	1.254	
中央屋	陈学连	3	地主	4955	7.019	3.917	0.902	1.494	
中央屋	李宝玉	1	地主	0.834	0.857	11.105	0.201		
中央屋	陈克成	5	中农	2.236	1.48	0.5	0.667		
中央屋	陈克育	3	贫农	1.668	0.168				
	李义银	6	地主	8.586	3.371	6.604	0.334	4.201	
	徐寿娥	3	地主	2.834	2.747	5.083	1.01		
	李仁山	4	地主	7.985	0.451	6.503	1.227		
	李宏开	6	地主	5.418	2.065	7.521	1.66	1.916	
	李义霄	1	地主	0.474		7.863	2.202		
	李义叙	4	地主	2.612	0.784	2.334	0.217		
	李宏桃	4	地主	4.919	1.936	3.571	0.5	5.352	0.374
	李义星	3	中农	3.185	1.501			0.25	
	李义尨	7	中农	1.151	1.703			1.118	

（四）黄坦乡土改进程，见表3-40

黄坦乡土改进程统计表表3-40

斗争名称	次	斗争对象及人数				处理结果						到会人数	发言人数
		地主	富农	匪特	小计	镇压	判刑	罚款	管制	扣押	小计		
审判斗争	4	6		5	11	7	1		1	3	12	9000	451
讲理斗争	19	7			7				7		7	2400	807
划阶级斗争	12	21	19		40				40		40	1080	45
交契大会	1	21			21				21		21	2340	5
合计	36	55	19	5	79	7	1		69	3	80	14820	1308

（五）　　黄坦乡土改摧毁封建势力，见表 3-41

黄坦乡土改摧毁封建势力统计表单位：人表 3-41

类别	名称	原有人数	镇压	已死	判刑	罚款	管制	劳改	逃亡	瓦解	自杀
地	恶霸地主	8	4		2			2			
	不法地主	7	3					4			
	劣迹地主	7						6			1
主	小计	22	7		2			12			1
反动组织	反动教道门										
	国民党、青年党	33	3								
	三青团										
土匪		56	7	1	6		3	38	1		
合计		111	17	1	8		3	50	1		1

（六）

土改时黄坦乡镇压的地主有 7 个，相对来讲是较多的，包括伪职和土匪共镇压 17 个，也是较多的乡，被镇压的地主中我了解的有陈孝品、陈鹿生。

陈孝品

陈孝品，黄坦乡中央下陈村人，家庭成分地主，其母亲是我前妻的大姑。他有三个兄弟，陈孝品为老大；三弟陈孝学是我初中同学，在我店前乡开诊所，常碰面；二弟陈孝华是我学长，萧山湘湖师范学校毕业，在小学任教。陈孝品为英士大学(为纪念辛亥革命先烈陈英士而命其名，校址在浙江金华，解放后撤销)政治系毕业，后任临海师范学校教导主任，1946 年 11 月组织青年党，1948 年 1 月成立青年党筹备委员会，陈孝品为主任，并获青年党浙江省党部承认，在临海各地发展党员。青年党追随国民党，因此陈孝品与陈启忠关系也很好，据时在陈启忠为校长的在建成中学读书的其弟陈孝学说，他哥哥陈考品常去陈启忠家。解放后自临海返家，行至清水坑时夫妻俩被土匪抢得精光。不久被解放军拘押在临海，土改时解回本村，在当地枪决。

陈鹿生

陈鹿生，字保撑，也是中央下陈村人，他儿子陈孝运是

我在建成中学读书时同学。全村约有

80户，连同附近4个小村，整个行政村约120户，富户不少。陈鹿生早年参加北伐军，攻打军阀孙传芳时任排长，后升至连长。回乡后因他贤哲练达，有气魄、有风度，办事干脆利落，临危不惧，在村中有威望。民国18年（1929年）大饥荒，外村聚集许多人到本村抢粮食，本村开始用刀枪严密防守，外人无法进村，双方僵持在一桥两侧。由于本村村长陈克鸣软弱无能，怕失了对方头目的面子，叫其进村和谈，却被后从者一踊而入，全村抢个精光，村人怨声载道。此后村人要陈鹿生任职，被选为保长。在职期间主要业绩有：

1. 里梅村陈孝掌、陈孝敏强行将邻县天台杜潭山村两条牛牵来，办了一桌酒席，叫陈鹿生去吃。请问他如何处理？陈鹿生回答：两村一山之隔，双方都有牛放山，尤其雌牛发情时两村的牛更有来往，你是不是想敲他们竹杠？批评了一顿后，要他们马上放牛，就这样把牛放回去。过了几天，天台县派来40多个官兵到我村捉拿陈孝掌、陈孝敏。因牛已放回不应发生此事，陈鹿生要他们出具拘捕证，对方拿不出，还动手打人。陈鹿生一声号令，全村男女老少一齐动手，把官兵缴械打伤。陈鹿生绕路去天台县城向县府说理，结果获赢，罚对方酒席两桌。

2. 本村人有一些土地坐落在邻村唐岙，收割时因与羊交山村人有谷租进出，对方以势欺人，将在收割的全部八担稻谷抢去，还把人打伤，无奈之下身为保长的陈鹿生去黄坦下宅、上宅两村大宗族大绅士处诉说，要去衙门以土匪罪控告他们。这些乡绅们即找对方了解，陈鹿生反映的情况属实。对方不得不把稻谷送回原处，并赔礼道歉。

3. 民国时期国家号召兴办教育事业，陈鹿生在本村佛殿旁建造校舍五间，增办课桌板凳和教学设备，聘请下宅村李义梅任教，一直负责到土改前。

4．宗祠是农村宗族的活动场所，有纪念祖辈凝聚人心的作用。中央下陈村都姓陈，氏族祀产富足，山上大柏树多，陈鹿生召集本村各房份代表商议，决定积存祀产两年，计稻谷 1200 担，并推选陈克征收、付管理，拟建造五间房屋作为宗祠，全部用柏树建造，雕梁画栋，仅雕刻用了近万工。由于梁柱过大，竖屋时仅本村人力不够，需邀请另村人相助。其时恰是抗战的 1943 年，各地都在征兵抓丁，有风声说乡公所趁竖屋日另村青壮年来帮助时抓壮丁。陈鹿生即去乡公所交待：我村造宗祠这么大工程，你们来抓壮丁，我宗祠不是造不成吗？我村人会同你们拼命的，我们有斧头，你们来一个砍一个。乡公所人随口说是开玩笑的，只会帮你们拔索，贺喜，喝你们老酒，结果真如此。

5．中央下陈村后有个名为大树园的地方有约 40 亩山林，树干大都在大人一抱左右的大松树，历代祖宗都严禁砍伐；另一处名为老爷山地方也有约 40 亩密密麻麻遮天蔽日的林木，陈鹿生都秉承祖训，严加维护。解放后破坏一光。

6．抗战时抽壮丁是村民大事，开始政府摊派，以后乱拉。陈鹿生身为保长也得应付，但处处为村民着想，常将发育不全有缺陷的人送去检役，不合格而退回。以后政府规定，适龄青年全部参加抽签，第一签抽到后洋村李义恩出征，第二签抽到本村陈孝鸟。陈鹿生把兵役费收来先放自己家，陈孝鸟到他家表示自己一定会出征，陈鹿生才把兵役费全给他，其值按现在人民币计共约有 10 万多元。但陈孝鸟钱拿去后逃跑了，区警经常到他家抓人，陈孝鸟东躲西藏，连续抓了二年未抓着，陈鹿生也常受训斥。土改时陈孝鸟诬告陈鹿生压迫民众，政府也不调查、核实，就这样把陈鹿生枪决了。

（五）　黄坦乡土改没收财产情况，见表 3-42

黄坦乡土改没收财産統計表表 3-42

成分	户数	土地(畝)	農具(件)	耕畜(只)	房屋(間)	傢俱(件)	糧食(斤)
地主	21	250.87	116	13	44.5	1174	8100

六．赤峰乡

（一）　赤峰乡自然情况，见表 3-43

赤峰郷自然情况統計表表 3-43

自然村	户数	人口			土地	
		男	女	小計	總數(畝)	人均
40	553	1256	975	2231	1823.2	0.812

（二）　赤峰乡成分情况，见表 3-44

赤峰郷成分情况統計表表 4-44

雇農				貧農				中農			
户数	%	人口	%	户数	%	人口	%	户数	%	人口	%
13	2.35	19	0.85	351	63.47	1363	61.1	155	28.0	719	32.3

富農				地主				小土地出租			
户数	%	人口	%	户数	%	人口	%	户数	%	人口	%
13	2.33	67	3.1	12	2.17	46	2.1	9	1.67	15	0.67

（三）赤峰乡部分农户土改前占有土地情况，见表 3-45

赤峰郷部分農戶土改前佔有土地統計表單位：畝表 3-45

村名	姓名	人口	成分	自耕田	自耕地	租出田	租出地	租入田	租入地
一村	蔡白妹	6	地主	5.537	1.751	17.359	2.952	0.284	
一村	李君信	3	中農	2.001	1.301	0.007		0.634	
一村	李敉華	1	貧農	0.4	0.04-				
三村	李省三	8	地主	8.87	3.237	21.086	6.105	21.244	2.894
三村	李友治	6	中農	1.336	0.982			5.352	0.8
三村	李二米	11	貧農	1.302	1.72	0.3			
四村	徐志鈞		地主	2.919	0.6	4.189	0.336		
四村	李義文	4	中農	1.452	1.434	0.651	0.187	3.436	0.8
四村	占德中	3	中農	0.796	0.424			2.23	0.05
四村	王育秋	5	貧農	1.334	0.575		0.736		
四村	占兆保	3	貧農	0.734	0.151		0.4		

（四）赤峰乡土改进程，见表 3-46

赤峰乡土改过程统计表(1951年3月至1951年7月)表3-46

鬥爭名稱	次	鬥爭對象及人數				處理結果			到會人數	發言人數
		地主	富農	匪特	偽職	鎮壓	判刑	管制		
審判鬥爭	2	5				3	2		2650	126
講理鬥爭	1	2							545	84
劃階級鬥爭	1	12							525	42
文契大會	1	12							485	12

赤峰乡的丁公园村是土改中土地比较集中、地主比较多、读书风气比较盛的地方。土改时有200户左右，地主有10来家，大学生有42个(其中有一个曾任国民党政府中央无线电局局长——当地长老语)。较大的地主有:

李泽仁

李泽仁是该村最大的地主，土地主要是其父遗留下来的。当时有个财主叫李谷朝，儿子吃鸦片，把不少土地卖给李泽仁的父亲。李泽仁为人诚实，好善乐施，年关到穷人去讨，给一斗谷，他还很平易近人，常与农民一起聊天。土改时关押在临海看守所，要提解回家乡公审枪决时，提押人员对他说：你问题不大，群众反映还好，只要回去说清楚就可。当解押到即将到丁公园村时，他看到张贴在路边的"公审李泽仁，打倒恶霸地主李泽仁"的标语时，他就瘫软倒在地上。后来把他用稻草绳缚在竹杠上扛进公审会场。有不少人向现场主持人员说他是好人，不要枪决。但经过几个人的控诉发言后，还是决定把他拖出去枪决。在刚拖他赴刑场时，他还习惯性地说："我的帽丢在地上了。"真不识时务，谁还来管你的帽子？此情况是当时参加土改工作队的钱再渺和另一个村的倪明舜同学告诉我的。与李泽仁一起枪决的还有本村李敖、李君兴两人。

李敖

李敖为伪县参议员，枪决时被人用开花弹击中脑壳，脑浆洒在地上，其女儿收尸时用手捧起脑浆一起入棺。倪明舜当时在场目赌，他说那天公审后在丁公园亲戚家吃饭，想起此情此景，饭都吃不下。现其女儿住临海市府后面六角井村，与我住处相近，其夫我认识，也曾去他家，认识他妻李敖女儿，有次我偶然碰到她，我问她有无此事，她说有其事。

李君兴

李君兴是我在琳山学校读书时的同学李木生之父。有兄弟五个，家势较强，也是土改的打击对象。李木生解放初曾参加政府工作（国家编制人员），后处理回家，曾在寺庙中守庙多年。他的姐姐嫁在我村，故常来我村。我母亲告诉我，土改后他曾来我家问我在哪里。李木生晚年租住临海，我多次在街上碰到，在住三井巷我另一同学家旁边时，曾顺便去他处一次。他曾托我给他找个门卫工作，我也给他联系过，因他那时已 75 岁，年龄太大没有办成。后来他迁住临海上角某地，常与妻子和一个弱智的儿子在街上溜达，碰到后仅寒暄几句。前年听人家说他已去世，之后我又在街上碰见他妻和儿子，询问后是事实。以后他妻子也过世了，这个弱智的孩子住在我先前住的三府基巷，与我房仅隔 20 来米，他已 40 多岁，说靠年纪已 70 多岁的姑姑资助。我在李木生在世时没有给他帮助，心里有些内疚。

第六节　平原区与山区的土改比较

以临海县平原区的钓鱼亭乡与同在临海山区的上宅乡进行比较。

钓鱼亭乡地处临海城东平原东隅，沿灵江展布，土地肥沃，是本县有名的鱼米之乡。据《临海县志》上记载，临海最大、号称有土地 3123 亩的大地主董丕芬就在该乡的下洋峙村。该乡土改时人均土地有 2.595 亩，比地处山区的黄坦上宅乡人均土地 0.754 亩多三倍多。钓鱼亭乡一个中农的土地占有量往往比山区多数地主土地占有量还要多。在划分成分时也根据"矮子里挑长子"，长子中挑更长，保持百分比，保持一定打击面的原则，两地都划出一定数量的地主，如按一定土地面积划分，则钓鱼亭乡地主必太多，阻力太大，农民怕报复，也动员不起来。山区上宅乡即使土地少，也要划上几个，穷人有财产可分，才会发动得起，建立并巩固政权。但这是明显违反政务院有关决议规定的，其规定是："各地地主每户所有土地平均数，以一个或几个县为单位计算，由各专区或县人民政府提出呈报省人民政府批准后，决定之。"

(一)钓鱼亭乡地主与部分中农占有土地，见表 3-47

钓鱼亭乡地主与部分中农佔有土地统计表单位亩表 3-47

成分	姓名	人口	自耕田	自耕地	收出田	收入田	土改後（田）	土改後（地）	附别
地主	爱承宽	5	13.495	0.52		1.1	10.875	2	下泽峰
地主	爱承司	4	12.54		6.175		8.964		
地主	爱孟茶根	1	2.5		1200		2.375		
地主	爱志文	7	23.25		135		16.375		
地主	爱承源	2	11.225		148		4.5	1.25	
地主	爱宝职	2	0.625		145				
地主	爱孟基	7	17.03		63				
地主	爱承培	6	0.625		128				
地主	爱承弟	7	16.265		2.535	4.75	10.939		
地主	爱承渝	2	4.99		14.88	0.19	5.322		
中农	应尖头	2	5.96		2.74				
中农	爱仁根	3	10.45	1.325	0.893	11.55	1.325		
中农	爱太立	6	12.072	0.273	3	14.225	5.5		
中农	爱立根	5	18.95	0.273	2.5	18.725			
中农	林立塔	5	16.737		3.875	16.325	0.5		
中农	爱承志	4	10.023		19.05				
中农	爱承上	3	9.14		4.813	10.875			
中农	爱太统	6	10.039		7.875				
中农	谢徽窗	4	7.249		2.78				
中农	周景亚	4	14.847		2.813				
中农	周汉烙	4	10.976		1.175				
中农	爱承林	1	3.2		1.3				
地主	丁春茂	5	20.325		0.25				谷坪村
中农	丁孟井	2	3.75		6.75				
中农	爱承桃	3	8.975		3.625				
中农	爱冯头	1	4.75	0.2	0.25				
地主	吴于林	7	15.725	0.78	4.325				石平村
地主	周文其	7	24.85	2.15	3.05	7.65			
中农	吴于田	4	10.6	0.53	5.25				
中农	吴于逵	4	10.37	0.43	4.02				

(二)上宅乡地主与部分中农占有土地情况，见表 3-48

上宅乡地主与部分中农占有土地表单位公顷表3-48

成分	姓名	人口	自耕田	自耕地	租出田	租出地	租入田	租入地	土改后(田)	土改后(地)
地主	占美云	6	5.001	2.024	2.453					
地主	李志孟	4	2.334	0.135	10.987	1.402	0.5		2.501	1.012
中农	李家富	3	2.927	0.686						
贫农	李志仁	8	6.437	0.407		1.768			6.457	2.4
地主	李义芹	6	6.27	4.905	17.939	2.369	1.686		3.419	1.285
地主	李义振	4	3.435	1.701	3.485	0.802		0.2	1.867	1.501
地主	李耀夫	5	5.5	1.168	11.458	2.583		0.609	2.501	1.303
地主	李雨香	5	2.983	3.07	12.294	1.108	0.22	0.067	1.868	0.739
中农	李云山	6	1.901	0.481			1.667	1.734	4.512	2.964
地主	蒋大妹	1	0.2	1.068	9.222			0.334	0.4	0.35
地主	李大白	6	2.201	1.119	14.645	2.534			3.325	1.084
地主	李小白	5		0.75	12.723	1			2.784	0.538
地主	李福庆	9	5.253	3.935	8.923	0.33	0.985	3.345	4.475	2.554
地主	李新林	6	1.087	1.414	10.724		1.667	0.06	3.001	1.12
地主	李茂绿	3	2.734	1.701	3.901	1.668		0.169	1.334	1.788
地主	李二明	11	4.13	4.633	2.335		1.251	0.626	7.502	2.735
中农	李虎岩	3	1.555	2.052	0.334		0.242		2.001	1.894
贫农	李微孟	5	1.305	0.701			1.51	0.2	2.851	0.401
地主	李燕琴	6	2.501	0.738	9.516	1.602	0.867	0.334	2.918	0.836
地主	李义里	1	2.035	0.667	5.838	0.134	0.234		0.374	0.667
地主	李绳觉	1	3.667		22.182	4.118	0.167			
地主	李二文	8	4.236	4.64	14.782	2.5			4.57	1.185
地主	李克千	7	5.768	0.253	2.489	1.768			3.55	0.36
中农	李虎芳	7	1.167	2.036		1.835				
中农	李继六	5	2.031	1.16	0.5	1.68	0.52		2.34	1.421
贫农	李民金	10	2.101	2.327			0.834		6.331	2.659
地主	李宏澈	6	3.386	1.493	0.417	0.234	1.001	0.183	3.986	1.159
中农	李小贺	10	5.386	1.493			1.585	1.452	7.161	2.521

注：占美云至李志仁为一村人，李义芹至李云山为二村人，蒋大妹至李敬盛为三村人，李岳琴至李民金为四村人，李宏澈、李小贺为五村人。

(三) 钓鱼亭乡与上宅乡社会情况及土改进程、处理对比

1. 钓鱼亭乡

(1)钓鱼亭乡自然情况统计表表3-49

自然村	户口	人口			土地	
		男	女	小计	熟亩数	人均
19	881	1711	1537	3248	8427.688	2.595

(2)釣魚亭鄉成分統計表表 3-50

底農				貧農				中農			
戶數	%	人口	%	戶數	%	人口	%	戶數	%	人口	%
28	3.137	47	1.45	370	42	1257	38.7	409	46.4	1694	52.2

富農				地主				小土地出租			
戶數	%	人口	%	戶數	%	人口	%	戶數	%	人口	%
13	1.475	54	1.66	31	3.52	128	3.93	18	2.04	50	1.54

(3)釣魚亭鄉土改進程統計表(1951 年 3 月至 1951 年 7 月)表 3-51

鬥爭名稱	次	鬥爭對象及人數				處理結果				到會人數	發言人數
		地主	富農	匪特	偽職	鎮壓	判刑	管制	罰款		
審判鬥爭	3	12				5	5	1		4800	246
講理鬥爭	46	24	2		22					8780	880
劃階級鬥爭	42	31								8120	560
文契大會											
慶祝大會											
合計	91	67	2		22	5	5	1		21700	1686

(4)釣魚亭鄉土改摧毀封建勢力統計表表 3-52

對象		原有人數	殺鎮壓	已死	判刑	罰款	管制	勞改	逃亡	瓦解	自殺
地	惡霸地主	9	5		2		1		1		1
	不法地主	13		1	2			3	6		
主	岁跡地主	10						10			
	小計	32	5	1	4		1	13	7		1
反動組織	反動教會門										
	國民黨	101			1					100	
	三青團	3								3	
土匪		1	1								
合計		137	6	1	5		1	13	7	103	1

(5) 钓鱼亭乡没收徵收统计表表 3-53

對象	没收戶數	徵收戶數	土地（畝）	農具（件）	耕畜	房屋（間）	傢俱（件）	糧食（斤）	武器		
									長槍	子彈	刀
地主	32		5555	774	14	250.5	3327	1246	4	220	2
富農		2	51.2								
工商業											
小土地		1	6.1								
公校產		12	271.8								
輪種祀田		5	174								
合計	32	20	6058.1	774	14	250.5	3327	1246	4	220	2

　　钓鱼亭乡被镇压的地主中全县最富、最有争议、至今人们还在诵念的是董丕芬，有的至今仍深感痛惜。详见后述。

2. 上宅乡

(1) 上宅乡自然情况统计表表 3-54

自然村	戶數	人口			土地情况	
		男	女	小計	總畝數	人均
24	907	1839	1534	3373	2543.867	0.754（畝）

(2) 上宅乡成分统计表 3-55 表

展農				貧農				中農			
戶數	％	人口	％	戶數	％	人口	％	戶數	％	人口	％
15	1.68	202	0.59	553	60.97	1955	57.96	284	31.31	1091	32.34
富農				地主				小土地出租			
戶數	％	人口	％	戶數	％	人口	％	戶數	％	人口	％
11	1.236	52	1.541	27	2.98	133	3.94	19	2,09	42	1.27

注：另有其他成分 18 户，76 人。

(3) 上宅乡土改过程统计表 (1951 年 3 月至 1951 年 6 月) 表 3-56

鬥爭名稱	次	鬥爭對象及人數				處理結果				到會人數	發言人數
		地主	富農	亞特	其他	鎮壓	判刑	罰款	管制		
審判鬥爭	5	7			6	9	15		4	2500	282
講理鬥爭	28	25			3				28	2900	145
劃階級鬥爭	7	17	11						17	1718	210
交契大會	2	28							28	3866	
慶祝大會	14									2020	136
合計	56	77	11	6	3	9	15		77	13004	773

　　编者注：表 3-56，3-57，原文在镇压、判刑人数上稍有出入。

(4)上宅乡摧毁封建势力统计表表 3-57

摧毁对象		原有人数	杀		判刑	罚款	管制	劳改	逃亡	瓦解	自毙
			镇压	已死							
地主	恶霸地主	10	3		2		4				1
	不法地主	3					2		1		
	岗哨地主	15					12	3			
	小计	28	3		2		18	3	1		1
反动组织	反动教会门	30			1	1			1		
	国民党	89							1		1
	三青团										
土匪		29	5		15				2		
合计		176	8		18			3	5		2

(5)上宅乡没收徵收统计表表 3-58

对象	没收户数	徵收户数	土地(亩)	农具	耕畜	房屋	傢俱(件)	粮食(斤)	武器		
									短枪	长枪	刀
地主	28		376.41	415	13	94	1967	30345	1	19	63
小土地出租		7	12.7								
公牧产		3	40.03								
输租托田			443.39								

上宅乡某些地主处理结果:

李伯奇

上宅乡恶霸地主中死得最惨的是李伯奇(李太白)。他毕业于公安监狱学校,曾在浙江萧山、乐清、福建等地任职。在浙江乐清任监狱长时,犯人逃跑被革职,回乡后当黄坦乡乡长。其姐嫁给不远的天台县山头陈村一个财主。当年他争当乡长时曾向山头陈姐夫借来枪支。当上乡长后,把这枪支又转借给大石区亲戚朱柳光。大石区土改开始较早,朱柳光是大地主,早已把这批枪支上缴给土改工作队,后来朱柳光被枪决。天台山头陈村土改开始后,要向李伯奇的姐夫追缴这批枪支。其姐夫特派人来向李伯奇要,为此李伯奇去向大石人要。但大石人已上缴,并有收条,而收条又不能交李伯奇带来。李伯奇只好空手返回,并亲自到山头陈说明。

那时上宅乡土改刚开始,民兵也组织起来。听说李伯奇往山头陈村方向去,山头陈属于天台县,以为他是要逃跑,派民兵去追赶。李伯奇到山头陈向村长和工作队交代枪支情况。山头陈村干部说李伯奇不老实，把他就地关押在民兵办公室内。上宅乡的民兵赶到山头陈村后，到民兵办公室一看，李伯奇果然在民兵办公室，不是逃跑。上宅乡民兵见到后马上回上宅，可回报交差，并不是有意把他抓回。

但李伯奇一见到老家民兵来找他，误认为马上要解押他回去。李伯奇亲戚朱柳光的远亲蒋润纤嫁给陈启忠（国民党临海县党部书记），那时陈启忠已枪决，大石区亲家朱柳光也枪决，以为自己也即要枪决，被人家公审打死不如自己死。当时民兵室墙上挂着有把收缴来的旧刀，他就拿下这把刀割喉自杀。因刀口太钝，割得不深，血流满地后半死不活地躺着，既不能送医院抢救，也不能留民兵室，李伯奇几个外甥把他抬到一破庙里，直到次日晚才断气。

这是现已 83 岁的我同学李宏治告诉我的，说李伯奇是他伯父。据档案资料，李伯奇家有土地 20.499 亩，6 个人。

李瑞堂

李瑞堂为全黄坦（三乡）最大的地主，号称可收 600 担谷租，档案数据有土地 29.967 亩。据说其土地除了其父亲（有名的李存微）留下外，还与其妻有关。其妻来自大石区沿溪一个大地主家，结婚时其父给了 400 元大洋当嫁妆，父亲临死弥留之际，还说另有 400 元大洋给某人。因口齿不清，误听为再给瑞堂妻 400 元大洋。这样李瑞堂家共得 800 元大洋，再购置了些土地，成了全黄坦最大的地主。李瑞堂为人忠实，老婆当家，他怕老婆，家开酒坊，常瞒着老婆偷酒吃，但也勤俭节约。李瑞堂有兄弟五个，其中李茂村入赌，家产败光。

李克千

李克千开药店兼务农，无伪职。档案中记载，有土地 11.478 亩。据说他的枪决与自己同一家族中有人挑拨忌妒有关。李克千叫他收药账，他收来后自己花了，没钱交给李克千。李克千批评他，他怀恨在心，土改时报复，诬告李克千，然后被枪决。李克千的儿子李宏览之妻是我二姐夫的妹妹，我早已认识他们，向他们核实时，他们说有这一情况。

李义芹

李义芹从小就种田劳动，不识字，据档案数据有土地29.084亩。讲话生硬，有命案。他亲戚李茂义家穷，但平时行为不良，李义芹怕他去做土匪，雇人把他打死。但李义芹把李茂义母亲扶养过老。

李敬生

李敬生土改时被枪决。我认识他。他原是国民党军队连长，约在1945年抗战胜利后回来。他是我村蔡行元母亲的侄儿。蔡行元在1944年任乡长后，1947年拉上关系在我乡成立独立营，李敬生充任营长，营部设在我村。李敬生常在蔡行元邻居蔡行定家打麻将。蔡行定儿蔡显清是我同学，又是同龄，我常去他家玩。蔡显清的姐姐蔡荷英有几分姿色，其父母把她已许嫁给别人，但蔡荷英嫌对方是土农民不去。我多次看到她陪李敬生打麻将，1949年临近解放前独立营解散，蔡荷英跟随李敬生去了黄坦他家，两人结为夫妻。

我同学倪明舜告诉我，因拖押李敬生去刑场枪决时速度比较快，他即对拖押人说："这么快干什么，来不及啊！"李敬生被枪决后，在土改档案上写着蔡荷英为流氓，必会受到一些批斗。大概为生活所迫，她再嫁给本村一农民。蔡荷英现中风卧床，几个小孩收入还好，给她雇了一个保姆。晚年总算还可以，部分原因归功于改革开放。

李福庆

李福庆是我在建成中学读初中时的同桌同学李茂荣的父亲。他从小就劳动，辛苦干活，兼酿酒卖。原划为富农，因别人欠他的酒账较多。土改中欠地主的债务免还的，但欠富农的账要还的。经这些欠账户要求后把他升为地主。卖主赊欠给人家，本是好心意，结果不好报。

（四）临海县钓鱼亭乡(平原)、黄坦乡、上宅乡(山区)自然情况、成分比例、摧毁封建势力对比。

临海县钓鱼亭乡(平原)、黄坦乡、上宅乡(山区)自然情况、成分比例、摧毁封建势力对比表。表 3-59

乡名	户口	人口	土地		庭农		地主		镇压		判刑	
			总数	人均	户数	%	户数	%	地主	其他	地主	其他
钓鱼亭	881	3248	8427	2.595	28	3.18	31	3.93	5		4	1
黄坦	875	3453	2671	0.907	20	2.3	21	2.26	7	10	2	8
上宅	907	3373	2544	0.754	15	1.68	27	2.98	3		2	15

从以上表中可以看出

1. 划为地主成分的标准主要是百分比

上述各乡的户口数、人数均差不多，人均土地占有平均数却相差三倍左右，划为地主成分的也差不多。钓鱼亭乡人均土地 2.595 亩，地主 31 户，占全乡总户数 3.518%，贫农占 41.997%，没收土地 5555.2784 亩。上宅乡人均土地 0.754 亩，地主 27 户，占全乡总户数 3.94%，贫农占 60.97%，没收土地 376.413 亩。钓鱼亭乡中农家庭普遍拥有土地 10 多亩，如钓鱼亭乡下洋峙村中农林正桥，家 5 人，有土地 16.737 亩。而上宅乡 19 户地主中仅 10 户土地在 10 亩以上，最小的地主李宏澈为 5 亩。

2010 年 11 月，我和回浦中学叶达文、市教育局赵尚理老师去茶辽村山上看红枫。当地老农讲，土改时他们村上有一农户仅 2 亩土地也划为地主，因他是全村土地最多的，他也参加田间劳动，但身体差劳力不强。

因此，划为地主成分起主要作用的是百分比，这是明显违反政务院有关决议规定的。

2. 被枪决的人数也是被掌握在一定比例

从所参阅的资料看土改时没有一个乡不枪毙地主的，钓鱼亭乡被杀地主 5 个，上宅乡被杀地主 3 个，黄坦乡竟枪毙

了 7 个。是不是他们都是罪大恶极？不一定。关键在百分
比。

临海最大地主董丕芬住在钓鱼亭乡下洋峙村，详见本章
第九节。

第七节　　临海县土改总结

据《临海县志》第二章第一节"土地改革"记载：

"一. 封建制土地占有

解放前，本县土地以封建所有制为基础，占有量十分悬
殊。少数地主占有大量土地，广大农民无地少地，靠租田为
主。民国 19 年(1930 年)《浙江经济》调查，全县农民分
类：总数 265252 人。自耕农 15119 人，占 5.7%；半自耕农
75862 人，占 28.6%；佃农 106101 人，占 40.0%；雇农
68170 人，占 25.7%。民国 23 年(1934 年)《浙江省情》
载：1932 年，全县 167621 户中，土地占有情况是：

不满五亩的有 121439 户，占总户数 72.44%；

五亩以上至十亩的 28130 户，占 16.78%；

十亩以上至五十亩的 17103 户，占 10.2%；

五十亩以上至一百亩的 778 户，占 0.46%；

一百亩至二百亩的 148 户，占 0.098%；

二百亩以上至三百亩的 18 户，占 0.01%；

三百亩以上的 5 户，占 0.003%，其中一千亩以上的 2
户，五百余亩的 2 户，四百余亩的 1 户。大田区有"四大
家"，即赤水徐子顺、下沙屠马雄洲、下洋岩颜可大、下洋
峙董丕芬(号称董百万)，仅董丕芬就占有土地 3123 亩。"

临海县土改前后土地、人口情况，见表 4-60。

（一）临海县土改前后各阶层户口、人口、人均耕地占有情

况（据《临海县志》）表 4-60。

（一）临海县土改前后各阶层户口、人口、人均耕地占有情况（据《临海县志》）表 4-60。

成分	户口		人口	土改前土地占有(亩)			土改后土地占有(亩)		
	户数	%	人数	耕地面积	%	人均	耕地面积	%	人均
合计	136291	100	528384	621640	100	1.18	696472	100	1.32
地主	5548	4	25011	152890	24，6	6.11	25462	3.7	1.02
富农	2517	1.8	13208	37374	6	2.84	30861	4.4	2.37
中农	46220	33.9	193388	222154	35.7	1.15	290330	41.7	1.5
贫农	63605	46.7	244757	114217	18.4	0.47	283686	40.7	1.16
雇农	3616	2.7	8311	1551	0.2	0.19	11259	1.6	1.35
公田				54469			2333		
其他	14785	10.9	43709	38985	15，1	0.89	52541	11.9	0.9

说明：1、土改后土地面积大于土改前，是查出了漏报部分。

2、数据源：临海县档案馆 1951 年县土改统计表。

土改中全县划地主成分 5548 户，占总户数的 4%，没收其土地 154943 亩(山林同时没收)，农具 19 万件，耕畜 0.3 万余头，房屋 1.9 万间，粮食 146 万斤。富农 2517 户，占总户数的 1.8%(显然富农户数比例是失调的，其原因，因富农不没收财产，其中不少升为地主，地主富农占有土地为全县土地的 30.6%)；中农 46220 户，占 33.9%；雇农、贫农 67221 户，占 49.4%。雇、贫农共分得土地 194682 亩，占分配耕地总数的 69%。地主人均土地从 6.11 亩减少到 1.02 亩，贫农人均从 0.47 亩增加到 1.16 亩。在土改中分到土地的共 91450 户，分到农具的共 57563 户，分到房屋的 11797 户，分到耕畜、粮食的 12 万户左右（以上数据引自《临海县志》）。

(四) 臨海縣土改中得利情況統計表表 4-61

成分	分得土地		分得震具戶	分得耕畜戶	分得房屋戶	分得傢俱戶	分得糧食戶	合計	
	戶數	畝數						戶數	占總和的%
僱農	3530	11003.43	3383	1674	1787	3272	2496	3696	3.80%
貧農	57435	183679	36297	6568	7693	48030	205742	58452	60.25%
中農	27763	82171.32	16801	423	1402	22779	4626	31556	32.34%
佃富農	43	203.083				26		48	0.45%
其他	2679	5004	1082	72	915	1751	1015	3380	3.16%
合計	91450	282060.9	57563	8737	11797	75858	213879	97132	100%

地主数量，不论贫富地区或土地集中程度的不同，都控制在4%左右。多了阻力大，少了分的财产不多，穷人发动不起来，一切都依夺取政权的需要为准，无具体的土地占有标准。上文已述及，假如家庭人口都是5人，平原地区家有16亩土地还是中农，且土质好。山区或丘陵地带，家有10亩土地便是地主，有的地主仅几亩。同一个村庄，家有6亩土地划为中农，有7亩可能便成为地主或富农。前者是劳动人民，后者是剥削者，是敌人。更甚者，有的地主占有土地量不足全村全乡人均土地数，只是房子或家具多，或只是多个兄弟，为了打倒"封建"势力，穷人可掌权，也划为地主。这与刘少奇报告中所说的土改理由是土地占有不均和政务院关于农村划分阶级成分的决定不相符的。政务院在划分阶级成分决定中，根本没有百分比的规定，仅是内部规定，不能写在纸上公布，可见百分比的规定是见不得人的，是社会不公的表现，是冤假错案的根源之一。因此，不论是土地改革法、政务院划分阶级的决定等土改法规，都是为了在全国政协会议上能通过，为了给知识分子、一般百姓和外国人看，仅是装腔作势表里不一的把把样子而已。

《临海县志》中没有土改进程情况统计表和摧毁封建势力统计表，这两个表是比土地变动更重要的历史。"人"的生命公认为世上最宝贵的，古今中外发生的事件，都把非正常死亡的人数放在重要位置，对由于"三面红旗"时饿死三千多万人，凭权力控制着媒体隐瞒了几十年，对于这样的大事，至今还没有官方公开发布数字，仅是内部文件和学者探讨，对国家对社会有何好处？怎么做到"以史为鉴"？土改中镇压了这么多地主，不入县志是不客观的，与县志以往旳客观记载也是不相称的，也不能全面反映临海县历史。

中共临海市委书记狄绍梅，临海市市长梁毅为《临海县志》写的序中称："《县志》记载了临海历史的足迹……。社会在发展，人类在进步，……就得研究历史，不鉴古无以知今。"本着此精神，笔者根据临海市档案局资料对《临海县志》没有的资料补充如下。

(四) 临海县土改进程情况统计表(1950年10月28日至1951年7月)单位：人　表4-62

名编	次	斗争对象		处理结果				到会群众	发言次数
		地主	富农	镇压	判刑	罚款	管制		
审判斗争	877	1253	48	1116	215	16	116	954569	62024
讲理斗争	3302	3816	125		28			101152	49289
划阶级斗争	778	4167	172	1	6	36	3391	290833	35484
交契大会	293	2847	13				2032	231391	10290
庆祝大会	120							155345	1066
合计	5370			1117	249	52		1733290	158153

(一) 临海县摧毁封建势力统计表 表4-63

对象	原有人数	杀(已死病)		判刑	罚款	管制	劳改	逃亡	瓦解	自杀
恶霸地主	1285	602	48	126	12	189	86	186	8	28
不法地主	1544	109	34	123	58	453	467	68	27	25
劣迹地主	1780	11	6	8	29	422	1173	20	18	17
小计	4609	722	88	257	99	1064	1726	274	53	70
反动会道门	1406	15	2	4	1	35	251	18	1706	4
国民党	3332	186	39	66	16	286	1166	82	1442	2
三青团	1488	89	18	39	1	48	414	76	831	2
土匪	4509	766	69	291	4	714	1643	729	704	5
其他	154	15	1	8	1	29	68	2	32	70
合计	15498	1793	217	665	122	2176	5268	1181	4768	153

在镇压的地主中，除上述在各乡介绍的地主外，对临海县还有个体育上负盛名的洪用棠、吃芋头皮的陈良温、年关到日夜做几天年糕送给乞丐的张国燕、临海抗日先驱包寿眉，和我的同班同学朱宏能，也作一简介。

洪用棠

洪用棠是临海望洋店村人。父亲为伪乡长，有兄弟五人，他是老大，老三洪用元是我同学。土改时其父和洪用棠均枪决。

洪用棠毕业于上海远东体育专科学校。解放前多次夺得浙江省运动会中、长跑冠军。计有 1933 年 5 月，以回浦中学学生身份参加省第三届运动会，夺得 800 米(2 '16 "8)、1500 米(4 '42 "6)、3000 米(10 '10 "8)三项冠军；1935 年 5 月也以回浦中学学生身份，参加省第四届运动会，夺得 400 米(55"2)、800 米(2 '6"4)、1500 米(4 '34"6)三项冠军，后两项还破省纪录(以上据《临海县志》)，为临海县争了光。后来又在上海召开有多国参加的远东国际体育大会上，获 400 米跨栏冠军，为国争了光。解放前后在临海振华中学任体育教师。土改时被逮捕，后枪决。我同学(也是他学生)程伦杰还曾对我说：不久前见他在人民广场劳动，忽听说他被枪决了，似不信。我在 1949 年下半年也在振华中学读书，可能也是我老师，不过我回忆不起来。

陈良温

陈良温是双港区双楼乡店前陈村人，现改为白水洋镇店前陈村，该村与后禄村近邻，离我村约 8 里。陈良温勤劳刻苦埋头务农，冬天农闲时还经营榨柏子油作坊。自己收购柏子，自己销售产品。主要产品是白蜡和农村夜晚点灯用的柏子油（俗称芯油）。

他非常节约，不舍得吃，不舍得穿。为了节省粮食，吃芋奶时连皮也吃下去。芋是农村几乎每家必种的农作物，相当于马铃薯，小的叫芋奶，大的称芋头，可当蔬菜，也可作主食。作主食时常连皮洗净整锅煮，煮熟后剥下芋皮拿来吃。芋的外皮较厚，皮上还有毛衣，有苦、涩味道，不能吃。常人当主食的芋奶（或芋头）都去皮才吃。陈良温则连皮一起吃下，这不是有苦涩味吗？但他有一套办法，把皮剥下后反过来，这样有毛衣的这一面包在里头，靠近芋肉这一边在外，吃时不咬，一口吞下，这就可避开苦涩味道。这种吃法连很穷很穷的穷人也不会的，我母亲这样节约的人，也未见她吃过芋皮，但陈良温就这样吃。他说能吃饱就行了，这确是稀罕的事。因此近村人都称他是“芋头皮”。

由于他刻苦耕作，又搞副业，节衣缩食，财富快速积聚。土改时有土地 30 多亩，是 50 多户的店前陈村土地最多者。土改时以恶霸地主罪名枪决。在公审大会上，他跪在地

回浦中学校长卢铎（右 3）等与参加台州专区运动会奖学生合影（左 1 为洪用棠）

上接受批斗时，还说自己冷，要诉苦人给件衣服穿。在场人员说他不识时务，命都快没了还要衣服。其实他只是习惯性地脱口而出而已。

他的这些事情是现在我的邻居后禄村王老六告诉我的，但仅他一人说我不很相信。我又去后禄村找我同学叶良才核实。叶良才大我 2 岁，土改时已 21 岁，他村与店前陈村紧挨着，他认识陈良温，也说确有其事。

张国燕

张国燕是大石区石佛洋镇许岙村人，现改为永丰镇许岙村。他除经营农业外，还酿酒出售，这与其他村有些地主差

不多，一方面供家里雇工用酒，另也出售。张国燕为人和善，是有名气的大善人，逢年过节，解囊施舍，年关到各家都要做年糕麻糍过年，他家也一样。但他家做得特别多，常常连做 4 天 4 夜，主要是送给"讨饭"人（乞丐），所以年关到他家的乞丐接踵而来，门庭若市，热闹非凡。他非但过年送人年货，平时人家有困难也乐意相助，到他山上砍几根树没有什么关系，家无米下锅可以到他家拿些粮食。有一家村民很穷，实在是生活不下去，张国燕把他接到自己家，其子女也在张国燕家长大。讨饭人讨到他家，除了给他饭吃外，如夜晚到还留宿。他还平易近人，与邻里和好相处，夫妻都从未与人家吵嘴，走路常低着头，有人与他打招呼他也客气响应。在"公审"要枪毙他这一天，不少讨饭人跪在地上，要政府留他一命。

这些情况是在我家旁边一位该村来临海开饭店的老板和住在我家后侧的另一个已 84 岁的来自该村的邻居说的。后者的儿子在这里招女婿(入赘)，他前年丧妻后投靠儿子来的，也姓张。老张为人诚实厚道，待人和气，我们也很谈得来。他说土改时他已 20 岁，情况了解，斗张国燕斗不起来，工作队和村干部把农民集中到附近庙里，关起门，要大家下保证批斗张国燕，随便怎么说都可以。就靠乱说捏造，整理成材料上报，半个月后张国燕即公审枪决。

公审会上投靠在张国燕家养大的一穷人儿子，当时也已 20 多岁，还上台"揭发"张国燕剥削他，还压张国燕的头。这位 84 岁的张邻居说，群众背后都讲他没良心，到底哪个剥削？他这样做（根据杜彦友兄的养子和我村蔡桂明养子蔡继来的情况）当然少不了村干部和土改工作队的动员。老张说自己家成分是中农，也不会帮张国燕说话，人要讲良心，要实事求是。他说那个人之后也没好结果，土改后生活仍困难，50 多岁就死了。

他还说张国燕有三个儿子，大儿子在临海教书，长期不回家，也不去上父亲的坟；二儿子在大连工作，小儿子在家。还说张国燕小儿子土改时年少，因家庭成分是地主，政府不给他上学，在家务农。后又因地主成分讨不进老婆，40多岁才与一个有两个小孩的寡妇合家，他们对他还好。

2012 年秋，我去许岙村想进一步了解、核实情况，找到张国燕的小儿子。他与妻子在加工工艺品厂发来的半成品。交谈后知其大哥名张里昌，在回浦中学教书，现退休，住临海城关。啊！张里昌是我高中同班同学，1957 毕业于上海华东师范大学，多年前常聚会，其妻章文琴我也认识，还去他家看望他多次。但从来未听到他们讲述家庭的事。现又听我邻居说：张里昌长期来不去老家，也不扫父母墓，可能是为与地主家庭划清界限或另有顾虑吧。近年因张里昌中风卧床在家，我们也很少见面。我此次回来后即去张里昌家，文琴接待我，张里昌虽卧床，但头脑还清醒，说话仍清楚。他说，父亲在世时年关到是常做几天几夜年糕麻糍施舍。他们暗地里也关心、帮助家里的。

包寿眉

在我人生启蒙时期，进入我脑海中的社会名人最早的是包寿眉，且长期来挥之不去。

1947 年春我 15 岁时，在老家附近三里远的琳山学校读初中第二册，下午放学回家经过设在我村蔡继焕房中的乡政府。那时乡政府没有几个人，我们小孩也可随便进出，我进去看到原是我小学语文教师、现是乡政府文书的蔡继德先生在填写伪国大代表选票，本应有选举权的公民各人自填，选谁填谁，但他张张都写上"包寿眉"三个字。此次选举是根据 1946 年 12 月，伪"制宪国民大会通过的中华民国宪法和宪法实施的准备程序中的规定：国大代表和立法委员的选举为直接普选选出"。再由国大代表直接选出国家总统。在当时来讲这是件国家大事，报上也大力宣传，"国大代表"（相当于现今全国人民代表大会代表）能够由老百姓一人一票直接选举，无疑是我国有史以来实现"人民当家作主"的一个重大步骤，但现在被基层政权机关打了折扣，把普选变为代选。此后我常回忆、思索这件事，我虽不认识包寿眉，但他的名字就这样深深地植入我脑中。

1951 年土改时包寿眉被枪决。

最近，我在《临海新闻网》上读到何邦爵先生写的《临海抗战先驱包寿眉》一文，才对包寿眉有所了解，现摘抄于下：

包寿眉（1903-1951），临海小芝镇岙坑村人，1919 年毕业于临海回浦高级小学，1920 年求学于天津南开大学附中，1921 年考入南开大学。1922 年因祖母去世，回家奔丧辍学，1923 年考入上海复旦大学社会政治系，1925 年毕业，毕业后留校当助教，不久转入上海文学界。

1926 年至 1929 年在上海参加"五四"运动后的新文化运动，与著名作家郑振铎、徐志摩、郭沫若、图楚南、王炳南一起从事翻译、编辑外国文学，在《南大周刊》及上海商务印书馆印发的杂志上发表。

包寿眉对英语、德语造诣较深，笔译、口译皆优秀，属当时一代青年的佼佼者。1930 年被推荐到南京中央陆军军官学校政治部任英文教官。

1934 年，由教育部部长朱家骅任命，到上海吴淞商船专科学校任训育主任、教授。该商船专科学校是今上海海事大学前身，2008 年 10 月，上海海事大学新大厦落成暨百年华诞大庆，邀请百名老教授、校友参加 100 周年纪念碑揭幕仪式，该校编写的历史纪念册上为航运事业作出贡献的名录中载有原训育主任包寿眉的事迹。

　　抗战时，包寿眉为响应全民抗战号召，受命任临海三青团书记、干事长，兼临海青年抗日服务团教育长，专做抗日宣传，动员及培训抗日骨干工作。国民政府将每周一定为孙中山先生纪念周，进行抗日活动。

　　包寿眉全心投入，举办抗日集会，道司里广场人山人海，聚集了回浦中学、台州中学、临海师范，军政界、工商界、各机关团体数千人，主席台上挂着"守土抗战卫乡保国共赴国难"横幅标语，包寿眉在台上作动员报告，他慷慨激昂发言："同学们，同胞们！如今凶残的日寇，业已侵占我东三省，烧、杀、抢、夺无恶不作，民不聊生，大量难民弃家流入关内，去年北平卢沟桥事变爆发，全民抗战已开始，当前中国正处在外求和平内求统一的时候，突然发生卢沟桥事变，不但我国民众悲愤不已，世界舆论也都异常震惊，现在国难当头，国人皆有守土抗战的责任，大家团结协作，有钱出钱，有力出力，作为优秀的青年学子，更要投笔从戎，奔赴抗日前线，卫乡保国，将日寇赶出国土！……"

　　他生动的演讲，博得听众热烈鼓掌，广场顿时沸腾，抗日口号此起彼伏，会后有志青年踊跃报名参军，经过培训，编入部队，奔赴抗日前线。这段时期，临海江下街成了欢送抗日战士的圣地，每逢新战士出征的日子，热闹非凡，通往码头的沿街商店，门前摆放了茶水、糖果，热情招待应征青年和他们的亲人及送行人群。

　　国难当头，临危受命，财政拮据，头六个月没发工资，包寿眉不但提出工资不要也要抗日，且叫家里把部分土地和粮食卖了，借钱给三青团作办公费用，并叫家里送米来维持生计，包寿眉和同事们每天吃两餐，办公没固定房屋就在岳王庙将就，后来搬到破损不堪略经修缮的鼓楼办公，还排练自编自演宣传抗日的戏剧，常去乡下演出，包寿眉是剧团负责人。当时的鼓楼成了临海最热闹的地方，人们互相转告，到"寿眉楼"看"寿眉剧团"演出。有次包寿眉趁去三门乡下视察抗日服务团工作之便，偕临海军事观察团郭辅潮、金碧城、王次青、陈永文、李林一起赴仙岩洞瞻仰文天祥留迹，众人决定在摩崖上镌刻"卫乡保国"四个隶体大字，以示当年抗战的决心。此四字拓片，已决定捐赠给南京抗日战争历史博物馆存念展出。

八年抗战，由于工作卓著，包寿眉被选进国民党浙江省党部执行委员，多次受到省长黄绍雄和保安司令宣铁吾的表彰。

1946年3月，包寿眉调任上海中央训练团工作，任人事处处长，授文职少将军衔。该团主要训练对象为各省市中级领导及骨干，包括公安、检察、海关、法院、司法和政府部门局级负责人等。包寿眉秉公办事、铁面无私，众人有口皆碑。训练团副团长宣铁吾在大会上称赞他"铁包公"，长子包彦衡也说他父亲清高得离谱，人家当官腰包鼓鼓的，你却两袖清风。他爸爸包寿眉却说"唉！没办法，举世皆浊兮我独清，做人不能不守节，我良心不允许我随波逐流。"

1947年12月，包寿眉应航空总司令周至柔之聘，任杭州笕桥中央航空军官学校政治总教官，是周至柔的得力助手，由于工作出色，他还受到中央航空委员会秘书长宋美龄的嘉奖。

全国解放前夕，包寿眉阅读了毛泽东写的《论人民民主专政》之后，对儿子赞叹说，"毛泽东这篇文章写得好，国民党大势已去，中国将是共产党天下。"当时中央航校准备迁台，周至柔力挽包寿眉继续为航校工作，并为他准备好9张去台机票。包寿眉对国民党前途失去信心，毅然回临海做国民党军队策反工作。

回乡后，包寿眉响应人民政府号召，在当地带头减租减息，并配合 21 军解放舟山、头门岛，积极带头捐钱捐粮，支持部队后勤给养，受到 21 军团、师长的多次表彰。

朱宏能

朱宏能是保中乡前塘村人，没有显著的业绩，只因他是我 1946 年 9 月至 1947 年年底在家乡琳山建成中学分部初中前三学期的同学，土改时他也划为地主成分，在此也为他说几句。

在与他一年半的同窗生涯中，他给我最大的印象是诚实厚道，不多话，学习成绩一般，为人低调内向。年纪可能比我大一、二岁，个子也比我高，教室坐位在我之后，平时与他接触不多，因有三学期同学，还是有一些印象，有一定感情。

1948 年春，琳山建成中学分部并入城关本部，我到城关建成中学继续读书，朱宏能可能因家里经济困难未来本部继续学习，自此后就未见朱宏能一面。也许因他在家，又较本份内向，不去参军，也不去找其他工作。在那时已有初中二年级文化的人，在农村是不多的，他没有发挥自己所长，也缺乏敢闯敢干精神，呆在家里，年龄又超过 18 岁，"矮子中拔将军"，而成为地主。

我 1951 年后长期在外，每回到家乡，常询问一些老同学情况。有的告诉我朱宏能土改时划为地主成分，我就想到这个诚实厚道的同学，也必受专政，必受批斗、做义务工，子女不给上学……因不是至交，也未去拜访他。改革开放后，前塘村人在外做生意、务工的较多，偶有碰见来自前塘村的乡亲时，也问起朱宏能一些情况，问他子女如何？有的说因他是地主，过去他家生活较困难，三个儿子长大后，特别是改革开放后，生活还好。近几年听到他已亡故了。在他亡故前未再见他一面，深感遗憾。

2018 年 10 月初，阳光明媚的初秋，我去岙口陶村看望多年未见的我舅妈家表姐儿子（我表外甥），绕道经过前塘村，即使朱宏能不在世，似乎也是弥补别后七十多年在他生前未再见一面的不足，特此绕经他村。到前塘村后遇见村民随便问起朱宏能，一位 62 岁的村民说朱宏能已死了，三个儿子都在外，最小的一个最近见到过，不知现在在那里。他也说朱能诚实厚道，他家土地、房子都不多，不应划为地主。还说土改时有些乱来。

第八节　临海东乡四大家

笔者在写《地主》一书时，曾准备介绍一下临海县土改时名噪一时的临海东侧大田平原中的"东乡四大家（地主）"（董丕芬、马雄洲、徐子任、颜可大）。因收集数据难度较大，工作量多，时间紧促，只好作罢，仅介绍了董丕芬一家。在原书第三章（我知道的地主）第八节"临海最大地主董丕芬"成稿后听到已有"临海东乡四大家"一文，想请求书写人员提供又未成。现该文已刊在由中国文史出版社出版的《历史古镇大田》一书中。为更全面、更客观反映临海县土改情况，现抄录该文如下。先说明几点。

1. 在该文中除颜可大有血债判处死刑外，其余三个在文中都未写明判处死刑，实际上他们在土改时都被处死。对于这点，除有存档和目睹者可查证外，从他们年表中都卒于 1951 年也可看出，否则四人年龄相差不少，不可能都在这一年自然死亡。据我一位现已 84 岁、土改时 19 岁姓裘的邻居说，在枪决徐子任前的斗争会上徐子任被打了一耳光，帽子打落在地，随后枪决。2016 年 12 月 24 日笔者去马雄洲老家下沙屠村，询问几位长老，他们都说土改时马雄洲和他一个儿子都枪决了。

2．为什么除颜可大外，在文中未写出其余三个也被镇压？该《历史古镇大田》一书是公费出版物，主编李尔昌先生告诉笔者，他是拿工资写该书的。该书编委会的顾问柯昕野和蒋冰风分别是中共临海市委书记和市长，也可说这是官方出版的一本书。是否从介绍的内容看，另外三人找不出有判处死刑的理由（罪状），若写上判处死刑，不好向读者交代，也不好向历史交代，会损害中共伟大、光荣、正确的形象？或者已认识到把其余三个处死是不妥的？或者执笔人对他们有所同情？因此，还是不写为好。这也可说是一种进步。

3．对这四人的介绍确比土改审判斗争会上批斗的内容客观多了，毕竟字写在纸上，千万人、千百年后都会看到，与他们同时代现活着的人还有，也要参与评论，并留传给后人，历史当然不能太离谱，正如我村 1937 年村谱上写着蔡明河是本村大园小学的创办人，即使也在 1951 年土改时以恶霸地主名义被镇压了，是阶级敌人，但在 1995 年我村重修的宗谱上仍写着蔡明河创办了大园小学，历史是抹煞不了的。不过宗谱还是民间出版物，不代表官方观点。因此，上述三人的死刑，文中不予提及，还是不够客观。笔者为此走访了撰写人，他说原稿中是写有死刑的，自己以后把它删了，作为一个"家"来写，不必面面俱到，可以作些取舍。

4．这 4 人在中共接管政权后都没有拿起自家拥有的武器反抗，遵守法令，有的响应政府号召上交枪支，有的还支持新政府，除颜可大曾清剿中共游击队外，其他几个恶霸也说不出他恶在哪里，没有死罪的，但毕竟枪决了，当时枪决他们的理由无非也是"恶霸地主"，其实是其财就是罪，是不公正的。这种现象、这种观点在笔者《地主》一书中也有多处表述，也可说该文支持了笔者的观点。更不必说与刑法中"无罪推论"的差距了。

5．这4人中离临海城关最近的是大田下颜村的颜可大，仅十多里，又有笔者常乘的去大田镇的205路公交车经过其旁，笔者早就想去下洋颜村一走，了解了解一下颜可大的真实情况，觉得有难度，也不是实在必需，几年来都未成行。不久前笔者在闸头菜市场常向她买"鸡壳"喂狗的女老板，她告诉笔者，她是下洋颜村人。笔者问她：颜可大有座大房子知道否？她说知道，现在还在，其他原有下洋颜村的老房子都拆建了，要把他的房屋作古建筑保存未拆。她还说自己今年60岁，名叫颜仙春，是土生土长下洋颜村人，虽不识颜可大，但村人都说他是好人。

随后我特地去下洋颜村拍了颜可大这座"其父颜直臣建造的全透三层楼四合院是临海独一"的36间房子照片（现为佛殿）。其大门上方的石制门匾上还镌刻着"耕读传家"四字，这比起我处名楼中大都写"紫气东来""泰山在此"等吉语来，"耕读传家"确是具有另番气度，既重劳动又重文化，可谓颜直臣教育有方，早已"教育与生产劳动相结合"了。本月8日（2018年8月8日），我们10多位老同学聚餐，这些都80岁以上见历过土地改革的人，闲谈起土改时被枪决人的情况，郑宏志说他亲眼看到董丕芬在巾山下路上被民兵抓走。程伦杰说枪决XXX时，在解赴刑场路上他连说冤枉，解押人用木壳枪连敲他头部，制止他喊冤。在下洋颜村近邻丁家洋村小学曾教过多年书的李伟元说："附近几个村庄个个都说颜可大是好人。"当然，这些都是民间一种议论而已，且仅在人缘交往方面。

当时也参加聚餐的王樟树同学对我说，颜直臣是他姑丈，颜可大是他表兄。颜直臣长期从事农耕，勤俭节约，精明能干。颜可大1949年解放后在武汉革命大学学习，结业后分配到鄂北土改工作队，在1951年土改时给家来信。因他家成分地主，又有人外出、外逃，政府令他家迁住10里外的大洋村，颜可大按老家旧地址的来信被土改工作队收查，发现后去鄂北押他回临海。不是《临海东乡四大家》一文中称他潜逃上海，混入皖北土改工作队。

6. 该文对董丕芬的介绍，有的同笔者写的第十节文中有出入，如他家土地数问题；也有相似的；笔者文中也有欠缺的，如没有写他上缴枪支，该文起了补充作用。因此也一并抄录。

颜可大家全透三层楼房屋

《临海东乡四大家》

临海东乡，就是指大田平原之乡，是临海县内陆最大的产粮地区，方园近100平方公里，一马平川，沟河纵横，除边缘近山是丘陵地带外，中间平原有10万余亩可种双季水稻的良田。但是，在长期封建社会视田地为财富的制度中土地被富家严重兼并，形成了大量土地被少数豪绅地主所占有。东乡四大家就是占有土地的大地主。他们是下沙屠的马雄洲、赤水的徐子任、下洋颜的颜可大和下洋峙的董丕芬。

门上刻有"耕读传家"

马雄洲

马雄洲（1889-1951），谱名冯楫，学名鸿远，字雄洲，别字用舟，大田街道下沙屠村人。北京政法专门学校法律科毕业，清军知府科员，钦授同知衔，考取法官。曾任京师地方审判厅推事、山东福山地方法院庭长、上海执行律师。民国26年（1937）回家管业，民国30年任临海大沙乡乡长。后任下沙国民学校校长、大沙乡第一国民学校校长、大沙乡乡民代表兼乡民代表会主席，候补县参议员。马家是该乡最大富户，拥有本地和外乡土地1000多亩，常年雇用长工11名。家中房屋是三透连横，其家在中，约20多间，仅储藏稻谷的谷仓就有10余间（楼上存谷，楼下住房）。是临海东乡四大家之一。马氏是一位善于经营的富户，以经营土地为主，同时利用粮食开设酒坊，还投入资金在大田横街开设马鼎丰典当行，经济实力在四大家中算得上雄厚。解放初期，临海县人民政府在大田成立时，曾向其借粮，他一次借出稻谷1万斤支持地方政府。

徐子任

徐子任（1986-1951），谱名徐文保，字济国，原大田区开石乡赤水村人。北京政法大学政治经济科毕业。曾任北洋政府内务部督办账务公署委员、县参议员。知识分子出身的徐子任不霸道不纳妾不侈奢，但对佃户收租严格不让，还曾组织冬防队护家。解放后，他将11支长枪、2支短枪和300发子弹上交人民政府。

徐子任的不动产多是其祖辈遗传下来的。祖父徐万熙是邵武生（武秀才）、祖伯父徐万年是郡痒生（秀才）和叔祖父徐万周三兄弟，有田产数千。《天台徐氏八族宗谱》记载："……临海中山塔又名万年塔，系清同治四年（1865）台州知府刘傲命痒生大田赤水徐万年重建，故名万年塔。"由此可见清代赤水徐氏家族之财力。

徐子任家是三代书香门弟。祖父是邵武生，父亲徐士林是邑庠生，其兄徐文伟是杭州政法专科毕业。徐子任之妻柳震霄是县立女子师范毕业，长子徐学峰浙江大学理学院毕业，次子徐学嵘国立江苏学院肄业、罗马立德大学医学博士，三子徐学卓暨南大学肄业，五子徐学骐回浦中学肄业、兽医师，长女徐淑君女子师范毕业，可谓知识分子大家。

颜可大

颜可大（1918-1951），又名颜国泰，高中毕业，原大田区塘里乡下洋颜村人。民国时期，曾任台州专员公署政工队干事，国民党临海县党部执委、东塍区党部书记、区长。是临海东乡四大家之一。其家有田地710多亩和可收1200多石谷租的出租田，以及大片山林。颜家有房屋36间，其父颜直臣建造的全透的三层楼四合院是临海独一。解放前其家有23人，由其父掌业，家中常年雇用作头、二作长工、牵牛等20多人。民国时期，颜可大追随国民党台州督导员陈启忠，长期担任国民党区党部书记、县党部执委，曾组织武装三次清剿共产党游击队，欠下血债。临海解放后，他潜逃上海，化名混入皖北土改工作队。1951年被查获，押送回临海，经人民法院在大田公审，判处死刑。

董丕芬

董丕芬（1922-1951），原大田区钓鱼亭乡下洋峙村人。浙江省立医药专科学校毕业，职业医师。其家是世代殷富，他父亲掌业时，有田地3123亩，山林30多亩，还有祖屋三透九明堂房屋40多间，其中一座设有枪眼的三层碉楼，民国时期雇有私家武装看家护院。董丕芬家按田产计算是临海第一大家，但都是其上代遗下的祖业，其父去世时，他只有10岁，家中一切都由他母亲掌管。据有关档案记载，他8岁入学，17岁初中毕业，先入黄岩中学读高中，二年级转入临海回浦中学，21岁高中毕业。为孝母在家二年，成了名义上的家主，但他对乡村土财主的财富不感兴趣，从事乡村教育，担任邵南乡中心校校长、教师。24岁时考入省立医药专科学校，27岁（1948）毕业到临海公立医院实习至 1949 年。解放后他遵守国家法纪将其家拥有步枪 14 支，卡宾枪 1 支，快机木壳枪 2 支，手枪 3 支，于 1949 年 12 月底上交给人民政府。后因群众检举其家有枪支资匪，被拘审查。土地改革时，董丕芬家的土地、房屋等按人民政府有关政策，分给农民。

第九节　　临海县最大地主董丕芬

董丕芬，临海钓鱼亭乡下洋峙村人，1922 年生。年幼时，其父 28 岁就因病早逝，由其母主持家业。1942 年，董丕芬毕业于临海县回浦中学高中部。高中毕业后在家乡创办小学，任校长。1944 年与夫人一同考入浙江省省立医药专科学校，均于 1948 年毕业。董丕芬毕业后在台州医院任见习医生，1951 年初土改初始即被镇压，是年 28 岁。

据《临海县志》，1932 年董丕芬有土地 3123 亩。临海市档案馆土改档案是"董丕芬娘"有土地 1202.5 亩，其中 2.5 亩自耕，其余出租。经本人向其儿董承理核实，其曾祖父有土地 3000 多亩，他有两个儿子，董丕芬祖父分来 1600 亩，之后都是单传，董丕芬母给了 400 亩女儿当嫁妆，因此家里还有 1202.5 亩。就是 1202.5 亩也是临海县最大的地主。不论从哪一角度看，1932 年董丕芬只有 10 岁，至少其母亲、祖母都健在，这个 3123 亩不能记在董丕芬身上。

他家有如此多土地，据其村人说，主要原因是：一、祖传；二、因家多代是单传(一个儿子)，与其同宗的叔伯不同，没有多个兄弟平分；三、省吃俭用(据说董丕芬祖父见有一粒米饭丢在地上也会捡回来)，不赌博，又善于理家，因此能守住家业，还从事多种慈善举措，即具有"自身健全"，拒"富不过三代"于门外。

董丕芬在家乡创办小学时，我的小学教师洪宗清先生当时在更楼小学任教。因董丕芬办的小学有特色，有成绩，区里组织教师去该校参观，洪宗清老师也前往，董丕芬亲自接待他们。洪老师说董丕芬穿件半新半旧的西装，较随便，简单寒暄过几句后，边工作边同他们交谈，没架子。中午在他校吃饭，饭后返回。据说办学经费是他自己家出资的。

据回浦中学同学录记载，董丕芬与我堂兄蔡继业和解放前我在建成中学读初中时的老师赵子林、何兆禄同班，于1942年夏高中毕业。蔡继业即是我村地主蔡谢氏的儿子，

也是我近亲近邻，解放前去台湾。赵子林老师于前年去世。何兆禄老师还健在。他同我说，读书时他与董丕芬同桌，很要好，很知己，董丕芬异常节约，冬天不穿袜，两个月理一次发，穿着很普通，很少见有穿新衣服。董丕芬祖父董虚华与他祖父是世交，常和董丕芬父（俗名小招相）住在他家（位于城关五所巷与井头巷相接的三座楼房），甚至住半年一年。董丕芬在1941年高中二年级时结婚，也请他去喝喜酒。平时还多次去董丕芬家。他家大门口内侧放了多缸大米，乞丐或有困难的人上门乞讨，一人一升，不分老小，不分次数，另有困难求救，也乐助。母亲黄岩人（注）。

我初中同学杜彦友(现住临海市白毛镇)，解放初在临海县公安局工作。当时县府设在大田镇，他负责看守在押的董丕芬，多次解押董丕芬去批斗。因那时他们自己没有食堂，都在饭店用饭，吃饭记账，不付现金，月底结算。有次批斗返回时董丕芬请示杜彦友："杜指导员，我想买酒吃可以否？"杜彦友问他："你钱呢？"董丕芬说："今天我家长

工在台上诉苦、批斗我时，把钱塞到我口袋里，有钱吃酒。"杜彦友说："可以。"董丕芬买来一碗酒喝了。可见他平时与长工关系不错。

因董丕芬是临海最大的地主，名声赫赫，土改时又枪决，20世纪60年代初毛泽东说阶级斗争要"年年讲，月月讲，天天讲"时，临海也举办了一个"阶级斗争展览会"。在展览会上对董丕芬大加介绍、渲染，称其为临海的刘文彩。因此上了年纪的临海人几乎无不知临海有个大地主董丕芬，本书也不能没有他的位置。改革开放后，土地又分到户耕种，个体经济突飞猛进，私有财产又受到国家法律保护，贫富差距比土改前更大，人们自然又议论起董丕芬来了，基本上都抱同情态度，认为他是枉死。当人们谈到他时的表情往往比谈到刘文彩更加不平，甚至愤慨。即使刘文彩的"水牢"等是假的，只不过限在刘文彩死后的言论宣传领域，是讲给其后人听的，未伤及刘文彩一根汗毛，在当今社会讲假话也不足为奇，并已得到更正，还其清白。且刘文彩死时已63岁，还曾有过荒淫无度、风光一时的日子，享受到人生的荣华富贵、花天酒地，后来又是患病自然死亡。而与年仅28岁的青春年华，为社会尽职、生活简朴、未掌家财即人头落地的董丕芬不能同日而语，更应给予公平对待。我写《地主》一书也抱着"言出有据""治史要严"的态度，2011年我专程去董丕芬老家下洋峙村了解情况，并设法联系上董丕芬儿子董承理。

我是临海西乡离县城60里的大园村人，从未去过位于东乡的下洋峙村。在去下洋峙方向的公交车上向同车人询问路经，彼此交谈起来。一位60来岁也来自下洋峙到临海买锯木头锯片的村人说："董丕芬枪决时有几百个讨饭人(乞丐)要保他，请求政府饶他一命，他是好人。"也是在这一次，一位年长的村人告诉我上述提到的董丕芬家如此多土地的来因。

何兆禄老师也同我说过，要枪决董丕芬那次公审会上有几百个乞丐要求政府饶他一命，对这点我似有疑问，这些乞丐怎么能联合起来？有民兵把守、政府领导人在场指挥的审判大会能让他们进会场吗？这些穷人马上就可分到土地，何必为董丕芬打抱不平说公道话？何老师说：在董丕芬枪决地点的大路章村有他的亲戚，是这位亲戚亲眼所见告诉他的。

2014年10月3日中午时分，我在市郊农林水大厦公交站等205路公交车，一位早到约70来岁农民模样的人问我到市区是不是乘205路？我说是。我问他是哪里人？他说邵家渡人。我又问他离大路章有多远？他说一里多些。他问我是否在大路章有亲友。我说没有，因土改时临海最大地主董丕芬是在邵家渡大路章枪毙的，因此我知道那边有个大路章村。他说他也知道这事。董丕芬是下洋峙村人，不是邵家渡镇人，但邵家渡人现常诵念董丕芬。他连连说不应把董丕芬枪毙，可惜！可惜！他的医术高明，一大迭纸放桌上，他用刀切，一刀切下去要破几张就破几张。如要破10张，第10张划破了，第11张是好的。开始我听不懂他的意思，我一想董丕芬是外科医生，做手术必要用刀，要掌握深浅，用切纸的比喻他刀术的高明。随后我们一起上车，继续攀谈。他说自己过去因卖草席到过我老家白水洋，还在东山村朋友那边宿夜，过二日卖到双港，再经羊岙村回临海。现家两个儿子都很好，一个在附近办工厂，家有轿车、货车。此次老婆身体不适来临海就医，兼办些小事。他姓谢，名字叫谢运其（？），离邵家渡2～3里。要我去他家玩。

我回来后想，董丕芬准确切纸事是传闻，不一定可靠，但他们对董丕芬的怀念是可靠的。

　　董丕芬毕竟是枪决了。据临海市档案馆数据，其罪状表格中填着：

類別	姓名	年齡	家庭成分	參加反動黨團	任何偽職	歷史情況	處理
惡霸地主	董丕芬	30	地主	三青團員	民國30年本村中心校校長	浙江省省立醫學院畢業	鎮壓

从档案表中也看不出其罪状。其"罪状"就是他家土地多，财富多。不枪决，农民分得土地不放心，贫下中农发动不起来。这与《中华人民共和国土地改革法》等法规对恶霸的界定相差实在太远了。

　　杜彦友还说，土改时，他们有时一天要枪决十多个甚至几十个人，要枪决的人叫他打好铺盖，在走廊上集合，集合好后叫他们就地坐在铺盖上，然后一个个拷上手铐带出，铺盖留下。枪决后，他们就背着一大串手铐回看守所，然后叫其家人取回铺盖。

　　董丕芬有三个小孩，老大老三为女儿，老二为儿子，名董承理。他说，父亲枪决时自己仅3岁，家里生活困难，也为安全起见，送给人家，并改名换姓。也有人收留后又怕追究，中途变卦要他家带回。因此他幼年时转辗多家多地，如临海南乡大岭头村、孔化呑村等都曾是他短暂的栖身之所，有的家只十来天。后来由其黄岩母亲老家家人带回，成长在他们家，恢复原名。他还说父亲枪决后，祖母伤心过度，流泪过多导致双目失明，于1960年去世。

　　因家庭成分不好，董承理小学毕业后政府不让他升中学。后来去新疆谋生，刻苦自学，在新疆一所中学教书，改革开放后调来浙江三门县中学，后来再调到台州市椒江第一中学，与我同学秦立恒老师同校任教。董承理老师业务精湛、教学成绩突出，著作甚多，评为特级教师，并兼任浙江师范大学硕士生导师。

　　董丕芬被枪决后，他妻王瑞卉携带两个幼女去上海。女儿长大后，大女儿在上海工作，小女儿支边新疆，后又回黄岩，改革开放后创办产业。她本人在加拿大定居。

　　2018年2月28日，我去邵家渡镇有事，并带上《地主》一书，准备在事毕后去附近的大路章村找2014年10月3日在临海公交站上碰见的谢运其（？），感谢他对我提供董丕芬的数据和趁机去他家一坐，并看看董丕芬批斗、行刑的地方。我事毕后再乘204公交车到了大路章村。下车后即询问路人这里附近谢姓村庄在哪里？最先问一个中年妇女，她说不知道。稍后来了一个年长者，他说邵家渡镇西侧大路王村基本上都姓谢，我处东侧附近小村也有零星姓谢的，大路章本村没有姓谢的。我看他讲得较具体，又已年老，便把此次来意和想会见谢运其的情况向他简要地讲了一下。他说："批斗公审董丕芬时我也亲临会场，是在村里一块空地上开的，那时我已17岁，在正式公审前董丕芬在解放军看押下站在主席台旁，人们争相看他，我也站在他旁边。董丕芬妻子舅舅章可修也来看他，董丕芬对他说：'娘舅！我死后请用把稻草盖在我尸体上。'在正式批斗公审大会上，董丕芬对批斗他的人一句也不回答，也不为自己辩护，只是直摇头。"他还说董丕芬个子很高，至少1.75米以上，公审后即押他到那座山脚下枪决，等他赶到刑场时，董丕芬家人已把他尸体包在被子里，仅头部露在外边，子弹是从后脑勺进、前额出，前额角上一个洞孔可见。并再把附近董丕芬枪决的山脚指给我看。因在这里枪决的人较多，附近有口水塘，当地人称它为"告炮（枪毙）塘。"随后我问他大名，他说名章维耿，84岁，解放后在回浦中学上沙分校初中毕业，之后在家务农，并告诉我他的电话号码。

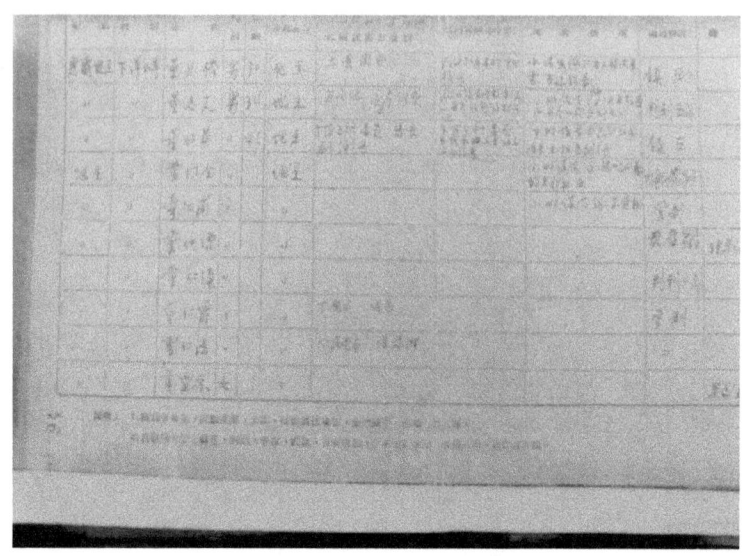

临海市档案馆馆藏董丕芬等镇压档案

　　他说不认识谢运其，愿为我打听一下。我就把本想送给谢运其的书，交给他。如找到谢运其请转交，若找不着就送给他。我们边走边讲，还经过他家门口，他叫我进去坐坐，我想早些回来未进他家，分别时他还送我一段路程。

　　注：何兆禄老师现住三抚基临海市民政局办的养老院，在我老房子旁边。我是从解放前建成中学同班的金丽华同学处得知，并去探望。后知他与董丕芬是同班同学。我受董丕芬儿子董承理委托，打听一下谁保存有他父亲照片。为此事我去何老师处，问他是否有董丕芬的照片，他说没有了。还说自己与董丕芬读书时坐同一桌，很要好，董丕芬结婚时他也去参加婚礼，董丕芬照片原来有多张，因自己家成分也是地主，土改时都烧了。

　　就在这次会面时他同我说了上述董丕芬冬天不穿袜，两个月理一次发，家大门内侧放了一缸缸大米施舍给别人等的话。何老师还说董丕芬个子高大，撑竿跳高很好。他家与董丕芬家是世交，他家房屋很宽敞，董丕芬祖父、父亲常来住他家，有时一住就半年一年。董丕芬办小学时，叫同班的陈永章、叶邦辉等去任教。土改时听说董丕芬在邵家渡乡大路章村晒场上被枪决，非常痛心，还常想念他下代，希望能见见面。

当晚我就去电给董承理，转达了何老师的希望。次日（2014年4月22日）董承理偕在黄岩的妹妹来到临海拜望何老师。当何老师见到他们时，悲喜交织，感慨万千，三人谈了2个小时。何老师一再重复他们父亲为节约，冬天不着袜，两个月理一次发的往事。还说他们兄妹很像父亲，个子也高高的。还问董承理什么学校毕业，董承理说自己在黄岩小学毕业。我补充说："他刻苦自修，现是椒江一中高中特级教师，浙江师范大学硕士生导师，著作甚多。"何老师说"好样的，看到你们这样，我如释负重，非常高兴"。董承理兄妹也非常感激何老师的关怀，还说想搜集资料，准备多角度、多层次，客观公正地把父亲的简历、为人写一下，还其公道和答谢社会各界对其父亲的同情及对他们的关怀。随后我们一起合影留念。

何老师、董承理（左）与作者合影

第十节　　建成中学校长陈启忠的多面人生

　　陈启忠（1905-1951）原籍临海东塍洞桥，祖辈移居城关旧仓头。其父陈韶为辛亥革命功臣，曾受秋瑾指派，在杭州、嘉兴、湖州一带从事革命活动。1913 年任温州酒捐监管，1914 年任瑞安、青田各县统捐局局长。膝下有三子。

　　除长子陈启忠外，次子陈启正，毕业于黄埔军校 12 期，参加了八年抗战，从排长累升至三十三军上校团长；三子陈启銮，毕业于黄埔军校 13 期，深得杜聿明器重，1942 年 3 月随杜聿明为军长的中国远征军第五军入缅作战，参加多个战役，后任团长，因在羊墨新战役中战功卓著，战后受领美国政府颁授的陆军最高荣誉勋章"银星勋章"，史迪威将军亲临主持授奖仪式，中央社也为此发了专电。抗战胜利

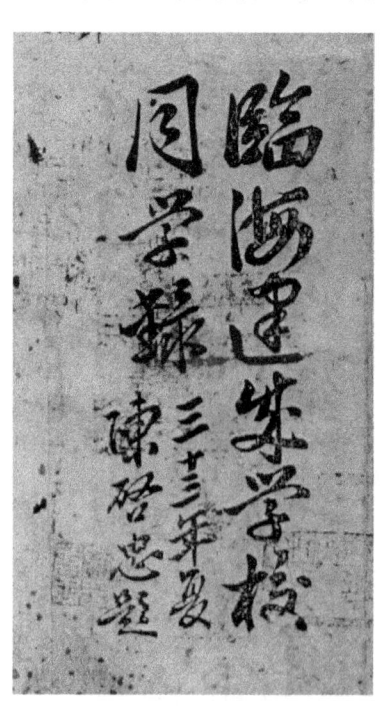

后，陈启銮升任九十九师上校参谋长，跟随杜聿明参加内战，淮海战役中被俘。新中国成立后，随同他的上司杜聿明被作为战犯与末代皇帝溥仪等一起关押在济南战犯管理所，1959 年 12 月 4 日第一批战犯释放，陈启銮接到通知书后，回到时在上海一家化工研究所工作、曾是杜聿明主持婚礼、毕业于北京中国大学化学系的妻子唐纫芝处定居。陈启銮以后任多届黄浦区政协委员，后移居香港，其间着有《第九十九师入缅远征纪实》、《野人

山纪实》。陈启忠在此背景和影响下，积极投身于国家、社会事务。

陈启忠毕业于复旦大学社会学系，后又在伪中央训练团党政训练班毕业，曾任国民政府立法委员、浙江省党部执行委员、浙江省省参议员、台州第六行政区党务指导员。1937年2任国民党临海县党部常务委员，1938年9月县党部改组为非常时期工作委员会，仍任常务委员。同年10月，常委制改特派员制，陈启忠任党务特派员。12月改为书记长制，陈改任书记长。陈启忠还任台属女师教务主住，回浦中学训育主任，杭州民生中学校长，临海建成中学校长等职。他为破除迷信，崇尚科学，砸了佛庙中的佛像而激起民愤；加上其敦厚、潇洒的书法，常为单位、厂商题字。因此，其名声在解放前的临海显赫一时。他拼博进取，在短短的人生中，也有过他飞黄腾达的日子。

据其女儿讲，家有土地50亩左右，在当地来讲还是个中等地主。另据我邻居裘师傅说，陈启忠祖辈还卖过小菜，家庭财富不很雄厚，其父以薪为主维持家业，但对子女要求严格、寄于厚望，即使家经济不富裕，还设法为他们深造。陈启忠考进复旦大学，其女儿说父亲读大学的费用还受同乡任伪中央赈济委员会副委员长屈映光的资助。

1940年（民国29年）初夏临海县国民党党部各区分部书记联席会议上，因本县城区被日寇侵犯，频繁轰炸，时局不宁，原有各中等学校迁移乡间，为救济家境贫寒青年，特提议设立建成战时初中学生补习学校。经决议通过交社会服务处筹备，以北固山城隍庙、轩辕宫、西陵宫、七圣宫、嘉佑寺为校舍，推举陈启忠兼任校长，同时由县党部聘请屈映光（临海东塍人）、朱洗（临海店前人）等12位为校董，于同年7月7日筹备成立，并招收学生120名，其费用由县党部筹垫。1941年秋在西乡店前琳山增设分部，由朱洗博士主管。至 1944 年，共招收 3300 余名。陈启忠还将家里私藏图书悉数捐校，受到省长黄绍雄的嘉奖。

战时困难多多，时局动荡，经费拮据，生源短缺，仍坚持办学，特别 1941 年 4 月日寇入侵临海，不得已停课疏散，学校损失甚巨，敌退后积极整理添置设备，于 7 月初复课。学校在风雨飘摇中支撑到抗战胜利，并在抗战胜利后的 1946 年经省教育厅批准正式改名为临海私立建成中学。

1943 年陈启忠还任抗战时创办的《宁绍台日报》社社长。宣传抗日。

1945 年 1 月，陈启忠牵头县长庄强华、临海县三青团干事长包寿眉等成立临东水利委员会，疏浚治理东大河，为大田平原减轻水灾，保障农业丰收。

同年 6 月日寇犯境，一路烧、杀、奸、抢，陈启忠约同岭根村辛亥革命志士王与堂，组织东塍区农民抗日自卫大队，自任大队长，王与堂任副大队长，亲自在坑岭、头旗山一带以望远镜监视日军行动，组织进行阳山自卫狙击战，给日军以沉重打击。

我于 1946 年夏考入琳山建成分校，1947 年底因内战经济萧条，生源减少，费用入不敷出，并入城关建成中学本部。1948 年 2 月来校就读，至 1949 年 7 月毕业，其间与陈启忠相处一年半，常聆听和瞥见他的言行，留下深刻印象。

陈启忠家住旧仓头，与学校相距 2 里多，虽校内有他宿舍，但因兼职多，大都住在旧仓头，不常来校。来校时西装革履，头戴高士帽，手提卫身棒（手杖 stick），五官端庄，仪表堂堂，情态严肃，不苟言笑。因他常不在校，校纪松驰，上课迟到，考试作弊，学生打闹等是常事。当时社会上流行一句顺口溜："回浦（中学）重数学，琳山（学校）重劳作，建成(中学)重赌博。"其实学生中未见有赌博的，是喻建成中学校风不大好。但陈启忠一到校，学生有如老鼠见猫，不等他开口，全校秩序井然，按时作息，上课聚精会神，下课各去其所。甚至在同学嬉闹时，忽然有人说陈校长来了，顷刻就呆若木鸡，规规矩矩。我也不知为何会形成如此反差。

学校的学生抗战时以城关为主，以后扩展到全县各地。由于学校管理不周，又因地方观念和各地经济差异生活水平的不同，在学生中常彼此引起隔阂、摩擦，形成派别，主要为东乡派（以杜桃区为主）和西乡派（以双港区为主）。东乡多地处平原，经济条件较好，学生衣着讲究、生活潇洒，狂街嬉玩。西乡多是山区，经济条件较差，穿着破旧，土里土气，多呆在校读书。东乡人势必看不起西乡人，西乡人也凭自己刻苦学习、成绩优异看不起东乡人，以至两地学生常有口角，总的来讲吃亏的还是西乡人。但到1948年春，我们琳山分部并入本部后，西乡人实力大增，要与东乡人决一雌雄，以雪旧恨。逐渐形成两派对峙、相斗，双方各据一地，以石块、瓦片为武器，互相对攻，造成学校停课，食堂停餐，似有20年后文化大革命时武斗之势。校方急求陈启忠来校压制。他来后事态即息，声言要对为首者严惩不贷。我们静待，私下相约，我方如有开除就集体退学。

那时学校用军号声传递作息时间，与军队一样有起床号、上课号、下课号等，由一个退伍号兵吹叫，这对于处在山坡上的学校很合适。闹事后过了几天，当我们在上课时，忽然听到紧急集合号（相似于军队作战冲锋号）。因我迟来校，从未听过此号声，不知该号声表示什么意思，只见坐在我右侧靠走道的杨文煜同学，不顾老师还在讲课就拔脚向教室门口冲去，我还来不及目瞪口呆，老师的话声还未停息，半个教室的同学也冲向门口，我才知这是紧急集合，学校有大事要速告学生。

　　仅几分钟就集合好，训导主任邵全声就此次处理学生闹事大会简单讲话后，陈启忠校长即声色俱厉地训斥：我辛苦办学多年，目的是把你们培养成国家栋梁之材，而你们不用心读书，热衷于打斗，我办什么学校！为严肃校纪，整饬校风，对为首者作如下处理：开除罗建（西乡派）……学籍，……留校察看。他念完名单后停顿了一回，接着提高嗓子：听说有人表示要与开除者一起离校，也请站出来！我陈启忠宁愿不办校，也要把此事平息，把校风整好。全体师生静肃聆听，鸦雀无声，无一人站出愿与开除者一起离校。陈启忠这种大胆、泼辣、干脆、利落的作风，也许是同学成为"老鼠"的原因。

　　据我同班同学金丽华说，她与陈启忠女儿陈佩文（也是我同班同学）很要好，因两家相距不远，她家在陈家东侧，每天上学必经陈启忠家约陈佩文一道去位于陈家西侧的建成中学，就在假期里也常在陈家玩耍，对陈启忠有较多了解。她说陈启忠做事，不做也罢，他认为要做，必干到底，有板有眼，有始有终，甚至力排众议，独断独行，非达目的决不摆休。这也造就他是学校中绝对权威的原因之一。

　　陈启忠英俊潇洒，年轻有为；其妻尚文小学校长朱蓉苎，貌丽贤慧，精明能干，是民国时期临海女界领袖，著名教育家，但不幸英年早逝在任上，广大民众都为其痛惜，出殡这天自发前来送葬的队伍长达几里，灵枢经过的街道，两旁市民盆盛清水、旁置明镜，以示她是非分明、清白一生。陈启忠也以礼回赠。

　　朱蓉苎胞妹朱惠卿曾任杭州安定中学校长，她有两个时在中学读书的儿子也与我同期于1950年底参加军事干部学校，老大1953年在上海复兴岛举办华东海军文化教员培训班时我也参加而相识。他们俩也于1955年与我同时复员，我们在上海宝山县复员大队学习时，他们告诉我1951年1

月 10 日在杭州人民大会堂浙江省省政府欢送我们参加军干
校时的隆重大会上，那位身穿皮毛大衣、烫发批肩、神采奕
奕、相貌出众代表家长致辞的女郎便是他们母亲。后来随留
美从事军事医学研究的丈夫调到北京，并在北京师范大学地
理系任教，我在南大读书时通过当时在西安交大读书的她小
儿子，因有事还与她通过几封信。似乎朱家与陈家一样，尽
是人才。

陈启忠年轻丧妻后绯闻较多，这也是当时一股社会风
气。就在我们十五六岁的学生中也常说某某男同学与某某女
同学要好的绯事。陈启忠也许有所觉察，常在星期一周会上
要求学生一心向上，不要因生活影响学业。他在会上多次严
令，校内不准唱越剧（绍兴戏），这种男男女女、情意绵绵
的腔调，会挫伤壮志，影响学业。还禁止男女生互相接触，
甚至教室座位男女生也要严格分开。因此，我在校的几年
中，没有与女同学讲过一句话，当上了多年的学生“和
尚”。

陈启忠受过现代教育，崇尚科学，要讲科学必须破除迷
信，陈启忠发动建成中学学生去庙宇砸敲佛像（泥菩萨），
建成中学校址就是在敲了庙中佛像后建起来的。1945 年我
老家建成分校师生也掀起这一热潮，砸敲了学校附近直至
15 里外黄坦乡的佛像，那时我还在读小学六年级。

陈启忠名扬临海还与他破除迷信敲佛像密切相关，元宵
节“迎财神”活动是临海千百年来祖宗留下的习俗。1946
年农历正月十四元宵傍晚隆重的迎财神刚开始，财神爷（泥
菩萨）披红挂绿由众人从城内巾子山上的南山殿佛庙中抬
下，敲锣打鼓，鞭炮齐鸣，准备沿街让人供奉。两旁商店店
主早在门前设坛，燃点香烛朝拜，以求来年发财。当财神爷
刚从山上抬下，即将进入大街前，恰逢陈启忠和其卫士经
过，陈启忠看到抬着的财神，速用他的卫身棒扶手钩，把财

神拉下翻倒在地上打碎，抬杠者也奈何不得名声赫赫的陈启忠，陈启忠扬长而去，只好中断这一活动。而街道两旁设坛迎候财神以求发财的商家和看热闹的众人闻讯后，一切期望落空，义愤填膺，摩拳擦掌，涌向旧仓头陈启忠家，要向陈启忠讨个说法。陈启忠早就逃之夭夭，众人就捡起石块砸敲陈启忠家的房子，陈家瓦背上的石子如同雨下。当时我还在乡下老家，也听到此事，可见影响之大，但不知细节。上述这些具体情况是我在前几年听当年家就住南山殿附近江厦街的学长王华昌讲的。

此事在临海留下深刻影响，人们为发泄对陈启忠敲老爷（佛像）的不满，长期留传着一句顺口溜："陈启忠，爸卖小菜娘卖葱。"以取笑他的穷出身。据陈启忠小女儿说，她祖父祖母不是菜农，而是在自家门前屋后园子里种些蔬菜，自吃多余后到街上卖了，也可说节俭的一种家风而已。

陈启忠破除迷信、崇尚科学本意是好的，但方法不合适，超出民众的接受限度，太激进，结果事与愿违，适得其反。不过从中也可看出陈启忠是个无神论者，这点与马克思，与中国共产党是一致的，马克思曾说："宗教是麻醉人民的鸦片烟。"有人说陈启忠早年接受马克思主义，参加共产党，后来退（脱）党，但对这点，笔者还未见有确实依据，不能贸然认同。前几年我在临海市档案局翻阅有关地主控文件时，见到 1950 年临海县军事管制委员会给临海县工商联合会的函中称：因反革命分子陈启忠已拘押，各厂商在他名下的资产请予冻结，等候处理。可见陈启忠在工商领域也有投资，为发展工商经济尽力。从这些情况看，陈启忠至少是跟上时代的。

陈启忠多才多艺，业余生活也较丰富。他酷爱打猎，1947 年春节用火药枪打鸟，枪管爆炸，左手 4 个指头炸伤致残，平时都用（白）手套遮丑，有人以此咒骂他因砸敲老爷（佛像）老天对他的惩罚。而他仍我行我素，1948 年我校去南乡云峰山秋游，他还带着猎枪，仍用致残的左手托着枪管打猎，打野鸡、打野兔、打小鸟。他喜欢下围棋，在校时常见他与训导主任邵全声对弈。1949 年被逮捕，关押在监狱中还随身带着围棋。他也热衷于园艺，住在北固山校内城隍庙东侧平房时，在能远眺城区、巾子山和城东平原的窗口下，有几平方米园地，1948 年春，在园地上突然长出一根竹笋，而附近又没有竹林，这根小竹笋更显得珍贵，他细心呵护，盼其快长。当长到一人多高的小竹时，突然被人折断了，痛心万分。他在纪念周会上还伤心地谈及此事。。

陈启忠毕竟主要是政治人物，时刻离不开政治，他确是坚定的、顽固的反共老手。在他常为我们作的训话、讲话中可以说他对共产党"恨之入骨"，除一般性批驳阶级、剥削等中共专用词语外，有两次讲话我印象特别深刻。一次他说：共产党有三个头，一是点头，他来后纪律严明，访贫问苦，博得大家欢迎；二是摇头，这个限制那个限制，批判这个批判那个，不自由；三是杀头，你不服，有所指点，就杀了你。另一次在 1948 年 5 月，回浦中学董事长陆翰文先生因病逝世，他在周一上午纪念会上说："三天前还去看望过陆先生，他是辛亥革命老人，功勋卓著，他对共产党的认识完全同我一样。"

《临海县志》载（p22），"1949 年（民国 38 年）3 月27 日，中共'临天仙'武工队队长王阿法，至双港白水洋争取匪首王继学弃暗投明，王继学被省党部执行委员陈启忠收买，惨杀王阿法，并悬头西门。"

1949 年 5 月 3 日杭州解放，临海面临解放大军兵临城下，迫于形势，县长汪振国联络国民党六区专署保安独立团团长楼光明等筹划起义。陈启忠拒绝协同，致使他人生旅途走到尽头。

　　《临海县志》载："1949 年 5 月 29 日，在人民解放军
压境及中共地下党教育下，国民党临海县县长汪振国、台州
专署独立团团长楼光明于凌晨联合起义，逮捕国民党台州专
员兼保安司令葛天、副司令何木远及常务督导员陈启忠等
人，临海解放。"

　　陈启忠当时没有被逮捕，这是我亲眼所见。我那时读初
中第六册，教室位于城隍庙主庙改造成的大会堂（兼学生餐
厅）东侧次级庙改成的房中，再东侧南头是陈启忠居室，北
头是厨房和教师餐厅，陈启忠及夫人进出都要经过我们教室
天井南侧的走廊。5 月 29 日那天上午八九点钟，我们正在
上课，训导主任邵全声等多人频繁进出陈启忠居室，我觉得
有些异样。过了片刻陈启忠也与他们一道出来，但不知去
向。稍后我们下课，见几个手臂套上红袖章、手中提握着长
枪或短枪的起义士兵，冲上大厅前的广场，气势汹汹、高声
喝令，要抓陈启忠。邵全声上前应对：陈校长不在，这是学
校，学生正在上课，请诸位见谅。这些士兵怎么能听邵全声
的劝说！逼着邵全声非交出陈启忠不可，双方僵持几分钟。
士兵要进室搜查，邵全声用手势阻拦也无济于事，士兵冲进
了陈启忠居室，没发现陈启忠，后又搜查了一些地方也未发
现，只好回去交差。我几乎见了这一幕的全过程。

　　过了些时候陈启忠出来回到他的居室。他是躲进大会堂
后面平时作为校会议室的地板（石板）下暗室里。此处房子
是建在山顶上，地基除削平山顶外，外侧还沿山坡建筑，外
侧的基墙较高，内侧基墙较低，甚至没有，地板当然要铺
平，地板是用石板一块一块铺设的，这样石板下必是空的，
也是暗室，外侧暗室较深，较开阔，甚至可以站人，石板一
掀起，人便可下到暗室。陈启忠就这样在旁人帮助下躲进暗
室，逃过搜捕。

因此，陈启忠不是5月29日被捕，6月底我们聚丰园举行毕业宴会时他虽未出席，也未听说他被捕。我邻居裘师傅常同我说，陈启忠当时完全可以逃跑而不跑。为此，我问过他女儿，他女儿说已准备好去台湾，船已停在椒江口，铺盖也已上船，因有事准备次日走，差一天而未走成。

上述提到的金丽华同学，她比我大2岁，社会事务懂得比我多，又常进出陈启忠家，对陈启忠也较关注。她同我说，在临海解放前一些日子，县长汪振国常在下午四五点钟来校找陈启忠，动员、说服他一道起义，但都被陈启忠一口回绝。此事我听后将信将疑，在这生死攸关、性命叵测时怎么能透露半点风情？要么汪振国来侧面摸摸陈启忠底细，也许了解了解情况可向中共提供。当时伪县政府设在建成中学旁侧的八仙岩山坡古庙改的房中，沿山坡横路到建成中学仅300多米，汪振国那时常来陈启忠家谈论些当前时局，作起义准备，看来是真的。

因陈启忠是国民党浙江省党部执行委员，属省级反革命分子，在临海逮捕后不久即解往杭州关押交代。待1951年春押回临海，多人告诉我，陈启忠押回临海经过街上时，看到他已蓄了长胡子。他本来两腮长须（俗称络腮胡），年青时刮光两须更显得他气魄、厚实，蓄了胡子必像鲁智深，不过此时他已是"林冲"了。

1947年参加中共地下党的离休干部陈文，解放后任温岭大溪区区委书记，后来调到台州专区公安处审讯科，任常务副科长，审批刑事犯，主要是死刑犯。他对当时判死刑的马虎草率，至今心有余悸。晚年他专心致志书写回忆录。他在《新民主主义见闻与反思》一文中，记述了陈启忠关押和判处死刑的情况，摘录于下：

"陈启忠关押在浙江省公安厅，要他交代浙江省国民党组织情况，被称为活字典。这部活字典利用完后，送回台州公安处看守所关押。看守所是审讯科管的，所以我知道一些情况。他的公审大会我也参加，并担任防空总指挥。回忆如下：

'陈启忠的公审大会是中共临海县委召开的，比较有代表性。会场设在城关道司里，也称人民广场，对他的公审是临海土改时期最隆重、参加人数最多的一次大会，约有六千多人到会。上台公诉和批判的人数达30人左右。奇怪的是公审之前对他没有一次正式审讯，这是我清楚的。因为他从省公安厅解押到台州期间，一直关在我们审讯科管辖的台州看守所内。

'因没有一次审讯，他精神轻松闲着无事，向我们要求给他从杭州带回的围棋玩，此事由我请示了李夫处长，同意后由郑秀鹿办理。

'在公审大会上，上台控诉的代表很多，代表绝大多数是由各行各业选派，代表各个系统，但控诉的都缺乏实质性内容，如某年某月某日在什么地方做过什么事。诸如此类内容基本上都不是真实的，都是一连串的阶级斗争空头理论，如你是敌人，罪恶滔天，人民政府代表人民利益，我们拥护等。这是一场阶级斗争的大会，县委的目的是通过公审大会，把陈启忠当活靶子使民众有一次练武的机会，通过斗争陈启忠达到提高群众阶级觉悟的目的，最后还是起到巩固政权的作用。

'在公审大会未了，允许被告陈启忠发言，这还算是好的。陈启忠在大会上说：国民党腐败我承认，但我不腐败。可惜的是对陈启忠这一辩护没有作出任何反驳，结果还是宣判陈启忠死刑，立即执行。接着大会宣告结束。可能陈启忠从未想到过共产党杀人竟是这么简单。"

审判陈启忠时我已参军在南京，复员回临海后，多人同我讲起公审陈启忠和行刑情况。当时在振华中学读书的我同学程伦杰说：他坐在主席台前，还靠近主席台，也是在陈启忠面前。在允许陈启忠讲话时，他说："我读过《资本论》《共产党宣言》，你们主张阶级斗争，我知自己要死，是对是错，只好盖棺论定。"程伦杰此话在多个场合多次同我讲过。

我邻居裘师傅说自己也参加公审陈启忠大会，有个大生厂女工叫梅梅娘，控诉陈启忠害死她两个女儿，但这两个女儿在陈启忠枪决以后还长期活着。裘师傅说自己家是城市贫民，在王克勤米厂中当学徒，不会为陈启忠辩护。他还说土改时王克勤也枪决了。

很多人还同我讲过，那时枪决的人很多。有的在公审后听说自己判处死刑，神魂颠倒，四肢无力，也有软瘫在地，唯陈启忠昂首阔步、面不改色，视死如归。解押他经过、希望能最后观看他一面、人山人海的解放街（今称紫阳街）、西大街；也有无数人还跟随陈启忠走向西门浮桥头刑场，看看他生命的最后一刻。陈启忠是年 46 岁。

1949 年毕业于建成中学的部分同学 2009 年重游古木参天依山傍水的母校。后排左 1 为金丽华，右 1 为作者，前排左 2 为蒋连荣

第十一节　　　台州地区土改总结

台州地区于 1994 年改称为台州市(地区级)，在 1950 年、1951 年土地改革期间称为台州专区，行政公署驻在临海市区(史称台州府)，辖临海、黄岩、天台、仙居、温岭、三门、宁海 7 县及海门（今称椒江）直属区。全区居山临海，平原丘陵相间。丘陵、山地约占全区总面积的 2/3，形成"七山一水二分田"的格局。西部内陆的仙居、天台两县以山地为主，宁海、三门、临海、黄岩、温岭几县西侧多丘陵、山地，东侧靠海，多平原。农村各阶层个人(农户)土改前土地占有量与临海相似，山区较少，平原较多，划为地主成分没有一定的土地量标准，主要标准是保持当地的百分比，一般掌握在 4%左右。山区，也采用"矮子中拔将军"，即使土地不多，也要拔出几个"将军"来。

台州地区土改中"摧毁封建势力"(即镇压、判刑等)资料与临海一样，没有在地区志上刊出。实际情况也与临海相似，陈文作的《新民主主义见闻与反思》一文，土改期间黄岩县镇压了 1265 人，判刑劳改 2749 人。我就知道在我同学中来自仙居县的王洪祥和吴彩云两家均有两个亲属（父亲、兄弟）在土改中被枪决的。这些本地区的外县地主，其财富(土地、房屋等)来源、数量与临海地主相似，介绍也无多大意义，又因资料缺乏，没有一一列出。

据《台州地区志》称：

解放前，占总农户 5%的地主、富农，拥有 50%左右的耕地，绝大多数农户无地、少地，长期受封建地租与高利贷的剥削，生活困苦。解放初，黄岩县鼓屿乡人均土地 1.19 亩，其中地主人均 6.46 亩、富农 3.2 亩、中农 1.58 亩、贫农 0.78 亩。地主人均占有土地为全乡人均数的 5.48 倍，为贫农的 8.32 倍。海门直属区所在地 15 户地主占地 870 亩，19 户富农占地 400 亩，地主、富农占全村土地的 83.7%；33 户中农、贫农土地 248 亩，仅占 16.3%（注）。租地耕种的佃农与无地雇农占总农户数的 53.6%。渔区渔霸以控制渔用生产数据与水产品收购进行剥削，广大农民、渔民终年辛劳不得温饱。

　　注：海门直属区地主 15 户，富农 19 户，中农、贫农 33 户，共 67 户。地主富农户数占 50.1%，其土地占 83.7%，不足 2 倍，差别不大，一定的差异是社会正常现象。且地主、富农土地量占有没一定标准，是人为划定。此例说明不了少数地主、富农占有大量土地。

台州地区各阶层土改前后占有土地情况表 4-64

阶层	土改户数		土改人数		土改前			土改后		
	户	%	人	%	占地亩数	%	人均亩数	占地亩数	%	人均亩数
合计	629457	100	2389079	100	3159992	100	1.32	315992	100	1.32
雇农	18728	3	43192	2	8638	0.3	0.2	80494	2.6	1.86
贫农	294420	47	1108889	46	451004	14.3	0.41	1293558	40.9	1.17
中农	213634	34	875179	37	962024	30.5	1.1	1296081	41	1.48
富农	11478	2	58773	2	176980	5.6	3.01	139773	4.4	2.38
地主	21671	3	98652	4	878664	27.9	8.91	103308	3.3	1.05
其他	69526	11	205195	9	243693	7.7	1.19	174915	5.5	0.85
公田					438949	13.7		71863	2.3	

注：（1）其他包括自由职业、小土地出租者等。

　　（2）公田含公堂、寺庙、学校等田产，土改后保留部分公用土地。

　　1950 年 3 月，中共台州地委在临海县开石乡与大固乡进行土地改革试点。8 月全区土改扩展至 7 个乡。12 月，省委土地改革工作团进驻台州，贯彻"依靠贫农、雇农，团结中农，中立富农，有步骤有分别地消灭封建地主剥削制度，发展农业生产"的路线、方针，土地改革全面铺开。全区土改运动进入高潮，参加农户 629457 户，2389879 人，经宣传发动，组织乡、村农民协会，民主评定阶级成分。评出地主 21671 户、富农 11478 户、中农 213634 户、贫农 294420 户、雇农 18728 户。各乡村普遍召开诉苦会、斗争会，清算封建地主恶霸的罪行，依法没收地主土地、山林、耕畜、农具及多余粮食与房屋；征收祠堂、庙宇、寺院、教堂、学

校、团体的土地与富农部分出租土地。全区没收土地
1587651 亩、农具 700771 件、耕畜 10383 头、房屋 88557
间、家具 1274452 件、粮食 4937 吨、枪 3218 支、刀 4140
把。

台州地区土改没收徵收及分配得利情况表 4-65

项目	没收徵收					分配得利				
	合计	地主	富农	其他	公田	合计	雇农	贫农	中农	其他
土地(亩)	1587651	715456	37207	396039	438949	1304177	71856	842514	334057	55750
农具(件)	700771	699054	665	931	121	700771	120689	465625	82415	32042
畜(头)	10383	10273	84	12	14	10383	829	7632	1628	294
房屋(间)	88557	80598	147	1660	6152	88557	12343	56810	11438	7966
家具(件)	1274452	1271251	1414	1158	630	1274462	69700	833712	331715	39335
粮食(吨)	4937	4919	10	1.1	6.9	4937	401.2	3480.1	878.9	176.8
没收户数	21650	21650								
徵收户数	21151			6154	14997					
分配户数						453002	18728	290564	121647	22063

除按规定收归国有外，其余由农会统一分配。427668
户无地、少地农户分得土地，198431 户分得农具，38313 户
分得耕畜，68681 户分得房屋，258583 户分得家具，134845
户分得粮食，合计分得土改成果农户 453002 户，占参加土
改总户数的 72%。1951 年下半年，土改基本结束，各县人民
政府向参加土改的农户颁发土地证、房屋所有证。

经过土地改革，废除封建土地所有制，实现耕者有其
田。贫农、雇农与中农土地占有量，从土改前的 45%升至
84.5%。地主同样分得一份土地，开始自食其力。

（以上抄自《台州地区志》，1994 年出版）

第五章 土改中暴力现象及其原因

《中华人民共和国土地改革法》、刘少奇《关于土地改革问题的报告》及《政务院关于划分农村阶级成分的决定》等土改法规，看起来似乎说理有据，用词温和，考虑周到，措施具体。但实际执行中难以掌握远非如此，导致与这些文件的规定差距很大，有的甚至背道而驰，"乱划、乱斗、乱杀"现象普遍、严重，造成社会极大不公和难以愈合的创伤，且这种乱象延伸到以后历次的政治运动，给有关家庭和我国社会带来灾难性后果。

第一节　　　　乱划

政务院农村阶级划分规定："占有土地，自己不劳动，或只有附带劳动，而靠剥削为生的叫做地主。"这个标准很含糊，操作难度大，如我母亲作为一个农村妇女，从事多种副业，是不是属于"自己不劳动，或只有附带劳动"？实际上当时对地主成分的划定最重要的一条是按财富多少用百分比来套，为凑足百分数，大大降低标准，加上人为因素，公正性很差。表现在：

1. 土地少，又常年参加劳动，也无雇工，被划成地主。如我村蔡桂秋，仅三亩多土地，常年都参加劳动，也无雇工，仅儿媳的嫁妆较好，有一套新家具，为凑足百分比进行补划时划上。因实在没有多余土地，故土改时虽为地主，土地房屋都未没收，仅没收家具。

2．有多出本村农民一些土地，常年都参加劳动，仅偶尔雇些临时工，也划为地主。如环溪乡塘王金村的邬崇明、溪岸村的林桂钗、塘田王村的王修法。他们都勤劳耕作，为人淳朴的农民，因土地较多，农忙时雇些临时工。

3．家因丧夫等原因无劳力，有几亩土地的不得不雇工，在力所能及下自己也参加劳动而划为地主。如店溪村谢良炎之母，丧夫后子女小，不得不雇工而划为地主。但子女稍大后也参加劳动，谢良炎有个姐姐就是在田间劳动时发病死在田里。林坡堂村林汝岳的母亲也是如此。我家实质上也这样，我父亲在世时，基本上没雇工，仅农忙时雇些临时工。父亲过世后，母亲经商又买了较多土地，必须雇工。否则土地荒芜。

4．有些有其他职业，家也有一些土地，也划为纯粹的地主。如我村的蔡来修，长期是大园小学校长；蔡继良也长期在教书。蔡继良的土地人均不及村人平均数，因从教平时雇些短工。由于前者是县参议员，后者家有七间好房子。也有为凑足百分比而划上地主。

我家的财富主要是1946年至1949年母亲经商和酿酒所得。1944年1月父病故时家约有土地五亩，即使母亲继父业有积累，再买土地，到1946年也仅十来亩。随后，母亲生意越做越大，酿酒愈来愈多，收入也愈来愈丰厚。1947年建了四间楼房，1948年买了一间楼房及院子，到1949年土地也增加到22.484亩。这些财产的取得主要在1946年及以后。我家乡1949年夏解放，按土改时政务院划分阶级对富农的划定规定：应"从当地解放时间向上推算，在连续三年之内"。因此，就是按以财富多少来划分，我家应划为工商业兼地主，或地主兼工商业。这样仅没收土地，而房屋、家具都不该没收，债务也不会免除。但土改工作队和农会就是不给我家这样待遇，划为纯地主，土地连同房屋都没收，债务免还。

5. 一些地主早已与其父母分家，自己独立生活，土地也不多。但为了能把他们划上地主，把他们几家的土地合起来计算。如我村蔡昌见妻蔡钱氏已 95 岁，一人生活。为了把儿子蔡明河(64 岁)、蔡桂秋(69)岁等划为地主，但他俩土地又不多，把他们凑在一起，以至蔡钱氏名下有 15 人 30 多亩土地。按规定同一家庭，18 岁以上在家的人都是地主分子，这样蔡明河蔡桂秋及其下代 18 岁以上的都可作为地主分子，如蔡明河大儿子蔡继文土改时已 43 岁，在台湾，其妻也以地主婆身份被批斗。次子蔡继浩土改 40 岁，早已与父母分家，也是地主分子。四子蔡金志在朝鲜志愿军为国效劳，其妻陈蕉芳一直在家被批斗、义务劳动、参加地主学习会，直到 1978 年摘帽为止。如提个更正意见，便扣上"反攻倒算"的帽子，给你更狠的批斗。蔡桂秋儿子蔡继全也是这样，土改时他已与父母分家五年多，也视他与父一家，受批斗。

6. 临海县平原区的钓鱼亭乡人均土地 2.595 亩，有 31 户划为地主；山区上宅乡人均土地仅 0.754 亩，也有 27 户划为地主。钓鱼亭乡中农拥有土地一般都在 10 亩以上，上宅乡有土地数据的 19 户地主中仅 10 户地主在 10 亩以上，最少的仅 5 亩。而政务院《关于划分农村阶级成份的决定》规定："各地地主每户所有土地平均数，以一个县或几个县为单位计。由各专区或县人民政府提出呈报省政府批准后，决定之。"可见法规与实际的严重差距。

按照中共对地主的定义，我所了解的我村 10 多个地主中，没有一个够上地主的资格。如拿我家来讲，我母亲确是勤劳贤惠的农村妇女，与不劳而获靠剥削为生的地主根本沾不上边，说其划分与土改法背道而驰也不过分。土地最多的是蔡荷芳，而他一向在田间劳动，也不是附带劳动，而是全劳动，还有出色的农技。蔡钱氏土改时已95岁，生活靠人照顾，叫她怎么劳动？蔡谢氏亡夫守家，管理家庭财产，料理家人生活，何况我处家庭妇女一般都不参加农业劳动，对她也不应苛求。蔡柳明、蔡行焕为半劳动力的人，土地仅略高于村人平均数。蔡来修、蔡继良两人长期任小学教师，蔡继良家的人均土地数远低于本村人均土地数。蔡桂明、蔡桂秋、蔡子桂三户地主其土地人均数也少于全村人均数，蔡桂秋土改时年纪已69岁，蔡子桂也60多岁。蔡继甫土改时仅9岁。这些阶级敌人不能不说是人为树立起来的。

这不仅是我村，有的地主即使土地稍多，但积极耕作，辛苦干活，如塘王金村的邬崇明，溪岸林村的林桂钗、水对郑村的占朝广等，都是农业生产中的出众者，比一般农民更辛劳，那儿是"自己不劳动，或只附带劳动，而靠剥削为生"呢？

在建国前的土改中，对成分的划分更加随意，如：

《炎黄春秋》2011年第4期张贵桃写的《烦娄土改及纠偏》一文中称："土改工作团提出了划分成分的三条标准：一是不仅要看他现在的土地财产，而且要查他历史上，起码是三代以内的土地、财产及其有无剥削；二看政治表现，也就是群众对他的态度；三看他铺的摊子大小。人们把这三条标准概括为"盘三代，看现在"。按照第一条标准，要查三代，即使本人不是地主、富农，但他的父亲、祖父、曾祖父是地主、富农，就得定为地主、富农。按第二条标准，一些人即使没有多少土地财产，但只要贫雇农中有人指出某人有劣迹，就可定为恶霸。第三条，看住房、穿戴、摆设。即使没有剥削，但摊子摆得太大，生活稍微好一些，也得定为地主、富农或恶霸。在这三条标准指导下，扩大化倾向表现在四个方面。一是地主、富农比例高。娄烦地区当时有 10954 户，地主、富农就有 2028 户，占总数的 18.5%。地主、富农占 30% 以上的村达 36 个。有许多村庄，公社化时期因地主、富农过多选不出村干部来，参军指标也没法完成。"

《土改法》第三十一条规定："阶级划分应按自报公议方法民主评定，允许申辩。本人或其他人如有不同意见，得于批准后十五日内向县人民法庭提出申诉。"就对地主而言，土改时根本没有这么做，农会、土改工作队定下来后张榜公布或大会宣布了事，一般也不敢申诉，申诉也无效。对此，我们深有体会。上文已提及，我家划为地主后，我母亲向村长、农会主席多次提出。我写信给乡政府，请复议。都无效。

刘少奇报告中所称的"对地主阶级更加慎重划分，各人的阶级成分不应划错，划错了的，必须改正"。在土改及以后几十年的批斗、地主学习会中，我母亲都不承认自己是剥削，她说："自己养母猪、做垂面、开小店等辛苦挣的钱买了土地，我单边人(寡妇)无劳力，只好叫别人做生活（雇工），但也要付工钱，你不来我不强迫你。"因她经常顶撞，全村十多个地主中她吃亏最多，甚至被(儿童团)打骂。她不识字，不会写申诉书，但这些呼声，乡村干部不会听不到的。根本谈不上改正，也未见有改正的。

但地主也不能划太多。否则阻力太大，土改改不起来，改了后也难巩固。因此百分比实际上比法律更重要、更起作用。我村之后补划的四个地主更谈不上是地主，有的是中农，有的是自由职业或小土地出租而已。说土改时划地主成分是"矮子中拔将军"毫不过分，一切以夺取与巩固政权的需要为准。联系以后的划右派，保持一定百分比，争取多数，打击少数，实际上是无标准，实用就是标准，对中共有利就是标准。这不是笔者狂言，而是大量事实所证明了的。

第二节　乱斗

乱划成分，必然引起乱斗。在整个土改运动中自始至终，都贯串着一个"斗"字外，还延伸到土改后几十年。斗的主要方式和被斗的涉及面在第二章《土改的全过程》中已有详述，在第八章《对地主及其后代长达三十年的专政》中亦有提起，不再复述。现对改革开放后，有的期刊或有关文字中对乱斗的报导摘抄如下：

《炎黄春秋》2011年第4期张贵桃写的《烦娄土改及纠偏》一文中称：

当时（1947年）提的口号是"村村点火，处处冒烟""群众要怎么办就怎么办"。在极左路线指引下，各种整人手段无所不用其极。开斗争会时，用来烫人的炭火、火柱、熨斗、铁锹等是必备之物，此外还有老虎凳、棍棒、竹签、擀面杖、醋柳圪针、麻绳、刀具、细铁丝串着的艾绳，甚至是蝎子。连贫农团的孩子们也准备了小镢把，大人们去斗地主时，孩子们就斗地主儿子。很多人被当场斗死，也有人自杀身亡。7月中旬，史家村召开行政村斗争大会，当场有7人被斗死。有的村庄，对年轻漂亮的地主女人，作为胜利果实分配，有的女人不堪凌辱自尽。土改一年，全县(指静乐县)，主要是娄烦地区)当场被斗死亡和以后自杀的有680多人，因打伤致残和惊吓，后来死亡的无法统计。

《炎黄春秋》2013年第2期刊登了智效民写的《晋西土改中的酷刑》一文，摘要如下。

文中介绍了在斗争会上割耳朵、斗死后刮肉，也有刮肉刮到骨头而死的，还有扎锥子、打棒子、砸石头折磨死，也有死后挖心肝，丢进黄河的。著名开明绅士刘少白的弟弟刘象坤在家务农，也非常开明。然而在1947年土改时却首当其冲，斗争他时聚集了8个自然村几千人，会议还没开一半，刘象坤就被众人你一拳我一脚，你一棒子我一石头地活活打死了。

刘象坤惨死后兴县黑裕口又连续斗争了7个"地主恶霸"。但是从《晋西日报》的报导来看，所谓群众诉苦，大多是家长里短、鸡毛蒜皮的事。比如有人控诉说，有一次他去拾柴，地主婆骂骂咧咧的，"说是偷她家枣树枝枝，（后来）吓得连她家门口都不敢走"了。控诉者对地主婆下的结论是："你连穷苦人家的柴水路都断了！（《晋西日报》民国三十六年九月十二日第2版）

《山西文学》记者鲁顺民采访一位已74岁的张老汉，以《关于土改，我对你说》为题，发表在2004年第四期《山西文学》上，摘要如下。

张老汉是河曲县城关人。1947年土改时他才十六七岁。土改时他三叔参加贫农团，要他也去闹土改。一开始他爹不同意，三叔就数落他爹。他爹比较怕三叔，就同意他出去闹土改了。张老汉首先参加了土改少先队。

张老汉说，当时除了民兵组织外，还有农会和村委会。土改一开始，过去的全部推倒重来。于是村里成立了农会临时委员会。临委会普通成员叫秘书，头头叫主任。土改开始后要划分阶级成分，当时的成分分得很细，仅仅是地主就有普通地主、化形地主、破产地主。另外还有普通富农、生产富农、富裕中农、中农、下中农、贫农、雇农等。除此之外还有一种成分叫恶霸，不管有没有地，只要为人不好，就是恶霸。如果是地主又为人不好，那就是恶霸地主。如果是穷人，但为人不好，那也是恶霸。

定好成分后，就开始斗争了。斗争的目的是"起浮财，挖底财"。"起浮财"就是要没收地主富农的一切家产，包括粮食、家具、衣服和住宅。"挖底财"就是要将地主富农隐藏起来的财产（主要是现金和金银财宝）全部挖出来。于是整个县城每天都能听见打人斗人、呼号连天的声音。到了后来，民兵和农会的人手不够，就把少先队员也叫去参加斗争。

至于斗争的方式，不外乎捆人打人。为了防止地富分子外逃，民兵和少先队员还有监视他们的任务。到了开会斗争的时候，主要有以下几种方式：

第一种方式叫"磨地"。开会前，先在会场上的地面撒上有棱有角的炉渣，没有炉渣就撒些六角八瓣的菠菜籽。这些东西铺在地上比木锉还要锋利。开会时，先把被斗的人一把推倒，然后让两个人提住被斗人的脚后跟一上一下来回拉。到了后来，又发展成将被斗的人脱掉衣服，光着上身正面拉了反面拉。在这种情况下，无论什么人都经不起如此折磨。如果家里有点财产，早就全部招了。

张老汉讲了一个事例。他说，县城东门外有个姓周的药铺掌柜，平时比较小气，总是哭穷，所以人们送他一个外号，叫周二干干。贫农团知道他有钱，就开会斗他。因为他拒不交代，被人们脱光上衣开始"磨地"。正当两个贫农团成员用手提着他的脚后跟在场上拉来拉去的时候，不知谁往场里丢了两块青石蛋，只听见周二掌柜的脑袋在青石蛋上磕得嘣嘣乱响。一两个回合后，周二掌柜只好坦白了藏钱的地方。贫农团按照他的坦白交代，找到了二三百元大洋。但他们认为不够，便继续"磨地"。又拉了三五个回合以后，一个叫张毛女的女人在周二掌柜的肚子上放了一个小石磨并坐了上去。随后她像赶马车似的指挥说："拉上走，看他说不说"

看到妇女们在斗争中如此积极的表现，几个后生也不示弱。他们把周二掌柜拉出大门，又拉出城门，绕着城墙转了一圈。后来当张毛女从磨子上下来时才发现，周二掌柜不仅早已咽气，就连后脑勺也被磨塌，脑浆流了一路，后脊背的肋骨白生生的，一根一根的，就好像打场的连枷一样。

第二种方式叫"坐圪针柜"。这种办法是先把放衣服存粮食的大躺柜抬出来，抽去当中的挡板，活像个长方形的棺材。然后在柜子底上均匀地撒上剁碎的酸枣树圪针，再把被斗的人脱光衣服，赤条条地扔了进去，盖上盖子。把人扔进去后，外面的人往柜子底上放一根檩子，从两头上下晃动，就像幼儿园里孩子玩的跷跷板一样。于是里面的人便从这头晃到那头，再从那头晃到这头。外面的人晃两下问一句，直到里面的人说出钱藏在哪里为止。

有一个名叫余务本的七旬老人，因为生意做得比较大，孩子们都陆陆续续地离开家乡，只有他一个人留在老家看门。土改开始后，他因为耳朵有点背，别人与他说话总是反应迟钝，因此被贫农团认为是看不起他们。于是，贫农团便把他抬进圪针柜摇了好几回。外面的人发问，老人听不见，因此就是不吭气。于是大家以为他实在太顽固，后来打开柜子一看，才知是他早已断了气。

第三种方式叫做"扔四方墩"。当地人把长城的烽火台叫做四方墩。四方墩有三丈来高，下面人迹罕至，十分荒凉。对那些死活不说的斗争对象来说，扔四方墩可能是最后的一招。到时候，贫农团把那些顽固不化、打死也不交代的人押到四方墩上，往下一推，必死无疑。但是为了保险起见，贫农团还要在四方墩下面铺满石头，扔一次怕扔不死就再扔一次。后来人们不愿意费这力气，就干脆从上面往下面扔石头，只要砸到脑袋上，肯定就没命了。有一位姓韩的教书先生被打成化形地主，贫农团的后生们看到他老婆每天提着篮子捡料炭，认为她是有钱装穷，便把她捆了起来。正好韩的妻子是性格刚烈的女人，无论他们使用什么手段，她就是不配合。于是她受尽折磨，先后经受了火钳子烫、磨地、坐圪针柜等酷刑。直到最后，她被带到四方墩。正好剥光上身往下推的时候，一个姓田的少先队员为了留下她穿的裤子，将她的裤腰带松开，然后揪住裤腰带把她推下去。这个姓田的人将那条裤子卖给了估衣摊。

死得最惨的要数张老汉的外祖母了。这位老人虽然是个寡妇，却经营着磨坊、当铺、粮库和两艘渡船等一摊子家业。张老汉说："土改时，她被捆来打过，火柱烫过，磨过地，最后还在耳朵里钻上捻子点灯……最后，还是在人民法庭上给枪崩了。"

重庆师范大学副教授谭松在《川东地区的土地改革运动》一文中称：

"土改中最血腥残暴最恐怖下流的行径还不是斗争诉苦会，而是向地主逼浮财这个阶段，索要金银珠宝，逼不出来，贪婪的土改积极分子就使出种种丧尽天良的残暴下流手段和酷刑。诸如'背火背篼'（在铁皮桶里装满烧红炭火强迫背在背上）、'抱火柱头'（把钢管烧红强迫人手抱）、'吊木脑壳'（把头部用绳捆起来上吊）、'烧飞机洞'（脱光女子的裤子用火烧下身）、'点天灯'（在头上用粘土围一个圈，注入桐油点灯，或双手手心向上绑起，手窝盛满桐油点灯）等等。一个地主媳妇交不出金银，被脱光衣服遭受炭烤活人酷刑，烤得奶子和肚皮往下滴油。"（武宜三供稿）

第三节   乱杀

我初中同学杜彦友多次同我讲过，1951年土改时他在临海县公安局看守所工作，常常一天要枪决十多个，甚至几十个。我黄岩区朋友阮积忠告诉我，土改时他在临海城关工作，有一天枪决 28 个地主，解放军押着他们经过西大街，出城门，再过浮桥，枪决在灵江岸边的草坦上（当时临海的刑场，我在 1950 年底两人在振华中学操场批斗后，押到该刑场枪决，我并尾随其后，还看到死者子弹从颈部穿出的弹孔）。他还说 1951 年土改时在临海剧院召开台州地区第一次中共党代会，当年他仅 18 岁，在会上做服务员，有个代表向地区领导人反映，说有四五十个村人要求政府不要处死某某地主，说他为当地做了很多好事。而领导的答复是，这个村贫雇农没有真正发动起来，回去再做工作，深入发动群众。该地主后来还是枪决了。到底这些被杀地主有多大罪状？

被杀的几类地主

《土改法》规定"对于罪大恶极……依法予以审判及处分"。而被枪决的地主，不少不是罪大恶极，不是按罪状，绝大部实际上无罪状，而是为发动群众，为贫雇农对分得的财产放心、为动员参军，为取得领导权和巩固政权而杀。被枪决的大致有下列几类地主。

1. 农村的绅士。这些人大都有一定财力（土地）、人力（宗族兴旺），多是书理之家，在民间有一定威望，是村族的主事者，与政府的乡保制度并存，也是农村实际治理者。他们维持社会治安、调解民间纠纷、建设民众福利设施、维护村族集体经济、济贫救困，等等。此类人如我大园村的蔡明河，店前村的朱芝英等。他们都没有伪职，但在民间有一定威望。不杀，贫雇农的领导权树立不起来。

2. 土地较多的（纯）地主。因他们土地较多，农民怕分得土地后遭报复，不放心，杀了。这些地主的罪恶便是土地，有财便是罪，财多罪就大，且已多到"财大恶极"的地步，不杀不足以使农民分到土地后放心。如我家附近水对郑村最大地主占朝广（33 亩）、胡头宋村的双港区最大地主宋仁焕(98亩)、临海县最大的地主下洋峙村的董丕芬(1202亩)等便是。

3. 家族势力大。家人丁兴旺,为进一步打击其家族势力被枪决。如望洋店洪用棠,其父伪乡长已镇压,但留下五个儿子,农民怕日后报复,老大洪用棠也难幸免。丁公园村地主李君兴被杀,也是由于他有五个兄弟。否则农会难以掌权。

4. 公报私仇。如上宅乡陈鹿生和李克千,前者在抗日战争时任保长,一村民拿了兵役金逃跑,政府来捉拿,他长期痛恨陈鹿生,土改时要求工作队上报枪决;后者长期开药店,本因没什么民愤的,因交托自己侄子收账被侵吞,双方反目,侄子要求将他枪决。当然,其前提是中共需要。

5. 填补空白。据我家乡统计表格中可知,每乡中都有地主被镇压的,从2个到7个不等,最少的保和乡仅2个镇压,但已有1个不法地主(宋品章)自杀和1个恶霸地主已死亡。杨岙乡和尚地村的周人树被枪决,人们认为是:利用该村叶姓和周姓的矛盾,叶姓人背后诬告,掌权者为填补该乡还没有枪决的空白草率决定。周人树长期为小学教师,家里农事都由其母经管,按政务院农村阶级划分规定,连地主成分也算不上,现竟成为罪大恶极为广大人民群众所痛恨并要求惩办的恶霸分子,实在太离谱。周人树镇压后,周姓人也告发叶姓人,掌权者可能认为仅一人镇压也不够,继又两个叶姓地主被枪决。

6. 地主兼伪职人员。此类人杀的较多。被杀的人绝大多数是乡长地主,也有某些保长地主、参议员地主等被镇压。如我村前乡长蔡行元、保宁乡乡长占德杰、界岭乡副乡长占德均、保中乡文书杨旭东、环溪口村保长陈小尚等均为地主。这些人大部分由于抓壮丁、派捐、派夫等有民愤,但未见他们有杀人、放火、抢劫等罪行。在县档案中,被镇压的罪状就是伪职。临海最大地主董丕芬，镇压的表格上写着其伪职是小学校长。小学校长那有真、伪之分？

被镇压的伪职人员中也有书理人家，有声望，与人和睦相处。如双楼王山头村伪参议员王梦龄，人品端庄，书理之家，重视子女教育，在农村与农民相处和谐。我外甥媳与他同村，其中农成分的父亲讲：王梦龄是百姓讨好的人，农民有困难他慷慨乐助。所以批斗他时，有人上台"揭发"他借粮给人家用大斗，收租用小斗等，与当时主流话语唱反调。我同学杜彦友家人与他有交往，也说他是有修养的好人。

我初中老师王灿然也是伪参议员，待人和善，未听有重大罪恶，但因与临海国民党党部书记陈启忠是连襟，也给枪毙了。前回浦中学校长、伪参议长（任期只半年）卢铎也被枪决。

领袖、法规的表述与实际的严重差距

毛泽东说过多次，杀人不是割韭菜，韭菜割了自己可以长出来，人的头割了后，就无法再长出来了。土改前的1950年6月28日毛泽东对刘少奇的土改报告提出修改意见：除对极少数犯了重大罪行的地主，即罪大恶极的土豪劣绅及坚决反抗土地改革的犯罪分子，应由法庭判处死刑或徒刑外，对于一般地主不是要消灭他们肉体。但土改中杀了这么多人是谁的主意？有资料报导镇反时毛泽东坐镇北京督阵，上海没有达到规定指标，要及时补上，土改时杀的指标谁下的？

《土地改革法》第三十二条规定："为保证土地改革的实行，在土地改革期间，各县应组织人民法庭，用巡回审判方法，对于罪大恶极为广大人民群众所痛恨并要求惩办的恶霸分子及一切违抗或破坏土地改革法令的罪犯，依法予以审判及处分。"

政务院《关于划分农村阶级成分的决定》中对恶霸的定义是："凡称恶霸，是指依靠或组成一种反动势力，称霸一方，为了私人的利益，经常用暴力和权势去欺压和掠夺人民，造成人民生命财产之重大损失，查有实据者。凡恶霸分子经人民告发后，由人民法庭判决处理。"

《人民法庭组织通则》主要部分前已介绍，看起来很负责很郑重。第五条规定：受理后应认真地进行调查证据，研究案情，严禁刑讯。旁听的人经允许后可以发言。第六条规定审判时，应保障被告有辩护及请求辩护的权利。第七条对死刑、没收财产及五年以上徒刑的批准权，属于省人民政府（或省人民政府特令指定之专员公署）。第八条对匪特反革命分子之死刑判决，不得上诉(没指出包括地主，但被镇压的多数是地主，也不能上诉)。其他判决在判决后可以要求复议和上诉。重判不能上诉，轻判可复议和上诉，也是不正常的。

1950 年 7 月 22 日，《人民日报》就刚公布的人民法庭组织通则发表《认真准备与建立人民法庭》的社论。重申了"在受理案件时，应在群众中进行充分的调查研究，审判时旁听的群众经允许后亦可以发言"。还强调指出："但是，应该注意，不要把人民法庭变成变相的群众斗争大会，人民法庭必须保持严格的秩序，而且必须按照正常的司法程序来进行审判。"

1950 年 9 日 19 日，华东军政委员会第二十八次行政会议通过并公布的《华东惩治不法地主暂行条例》中第五条规定：企图违抗和破坏土地改革而有下列行为之一查有实据者，处死刑或十年以上徒刑：

1. 为首组织土匪武装或勾结匪特武装，反抗人民政府，杀害农民，或其他重大危害农民利益者；

2．为首组织或利用封建迷信团体，实行暴动，杀害农民或其他重大危害农民利益者；

3．狙击或暗杀农民及工作人员，因而致重伤或死亡者；

4．以爆破放火等手段，烧毁房屋、粮食，破坏山林及水利建设，因而造成人民生命财产重大损失者；

5．为首聚众，以强暴胁迫手段，干涉农民运动而致人于死或有重大破坏行为者。

对比上述一些法律、文件，以上这些人的镇压有那个对得上？我看到朱芝英被镇压的档案中罪状这一栏空白，按人民法庭组织通则，应认真进行调查获得证据，如有证据肯定会写上。在城关提押到家乡枪决前经白水镇派出所时，有几百人请愿要求从轻处理，如真的在群众中调查研究，至少应缓一步处理。当时一边应付要群众派代表，一边从后门拉出就枪决。被枪决的杨旭东其罪状档案写的是当了十二年乡秘书(实际是文书)，伪职不一定是罪状。蔡明河的罪状档案上写着：伪乡长六年。但完全没有这回事。他是我邻居，当不当乡长我一清二楚。水对郑村辛勤耕作的占朝广，通济堂小学校长周人树可说毫无罪状。上述九个乡 37 个被镇压的地主都不是"罪大恶极的土豪劣绅和坚决反抗土地改革的犯罪分子"，但他们的脑袋被当作韭菜割了，临海县土改中镇压的地主有 1117 个。如果根据政务院对恶霸的定义，刘少奇报告中的说明。这 1117 个被镇压的地主到底有几个够上《土改法》第三十二条和《华东惩治不法地主暂行条例》第五条判处死刑？这 1117 个被杀地主实际上大部都是社会精英，他们的头就当作韭菜被割了。

死刑批准权问题。这个问题在《人民法庭组织通则》有明确规定，死刑批准权属于省人民政府(或省人民政府主席特令指定之专员公署)，但土改高潮时据说区长区委书记就有杀人权。区长也是根据下面报上来，报多报少，材料是否属实，都由下面基层负责。区长是否即是法庭庭长？如何叫巡回审判？除了要枪决的所谓"公审"大会外，没有其他的审判。其实这个公审，也不是"审"，早已内定好要镇压，而是把要枪决的人押上来示众，安排一些人"控诉"一下，借群众要求，按当权者既定目的，口头宣布枪决就行了，什么"法庭""审判"仅是遮羞布而已。

　　笔者在查阅临海县土改档案有关摧毁封建势力(镇压)中，在1117个被杀地主中没发现一个有人民法庭判决书或法庭行文，有少数是干部间来往书信，群众"检举"等。因此，这些法规落实得很差，也许一定程度上是讲给民主党派、知识分子，甚至外国人听的，也为历史留下好看的档案。判处死刑的人，法律上又规定不准上诉，这必然会造成滥杀无辜。从不准上诉的规定可看出对土改中草菅人命、滥杀无辜是有预见的，目的是震撼社会、压服地主、树立权威，以便建立完全听从中共的基层政权，不是真的他们都有死罪。在封建社会(皇权专制社会)，老百姓的死刑也可以上诉的。号称反封建的土地改革，处死人不得上诉，这不是比封建还要封建吗！

　　解放战争期间的土改，乱杀人的现象更加严重。除上文有提及外，前北京市政协主席、时任东北长白县县宣传部长的白介夫，1947年参加土改工作，在他《长白山地区土改运动纪实》一文中，1947年9月5日记称："二十道沟斗乱了，老李头讲得不明不白，听不出头绪来，十八道沟打死四个人，如果对斗争作有计划的领导，那么这四个人都可以不打死。就死而论，至少有两个人是死错了。"(《炎黄春秋》2008年第2期，白若莉整理)

主宰者个人私下的纤悔

某些主持土改的中高级干部对土改中残杀无辜的"忏悔"。

改革开放后第一任中国最高检察院检察长关山复，文革前是中国社会科学院前身哲学社会科学院的第一把手，在干校中他对刘志琴等说过，土改时他是东北一方土改的负责人，杀了许多地主。现在想想，有的也不该杀，那时的情况就这样，抓到地主，召开群众大会，在会上一呼，该不该杀？大家喊杀，立即镇压，不用经过法律程序，就像李自成起义一样。从他的言谈神色中我感受到他的隐隐内疚，类似这种心情的也不在少数。（《请理解老一代》刘志琴《炎黄春秋》2008 年第 6 期）

建国后曾任哈尔滨市市长、中共沈阳市委书记、广东省省委书记的任仲夷说过："土地改革是必要的，但有些过火，'左'的做法是不应该的。""镇压反革命运动，在共和国诞生之初，也是完全必要的，但在具体执行中仍有'逼供信'的现象，错捕错杀了人。"

老共产党员陈文，1947 年参加革命，土改时任台州专区公安处预审科常务副科长。按《土改法》第三十二条规定："严禁乱捕、乱打、乱杀及各种肉刑及变相肉刑。"人民法庭组织通则第七条规定："县人民法庭及其分庭判决之死刑、没收财产及五年以上徒刑的批准权，属于省人民政府（或省人民政府特令指定之专员公署），死刑由省人民政府主席（或省人民政府特令指定之专员）以命令执行之。"他的工作主要是审查土改时各县上报来要镇压的材料，然后予以批复。他说，开始时是审查的，但只看材料，即使有破绽也不去调查，真假是上报人负责，捏造陷害多的是，一般都照批不误。但因上报来要杀的太多，来不及审查。县委书记或县长是地委委员，可代表地委审查，因此把杀人批准权下放到县一级。后来上报到县来要杀的更多，并说公审大会已通知出去，电话催、来人催，要求速批。县一级也来不及审查，区委书记、区长也是县委委员，于是又下放到区一级审查，区委书记、区长就有了杀人权。区级领导大都是南下干部，不知当地情况，除掌握百分比外，主要凭乡、村干部说了算，故必滥杀。他现虽到90岁的花甲之年，但为社会公正，还废寝忘食书写过去的真实经历。

以上这些人都只是以个人身份发表些见解而已，也可以说"良心发现吧"！

这也可证明土改时乱杀现象的存在。不过中共及其政府，现今还没有这种"发现"。我问过医学院刚毕业在台州医院任实习医生、年仅28岁以恶霸地主罪名枪决的董丕芬儿子董承理：中共或政府对于处死你父亲的事，以后有没有向你们表示歉意或认错的举动？他说从来没有。董丕芬有没有死罪一清二楚，况且改革开放以来，出租、雇工、借债、从事工商业，得到中共和政府的支持、鼓励，私有财产及其继承也得到法律的保护。恰当地说，已感到、已证实过去走集体化、公有制行不通，经济上不得不走回头路，退回到旧社会的模式。那么，当今出租、雇工、借债、从事工商业或继承祖辈财产是合理合法的，而土改前这些行为为什么不是合理合法，有的要处以死刑呢？这不论在常理上、法理上、哲理上都是说不通的。追求公平公正是人类的永恒目标，我想，一个政党，一个政府，要取得广大群众的信任、拥护，这种"发现"迟早会到来，何况他们也是中华民族的儿女。

第四节　发生乱划、乱斗、乱杀的原因

发生乱划、乱斗、乱杀的原因，笔者认为大致有以下几点。

1、　　　　　对毛泽东提出的"封建主义"、"封建地

主"是中国革命对象的错误结论，一直奉为正确的革命目标而深信不疑，首先武装思想，从而把地主阶级置于万劫不复的灭顶之灾。

2、　　　　　一村一乡一地区要划多少地主分子，上面利用行政权力有指标下达（以后历次的政治运动，如镇反、反右，对整肃对象都有指标），工作队为了完成指标，即使没有地主也要凑数。土改结束时也没有复查核查，对地主错划多少从未调查纠正。曾参加土改工作队的我小学老师洪宗清先生同我说过：土改时划为地主成分，枪杀多少地主都有指标，为完成指标，矮子中挑长子，工作很难办，但也不得不办。

3、　　　　　暴力土改已有了一个模式，一个范例，即毛泽东 1927 年在《湖南农民运动考察报告》所述说的那种情况。农民协会是最高的权力机构，所谓"一切权力归农会"。对地主要捕、要斗、要杀，都由农会说了算。把地主打翻在地，再踏上一只脚。动不动把地主捉拿，戴高帽子游乡。一伙穷人涌进地主家，可以为所欲为……毛泽东赞扬说，革命不是请客吃饭，不是绣花，不是做文章，不能那样雅致……革命是暴动，是一个阶级推翻一个阶级的暴烈行动。在这一模式、范例的指导下，必然造成"乱划、乱斗、乱杀"的恶果。

上世纪 40 年代至 50 年代初中共领导下的土改运动，在一些领导人"左"倾言论的煽动下使运动出现了血腥和恐怖的局面。1946 年 5 月 4 日中央讨论土地问题时，毛泽东说，现在"农民伸出手来要土地，共产党是否批准，今天必须表明态度。"为了解决问题。"可以进行严重的斗争"，"这是我们一切工作的根本"。1947 年 5 月 2 日，东北松江省负责人张秀山在县委联席会议上宣布：土改斗争不要受任何条文的限制和拘束，放手本身就是政策，斗争越尖锐激烈，就是最人道的。1947 年 9 月 24 日，"晋绥边区农会临时委员会"发表《告农民书》说，混进共产党内、新政权和八路军的地主，"不管他们是什么人……大家要拿去斗，就可以拿去斗"、"大家要怎么惩办，就可以怎么惩办"、"农会可以完全替代政权"。对此，刘少奇马上给予表扬。接着，西北、东北等共管区都发表了《告农民书》。土改工作队进乡，首先到贫雇农家串门点火，进行阶级教育，所谓不忘阶级苦，牢记血泪仇，激发农村无产者对地主的仇恨。这些都是模仿、参照《湖南农民运动考察报告》的举动。

4、　　　共产党是造反组织，不是现代性政党，打天下，坐天下是其最高使命，缺乏法治意识是其显著特点；即使自己制定了宪法和法律，也往往不予遵守，而且加以违反。土地改革亦然。

1950 年 6 月 30 日，"土地改革法"公布施行。可是，第一，此时老解放区的土地改革基本结束，新解放区也轰轰烈烈地普遍开展。如此全国规模的翻天覆地的土改运动，可以说是在没有法律根据的情况下进行的。第二，1950 年 8 月 20 日政务院公布了"关于农村划分阶级的决定"，对地主划分的标准太笼统（占有土地，自己不劳动），弹性太大，扩大化势所必然；何况此决定公布前，党内早已决定在新解放区部署土改，在决定公布时新解放区土改早已开始。第三，"改革法"规定，划分成份自报公议，被划者应参加评定，"并允许其申辩"，可实际上反其法而行之。土改时哪有地主说话的机会！第四，认为收取地租是剥削，缺乏量的规定。以往认为，佃户们 70%-80% 的产出被地主拿走了。学者们研究表明，这是想当然的说法，不合实情。实际情况是地租率只有单位面积产量的30%-40%。（《土地革命与苏区经济成败，红军不得不长征的内在因素》）

5、　　　人性善恶兼具，当然具体到个人，有很大差别。所谓人有善人、恶人，有好人坏人。但在正常的社会秩序下，每个人受到法律和道德的约束，人性中的恶行多少受到遏制，但当社会出现动乱时，无政府主义抬头，法纪礼仪可以任加践踏，一些人的恶行便乘机发泄，乃至为所欲为。而且，土改、文革之类的政治运动中"左"的思潮泛滥，成为一种时尚，那种打、砸、抢、抄、斗的无法无天的行为受到当局的纵容，更使社会中的民粹分子横行天下，恣意忘为。政治运动成了社会劣质分子们最好展示其拳脚的机会。

6、　　　　在暴力土改中乡村中的懒汉、二流子、痞子、流氓无产者，是众多运动的依靠对象、积极分子，一时间成了革命先锋。他们风光无限，可以无所不为，在斗争地主中使出各种残忍、下流的手段。他们的私心，贪欲膨胀，他们要把乡村中某些人打成地主，有的是为了能分得土地、财产、甚至女人；有的是为了公报私仇，或一举几得；有的是为了日后能当个乡官，出人头地，翻身做主人……所以，土改造成的恶果是多方面的：它破坏了生产关系和生产力，破坏乡村和谐的社会关系，破坏传统道德，破坏人性人伦等。

7、　　　　中共发动土改的目的，主要不是为"耕者有其田""发展农业生产"，而是为自身利益。

解放战争期间借土地改革动员人力物力为支持、满足夺取全国政权的解放战争需要；建国后的土地改革为巩固政权需要。在这一指导思想下，要打破熟人社会，发动一部分人（贫雇农）斗另一部分人（地富分子），怎样去发动？是有一定难度的，中共就以没收地富财产为诱饵，适当鼓励、纵容前者用激烈手段去打杀后者。他们（贫雇农）为免得后者（地主富农）报复，不得不投靠中共，参军杀敌，听从使唤，对后者进行专政。他们认为只有共产党取胜、政权巩固才有自己安乐的日子，中共就以此手段达到动员的目的。因此，必然导致"乱划、乱斗、乱杀"。

山西大学政治与公共管理学院副教授廉如鉴在《开放时代》发表《土改时期左倾现象何以发生》一文，充分说明上述情况，该文摘要如下。

"解放战争时期的土地改革运动是党的历史上一次极为成功的运动式治理实践，在很短时间里动员起大量的人力物力资源，最终赢得战争胜利。但是，与巨大的动员效果相伴生的是大量"左"倾现象，其严重程度尤其是暴力化程度比后来的"反右运动"、"四清运动"、"文化大革命运动"犹有过之。

"土改中的"左"倾乱斗主要表现在两个方面：一是阶级斗争扩大化，除地主富农外，很多中农甚至贫农成为斗争对象；二是斗争过于激烈，无数被斗争对象经济上被"搞光"，政治上被打倒，人身被痛殴乃至被肉体消灭。这些大量出现的"左"倾现象和巨大的战争动员效率存在着内在关联。

"土改运动的主要目的是在村庄内开展剧烈的阶级斗争，发动一部分村民斗争另一部分村民，从而摧毁阻碍战争动员的传统共同体和传统的人际关系，并通过分配斗争果实和营造巨大的社会压力（宣传教育、拥军优属、树立典型、干部带头、反扯腿、批评落后、批判逃兵）促进农民参军支前，必然带有阶级斗争扩大化和斗争过于激烈等"左"倾色彩。

"农村传统人际关系和传统共同体对战争动员构成重大阻碍，必须予以消除，但这两者的生命力都非常顽强，其原因：一、传统乡村是一"熟人社会"，原本没有阶级观念；二、即使工作队引导产生了一些效果，农民动手分了地主土地和财物，但农民常把分来的东西送还地主。这种局面对革命政权是不利的。

"为了彻底瓦解村庄内的传统人际关系和传统组织，对革命政权而言，一定范围、一定程度的暴力，是必需的而且是有益的，这就需要鼓励斗争者对斗争对象实施暴力，甚至消灭其生命。但是对农民而言，村庄内的暴力一旦开始，就会进入"自我强化"的循环，不断强化。因为农民剥夺了地主的土地财物，折损了他的面子，殴打了他的肉体，接下来希望把事情"做绝"：既然彼此间关系已经无可挽回，那么对农民而言，只有彻底打倒乃至消灭地富家庭才能放心，否则自己将和这些仇人的生活在封闭的熟人社会里，时时处在被报复的威胁下。于是农民对地富分子常常"不动手则已，动手则往死里打"，而且一旦杀人，就想斩草除根，杀光地主的全家和亲戚。这就不可避免地导致株连现象，很多中农甚至贫农只是因为和地富分子有亲戚关系也被杀掉。杀人者这样做，是为了保护自己免遭未来的报复，使自己和家人生活在一个"太平村"里面。晋西分局的兴县就打死1152人，其中有205人是老人，25人是儿童。因威吓恐惧自杀859人，因扫地出门冻死饿死63人。保安县土地工作会议后一下子关起1.1万余人，光病死饿死就有1903人。忻县关了2341人，病死就有603人。在上述局面下，干部亲属、军人家属甚至干部本人也无法保全。例如晋西北三井镇一康姓中农军属，被错定为富农，父子6人被打死2人，被迫自杀3人，家产被没收一空，剩下的唯一一个儿子在八路军某区任政委，得讯后赶回，亦愤而自杀。"

附文：　　　　土改学：划阶级成分

　　土改看起来改革的是土地，实质上它改变了人心。
　　人心变了，人与土地、财产、权力的关系才会变。细究起来，土改的头等大事倒不是"土地还家"，因为"还家"的土地没过几年就被"合作化"了。土改真正的大事是"划分阶级成分"，这划定的"阶级成分"不仅改变了很多人的下半辈子，甚至还影响了几代人的命运。划阶级成分简单地说来，就是按照土地占有、是否劳动、有无剥削这三大标准，将生活在农村的人，划分为地主、富农、中农、贫农、雇农等不同的阶级。这既是土改中变更地权的理由，更成为确立新政权在乡村中合法性的基础。

虽然有了土地、劳动、剥削三个标准，但由于执行者颁布相关规定的滞后，各地出台的办法也大多含义抽象、模糊，使划分阶级的标准在不同地区之间，出现了很大差异。有时完全靠土改干部随机掌握，落实到各村庄，情况就更加混乱。华东局五莲县委就总结过："因为划时缺乏标准，及为过左情绪所笼罩，所以毛病很多，标准不一。如在经济上的标准，有单按地亩多少、单按自耕佃地、单按生活好差，有过轻微剥削的即是地富，有过贪污盗窃行为的即是恶霸，因经营副业生活优裕的亦作为地富看待，在穷庄里普遍地矮子里拔将军，'找不到阎王就找鬼'，许多中农升为地富。在政治上，政治态度好坏亦作为定成分的标准，如做过坏事的，在敌方、伪方干过事当过兵的，有特务嫌疑的，有恶霸行为的，和干部关系坏的，阶级成分就上升；关系好的及干部积极分子本身，阶级成分就下降；有的则挟私报复，有的查三代。"

晋绥边区的兴县木栏杆村很有代表性。这个村有五十多户，村里有一千多亩地是属于另一个村子牛姓地主的。村中土地略多的几户，连富农都算不上，其余四十多户靠租地耕种。当时晋西分局的领导听到这种情况，就启发工作队：全村没有一个地主，这能说得过吗？划成分不能光看他们的土地占有情况，还要看他们的政治表现，看他们的摊子大小，还要看他们祖辈上干过什么事情，看他们的父亲、祖父是否曾经有过剥削行为。有了这个指示，工作队划成分就用了查三代的办法，无论现在怎样，只要其祖父、父亲有过剥削行为，就将其划为破产地主或破产富农。工作队还创造了一种划成分的新方法——到野外看农民的祖坟。只要发现坟墓有围墙、有石碑，就将其后代划为地主或富农。理由是，贫雇农的坟是立不起围墙、竖不了碑的。就这样，工作队硬是让该村的地主富农占到了全村总户数的30%。村里挖浮财时，从张拖喜家挖出了200块大洋。这是张拖喜兄弟的血汗钱，为了积攒这点家底，两兄弟常年辛苦劳作，寒冬腊月还磨豆腐卖，根本谈不上剥削所得。但因他们在挖浮财时出口伤人，得罪了几位"积极分子"，工作队便认为，既然村里搞出了八九户地主，就一定有恶霸，于是张氏兄弟被定为"恶霸地主"。分局领导得知，表扬了工作队，要他们扩大战果。在斗争会上，村里农民了解俩兄弟为人，反而求情的居多。最后，只好由一个工作队干部站起来宣布："张拖喜、张拖长罪恶累累，他们欺压群众，打骂老百姓，不杀不能平民愤！搞土改就是要打封建、斗地主，对恶霸分子不能心慈手软。"于是，张氏兄弟当场被两个"积极分子"执行了枪决。

劳动、剥削标准在具体评判起来确有一定难度，这使得各地在划阶级时，出现了千奇百怪的情况。苏南松江区的杨川根，单身汉，有自耕田6亩，出租田12亩，本人60多岁了，不能参加劳动，便因无劳动而被划为地主。杨中县八轿区将一个只有1.7亩地而没劳动力的老太婆评为地主。无锡县查桥乡蒲锡庆全家4人，仅有7亩土地，因全部雇人耕种被划为地主。很多地方还把生活作风、人际关系的好坏当作划阶级的主要标准。苏南武进县万塔乡就是这样。四村杨仲方一贯好嫖，五村黄耀太好骂人，六村王扶进不肯借东西给人家，七村戴祥林当过伪代表，八村蒋和尚好赌钱，这些人都划成了地主。

划阶级成分是对所有农民个人生活和思想的一次介入，它破天荒地在农民的头脑中将人与人的关系分出敌我界限的阵营，改变了每一个农民看待社会与个人的方法。这一点不仅让农民从心理上与地主分了家，更是唤起了农民潜藏心底的权力欲望。一个人的出身和过去贫穷的程度，成为他得到各种社会资源和政治地位的底牌。

太行区涉县更乐村就按照一些贫雇农的意见，搞了一个"八靠八不靠"的标准，划成分时可按土地、房屋、牲口、农具、内货、摆饰、根底、剥削八条进行灵活衡量。贫雇农看见谁家的油水大，随便找个理由，便能给他戴上地主富农的帽子。一户仅有2亩薄地的石匠，因其祖父的兄弟是前清的探花，被划为地主。这个村还对地主富农采取肉体消灭政策，人民法庭共判处了12人的死刑，其中4人实际成分只相当中农，而群众认为真正该死的只有2人。杀人的办法没有一个是用枪毙的，多采取捅刺刀、开膛破肚、"砸核桃"等残酷办法。

许多地方还出现了模仿古代官员开堂审案的闹剧。据山东莒南县大店区一位庄姓民兵回忆："地主家有很多官司服，农救会会长穿上官服坐堂，严重的时候惊堂木一敲，'给我把耳朵割了！'就用刺刀戳就戳死了，死好几百口子，在北河里死了不少，吓都吓傻了……为了让地主家妇女说出浮财，把她们往鏊子上烙，刺手指。"莒南刘家岭村的农救会会长回忆过邻村的事：侍家宅子村有一家弟兄6个，都当石匠，三年盖了三层炮楼，全家40亩地，在全村地最多，"瘌子里找将军"，被选出来了，弟兄6个大人都被砸死，小孩被一劈两半。当时提的口号是"有仇的报仇，有怨的报怨"。

划阶级成分可以说彻底变更了农村的社会关系和社会结构。旧的乡村秩序是以宗教、学识、财产、声望为根基的，这一切都被"阶级"这个新概念颠覆了。那些过去主导了乡村社会的地主和富农们，在土地改革中是被批斗、控诉的对象，其后很长的一段时间成为被管制、镇压的对象。它不仅摧毁了原来乡村精英的社会与经济基础，使他们"权威失落，土地被分，声望扫地"，更通过授予不同阶级以差别各异的政治权力，达到了社会动员与社会控制的目的。划阶级成分，其实是重组国家权力的第一步，目的就是通过打击一小撮阶级敌人，来显示新政权和以前穷人的力量。

湖南醴陵县在划分阶级时，就提出要尽量发动农民"撕破脸皮"与地主阶级展开"面对面无情的"斗争，要求"将地主的屋场变成战场，男斗男，女斗女，男斗农具，女斗衣，儿童斗儿童"。山东滨海提出："地主一切都是非法不合理的……实行'扫地出门'。""一切照百分之九十农民的意见要求行事，对地主有生杀剥夺之权，任何人不能干涉。"苏南一些地方划阶级，明确规定了"上台要跪，承认要爬，不服就打"的办法。莒南涝坡区农民喊出的口号则是："封建恶霸不是人，是吸血鬼、杀人犯！""地主财产不合法！贫穷就是理，穷人是大爷！压迫地主，拥护穷人！"

莒南曲流河村的聂其义当年是地主的儿子，也被划为地主。据他后来回忆："聂其勋，就是我堂兄，五十多岁了，他也是那天晚上被砸死的。他因为收割庄稼时，不让人家跟在腚上(后面)拾，(其实)不是不给拾，是收拾完了再让拾。那不是一条大意见吗？……'俺饿得不得了，拾零庄稼不让拾'。一点意见上去就是一棍子，时候大了(事情闹大了)就打死了。"在总结那段历史时，聂其义认为："不管大小意见，群众当家嘛，有一个说得砸死，就得砸死。公报私仇，这个成分厉害。贫雇农有正派的，也有不正派的，大多数是好人，可有几个人在那里胡乱说话，把他砸死，其他人也不能说不砸死，就得随着。那时候不就是那个社会吗？贫下中农有说话权利，地主富农有理也不能讲。你要是一说话，把棍子来上，哪能有说话的权利？"

　　土改中划阶级的构想，应该说与当时一些村庄的现实是有距离的，阶级差别并没有存在于中国的每一个村庄。但是，这一场关于"穷—富""善—恶"的道德戏剧，确实在每一个农民身上都上演了。它所培育的话语、仪式与精神习性，深深保存在中国几代人的记忆中，成为以后群众运动的一个重要源头。

　　真正的悖论是，土改划阶级本来依据的是土地引起的贫富差距与剥削，但在有这种差别时，并没有划分出阶级，而是在土地被没收、剥削被消灭之后，才有了阶级的划分。地主失去了土地，才成为"地主"；贫农得到了土地，却被称为"贫农"。"阶级成分"是在互换了各自的地位之后，被划分出来的。这种森严的阶级划分，其实是一种权力与身份的虚拟，所以学者黄宗智将它称之为一种新型的"种姓"制度，是不无道理的。因为只有"种姓"，才会联系历史和血统。华北饶阳县的杨各庄，在划阶级成分时，因没有活着的地主，工作队便将小孤女宋朵预先划为地主，虽然她只有几岁。村干部决定，等她长大了，再正式将她定为地主。她没有从父辈的土地上获得过一点好处，却要因那些土地而蒙受灾难。这个小女孩的余生，将被看作人民的敌人？

　　（本文作者：叶匡政刊 2007 年 9 月 13 日《南方周末》）

第六章 文艺作品中的地主及本来面目

1949年以后出生的人，都不曾见到过当时生活中真正的地主，仅是在文艺作品中得知他们的横行霸道和凶恶残暴。只要提起"地主"一词，人们就联想到黄世仁、刘文彩、周扒皮、南霸天的丑恶形象，他们成了"地主阶级"的代表人物，是人们心中地主的"化身"，作恶多端、罪大恶极，人人横眉冷对，个个切齿痛恨。虽土改已过去半个多世纪，对这些人的印象即使有所淡忘，但不会消失，且在人们娱乐中还有个"斗地主"的游戏，可能长期要流传下去。在经过几十年后的今天，从披露出的有限资料来看，这四个作品中的地主无一不是假典型，为了"还原"真实的地主，对文艺作品中塑造的地主形象的本来面目作一介绍，以尽量求得真实公正，客观地对待前人、对待历史。

第五节 《白毛女》黄世仁是个大善人

中国人几乎无人不知描述地主作品的歌剧、电影、芭蕾舞剧《白毛女》。黄世仁是《白毛女》中的恶霸地主，他一心想霸占贫农杨白劳的女儿喜儿。除夕之夜，黄世仁强迫杨白劳卖女顶债，杨白劳被迫喝卤水自杀。此后，喜儿被抢进黄家，遭黄世仁奸污。喜儿与同村青年大春相爱，大春救喜儿未成，投奔了八路军。喜儿后来逃进深山过着非人的生活，头发全白。两年后大春随部队回乡，找到喜儿，申冤报仇，两人结婚，过着翻身幸福的生活。

当年在看《白毛女》时，多半是一把鼻涕一把泪，咬牙切齿地看完。这一剧唤起了几代人对旧社会地主阶级的仇恨，它如此深入普及，如此脍炙人口，对人们思想产生如此大的影响，在中国现代戏剧史上堪称首屈一指。

对该剧的传统介绍及评论一般是：在 1945 年 4 月中共
七大召开前夕，为中共中央领导和招待出席、列席七大代表
在中央党校礼堂首场演出，盛况空前、反响强烈。次日中央
办公厅即来人到剧组，除给予赞扬和肯定外，还奉首长指示
有进一步修改的必要。在抗日战争即将取得胜利，国内阶级
矛盾必上升为主要矛盾，地主阶级要成为主要革命对象时，
对地主必须狠狠打击，黄世仁应予枪决。剧情为此又作了修
改。果然取得了效果，之后在延安再度演出剧情发展到高潮

时，一位连级干
部激愤过度，怒
不可遏地拔枪向
扮演黄世仁的演
员开了一枪，可
见该剧感人之
深，效果之显
著。该剧的目的
是通过对地主黄
世仁、贫农杨白
劳和杨白劳女儿

《白毛女》剧中的黄世仁与喜儿

喜儿的刻画，阐明共产党领导的中国革命必要性和合理性。
由《白毛女》激发出的解放军士气，争取广大群众对地主财
产没收、镇压的认同、拥护，对共产党取得胜利、建立政权
起到非凡的作用。

王克明就毛泽东 1942 年 5 月在《在延安文艺座谈会上
的讲话》发表的《'讲话'前后的延安戏剧》一文中另有评
论："鲁艺在抗战期间排演的《白毛女》，演出很成功，但
与抗战无关。1940 年抗战最艰苦年代，晋察冀边区河北省
阜平一带出现过一个'白毛仙姑'民间传说，其后几年间，
'经过群众口头创作，故事日益完整'。1945 年 1 月，为

了向中共'七大'献礼，开始用这个素材创作剧本。在否定了'神怪'和'破除迷信'的题材处理，想出了'旧社会把人逼成鬼，新社会把鬼变成人'的主题后，忽略了地主士绅那时也是中国抗战重要力量的史实，把这个传说改编成了没有抗战背景的故事，敌人从那时期的日伪变成了地主。进入创作时，抗战还在相持，形势尚不明朗，6月10日为'七大'献演时，战争还很残酷。6月11日，毛泽东等领导人经中央办公厅向鲁艺传达他们的指示：一、这个戏是非常适合时宜的。二、艺术上是成功的。三、黄世仁应当枪毙。在未知抗战终结之时，这个剧离开抗战，发动阶级仇恨，提前动员内战了。"（《炎黄春秋》2013年第5期）

也由于这一剧的成功，更促使不少地主命归黄泉。

《白毛女》让黄世仁遗臭万年。但经过记者对黄世仁的家乡河北省平山县进行详细调查，从群众那里得知历史上那一段传说的真实面目。

黄世仁的爷爷黄运全本是一个老实贫农，经过一辈子的省吃俭用艰苦创业在40岁的时候买下了15亩薄田，然后辛勤劳动惨淡经营最终将105亩地传给了他的独生子黄起龙。黄起龙念过私塾，知书达理，聆听祖训秉承父业，低调做人，几十年来，将黄世仁的爷爷黄运全留下的100亩地扩大成千亩良田。并且有了仁、义、礼、智、信五个儿子。

黄世仁是长子，自然接了父亲的班儿。黄世仁自幼好学，学历相当于现在的高中。黄家五兄弟在当地名声颇好。黄家人善心良，经常周济邻里，行善积德，在当地是有名的黄大善人。黄世仁有一妻七妾，儿女成群，家庭和睦（当时的法律允许有一夫多妻，黄世仁的婚姻状况不属于违法，也在当时的道德规范之内）。

杨白劳，黄世仁的发小儿(结拜)，杨白劳的父亲杨洪业是当地有名的豆腐大王，人称杨豆腐。杨家豆腐以质好价廉著称。杨洪业将他的豆腐事业传给他的独生子杨白劳之后，于 41 岁英年早逝。杨白劳承接父业之后，辛劳程度超出了他当公子时候的想象。又染上了赌瘾毒瘾，豆腐事业从此一路向南。当地百姓都很看不起他。

大春，贫农，一个小痞子，无赖。

喜儿，杨白劳的独生女儿，一个喜欢吃豆腐的胖懒妞。

《白毛女》把黄世仁描述成为为富不仁、横祸乡里的恶霸，强抢民女强奸喜儿最后在人民群众的吼声中被镇压了。杨白劳因欠黄家巨款无力偿还喝卤水自尽，喜儿据说在大山里待了若干年须发皆白最后被大春救出。大春参加革命结束无赖生活。

事实是：黄世仁在杨白劳欠下巨额赌债无力偿还又遭债主追讨的时候立字据借给杨白劳大洋 1000 元（相当于现在的 10 万人民币），然后又收留未成年的喜儿。杨白劳欠钱躲债吃喝嫖赌无脸见人，最终误喝卤水不治身亡。黄世仁念在同杨白劳多年的情分上厚葬了杨白劳，并且收养喜儿。

看看《白毛女》创作者杨润身自己的回忆，"根据自己的亲身经历，在情节上提出了不少有见地的再创作建议。如，歌剧中的杨白劳是腊月外出躲账，但杨润身清楚地记得，当年他父亲是拼死拼活挣够欠地主的利息，主动向地主还息。按照统治阶级的规矩，穷人还清债息就可以安度春节。剧中杨白劳、喜儿、大春三个劳力，完全可以还清黄世仁的债息，躲账有欠真实。杨润身就与两位编导商讨，由杨白劳躲账改为主动还息，但黄世仁为霸占喜儿，强词夺理，要求本利全还，逼杨白劳走上绝路。这样一改更加接近生活的真实。"完全没有对事实进行调查，仅凭自己的革命忠诚，就颠倒了杨白劳欠债不还的基本事实，又把为富不仁的帽子扣到黄世仁头上。

《白毛女》虚构的成分太大了。同时，颠倒事实。将黄世仁在名声上颠覆至万载不复的地步。实属太不应该。穿凿污史，辱前人于地下，公允何在？

（正文部分据互联网 http：//bbs.tiexue.net/bbs73-0-1.html）

第二节　　　《白毛女》社会关系分析

1. 原故事表明了中国革命的正当性

这是中国革命史上一对著名的冤家。黄世仁是大地主，杨白劳是贫雇农。杨白劳欠了黄世仁的粮食，黄世仁要抢走他的女儿——喜儿，杨白劳被逼死，喜儿的男朋友大春参加了共产党，要推翻这个黄世仁们统治的世界。这个故事表明了中国革命的正当性。但是，如果站在市场经济的角度看，这个故事就有另外一种讲法。

2. 黄世仁和杨白劳的"平等"

黄世仁和杨白劳完全可以理解为市场经济中的两个独立、自由、平等的交易者，两个市场主体。他们在身份上是平等的，他们在人格上是平等的，当然，实际经济地位不平等，因为黄世仁有钱有粮又有地，而杨白劳无钱无粮又少地。

3. 平等的市场借贷关系

某一年的春天，杨白劳家里揭不开锅了，就找黄世仁借粮食。黄世仁说借一石还两石，杨白劳觉得利息太高。黄世仁说，不行的话，你再走一家问一问。于是，杨白劳就去问了赵世仁、张世仁、李世仁、马世仁。他们都说，借一石还两石，这叫市场利率，也许是高了点，但是这是市场利率。杨白劳这回明白了，是市场机制在起作用，不是黄世仁故意要欺负我。而且黄世仁家离我家还比较近，我还可以省一点运费。

4．充分自由的抵押担保

黄世仁说："好，明白就行。可是我还有第二个条件，就是要你找到担保。"

黄世仁又启发杨白劳，你们家的喜儿是否可以作抵押？杨白劳想，还真是没办法。如果不用喜儿作抵押借粮食，意味着春天父女俩都得死。如果用女儿作抵押，运气好，夏天粮食长势喜人，秋天粮食丰收，这一年就度过去了。运气不好，至少父女俩都可以活过这个夏天。出于经济理性，杨白劳还是把喜儿抵押出去了。"

有人可能会有不同意见说，人怎么可以抵押呢？其实，人可以作抵押，这说明市场化程度比较高，市场要素发育比较充分。如果人不能作抵押，说明这个市场还是有限制的市场，还是有管制的市场，还不是利伯维尔场、自由经济。

5．契约精神

夏天一场旱灾把土地晒裂了，庄稼晒死了。秋天，杨白劳就还不起粮食。黄世仁按照契约办事，要求杨白劳将喜儿送到黄家。可是，喜儿缺乏契约精神，死活就是不去黄家。杨白劳父女情深，抱头痛哭，哭着哭着，杨白劳也失去了契约精神。黄世仁是个守法公民，他一纸诉讼就把杨白劳告到县法院。县法院一看，这白纸黑字，契约在先，那喜儿就得抵押。

6．法制精神

县法院说，我们事情太多，警力紧张，执行庭的人都忙不过来，能不能派你的私家保安去执法？黄世仁说，那好吧，我也为县政府作点贡献，给你们节省点执法成本。

穆仁智到了杨白劳家里，就要抓捕喜儿。喜儿挣扎，双方就发生了肢体冲突。今天，这自由主义的学术规范要求学者得公平客观，用语不能带感情色彩，所以不能说穆仁智要抓喜儿，喜儿要反抗，只能说是双方发生了肢体冲突。

穆仁智贯彻的是现代西方先进的法治思想，用的是法言法语：我在强制执行，你挣扎就是抗法，就是暴力抗法。喜儿却是一脑门子落后的东方的道德话语，不管契约不契约，是人，就不能以强凌弱、乘人之危、落井下石。当然，道德的喜儿被法律的穆仁智带走了。

7，从"和谐"到"恐怖"

杨白劳想不通了，一辈子种粮没粮吃，养个女儿又被抢走了，这社会咋就这么欺侮穷人？他越想越生气，契约精神、守法意识消失了。到第二天五更的时候，他一把火烧了黄世仁的家，把黄世仁一家都烧死了。这就是搞了恐怖主义，相当于孟买的恐怖分子冲进了五星级酒店开枪杀人，或者就像是"9·11"事件中的波音飞机撞毁了世贸大楼。（据互联网"百度搜索"）

第三节　　四川白毛女真相考述

1945 年，陕北解放区延安舞台上脱颖出一个白毛女喜儿，即成为被压迫被侮辱的阶级形象代言人、无产阶级的艺术明星。无独有偶，20 世纪 50 年代末，四川宜宾又发掘出一个"真实"的白毛女罗昌秀。从此，这颗新星喷然升起，顷刻间光芒辐射神州大地。这一北一南一前一后的两个白毛女遥相呼应，演绎着那个时代阶级斗争的经典理念："旧社会把人变成鬼，新社会把鬼变成人。"

宜宾白毛女一直存在着两个截然不同的版本，一个是"台上"公开表演的，一个是"台下"暗地传闻的。笔者与

罗昌秀

白毛女罗昌秀同属宜宾地区人，不过她被发掘时笔者还是刚发蒙的小学生。这台上台下两个迥然不同的版本一直困憾着人们，也触动着笔者，蒙生了刨根问底、弄清所以然的念头。近日难得闲暇，便开始着手调查这个曾触动亿万民众眼球和心灵的故事。

通过朋友、熟人的帮助掌握了一些知情人的信息，搜索了相关资，并于2010年3月和4月两次亲赴罗昌秀的家乡宜宾县凤仪乡实地采访。先后采访了80余岁的王仕全(凤仪乡小河队农民，解放初年当过民兵连长)，82岁的刘民田(凤仪乡金黄生产队农民)，85岁的贺金文(当地人，曾当过粮站、生产队会计)，72岁的罗荣华(罗锡联堂兄罗锡章的孙辈，本地农民)，49岁的王富强(白毛女罗昌秀的女婿，自由职业)，75岁的罗昌国（罗锡联陶天珍的二儿，本地农民），73岁的何俊成（宜宾县象鼻乡人，原宜宾县商业局物价科负责人，文化大革命中任宜宾县革委副主任、常委，主管生产，曾为"宜宾白毛女真相调查组"组长）等，还有一些官方知情人士（不便点名）。

一、罗氏家族渊源

远的不说，只道其五服之内的关系。"白毛女"罗昌秀的父亲罗锡朋与陶天珍的丈夫罗锡联属同一个祖父。他们父亲那辈是三房人，每房分得十八挑田，五石地，草房四间。

因罗锡朋是独子，父亲去世后，便继承了全部家产，而罗锡联家是两弟兄，只分得一半，只有九挑田，二点五石地。罗锡朋膝下两儿一女，长子罗昌宝，二女罗昌秀，三儿罗昌高，虽然田地不少，还烧石灰卖，但家境却并不好。临解放前几年，罗锡朋老两口先后病逝，之后境况就更差了，连锄地的锄头都没有，用树棍或竹竿削尖来刨地；住房年久失修，破败不堪，谓之"千根柱子下地，苞谷竿夹壁"的茅草房，也叫"叉叉房"。而罗锡联膝下三女三儿，虽然田地比罗锡朋家少一半，却置有耕牛犁耙，能吃得起饭；还在距罗锡朋家 200 米处的鱼池湾筑起了五间泥墙草房。

笔者便问：白毛女家这么穷是不是因为被地主残酷剥削的后果？答曰：不是。她家是自耕农，没人剥削她。白毛女的父亲罗锡朋是长期病卧的"老喉疮"，母亲也是"病坨坨"，兄罗昌宝参加土匪，也是个恶人，为女人争风吃醋死于情杀。当地有个寡妇罗吴氏，其夫罗昌彬是惯匪，被当时凤仪乡国民党驻军法办了，罗昌宝就向着她，硬要把她带走，而另有一个同辈族人叫罗昌安的男人也向着那寡妇，罗昌安也是土匪，于是两个情敌的争斗便开始了。后来罗昌安设计将罗昌宝诓骗到云南小罗圳岩风湾暗杀了，"鸟枪打死的"。解放后土改，按既有的田土多少定成分，罗锡朋家（即白毛女家）被定为中农，罗锡联家（即陶天珍家）被定为贫农。（刘民田、罗荣华介绍）

二、"白毛女"的由来

罗昌秀的亲戚和当地知情的老人都说，罗昌秀的白发是遗传，少年白，灰白，她妈的头发也是少年白。"罗昌秀没衣裤穿，不好意思出门见人，白天就躲在楼上的大黄桶里。"（王仕全语）"当地人叫她（罗昌秀）野人，野姑娘，当时十来岁，赤身裸体的，见人就跑开。"（贺金文语）"罗昌秀两姐弟白天在山上捡拾粟子，晚上出来偷别人

的庄稼，还偷过我家地里的苞谷。"（刘民田语）

笔者问：罗昌秀是不是因为不堪陶天珍的虐待跑上山
的？他们是这样回答的：说良心话，罗锡联的老婆陶天珍
（罗昌秀喊二婶）见罗昌秀可怜，就喊她来家帮着照看一下
小孩，做点家务，也教她做针线活，纳鞋底。一段时间后，
发觉她手脚不干净，有小偷小拿的劣习，就骂她。她煮饭淘
米时就偷偷挪一些起来沉在潲水桶里，择时机弄起来拿回家
去。一次被陶天珍当场抓获，盛怒之下抓起篾片打了她几
下，她就跑了——笔者插问：跑上山去了？"不是。跑回家
去了。"（贺金文语）。

罗昌秀杵米时偷米，被陶天珍的三女发现了，说了她几
句；后陶天珍用火钳打了她几下——我父亲告诉我的，她就
跑回去了。（罗荣华语）。

罗昌秀杵米时偷弄了一小桶米藏到我们家后阴沟，被猪
拱出来，我妈（陶天珍）就抓起火钳打了她几下，她就跑回
去了。……罗昌秀没得穿，一身不遮体的烂襟衣裳，白天躲
在家煮饭，见人来就跑。其实她一直在家里住，没有去山上
住过。罗昌秀的灰白发是遗传，她妈就是少年白。……罗昌
秀的父母先后在解放前的1945年和1948年死了，留下罗昌
秀罗昌高两姐弟在一起生活。后来弟罗昌高娶了媳妇，罗昌
秀与弟媳妇搞不拢，就跑出去，跑到山上待一阵又回来住一
阵。1951年，村上开会，隔房兄嫂王天武（罗昌坤的老
婆）与县妇联主任牟仕凤一起来找罗昌秀，把带来的衣裳强
行帮她穿上，拉她去开会。她已习惯裸体，开会回来就把衣
裳脱掉。那时她已是三十来岁的人了。（罗昌国语）

1958年，曹华明（有人纠正是曹怀明，宜宾县检察院
干部、驻凤屏乡工作组组长）见这里有个白毛女，北方那个
白毛女喜儿是艺术形象，而这里的白毛女是真实的，就找到
本队农民梁佩三、曾绍荣了解罗昌秀的故事。曾绍荣本与罗

锡联家有结怨，就说是罗锡联的老婆陶天珍打她（罗昌秀）逼她上山成了野人的。再后来又找到生产队的会计王德富，还有本队王世富、罗昌安、王启平、罗焕荣等十几人了解，他们都实话实说。王德富只说了一句：罗昌秀是少年白，是遗传；她偷她姊娘陶天珍家的东西，就被打了几下，就跑了。结果硬说王德富在污蔑罗昌秀，包庇地主恶霸，遭判16年（实服刑9年）劳改的冤枉；王世富也被判劳改16年（实服刑7年）；其余都课以十五年、无期徒刑不等的法办。其中罗昌安和王启平因与罗昌秀的哥哥罗昌宝情杀血案有牵连，分别被判以死刑、无期徒刑。罗锡联的大儿罗昌权，学校毕业出来才十几岁，因当保长的堂兄罗昌坤病了被聘去替代其职务，只当了一年保长，借机另给加上一罪：伙同母亲陶天珍迫害罗昌秀，被判无期徒刑。（罗荣华、罗昌国语）

　　文化大革命中，罗昌秀被指定为名誉上的县革委常委，其爱人文树银自以为是名人白毛女的男人，估吃霸休（霸道的意思）；而当地老百姓传闻的"白毛女"与政府的宣传出入很大，我们就想了解他两口子究竟何许人，就成立了调查小组，派人专门去调查。调查反映：文树银解放前当过土匪，是跟着跑的喽啰，解放后依然好吃懒做、酗酒，"常醉卧酒店"，四十多岁还找不到老婆。白毛女罗昌秀的父亲罗锡朋与陶天珍的丈夫罗锡联是亲亲隔房弟兄。白毛女的父亲罗锡朋赌、吸（鸦片）皆来，解放前十几年就把家当败完了，家里一贫如洗，白毛女从小就到坡上采野菜野果吃，衣服也没一件好的，智商低下，还有些神经兮兮的。而隔房叔父罗锡联那家人就争气，一家八九口人都勤快，日子就过得好一些。……白毛女罗昌秀的信息传出后，有人就来了兴致，认为过去宣传的北方白毛女是延安编造的艺术形象，而宜宾白毛女则有真实原型，看看哪个更吸引人们的眼球！于是下情上报，上情下达，上下呼应，一个轰动全国的宜宾（南方）白毛女闹剧便开始紧锣密鼓地出台了。

　　大约是 1958 年的冬天，西南局（有说是李井泉干的）派一位省公安厅厅长乔治敏来宜宾蹲点，兼宜宾县委书记，肩负两大重任，即搞两大工程，第一大工程是塑阶级斗争形象工程"宜宾白毛女"；第二大工程是农业生产搞"万斤亩"（即高产田，放卫星，亩产万斤）。依当时阶级斗争模式来思维、编创、导演，白毛女罗昌秀必定是穷人，她的白发必定是在山上过野人生活造成的，而上山是因为地主（富人）的逼迫。于是，罗昌秀成了穷人阶级的形象代言人，罗昌秀的亲姊娘陶天珍就是恶霸地主婆，亲叔叔罗锡联则是恶霸地主，外加惯匪头子。宜宾县当局派人下来"了解"白毛女的情况，该队的会计实话实说：罗昌秀的亲姊娘陶天珍只是骂过她：你（罗昌秀）一次二次经常偷我地里的菜，累教不改，再偷，我不把你的手给宰了！而县公安局的人非要咬定会计在包庇恶霸地主，为此会计被定为"包庇罪"判了 16 年刑。……在匡时街市川剧团召开声讨恶霸地主母老虎陶天珍的万人动员大会，把白毛女弄到现场"控诉"，她不会讲话，由指定的人代言。散会后还叫大家签名留言，这当然是有组织有计划的行动。而我们的"人民"从来都是听之任之，以讹传讹，或是坐火车似的跟着跑。所以就导致了后面一系列的闹剧、悲剧、恶搞。……本来是家族之间常见的纠葛（民事纠纷），非要给别人上纲上线，往阶级斗争的绝路上推，结果呢，顾此失彼，你死我活，使得一个血缘家族遗下了一道永远愈合不了的伤痕。为了创造这颗"明星"，不知毁了多少人，多少个家庭被支离破碎，烙下了难以磨灭的伤痛和怨恨。在宜宾县，大多数人，尤其是当地知情人都不服上面的作假，但敢怒不敢言，遗下逆反心理。文化大革命中，大约 1968、1969 年，宜宾县革委主持正义，通过努

力，履行各种手续把被冤枉的人提前释放出来了。（何俊成语）

几位见证人（或知情人）的口述，虽然在一些细节上有点出入，但大节是一致的。

本文作者丁芝萍

第四节　　　刘文彩及其《收租院》

毛泽东曾说，要革命必须造舆论。舆论有革命舆论与反革命舆论。革命的武器一是枪杆子，一是笔杆子，看一看革命舆论是如何制造地主舆论的。

描述土改的文艺作品很多，讲的都是地主如何丑恶，如何压诈农民，且一丑再丑，一诈再诈。《白毛女》中的黄世仁就几经修改，步步升高，成了罪大恶极非杀不可。因是文艺作品，本来是虚构的、塑造出来的，虽来自生活，但可高于生活，只要遵循党的方针政策，也无可非议。黄世仁、南霸天等将永世不得翻身。

泥塑《收租院》中的刘文彩却不同，他是真人，在被歪曲了几十年后，逢上改革开放，党的工作重心由"千万不要忘记阶级斗争"转到"以经济建设为中心"上来，刘文彩的"四川省大邑阶级教育展览馆"日渐冷落。就在庄园门可罗雀的时候，影视界看到它的价值，如《革命军中马前卒》《海灯法师》《家春秋》《死水微澜》《秋潮》《秦淮世家》等剧作都曾在此拍摄。庄园成了远近闻名的"影视庄园"，地位日渐显赫，有识人士看到了它的经济价值，借此进行开发。大地主刘文彩的真相也逐渐大白于天下。

1985年底，陈列馆请来了20多位文史哲学界的专家学者，对庄园进行了仔细"诊断"。专家们的目光落在了这座雕梁画栋的庭院里，落在 2742 件珍贵文物上……经过两天的激烈争论，专家们得出这样的结论："这座庄园保存得完好和完整程度是全国少有的。作为历史性的文博单位，治史要严，切忌虚构假设。"1987 年，陈列馆向上级递交了关于要求去掉"水牢"和"行刑室"的报告。"水牢"里的水抽干了，铁囚笼也搬走了，换上了"鸦片烟库"的牌子；"行刑室"的刑具也搬走了，换上"年货室"的牌子。几经周折，陈列馆终于恢复庄园的原貌——豪华、气派、考究、典雅。

1988 年，陈列馆在刘文彩新公馆创办了川西民族博物馆。1996 年 11 月，经国务院批准，地主庄园陈列馆成为"全国重点文物保护单位"，并更名为"大邑刘氏庄园博物馆"。

历史学家笑蜀先生在此背景下，才有胆量经过几年调查，于 2000 年出版了《刘文彩真相》一书。

刘氏庄园位于四川省中部大邑县安仁镇，周围有历史文化名城成都、都江堰、眉山。庄园系 20 世纪 20～30 年代刘湘、刘文辉先后成为大军阀，控制四川、西康两省，大地主刘文彩急剧暴富后建造的。庄园占地 70000 余平方米，建筑面积达 21055 平方米，为南北相距 200 米的两大建筑群。南部是刘文彩的老公馆，1932 年建造；北部是刘文彩为自己和弟弟刘文辉建的新公馆，1942 年落成。

当年刘文彩收租的院子为老公馆的后院。这个看似平凡的收租院，却在阶级斗争的年代里轰动国内外。

刘文彩除了有 15000 余亩（另有数据为 8000 亩）土地外，在大邑县安仁镇上有当铺、钱庄、电厂、碾米厂、茶楼、戏院、烟馆、赌场等；在成都、川西、川南和江南几省还有银行号 22 处，当铺 5 处，储仓 27 处，工厂 7 个，电厂

2个，火轮4艘，庄园、公馆28所，学校一所，街房1500余间。

1958年，文化部分别在郑州、合肥召开全国文物博物馆现场会议，通过了"开展群众性文物保护工作"等决议。据此，四川省文化局发出指示："鉴于大邑县大地主刘文彩在剥削和压迫农民方面在我省较为突出……决定将该庄园（新旧公馆）保留，设立地主庄园陈列馆"

随后，大邑县领导发出通知，征集有关庄园文物。经过紧张筹备，于1959年春节，庄园陈列馆正式"对外开放"，展室辟有刘文彩的中西会客室、寝室、珠宝室等。内容基本上是符合事实、符合原貌的。

刘文彩在世时，他的家一般人是非请莫入的。他于1949年10月17日死后，老公馆被成都军区接管，作为西藏军区驻川办事处，一般人同样难以涉足。因此，陈列馆开放后引来了众多的参观者。

1962年，当人们在"三面红旗"下挨饿怨声载道时，毛泽东发出"千万不要忘记阶级斗争"来压阵。全国掀起了狠抓阶级斗争的热潮。馆内先制作了用石膏做成的数十台布景箱，名曰《百罪图》——"高租重押""吊打农民""割耳""强奸""杀人"等100种罪行；后制作了用木桩搭身，蜡制头像，手脚，穿真人衣服的模型。

为了更深刻地表现刘文彩的残暴，在陈列馆存放大烟的地下室设计了铁囚笼、三角钉刑具，复制了血水、血手印……在相距"水牢"几步远的地方，又安排了一座"地牢"。在这样的展景前，参观的人们常常是哭声一片。

"改造"后的庄园，好些展室的名称和当年的历史真实出入更大。但在当时特殊的政治背景下，这个"阶级教育的大课堂"再次出现了繁荣景象。庄园陈列馆每天接待几万人，夜晚用探照灯照明供人参观，更有外宾慕名而至。于是，刘文彩的哥哥刘文昭的公馆便成为"外宾接待室"。

各级新闻单位也把目光集中到这个四川小镇，报告文学《从水牢中活下来的人》轰动全国，中央新闻电影制片厂摄制了大型纪录片《罪恶的地主庄园》，戏剧《水牢仇》《水牢记》斗等纷纷上演，刘文彩还上了小学课本。

1964 年 5 月，根据改馆方案，将原刘文彩收租现场整理出来，数组了飞轮风谷机、大斗小秤等刘家收租时惯用的器具。1964 年国庆节前，改馆领导小组提出用民间泥塑形式再现当年农民被迫交租的情景，后经省、地主管部门批准。1965 年春，创作组经过修改充实，并请大邑川剧团演员作模特儿现场拍摄，设计出第一套具体画面。后经修改上报省、地主管部门批准，并致函四川美术学院请求协助。

1965 年 6 月 4 日，美院师生 7 人到庄园陈列馆参加《收租院》创作。创作全部完成仅用了 3 个多月，泥塑全部安排在总长度为 118 米的收租院四周廊内。内容设"被迫交租""验租盘剥""算账逼租""走向斗争"4 部分排列。复制品在北京展出时分"交租""验租""过斗""算账""逼租""反抗"6 个部分。后来复制创作，又在"验租"与"过斗"之间加了"风谷"。最后的"反抗"改为"怒火"。共有人物 114 个，正面人物 94 个，反面人物 20 个。泥塑总长 96 米。

1965 年 10 月 1 日国庆节，《收租院》匆匆公开展出，四面八方的群众潮水般地涌来参观，文艺界知名人士纷纷着文立说，称此为"一个重大的开端""我国开国以来两大雕塑成就之一（另一个为《人民英雄纪念碑》）""现代敦煌"………由于《收租院》的空前成功和在全国引起的轰动，有关部门很快决定复制到北京展出，《收租院》创作组和中央美术学院雕塑创作室承担了复制任务。

自 1965 年 12 月起，《收租院》部分复制品连同原作的全部照片在北京中国美术馆展出，每天都有成千上万人参观，对它的评价也越来越高。《收租院》在北京展出 11 个月，观众超过 200 万人次。

1968 年 4 月 28 日，《收租院》到阿尔巴尼亚首都地拉那展出。囿于运输限制，展出的作品全部用石膏翻制而成，共 99 件，分"逼租"、"验租"、"过斗"、"算账"、"迫害"、"造反"、"夺权"7 个部分。在地拉那展出后，又移到阿尔巴尼亚工业城市费里展出，前后两个多月。

《收租院》实际上担任起了外交上的工作，其复制品先后又送到越南、日本、加拿大等国展出，在国际上产生巨大的影响。

70 年代，《收租院》再一次被修改。四川省革委会政工组专门发文指示："根据在北京和国外展出的内容反应，应增塑《收租院》的反抗部分。"1972 年秋天，《收租院》在原"被迫交租"、"验租盘剥"、"算账逼租"、"走向斗争"基础上增塑了"明灯指路"、"砸斗造反"、"开镣解放"、"活捉阎王"、"建立政权"、"继续革命"。同时，对《收租院》的宣传也进入了"新的层次"。新华社、《人民日报》等权威媒体竞相报导；中央新闻电影制片厂大型纪录片《收租院》在全国放映；人民美术出版社将《收租院》照片、画册、连环画分别发行全国，并用外文出版社用世界语、英语、日语、法语出版，介绍到世界各国。与此同时，上海、武汉、广州、南京、杭州、沈阳、西安、汉中、重庆、成都等地也大量复制了《收租院》泥塑群像。刘文彩也更上一层楼，名扬天下。

之后，在政治风浪中被哄抬上去的庄园，又被政治风浪无情地打了下来。"文革"中，红卫兵声讨批判了"地主庄园陈列馆"的馆名。温江地委请示四川省委，把"地主庄园陈列馆"更名为"四川省大邑阶级教育展览馆"。但事情并未了结，红卫兵仍到处贴大字报，陈列馆只好关闭除《收租院》和"水牢"以外的全部展室。

改革开放后，随着冤假错案的平反和全党工作重心的转移，人们发现了它的价值，请来了上述的 20 多位文史哲学界的专家学者"会诊"，庄园才得到"翻身"。

现在"大邑刘氏庄园博物馆"分为：民俗馆(川西民族博物馆)、珍品馆(庄园文物珍品馆)和老公馆三部分。其中老公馆最大，也最有看头。有收租院、雇工院、内花园、后花园、小姐楼、龙泉井、风水墩、佛堂、鸦片烟库、棺材室、瓷器室、海味室、年货室、女客室、绣花室、书房、西式客厅、中式客厅、小姐住房、刘文彩住房(刘文彩睡的金龙抱柱贴金大花床占地 9 平方米)、二姨太杨仲华住房、三姨太林君如住房、四姨太梁惠琳住房、五姨太王玉清住房等。

刘文彩荒淫无度，其一生除了正娶的 5 个妻子外还与数不清的女人有染。刘文彩公馆内花园楹联就是左证："行乐需及时，奇花异草春长在；赏心多趣事，妙舞清歌夜未央。"横批"快乐逍遥"。内花园里的逍遥宫，是当年刘文彩和一些女人、小姐"逍遥"的地方。里面有张床，床单、枕头、铺盖样样都有，床边立一扇贴有几幅中国古代美女画的屏风，墙上有幅西洋春宫画，一把鸳鸯藤椅靠在窗边，挡在门口的是半人高的小栅栏。

1948 年初，刘文彩两度吐血，被诊断为肺结核。刘病后，刘最宠爱的五姨太王玉清悉心照料，无微不至。1949 年 3 月，随着人民解放战争的隆隆炮声，刘文彩的病情趋于严重。刘病重后多次躺在床上流着泪对王玉清说："我死后，最放心不下的是你了！"每次刘说完后，他们两人就抱在一起，眼泪跟着流。当年 10 月 17 日，63 岁的刘文彩病死在成都。

王玉清是大邑县蔡场万延村一农家闺女，自幼聪慧，读过两年私塾，又善"红线"，讨人喜欢。1936 年，当其在刘文彩家谋事的表哥听说 51 岁的刘文彩打算再次纳妾后，经他穿针引线，25 岁的王玉清"父命难违"。借老广寺庙会"相亲"，王玉清见刘文彩高个，身着绫罗长衫，一副绅士模样。刘文彩仔细打量王玉清，果然花容月貌，顿生好感。攀亲后，刘文彩为王家买地百亩，建了千余平方米中式瓦房，使原本五口人仅三亩多地的王家一夜间暴富，成为后来土改时的大地主。

他们 1937 年 4 月 24 日结婚。婚后王玉清珠光宝气、绫罗绸缎。每当刘文彩出门，总要叫王玉清同行。逢刘斥资 200 万美元捐赠修建的文彩中学开学或毕业典礼，校董刘文彩后面站着的总是玉面粉彩、身穿红色旗袍外套裘皮大衣、脚蹬高跟皮鞋、披金挂玉的王玉清。遇到重要社交场合，刘必携王玉清同时出现在"同庆茶楼"一道品茗。为了解决王玉清晕车的毛病，刘文彩在 1946 年专为她购进一辆美式吉普。

刘家五姨太中，大姨太吕氏早已亡故，二、三、四姨太各有所长。二姨太杨仲华为刘家生育四儿三女，可谓"劳苦功高"，地位显赫，说话算数，居"正房"位置；三姨太和四姨太是表姐妹，宜宾市人，是一对饱淫城市风尘的妖冶女人。三人间彼此争风吃醋，勾心斗角，水火不容。出身低微的"村姑"王玉清，处在险恶复杂的环境中，既要遭刘氏族人排挤，又要受前三房姨太太欺凌。好在她生性机敏乖巧、精明能干，且与世无争、一心"相夫"，颇得刘文彩宠爱，在刘家地位日益牢固。

刘死后，成都即告解放。王玉清在成都一处叫"慈惠堂"的地方住下来，靠打布鞋、做咸菜、卖臭豆腐等为生。1956年，王玉清与一位叫姜文山的"辛亥老人"、解放后的省参事室参事结了婚。1963年姜老命归黄泉，王玉清结束了第二次婚姻。

当时正值农村开展"四清"运动，在"千万不要忘记阶级斗争"的日子里，王玉清作为漏网大地主被揪回原籍蔡场公社，安置在一简陋的"知青房"里，作为刘文彩的姨太太待遇，此间，特别是"文革"中遭批斗是家常便饭。生活上，王玉清按时出工，还以拾鸡屎、牛粪等累计工分，每到年终结算时，她都因投工投肥较多而有一些进账。每逢农闲，她还为靠年轻时所学的"红线"手艺，给乡亲绣花、做鞋，挣点小钱来改善生活。

"文革"中盛传"刘文彩生活糜烂，小老婆王玉清吃鸭子不吃肉，专吃鸭蹼"。王玉清对此只淡淡一笑道："我出身贫穷，过惯了穷人的日子。见别人吃完鸭肉，剩下许多爪子，我觉得丢了可惜，就捡来吃了。其实，哪个放掉肉不吃，专爱吃爪子啊？"

而被人问及："你觉得解放前你跟刘文彩13年，是否幸福？"经过解放后历次政治"洗礼"的王玉清仍显出"顽固不化"："咋个不享福嘛！"

中共十一届三中全会后，王玉清年纪也大了，村社便把她当五保户看待，她享受到了"每年6斤菜油、400斤口粮、400元钱"的待遇。后来王又落户安仁镇，先后住过乡政府办公院和后来的猪市坝原布鞋社旧社。

2003年10月26日，在这座低矮的原布鞋社民居里，王玉清走了，享年92岁。虽她已成为过去，但也为历史留下了一页，以补充刘文彩早逝的不足。

1999 年，48 届威尼斯双年展上，华裔日籍艺术家蔡国强将泥塑《收租院》加以复制，命名为《威尼斯收租院》，并以个人作品参展获唯一金奖。2000 年传出四川美院欲起诉威尼斯双年展的消息。此后国内美术界却有几种不同意见，而关于《收租院》国内版权究竟属谁的问题也凸现出来。刘氏庄园博物馆宣布，其整体著作权应归属大邑刘氏庄园博物馆，并依法享有各项著作权益。

收租院在老公馆后院。一切归于平静之后，收租院里的 114 个雕塑也安静地待在老公馆一角，与馆里的古物一同见证着外界的变迁。

（笔者主要参考《贵阳文艺》《历史参考——史事本末》和《东西南北》编写）

第五节　　中国美术的耻辱经典：《收租院》

不要指望那些谎言家们的良心发现，转而主动忏悔和还历史一个真相，而只能靠每个中国人的觉醒意识，认清谎言与艺术暴力的危害性。

在"新中国美术经典"光环里，刘文彩则是一个十恶不赦的吃人魔鬼，刘氏庄园成了血腥恐怖的人间地狱。在"艺术创造"的背后，却又遮蔽着一个个惨绝人寰的真实悲剧，它们上演了新中国一场场的政治劫难。

刘文彩的二孙子刘世伟一家，因家庭成份和"收租院"影响，逃到 4 千公里外的新疆库尔勒上游公社独立大队落户，但最终逃不过《收租院》带来的"牢记血泪仇"的宣传攻势，当地农民把他用绳索勒死，他的妻子和两个小孩（大的两岁，小的还在吃奶）被斧头劈死。

这些，如同中央美术学院教授赵力在现场讲座中的所说："《收租院》反映了从人们比较愚昧的状态，再到觉醒后感到怒火中生的状态，然后人们做出决定要革命的状态"。不错，《收租院》激发了人们怒火中烧，在阶级斗争的革命名义下，可以肆无忌惮地虐待、屠杀、侮辱地主反革命分子，类似"收租院"的"新中国文艺"经典作品所释放出的暴力能量，制造了一起起人间惨剧。

阶级斗争的暴力艺术，成功地塑造出类似刘文彩这一典型反面人物，使得更为残忍的、毫无人道的迫害运动变得完全合法化。广大群众在阶级斗争的恐惧、谎言暴力的洗脑作用下，为了不再吃"二遍苦"，疯狂地迫害所谓"阶级敌人"。可以说，文革是一种集体恐惧的"狂犬病"，人们疯狂地表决心忠于伟大领袖，积极响应政治运动，不择手段地诋毁他人，甚至发展到父子、兄弟、夫妻、师生之间彼此暗中告密、公开划清界限的人人自危地步。

文革结束后，有关《收租院》的创作真相陆续披露：为编造《收租院》，四川美院的艺术家们到民间去'访贫问苦'，他们走到安仁附近的虹桥村14组（原建兴村4组）先找到刘文彩的长工吕忠普，用阶级斗争理论来启发他，让他说刘文彩的坏话，吕忠普却实话实说，说了许多刘文彩的好处，那些艺术家们不想听，生气地走了。他们又走到吕忠普对门的邻居谷能山，他也是刘文彩家的长工。四川美院的艺术家们一看到谷能山高大强健的身躯，对他那付壮实的形象产生了兴趣，艺术家们立刻围着他作起草图，准备把他树成反抗刘文彩剥削压迫的英雄，让他出来诉苦会有很大的煽动性。

艺术家们用革命理论来动员他出来诉苦，谷能山不愿意。谷能山斩钉截铁地说：你就是明天拉我去枪毙，我也说他（刘文彩）是个好人！这下艺术家们翻脸了，他们很快叫民兵把谷能山抓走。谷能山的儿子说：把我父亲像关劳改犯一样关起来，每天给他送饭去。另一个长工吕忠普的儿子吕

宏林说：父亲吕忠普看到谷能山被抓走，吓得连夜步行到
50公里外的大山深处的天宫庙煤矿里躲起来。这些四川美
院的艺术家们如此恐怖，与他们自己编造的《收租院》里的
打手狗腿子毫无二致。更可笑的是，由于谷能山坚持实话实
说，没有顺从四川美院的艺术家们，这些艺术家就把谷能山
充满正气的形象妖魔化，把他塑成刘文彩的帮凶。

　　安仁附近的韩场兰田小区16组18号的唐学成（90多
岁的共产党员及复员军人），为人民还原了旧时代地主与佃
农的相互依存关系，而不是阶级斗争中强调"你死我活"的
压迫剥削。唐学成说，过去他家佃了刘文彩十余亩田，那年
天旱收成不好，牛又被土匪抢了，家里交不起租，收租的管
事就把他带到安仁镇找刘文彩。唐学成父亲才见到刘文彩，
他向刘文彩下跪说今年收成不好，牛又被土匪抢了，交不起
租。刘文彩把他扶起来说不要跪，有事站起来说，刘文彩说
今年交不起就算了，全免了，明年交明年的，没事。一句话
就解决问题。唐学成父亲转头走了两步，刘文彩问了一句，
"你被抢的是什么牛？"回答"是头黄牛"，唐学成的父亲
就回家了。没想到第三天刘文彩买了一头大黄牛叫手下的人
牵到唐学成的家里送给了他。

　　对于懂得经营的地主而言，面对天灾荒年，地主与佃户
是连带责任关系，这是地主之所以是地主的成功秘密。如果
做不到这一点，既不能巩固财富而又成不了受人尊敬的地主
乡绅。传统地主的家庭败落，通常归于子孙后代的道德失
败，其次是经营不善或兵荒马乱。道德威望是地主阶层致富
的重要资源。诚然，像刘文彩这样在四川具有举足轻重的大
地主，没有军事、政治、黑社会的强大实力，积累这么大的
家业是难以想象的事情。刘文彩与弟弟刘文辉的一商一戎的
经营互补，使刘家势力在四川如日中天。

　　刘文彩如果像《收租院》那样专门盘剥当地农民，就成不了四川境内的大地主。必须指出的是，大邑安仁出了刘家兄弟对本地人是非常沾光的，如安仁镇地势高，水源不足，刘文彩和刘文辉发动修建万成堰水利工程，不光需要人力财力，还需要刘文彩的一言九鼎。因此，当地人在正常的时候都说刘文彩是"大好人"，绝不是所谓文艺家们"创造"出来的恶霸刘文彩。在国共战争最后阶段，即刘文辉起义的前夕，胡宗南入川清除刘文辉，刘氏家人在家乡人和地方武装的保护下才万无一失，若刘文彩像《收租院》里那样遭到当地人的仇恨，结果便可想而知。

　　从土改到文革中，刘文彩的恶劣形象一步步提升，达到人间恶魔的地步。如文革中风光了 10 年的"冷妈妈"，她坐着专车，到部队、机关、学校、工厂、农村作"忆苦思甜"报告，到水牢、"收租院"等处现身说法。

　　据不完全统计，1977 年之前，冷月英在省内外所作的"忆苦思甜"报告近千场，听众多达百万人次以上。安仁刘氏庄园数组馆中，知名度最高、对时局影响最大的莫过于"水牢"。水牢解释词称：在刘文彩佛堂侧近一个角落里，秘密修建了水牢。据说，修建水牢的工人在完工后全部被杀害了。究竟水牢里死了多少人，很难估计。那时，这个人间地狱里灌满了水，尸骨堆积，冰冷刺骨，腥臭难当。牢里还有一个囚人的铁笼，上下四周密布铁刺和三角钉，被关进去站不能站，坐不能坐。真休想活命。省人大代表、劳动模范、共产党员冷月英是侥幸从水牢里活着出来的仅有的一个人。

　　1954 年元月，大邑县在县文化馆举办"农业合作化"展览，"典型化"地设计出冷月英"解放"前被地主刘文彩关在水牢受苦情景。刘文彩水牢就这样横空出世。刘文彩水牢在当地人里闻所未闻，引起极大轰动。1958 年阶级斗争升温，便全盘照搬 1954 年制作的刘文彩水牢模型，并给本来空空如也的地下室灌上水，仿制了铁囚笼、三角钉等刑具，以及血水、血手印，然后向社会开放，以它无声的恐怖接待来自四面八方的观众。冷月英也开始由爱国模范、劳动模范一变为"阶级斗争活教材"，到处声讨刘文彩的滔天罪行。中共十一届三中全会召开后，思想解放大潮席卷中国，不可避免地也涉及庄园陈列馆。在过去是神圣不可侵犯的数组内容，现在受到了越来越多的公开质疑。

为此，1981 年开始，陈列馆派出专人，采访了 70 多位知情者，翻阅了大量文史、档案数据，对"水牢"刨根究底。水牢人证一个也没找到，物证同样不见踪影，始终查无实据，庄园陈列馆这才鼓起勇气，向主管部门送呈《关于"水牢"的报告》。内称"综合人们掌握的材料，可以初步肯定'水牢'是缺乏根据的"。冷月英情急之下脱口而出："你们追着我问什么？又不是我要那样讲的，是县委要我这样讲的，要问，你们问县委去！" 1988 年，四川省委宣传部、四川省文化厅终于下达了"水牢恢复为鸦片烟库原状"的复函。于是，地下室的水抽干了，铁笼搬走了。有关水牢的一切印记一下子消失得干干净净。

《收租院》研究者有关刘文彩的历史资料，包括对土改、大跃进、文革的历史研究，使得刘文彩及其"收租院"的历史真相逐渐清晰起来，它是违反社会发展规律的政治运动的集合产物，艺术的谎言不过从中表演了一个道具角色而已。其实从 1950 至 1952 年的土改中，为发动群众、划分阶级、没收地主土地财产，揭露封建地主阶级罪恶的批斗会便推而广之，并随意编造地主富农罪状。随着 1953-1955 年农业合作社运动的不断展开，贫下中农出现了抵制政府政策现象，打击镇压便在群众中蔓延，造成无数的冤假错案。"收租院"和刘文彩的罪状在这种政治环境也随之加深。

《〈收租院〉真相》一书作者刘小飞披露：《收租院》里的被压迫罗二娘，1960 年前后丈夫罗吉安饿死，小女儿饿死，大孙子饿死，大儿媳饿死，一共饿死了 4 口人。罗二娘的亲侄子罗大文告诉刘小飞：罗二娘从来就没进过刘文彩的大门，她怎么会去给刘文彩喂奶？罗大文还说，"解放"初罗二娘没这样讲，土改时也没这样讲，是"四清"运动时大邑县委组织部副部长朱宾康住在罗二娘家几个月以后罗二娘才这样讲的，朱部长为此还给了罗二娘一座公馆。

《收租院》系列雕塑作品的横空出世，显然离不开那个极权恐怖的特殊年代。极权统治、谎言艺术、饥荒死亡、阶级斗争是这一"新中国美术经典"的历史实质。

刘文彩家族来自安徽省徽州，清朝初年移民进入四川，迄今能够找到宗亲有 17 代。刘文彩父亲刘公赞是晚清贡生（一种经考试升入京师国子监读书的学员），家境相当于富裕中农。刘公赞有六儿一女，长子刘文渊是个书生，曾考中秀才，后学习法律，担任四川省咨议局议员、省高等审判厅厅长。

早年刘文渊曾在刘家祠堂设塾，为弟男子侄授课，所以他是最受刘家人尊重的。父母去世后，他被尊为族长。老二刘文运是农民，心眼很窄。1920 年代中期兄弟分家就起因于他。刘文彩与他很疏远。老三刘文昭素好老庄，"无欲无为"，颇具散仙风范，以裁缝为业，与世无争，性淡如水。刘文彩与刘文昭交情甚笃。老四刘文成早年经营烧酒坊，后来凭借刘文辉关系，当上了"机械修理厂厂长，其实是个造币厂。造钱的人那会缺钱花，于是他开银行，买房买田，在成都房产很多，虽然富甲四方，刘文成却很吝啬。

老五刘文彩生于 1887 年，死于 1949 年 10 月。刘家兄弟中最得意的当然是老六刘文辉。刘文辉生于 1895 年，从小聪颖过人，13 岁冒充 16 岁报考成都陆军小学，考试时对试题一片茫然。但他并不着急，另发议论———"欲强国必先练兵，兵不强则不能御外侮，将兆瓜分之祸。……"。虽然离题万里，但校长拍案称奇，特召面试，并当场破格录取。后保送西安陆军中学，继入保定陆军军官学校。

据刘家后裔回忆，刘文彩早年因家中孩子多，无钱上学，在家照看小弟文辉，两人感情督深。后来开始卖烧酒。亦农亦商，离乡不离土，这段早年经历让他对下层隐情、江湖内幕一览无遗。刘文彩、刘文辉各有所长：一朝一野，一军一商，堪称珠联璧合，正因如此，才能出没狂风巨浪30年而不倒。

在大跃进和文革中，被迫捏造刘文彩的种种罪状，这一切在文革结束后全部揭穿，唯有当局不肯公开而全面的认错。最典型的有《收租院》中还有一个杀人霸产的故事：说刘文彩的狗腿子曹克明把3个正在田里栽秧的贫农打死在田里。这个故事编出来后官方强迫曹克明承认，不然就要吊打他。曹克明被迫"承认"了。当艺术家把这个故事塑好后，就把曹克明抓捕判了15年徒刑。邓小平上台后，法院以量刑过重改判5年就把他放了。他到法院去申述，法院的办案人员对他说人们知道是冤案，知道是假的，但《收租院》不平反，我们就不敢给你平反。曹克明又到上级法院去申诉，上级法院也是同样态度。在1982年走投无路的曹克明到大邑县人民法院门口服毒自杀，死前，一再对儿子说："你要为我伸冤啊！"

四川美术学院师生创作了《收租院》系列造型作品，它逼真写实的舞台语言，塑造了刘文彩这一吃人的魔鬼形象，其个人名誉遭到恶意的扭曲尚且不说，问题是在于《收租院》制造了谎言，所带来社会暴力，给许多无辜者带来了不能承受的灾难。今次展出，本应该向世人公布它的谎言本质和历史罪行，还刘文彩以及家人一个真实的本来面貌。然而，在炎黄艺术馆展出过程到专家讲座，完全不提它所造成的人道后果，反而一再地讴歌它的历史地位和艺术成就。那些参与炮制《收租院》谎言艺术的当事人，洋洋自得地向人们炫耀他们的罪恶杰作。此外，还有理论家、批评家、策展人、专家教授，不惜笔墨和口舌在赞美《收租院》这一充满暴力谎言的无耻经典。这一切表明，没有灵魂良知的艺术作品，在审美形式与技法表现的包装下，不仅能够欺骗世人的眼球，同时还是强权暴力的政治工具。

1965 年，四川美术学院的一些受过西方美术教育的教师共同创作了这组雕塑。

《收租院》作品的人物原型来自大邑安仁当地农民和刘文彩及其家人。然而，人物真实的背后则隐藏着与历史完全不符的巨大谎言。大凡了解传统中国的人都清楚，地主乡绅阶层虽然不是大善人，但他们是维护社会生产、治安秩序、公共事业、宗法制度的核心力量。不论发家致富的第一桶金子如何来的，但如果缺乏经营头脑、道德节制是难以成为富甲一方的地主。这与传统中国社会的宗法精神存在密切关系，没有道德号召力就不足以维持社会地位，更不能使财富持续增长。这一点，刘文彩与其时代大部分地主富绅不会有很大区别；如他个人出资 2.5 亿元（折合当时 200 多万美元）办了当时四川师资设备最好的文彩中学，并捐出一千亩田作为学校公产；还修道路、修水利。这些善举证明大地主刘文彩是极为注重个人威望，在道德行为方面不可能无所节制。

炮制《收租院》这一谎言作品，虽有土改、大跃进、阶级斗争和文化大革命诸多政治因素，但艺术家的主体罪责同样难逃。艺术追求真善美的起码伦理遭到赤裸裸践踏，文艺成了政治谎言、艺术暴力的施虐工具。1965 年四川美术学院教师赵树桐、王官乙以及一群美院学生接到上级指示，创作了这组充满谎言暴力的艺术作品。

迄今为止，创作这组作品的大学教授和人民艺术家们没有一丝悔意，在他们的回忆和记述中只有"青春无悔"的辉煌岁月。然而，面对历史学家调研披露出的大量事实证据、大邑安仁当地人揭发当年被强迫捏造刘文彩罪状以及刘文彩后人一再的呼吁伸冤，《收租院》创作者对自己的犯罪行为始终避而不谈，却从不放过"再现辉煌"的作秀机会。这次展览是在民生银行商业推动和专家学者的配合下，再次上演了欺骗民众的历史谎言，表明政治阳谋和艺术暴力仍是中国上空挥之不去的幽魂。所以，《收租院》也就成为中国政治的耻辱经典。

因此，不要指望那些谎言家们的良心发现，转而主动忏悔和还历史一个真相，而只能靠每个中国人的觉醒意识，认清谎言与艺术暴力的危害性。（来源松堂斋刊在互联网）

第六节　　　《半夜鸡叫》周扒皮是厚道人

《半夜鸡叫》中的地主周扒皮，为了催促长工们早去干活，半夜三更偷偷摸摸地趴到鸡笼里学鸡打鸣，引起雄鸡们纷纷啼叫。鸡一叫，长工们不得不提早起床。后来，长工们设计，故意把周扒皮当作"偷鸡贼"痛打了一顿。在嬉笑声中农民发泄了他们的仇恨。《半夜鸡叫》的故事还编入小学语文课本里，让孩子们的心灵，从小就深深植入了"地主是农民不共戴天的敌人"的思想。

1947 年，黄店屯村发生了三件大事：第一是这年 6 月，共产党打回来，村子"二次解放"了；第二是工作队进村，发动大伙搞土改，"平分了土地"；第三则是，村里的大户——老周家的户主周春富死了

　　黄店屯村位于辽东半岛中西部的复县（今瓦房店市）。东北光复不久，八路军接收了伪满政权，1945 年 10 月，复县民主政府成立，黄店屯村也随之"解放了"。可没想到，一年之后，国民党军队又打进来。又过了半年，辽东地区东北民主联军反攻胜利，黄店屯又迎来了"二次解放"。

　　"二次解放"后，黄店屯最激烈的变化，就是土改工作组进村了。工作队来的时候，是 12 月，村里的老人们回忆，"工作队的人当年大都是兵，还有干部，有从沈阳来的，有从胶东来的。"

　　也就是在这个月，随着土改的进行，周家的户主周春富被当作"阶级敌人"的典型，打死了。

　　"老周家也是闯关东过来的。"83 岁的黄店屯农民阎振明说。具体哪年哪月从山东迁来的，周家后人也不明晓，周春富的玄外孙孟令骞推测，大概是在清初。

　　和东北其他地方一样，复县长期地广人稀。清初召民垦荒，一些山东人来到这儿。雍正十二年（1734 年），人丁才增至 5278 名。当时，八旗官兵"跑马圈地"，戍边官兵"按丁授田"，包括周春富的先辈在内的移民们，则自己动手垦荒。周家的先祖在这里定居下来，开荒、种地、生孩子，一户人就这样在此繁衍生息下来

　　后来的移民，能选择的好地越来越少，有人干脆租地。天灾人祸、家道中落等变化，也会导致土地的流通和集中。即便如此，这里的人地关系远没有中原地区紧张。民国 3 年（1914 年），政府丈量登记，明确土地所有权，3 年后统计，复县共有耕地面积 1517570 亩，农户 46610 户，其中 87%是自种户、自种兼租种户，仅有少量农民完全靠租地为生。

　　周家到了周春富这一辈，并不算富裕，按阎振明的说法，周春富"继承了一些土地，但不多"。但在周春富看

来，那些浮财不过是过眼烟云，只有土地才是结结实实的保障，地里出一家人的吃喝，子孙也能受益。

于是，这个勤俭、精明的农家子弟，开始一点点地攒钱、置地。他的勤俭甚至到了苛刻的程度。在黄店屯，年长些与周春富有过接触的老人都知道，"周春富这人无论吃的还是穿的，都很寒碜，裤腰带都不舍得买，是用破布条搓的。"周春富还有一个特点，就是抠门。一个流传甚广的细节是，"周家吃剩的粉条用筷子捞出来，放到盖子上晒干了日后吃。"

在周家做过多年长工的王义帧回忆说，周春富从"从不闲着"，伙计铡草的时候他帮着续草，他续草铡出的苞米秸长短匀齐，牲口爱吃。"有个特殊要求，无论是伙计还是儿女媳妇，干活时不准穿红挂绿，怕粘灰就不能撒手干。"

"周家院子里是不能有鸡粪的，孩子回家了就拿起小铲子往院坑里拾掇。家里不养牛养骡马，脚力快也干净。我在他家要早起。他家人养成了习惯，冬天天没亮点了火油灯，家里人做饭的做饭，喂牲口的喂牲口。人家都起来了，你伙计还能赖在被窝里吗，起来没有事拎着筐捡狗粪。"2006年，王义帧在接受周春富的玄外孙孟令骞访谈时回忆说。

在黄店屯，老周家的5个儿子也让人羡慕，"家里人手多，大儿子干农活，二儿子管家，三儿子赶车，几个儿子都有分工，个个勤快。脑子也灵，都能挣钱。"

为了更多地了解自己的太姥爷，孟令骞多年来寻访了几十个与周家有交往的人，据他介绍，周家"挣钱了就买地，地多了就雇长工，从三五个到七八个的时候都有。太姥爷和长工一样干活，一大早就赶马车出去，回来挂一胡子霜。"

长工王义帧对周春富买地的嗜好印象深刻："老头把家，就愿意买地。和人家在地头说话，末了就问，你卖不卖啊？"

　　周春富凭借自己多年的努力，为周家积攒了一大份家业。1947 年，也就是土改队来到黄店屯的那一年，这份家业包括 40 天（约合 240 亩）土地，还有"四大坊"——油坊、磨房、染坊、粉坊以及一个杂货铺。

　　（据：http://book.QQ.com2008，08，07，10：43　国家历史杜兴）

第七节　　《半夜鸡叫》真相

　　《半夜鸡叫》中的周扒皮的玄外孙孟令骞在《炎黄春秋》杂志 2012 年第 3 期上发表《我所了解的"半夜鸡叫"真相》。现摘要如下。

　　"周扒皮"这一人物，最初来自自传体小说《高玉宝》。此书人物均用现实中的真名真姓。我的曾外祖父周春富也被真实姓名写入书中，被赐绰号"周扒皮"。出于时代政治需要，该书被推向全国，编入教科书，产生了巨大的影响。

　　因《高玉宝》一书，我的曾外祖父周春富后人大受牵连。与"四类分子"的后人一样，我在历次政治运动中均成为被运动对象，备受歧视和冷遇。

　　一次，在跟村里孩子吵架时，那些孩子突然指着我喊"周扒皮，周扒皮"，我突然意识到，自己的母亲姓周，进而邻家孩子以往古怪的笑容也浮现在我眼前。我仓皇逃回家，问母亲："咱家是不是'周扒皮'？"母亲先一怔，然后重重地给了我一耳光。我哭得很伤心，母亲搂住我，跟我一起哭起来。

　　此后，我也变得敏感、自卑甚至低人一等。上小学四年级时，打开新发的语文课本，我发现自己最不愿见的那篇文章《半夜鸡叫》赫然出现在课本中。

上这一课前，我有一种大限将至的感觉，希望自己有病，希望老师有事。没想到，上这一课的那一天，老师第一个便点了我的名字，让我朗读课文。我摇摇晃晃站了起来，含着泪水读完该文，两腮发烫。那一节老师在讲什么我无心留意，但同学们的窃窃私语我却听得很清楚，同学们都显得很兴奋，因为他们亲眼目赌和证实了一个传闻。

"半夜鸡叫到底叫没叫？""周扒皮何许人也？""《高玉宝》一书如何写成？"连续五年时间，我为此到处奔波，收集数据，逐一进行考证。

我在自己所写《半夜鸡不叫》一书中最终向世人还原事实真相：周春富，辽南农村的这个勤俭吝啬的小富户，既不是为富不仁作恶多端的恶霸地主，也不是在传统农村占有积极影响的乡绅，他只是在新旧政权交替的土地革命运动中不幸死于激进批斗中的小人物，后来只因为一部自传体小说《高玉宝》而为人所知，成为家喻户晓的"地主"代表。这个在意识形态的层层油彩中成为特殊年代阶级教育的反面典型，是在特定历史条件下各种因素、要件集纳在一起"加工定制"而成的产品。所谓"半夜鸡叫"，纯属虚构。

在《半夜鸡叫》书中，"周扒皮"为催大家早点上工，半夜躲进鸡舍学鸡叫，引起公鸡打鸣，后遭小玉宝设计痛打。这是其中最生动最著名的情节。

近年来，有不少学者撰文指出，无论从农学、动物学和当时农村普遍租佃关系的史实来看，这些细节都与史实相悖。大连地区养鸡30年的高级畜牧师房司铎作过研究，他曾给我做过科普，他认为公鸡啼鸣有两个必要条件，一是必须是成年公鸡，二是必须自然光感刺激。辽宁南部农村锄地一般在小满、芒种至夏至季节进行，日出时间是早上4时28分。黎明出现在日出前一个小时，亦即早上3时30多分钟，太阳微弱的辐射光即可对鸡的视觉发生刺激，产生鸣啼条件反射。但这时的光线很弱，人的视觉还不能对物体的细小特征进行识别。所以在半夜三更(即午夜 12 时)，在一片漆黑条件下，更不能从事田间操作。就算把长工赶到黑灯瞎火的庄稼地里，也只能是让长工换个地方睡觉。

从 20 世纪 40 年代初到 1947 年辽南土改期间，外曾祖父周春富家里，老大、老三负责种地，老二跑外做生意，其他孩子读书。因为人手不够，陆续雇长工和短工，从两三人到六七人都有，都有名有姓。高玉宝虽然自称在老周家放过猪，但周家人从来没见过高玉宝。

一直和雇工一起干活的外祖父周长义排行老三，我每次回家都要见见他。他 2008 年春节后离开人世。90 岁了的老人知道我在做什么事。他见到我就重复一句话，咱家没剥削过人，也从没见过高玉宝这个人……他口角流涎，老爱重复一件事，这件事的时间、地点、人物，一直在他日益老化的头脑里很清晰，他说：

"1963 年春夏之交，他(高玉宝)来了一趟。我和别人正在地里干活。高玉宝四十模样，招呼大家来开个小会。黄店乡有两个生产队，山后队的人没理他。吕 XX 跑过来了，吕参军回来当队长和把头组长(五副犁铧一个互助组)，领着高玉宝，现找了几个人，高玉宝隔老远在地里给几个人握手。我也是第一次见到高玉宝。高玉宝对我说：谁说我没在你家干过活？我学木匠时还给你家作过马槽子。这事很多人都清楚。人家来调查，你们照我那样说没有错。高玉宝又说他现在很烦恼，小人多。他又对我说，写'周扒皮'不是写你家的事，不是写咱这地方的事，但天底下能没有这样的事吗？小说是拿(到)全国来教育群众的、有没有重名重姓的，肯定有。回去告诉你们家里和小学生，不要乱讲话……"

据外祖父周长义回忆，高玉宝这番话那个上午讲了六七遍，中心意思就一句：外面来人问要回答，我在老周家干过活。

1963年的年度关键词是忆苦思甜。这似乎可以为高玉宝急着到家乡"开小会"做注脚。给外祖父家做过10年长工的刘德义，解放后做过大队贫协主席。在全国全面开展阶级教育，各地陆续有人来阎店乡参观取经的大背景下，也被上面如此"开小会"耳提面命。他1978年去世。他的儿子告诉我，那时候高玉宝回乡做示范报告，说毛主席是他后台。他爹被安排同台做报告，因直说自己是如何干活、很少说周家如何不好而被批。他也从来没听他爹说过周春富家半夜学鸡叫。

20世纪50年代初期，高玉宝开始作报告。1990年退休后职业性作报告。据统计，他被全国20多个省、市，数百个单位聘为名誉主任、顾问、德育教授、校外辅导员，讲述革命故事。其中，《周扒皮》与《半夜鸡叫》自然是报告中最生动的故事，也常成为媒体关注的焦点。至2009年建国60周年，他陆续在全国作报告累计4000场，听众5000万人次。

《高玉宝》一书是如何写作的，《半夜鸡叫》是怎样来的？

我为此翻阅过1950年代到1970年代《人民日报》和《解放军文艺》的所有合订本，并三次探访高玉宝，但得出的结论都类似范本式的答案。

高玉宝写的自传体《高玉宝》，1955年出版发行后，一版再版，共印行500多万册，国内用7种少数民族文字印行，并翻译成近20种外文印行，仅汉文版就累计发行450万册，成为解放后文学作品发行量之最。

按照高玉宝自述，1948 年参军时的高玉宝是个典型的文盲，但革命战士是不怕任何困难的。一年之后的 1949 年 8 月 20 日，高玉宝开始动笔撰写自传，此时的高玉宝仍旧是字画结合、以画代字，如日本鬼子的"鬼"字不会写，就画个可怕的鬼脸来代替；"杀"字不会写，先画一个人头，然后再在这头上画把刀；"哭"字不会写，先画一个人脸，然后在这个脸上点几个小点儿。还有很多字无法用图形画或符号来表示字义，高玉宝只好画一些小圈圈空起来，等学会了字，再添到圈圈里。如此说来，此时的高玉宝还在文盲之列。

但奇迹在两年后发生了，1951 年 1 月，高玉宝完成了长达 20 万字的自传体小说《高玉宝》草稿。经人指导，小说《高玉宝》的部分章节经修改后陆续连载。1955 年 4 月 20 日，中国青年出版社首次出版单行本，更是推出了集作者名、书名、主人公名于一身的自传体小说《高玉宝》。

高玉宝等人的出现，几乎空前绝后创造了文盲成为作家的先例，不仅对全军全国扫盲起到了巨大的推动作用，而且成为工农兵进入文学领域的一个最鲜明的标志。文学正史无前例地成为意识形态的代言人。随着高玉宝的走红，"周扒皮"也走进千家万户，成为家喻户晓的人物。高玉宝本人曾 20 余次受到毛、刘、周、朱、邓等领导人的接见。后来的政治运动中，《半夜鸡叫》更成为忆苦思甜，进行革命教育的典型教材。

中国作家协会副主席李国文在总结中国文学 50 年 (1949—1999)时，直接将高玉宝一类的文盲作家归为"描红作家"。我曾在一段时间里连续寻找当年若干文盲作家的踪迹，得出的结论是：此言不虚。

1950 年代，与高玉宝同期的文盲作家崔八娃的成名《狗又咬起来了》前后修改近 40 遍。后来陨落乡野的他去世前曾向人交代，四年间写过的 20 多篇小说只有一篇为个人创作。而高玉宝写出《高玉宝》后被送进中国人民大学新闻班学习，却一连 40 年没有出作品。期间，1970 年代反映"周扒皮"家乡变化的报告文学《换了人间》，为另外三人执笔，他一人署名。

高玉宝多年来一直对外宣称其《半夜鸡叫》等自传手稿被军博收藏。但我几经实地调查，军博文物处并没有他的自传原稿。

到底是谁成就了《高玉宝》？难道也是集体创作所成？最后一个"荒草"的人进入视野。我搜寻史料时，从古旧市场淘到最初的《高玉宝》版本，由解放军文艺出版丛书编辑部编，中国青年出版社出版，发现后记中有荒草的《我怎样帮助高玉宝同志修改小说》的线索。我开始苦苦追寻，荒草到底是谁？他与《高玉宝》到底有何渊源？

在 20 世纪 50 年代的《人民日报》等媒体中，荒草曾接二连三地撰文宣传《高玉宝》。荒草，原名郭永江，曾任《解放军文艺》副总编辑、八一电影制片厂副厂长。其他的则几乎一无所知。

这是一段时间以来唯一得到的信息。这期间我又奇迹般地与荒草同岁的大连的亲友阎富学偶遇，和当年与荒草、高玉宝一起共事过的《解放军文艺》助理编辑、78 岁网友"一博为快"老太太结缘，但都收获甚微。所得到的信息，只是简简单单一句话：曾指导高玉宝写作。

一直到 2008 年，通过四川资阳文艺网一篇文章，才有了重大突破。文章介绍说，《高玉宝》长篇自传体小说，13 章 12 万字，为资阳的作家郭永江所著。在半信半疑下，最终找到了当地从事史志研究的作家王洪林，王与郭永江生前有密切的书信来往，有丰富的资料。我这才详尽了解关于"荒草"其人与《高玉宝》的成书过程。

郭永江，1916 年出生，1940 年到延安，创作歌剧《张治国》，反映八路军大生产，受到毛泽东称赞，1951 年赴朝鲜采访，后与魏巍同任《解放军文艺》副总编，可到 40 岁就病退，70 年代回故乡资阳居住，不久迁到资中，1984 年居重庆，1993 年病逝。

郭永江临终前，在信中对王洪林说、当年《高玉宝》一书 13 章均为他所写。

当时全军为配合扫盲，树立典型，让他帮助高玉宝修改自传，他向组织表态要随时付出生命代价来修改好这部书稿做好幕后英雄……但高玉宝的原稿实在太差，他无法修改，最后在组织授意下他干脆代笔。他写完一章，高玉宝照着抄写一章，然后组织上拿到《人民日报》等报刊上发表。总政文化部文艺处与出版社约定，以后每版书必附荒草《我怎样帮助高玉宝同志修改小说》，稿酬平分。不过在反右之后，郭永江的后记和名字逐渐退出再版的《高玉宝》，郭永江从"帮助修改"到"提供辅导"，最后到彻底退出的过程，均是出于组织上的要求和当时的政治需要。但在临终前，写信给资阳文献学会，郑重声明《高玉宝》是他的著作。

（本文作者孟令骞为辽宁省大连广播电视台工作人员）

第八节　　《红色娘子军》中的南霸天

电影中《红色娘子军》中的南霸天，利用万贯家财，组织和支持反动武装，与海南岛共产党领导的游击队为敌。后被曾在南霸天家中当丫环的"红色娘子军连"连长吴琼花击毙，落得可耻下场。

据海南窗口报导：南霸天的原型是海南陵水县当地一个叫张献猷的地主。张献猷的亲孙子张国梅说，《红色娘子军》很多内容都是虚构的。在爷爷死后 4 年，红色娘子军才组建。当时拍电影的人说他的房子气派，又是大地主，选在这里拍电影真实。于是就在他们家拍了几个镜头，又让老百姓到几里外的南门岭当演员，说是从南霸天家里的地道走到南门岭的。张献猷的堂兄张鸿德孙子张建强告诉记者，他是目前唯一见过张献猷的人，不仅熟悉张献猷，还见过他的母亲。张献猷是个善人，没有欺压百姓，家里也没有壮丁、枪支、碉堡，只有几个请来帮助他四姨太带小孩的小姑娘。这些说法也与中国文联出版社 2001 年 1 月出版的《寻找英雄》一书相通。红色娘子军第一任指导员王时香老人在此书中这样述说：“我们连长庞琼花，就是电影中的吴琼花。她是我们邻村人，参军前我俩就是好姐妹，平时我们到镇上赶集就能碰到。她是贫农出身，并不是南霸天家中丫环，也没有南霸天这个人，这是和电影里不一样的。”陵水县史志办的一个工作人员说，张献猷家没有血债，他家只是教师世家。

（据互联网天涯小区《国际观察》，摘自《人民文摘》2012 年第 9 期，作者：余玮，原题《中国四大地主的真实面目》）

第七章　地主是阶级敌人还是乡村精英

1978 年 5 月 11 日，《光明日报》发表了胡耀邦大力推荐的《实践是检验真理的唯一标准》的文章，欣起了思想解放的激流。此文的观点虽不是很难理解的问题，但对于当时冲破思想禁锢，拨乱反正，推翻"两个凡是"，犹如一声春雷，震憾中华大地，为改革开放提供了强大的思想动力。

土地改革的宗旨（土改法第一条）是："废除地主阶级封建剥削的土地所有制，实行农民的土地所有制，藉以解放农村生产力，发展农业生产，为新中国的工业化开辟道路。"可是暴力土改后农业生产遭到严重破坏，大多数中国人饿了几十年，特别是"三面红旗"指引下的 1959-1961 年三年大饥荒时期饿死近四千万人的事实，甚至多处出现"人相食"的悲剧，在生产上已检验了土改的是非。那"地主阶级封建剥削的土地所有制"到底是怎么一回事？现再根据《实践是检验真理的唯一标准》的观点，从生产关系、上层建筑、法学理论、社会实践等几个方面再来检验"地主阶级封建剥削"的论点。没有饭吃，没有工人，没有资金，没有产品交换，能实现工业化吗？以此作为打击对象的地主，是应该被打倒的阶级敌人，还是乡村中的精英？

第一节　　雇工放债等是正常社会现象

消灭人与人之间的"剥削"，建立没有"剥削"的社会主义共产主义社会是共产党人向来标榜的目标，也以此为据来进行革命和打击异己的理由，不仅《土地改革法》第一条提到它，刘少奇《关于土地改革问题的报告》也反复提到它，是中共与"封建"一词一样打击敌人的有力武器，不知多少人在这"剥削罪状"下受到批斗，或变为冤鬼。

《中华人民共和国政务院关于划分农村阶级成分的决定》中，对地主的定义是："占有土地，自己不劳动，或只有附带的劳动，而靠剥削为生的，叫做地主。地主剥削的方式，主要是以地租方式剥削农民，此外或兼放债、或兼雇工、或兼营工商业，但对农民剥削地租是地主剥削的主要方式。管公堂及收学租也是地租剥削一类。"

但是，地主剥削的这些形式。诸如出租土地，雇工耕种、放债获利，兼营工商业等类事情非但在过去中华民国时是合法的，在现今中共领导下的中华人民共和国也是合法的。是社会调节余缺、解决困难、安定秩序、商品交换、发展生产所必需的。土改时把这一切都当作地主罪状，土改后地主虽打倒了，富农、富裕中农就不敢出租，不敢雇工，不敢放债了，以免重蹈覆辙。但碰到具体问题的人，有的是单老孤独，有的是丧夫寡妇或年幼丧父失母，家里没劳力的人要不要雇工？可以不可以雇工？而有的家劳力有余无事可做，想出去打工赚钱改善生活的人，是否可以去打工？

有的人家发生天灾人祸，一时经济困难，缺衣少食的，……要不要生存下去？要不要解决困难？当然要。国家解决不了这些困难怎么办？必然去借；有些人有钱有粮，也想赚几个利息，想放债。必然产生借贷关系。当今办工厂借钱、银行贷款比比皆是，实质是一样的。

工厂的产品、农民生产的多余粮食、从事的副业产品要推销出去，这就要交换流通，便出现工商业。这样一来，人们就彼此互补，互通有无，双方有利。社会也得到延续和发展。

因此出租、雇工、放债、商品交换就不可避免，是社会需要，是人们生存的需要，是社会不可或缺的现象。但土改法规把此类正常的社会活动视为剥削，土改后长期得不到妥善解决，矛盾日益凸现出来。各地反映强烈。

　　到土改后第二年此弊端明显暴露出来后，中共中央不得不作了让步。1953 年 4 月 3 日在全国第一次农村工作会议上，中共中央农村工作部邓子恢部长在工作报告中指出"有条件有限制地允许雇佣自由、借贷自由、土地买卖和租佃自由"等。

　　但是随着农业集体化，农民失去土地，加上长期以来强调"阶级斗争"，土地出租和雇工现象不显现。但民间借贷倒盛行起来，政府和法院也予以承认，借债要归还。

　　改革开放后，土地又分到户，农民又可搞副业、经商、办企业，出租、雇工又不可避免地出现。但改革开放之初，还是受旧框框束缚，从现在角度看，似乎是不可思议、难以理解的事常有发生。

　　1980 年，中共中央 75 号文件还明确规定"不准雇工"。

　　1981 年，广东一养业户陈志雄扩大经营，要雇工，人民日报为此连续刊文讨论三个月，最后余大奴、黄克义一文作结论：认为雇工不等于剥削。

　　稍后，经济学家林子力，根据马克思《资本论》中找到马克思的话，通过某种公式计算剩余价值，请三个助手，带四个徒弟可以不视为剥削，称为小业主，不算资本家，不是资本主义。雇佣八个人以上的就产生了剩余价值，就存在剥削，就算作资本家，就是资本主义。小业主与资本家(即"七上八下")概念一提出。认为雇工七个以下的不是剥削，八个以上的是剥削，又为雇工开了绿灯。对百姓来讲，这似乎在讲故事、说笑话。

　　后来安徽芜湖年广久的"傻子瓜子"雇佣了 12 人，又引起争论。

1984年10月22日，邓小平表态："我的意见是放两年再看。"这一放，一直放到现今，愈放愈大，雇工问题才得到解决。

出租土地、房屋、厂房等也陆续兴起。当今农村出租土地很普遍，一些种粮大户大都先租来土地，再雇工耕种。我村去双港镇在新塘岗附近路边有丘名叫"百卅"（1.7亩）的水田，土改前是我家的，土改时被没收，后经合作化，改革开放后又分田到户。2014年10月27日我经过此地，正好一个农民在收割番薯，他告诉我是从别人处{田主}以每年50元租来的。出租房屋在城市中更普遍，我们临海的东湖村是城乡接合部，原有土地大量建房，有些家庭每年房租收入有100多万元。我在1984年建的城关老房，部分也出租。有谁说这是剥削行为？

放债更比比皆是，法院受理这方面案件比例也较高，当然也支持有证据的债主。乡镇银行小额贷款利息可高达国家银行的四倍，实际上也是放高利贷了。

社会上出现这些现象，为了调节余缺、互通有无、维护社会正常运作、安定社会秩序，是正常的，需要的，必然的，我国现行有关法律法规中也给予肯定的，支持的。《中华人民共和国合同法》第十二章《借款合同》，第十三章《租赁合同》，第十五章《承揽合同》等都是处理往日所称的放债、出租、雇工等事。我国《民法通则》也有此相应规定。因此，国家非但承认放债、出租、雇工的合法性，还受到法律的保护。

解放前的中华民国政府当然也有相应的法律规定，著名的《六法全书》便是。它认为地主的财富是在当时法律允许下取得的，不应无偿没收。现我虽找不到中华民国有关法典，引证不出具体的条文，但我国大陆有关部门宣布承认台湾法院的民事判决，也可证实两岸有关法律都认为雇工、出租、放债是合法的。

中国古代，出租、雇工、借贷在民间早就盛行，我们祖宗就在这种环境下生存下来。据史书记载：19世纪上半叶，清朝直隶宁津(今山东宁津)大柳镇统泰升杂货店兼营的轧花工厂雇用工人100多人；广州府佛山镇(今广东佛山)有经营棉布纺织业的工厂2500家，从业人员5万，每一工厂平均雇有20人。外国也如此，19世纪的英国工业革命，1871年英国已有1262家棉纺织厂，当然都雇用工人。1871年，议会调查的254万工人中有201万工人说自己在工厂中工作。按马克思主义观点这是资本主义，应该消灭。

出租、雇工、借债等是人类社会调整余缺、发挥物效、增加财富、解决困难、改善生活，安定社会正常的不可或缺的现象，不能禁止，也禁止不了。否则是反社会的，也可说反人类的。地主这些行为，也有此作用，中共把它视为剥削，以此为由没收其财产分给贫雇农，进行社会动员，打天下夺政权，这种动员与"重赏之下必有勇夫"道理是一样的。这个"赏金"由地主出。如果出租、雇工、借债有罪，那没收地主财产是罪有应得，如果这些行为是社会正常现象，那地主对中共夺取政权作了牺牲、作出贡献，为中共立功。这不是强辩，而是在"实践是检验真理的唯一标准"前提下说的话。

就是对"剥削"一词，学术界也一直争论至今，可以说谁也说不清。

按马克思主义观点，剥削是一些人或集团凭借他们对生产资料的占有或垄断，无偿地占有那些没有或者缺少生产数据的人或集团的剩余劳动和剩余产品。剥削是人类社会发展到一定阶段的产物。社会上剩余产品的出现是剥削产生的物质前提，社会分工的发展和生产数据私有制的产生，以及社会分裂为阶级是剥削产生的现实基础。所谓的生产数据指的是："人们从事物质资料生产所必需的一切物质条件，即劳动数据和劳动对象的总和。又称生产手段，包括土地、机器、设备、厂房、工具、原材料、辅助材料等。"

剥削本质就是人类主体之间(人与人之间，集团与集团之间，阶级与阶级之间，民族与民族之间)交往过程中的不等价性，凭借对生产资料的占有，无偿地攫取别人的劳动成果。

原始社会末期，随着剩余产品和私有制的出现而产生剥削。历史上依次出现的基本剥削形式有奴隶占有制、封建地租制和雇佣劳动制，人类进入社会主义社会，以剥削占统治地位的社会制度随之消灭。

但是也有一些学者认为：主体之间的交往原则上都遵循着等价原则。

统一价值论认为，由此产生的主体之间(人与人，阶级与阶级，民族与民族)在进行商品交换过程中，原则上都遵循"等价"的一般原则。这种"等价"的原则，是从整体的、抽象的、长远角度而言。也就是说，人与人(阶级与阶级，民族与民族)之间不等价的"剥削"行为，只是局部的、暂时的、相对的，不是长远的和绝对的。资本家和工人双方履行雇佣与被雇佣合同关系时，基本上遵循等价交换的一般原则，即不存在"资本家养活工人"的问题，也不存在着"资本家剥削工人"与"工人养活资本家"的问题。工人不愿意干可离开，要求太高资本家可以不用你。因此，就阶级划分，只能划分为统治阶级与被统治阶级，而不能划分为剥削阶级与被剥削阶级。

正对着改革开放后过去被认为剥削的现象今又允许重现，中央党校董德刚教授答网友问："劳动价值论也有缺陷，合法的剥削是允许存在的。"他说："马克思的剩余价值理论今天是否过时了，如何看待这个问题，理论上是个难题，现在理论界争论很多，远没有达成共识。剩余价值里面的基础是劳动价值论。"

但是劳动价值论也有缺陷：(1)它否定了资产、资本在价值形成中的作用；(2)劳动价值论认为自然资源是没有价值的；(3)劳动价值论比较强调操作性劳动，特别是体力劳动。对经营管理对价值的贡献忽略不计。

由于剩余价值是建立在劳动价值论基础上，由于劳动价值论存在着一定缺陷，所以剩余价值论也存在着不足。主要是对剩余价值的估计不够确切，这同对剥削的理解有关。剥削问题现在我们没有完全搞清楚，表现在：(1)理论界对什么是剥削，还争论不休；(2)实际工作者，不少干部和群众的认识表明，这个问题没有完全搞清楚。

但自己也未搞清楚，怎么可对人家定罪呢？

在社会生活中，实际上也常存在着这类说不清楚的"剥削"。下面议一下这些现象是否属于剥削，或凭权力资本剥削。

经商做生意的，有资本投入，有风险，赚大钱的是天经地义的。但政府部门或其所办所管的单位（企业），如烟草专卖局、电力公司等部门，利用其掌握的国家权力、资源，其工作人员工资就有高于一般单位职工工资许多，同农民大众相比差距更大。他们又不是财富的创造者，也没有经济资本和技术资本，又没有承担什么风险，凭什么理由要如此高报酬？是不是剥削？

我国农民一向生活在底层，贫困、无保障，非但过去受地主的剥削，且现今受国家的盘剥。长期来为国家上缴公粮，养活非农人员，包括公务员。困难时期享受特殊供应的，如国家副委员长级的每户每日鲜肉1斤、每月鸡蛋6斤，……也是农民产出。为了政权巩固、国家安定，为了解放军吃饱饭，为了国家工作人员吃饱饭，为了保证京、沪、津等城市居民供应，农民不能吃饱，要向农民高征、强征、逼征粮食，导致千百万农民饿死，是不是受国家的盘剥？

1954 年，广东高要县在征购中捆打了 53 人；广东中山县港口镇附近农民，看到调运粮食的船开走时站在河边哭泣；1955 年，山东郓城县三区一副区长在彭庄乡陈庄秋购中，造成自杀三起。区干部在杨庄集逼粮，打 8 人，扒衣服受冻 16 人，吓跑 3 人。四川省德昌在征购中召开群众大会 25 次，判决 29 人，其中死刑 1 人，有期徒刑 23 人。1953年四川石柱县征购中，法院召开公判大会 9 次，判处死刑 2人，有期徒刑 5 人，管制 2 人。1954 年福建省邵武发生搔乱，定性为"反革命煽动群众，破坏粮食统购统销"，逮捕114 人，16 人被枪决，56 人判有期徒刑，9 人管制。（《邵武市志》）。据粮食部统计，1954 年统购中死亡 710 人，其中自杀 566 人，自杀未遂 35 人，送粮而死的 74 人，主要是被迫自杀。那时我家也被抄去粮食，这些粮食完全是我母亲辛劳所得，但她被斗惯了，经得起。

刘少奇也曾坦率地承认："现在国家对粮食的需要量，同农民愿意交售的数量之间，是有矛盾的，而且矛盾相当尖锐。如果按农民的意愿，他只愿意在自己吃饱了以后才把多余的粮食卖给国家。假如让农民统统吃饱了，然后才征购，那么，我们这些人就没有饭吃了，工人、教员、科学家以及其他城里人都没饭吃了。这些人没有饭吃，工业化也搞不成了，军队也要缩小，国防建设也不能搞了。"（杨继绳，引自《刘少奇选集》第 441—442 页）。

根据粮食部 1962 年统计表，1960 年 4 月农民饿死最多的春荒时刻，国家粮食库存还有 403.51 亿斤。（《统购统销的回顾》作者杨继绳，《炎黄春秋》2008 年 12 期），按当时口粮标准计算，相当于 1.4 亿人一年的粮食。如果拿出一半库存粮食来救人，也不会饿死人。但悲剧毕竟发生，致使几千万农民活活饿死。

对农民的如此盘剥，远比地主的"出租、雇工、放债、或兼营工商业"的剥削更严重。

第二节　　中国早已不是封建社会

《土地改革法》的第一条中称"废除地主阶级封建剥削的土地所有制"，打倒封建主义是中共领导的中国革命的主要对象。封建主义这一名词在建国前后广泛使用。如封建制度、封建思想、封建势力、封建买办、封建专制、封建迷信、封建道德、封建礼教、封建家庭、封建地主、封建婚姻、封建残余，等等。这些词汇在报刊书籍上也比比皆是，是一切旧制度、旧习俗、旧思想的代名词，是邪恶、罪孽的化身。似乎中华民族的光辉历史一无是处，五千年灿烂文化荡然无存。

认为中华民国是封建、半封建社会，进而认定地主阶级就是封建主义的化身，反封建就要反地主阶级，打倒地主阶级便是反封建。土改时各类统计表中有一种名为"摧毁封建势力"统计表，其上列着对地主们的处理结果，有杀(镇压)的、判刑的、劳改的。我村有三个地主镇压，我勤劳一生的母亲因她有封建势力处以"劳动改造"。然而我与几位参加过土改的同学、友人交谈后，他们对"封建"一词也不知具体所指，人云亦云而已，广大百姓也更不知其意。"封建"两字贬化了，成了打倒政敌、指责人们的口头语，其结果，对中国危害最大的专制主义却逃遁了人们的批判，也使中国革命走上弯路。

封建主义(teudalism)一词来自欧洲，是"封土地，建诸侯""建土封国""封邦建国"之意。欧洲从 9 世纪到大约 15 世纪建立在以封地采邑的形式占有全部土地，及由此建立的领主与封臣的关系为基础的政治经济体系，以佃农的效忠、服兵役以及收取财产为其特征的社会关系。

封建时代国王，如法兰克福查理大帝，在灭亡罗马时期率自己的大军，征服大片土地，然后把土地分给各军官、各武士、各位亲信，他们曾紧紧地跟随着他，经历了血与火的洗礼，接受了生与死的考验，他的很多弟兄战死沙场。现也终于盼到享受荣华富贵的这一天，就其身份他们是一群成功了的盗寇而已。

国王把土地分给他们有两个原因：（1）国王要酬谢他们；（2）国王利用这种分封，要他们控制疆土和管理百姓。如原来是一位骁勇善战的骑兵队长，现成为管理百姓的农奴领主，行使着庄园行政、司法和警察权利。他的庄园就成了他的独立王国，他对国王最主要的责任和义务，就是在战时聚集在国王身边英勇杀敌、保卫国家。

正因为没有高度整合的行政、司法体系，也没有一个常备军，所以国王对他们的封臣来说只是一个封建宗主，他与他们以互惠的忠诚纽带约束在一起，而不是位于他们之上的绝对君主。

而秦及以后的中国皇帝们，他们历来就不允许在自己统治下存在"独立王国"，他们要亲自管理神州大地上千万个子民，每天都在五更左右去上早朝，每天晚上还要批一大堆文件。封建时代的欧洲国王真是好省心的，他只要管理好属于自己的那些庄园就行了，其他地方的政治事务全交给各领主。因此，中国真真实实的封建主义是周朝，而秦汉以后应叫中央集权的皇权专制主义。

所以封建制度下封主和封臣的关系实际上是松散的、含混的、暂时的、易变的、脆弱的，即并没有形成一个大范围的统一的稳固的政治秩序，也没有一个有效进行统一控制的中心。既然没有谁能垄断暴力，那么大家就要使用暴力，也意味着大大小小的战争或武装冲突随时随地、经常地在四处发生。所以勒恩说："封建主义就是一种极端的在政治上没有中心的社会情况，在那时，我们今天所谓的公共权威被一些个人分散拥有。"

由于对马克思的社会形态学说理解不同，学术界对中国是否存在封建社会、中国何时进入封建社会、如何看待中国封建社会及与西欧封建社会差别问题一直存在分歧，争论不休。其中较突出的有"西周封建说""战国封建说""秦汉封建说"等。

郭沫若较早提出秦至清两千余年的中国为封建社会，但很多史学大师持有不同观点。如马克思·韦伯就认为秦朝之前中国是封建社会，秦以后则是"家产官僚制"社会。费正清也认为，用"封建"一词定性中国古代，价值很小；梁漱溟和钱穆也持类似观点。梁说：中国从战国以前已从封建制解脱，因而贸然以封建概论一切，是何足以服人？钱穆的话是：近人率好言中国为"封建社会"，不知其意何居？他们都以详尽的史实为论据提出自己的见解。这些大师的论点提示我们，对于认为中国古代自秦至清为封建社会的论点，应重新考虑。把秦至清的中国对应欧洲的中世纪认为皆属封建，事实上两者政治结构上差异很大。

很多历史学家之所以不认为秦朝以后的古代中国属于封建社会，是因为它和秦之前西周的分封制和欧洲中世纪封建状况迥然不同。

《炎黄春秋》2010年第12期刊登应克复《关于"反对封建主义"》一文，较全面、较客观、较深刻地提出一些新论点，摘抄于下：

"毛泽东认为，中国的封建制度'自周秦以来一直延续了三千年左右。'在《新民主主义论》中更具体写道：'自周秦以来，中国是一个封建社会，其政治是封建的政治，其经济是封建的经济。而为这种政治和经济之反映的占统治地位的文化，则是封建的文化。'

　　然而，毛的"三千年封建说"或"周秦以来封建说"并不符合中国的历史情况。这一结论忽视了自秦以来国家的政权组织形式或统治方式同西周已发生了极大的变化。西周实行的是封建制，它同西欧封建社会有着相似的特点。周天子将国家领土分封给各诸侯，各诸侯在分封的领土上'封土建国'，成为各国国君；各国君承认周天子为天下共主，在经济、法律上享有自主权，其王权世袭。秦并吞六国、统一中国后，既然扫灭了诸侯，也就废除了近千年历史封建制度，而改行郡县制度，即'废封建，立郡县'，天下三十六郡，由皇帝派出的大臣直接统治，建立了权力集中于皇帝的中央集权制，这是国家政权结构的重大改变，怎么还同西周的封建国家(所谓"国中之国")相提并论呢！

　　自秦至清末如果不称其为封建社会，那么应称什么社会？……李慎之启用了一个新概念"皇权主义"或"皇权专制主义"。对此，笔者赞同之。那么，这长达两千余年的中国社会就可以称之为"皇权专制社会。"这一理论观点，跳出了"五阶段论"(原始社会、奴隶社会、封建社会、资本主义社会、共产主义社会)的狭隘框架，为我们认识中国古代史乃至近代史提供了新视野、新方法。"

　　文章在作些说明后接着说：用"封建说"与"皇权专制说"来解释中国历史就会得出不同的结论。

　　"在社会主要矛盾问题上，封建说认为，'封建社会的主要矛盾，是农民阶级和地主阶级的矛盾。'毛泽东在另一处的表述是：'帝国主义和中华民族的矛盾，封建主义和人民大众的矛盾，这些就是近代中国社会的主要矛盾。'而皇权专制说认为：皇权专制社会的主要矛盾，是人民大众与皇权专制主义的矛盾。

在革命对象问题上，'封建说'认为，革命的对象是封建主义。由于秦汉以来封建制度已不存在，总不能把已不存在的东西当作革命对象，毛泽东于是把地主阶级当作革命的对象。他写道，中国革命的对象，'就是帝国主义和封建主义，就是帝国主义国家的资产阶级和本国的地主阶级'。'皇权专制说'则认为，中国革命的对象是皇权专制主义。自辛亥革命后，旧式的皇权专制主义是被推翻了，但复辟势力不断登台，改头换面的皇权专制主义不断再现，'革命尚未成功'。因此，革命的对象依然是新的专制主义。

毛泽东将封建主义作为革命对象，又把封建主义落实到地主阶级，或者说把地主阶级拈出来作封建主义的替身。于是，反封建就成了反地主阶级了。只要剥夺地主的土地与财产，消灭地主阶级(有不少地主在肉体上被加以消灭)，民主革命就大功告成！事情就是这样做的。但这样的革命是否为中国创立了民主制度呢？没有，远远没有。为什么？因为民主革命的对象不是封建主义；封建主义也不同于地主阶级；消灭了地主阶级不等于民主制度的降临。中国民主革命的真正对像是专制主义。因此，以反对封建主义作为民主革命的理论指导实在是新民主主义的一大误区。"

文章接着分析出这个误区的理论根源是"社会形态五阶段论"和"阶级国家论"的套用。把一切问题统统归结于地主阶级。这些结论与中国历史的实际存在着很大的出入。

"首先，秦以来的国家不是地主阶级的国家，而是为某一皇族控制的国家。地主阶级不是这类国家的统治阶级，它不是国家权力的占有者，它只是社会中一个有势力的贵族阶级，它和农民都是这类国家的被统治阶级。第二，中国古代社会停滞不前的原因，主要不是由于地主阶级对农民的剥削与压迫，而是专制皇权对社会（主体是农民）的掠夺与压迫。第三，中国古代社会的主要矛盾，不是农民阶级与地主阶级的矛盾，而是人民大众（主体是农民）与专制皇朝的矛盾。农民阶级与地主阶级的矛盾是第二位的，从属的。第四，皇权专制统治下爆发的多次农民起义，不是"反抗地主阶级的统治"，而是反抗专制皇朝的统治。

倒是孙中山领导的民主主义革命结束了满清皇朝的专制统治，而毛泽东称此次为"旧民主主义"的，这是否他的"新民主主义"革命不再反专制主义了？"危害无穷！"

苏州大学历史系叶林生教授在《炎黄春秋》2014年第8期上发表《对"农民起义"认识的多重误会》一文。文中指出："中国古代的所谓'农民起义'，实际上是个似是而非的概念。"在分析了许多起义性质后，他说："我认为，历代起义者身份的复杂性，是由社会的主要矛盾决定的。"他接着说："中国古代社会的主要矛盾是不是地主阶级和农民阶级的矛盾？"我的回答："不是。主要矛盾是官僚阶级和广大民众的矛盾。"文章在列举了一系列起义的记载后，他得出："从以上记载可以看到，对农民横征暴敛，傍掠拷打，逼得农民妻离子散的是官僚阶级，而不是地主。查历代起义的主要原因，几乎都是官府压迫、敲诈勒索所引起。因此，社会的主要矛盾，是官僚阶级和广大民众的矛盾，不应当是地主阶级和农民阶级的矛盾。"

从上各家观点可知，稍有权威性的学者，都不认为我国清朝以后也为封建社会，即不认为中华民国时期为封建或半封建社会。稍知中国近代现代史的人都知道，自鸦片战争后，民族工业兴起，文化教育也有所发展，清末也作了改良，1911年辛亥革命后北方仍盘踞着残留的旧军阀，这些军阀不是清皇室所封，也无纳贡，是其灭亡后残余势力。1925年孙中山亡故，1926年开始北伐。经北伐战争后，

1927 年蒋介石在南京成立国民政府，后经中原大战，1928
年张学良易帜，中国形式上取得统一。在此前后中国共产党
在江西湖南等地建立根据地，这些根据地与国民党控制的国
民政府也不是国王与诸侯的关系。1937 年国共又建立抗日
统一战线，直至 1945 年抗战胜利，中国成为世界五大强国
之一，并参加筹组联合国，成为联合国五大常任理事国之
一，1947 年直选国民大会代表，1948 年召开国民代表大
会，制定"宪法"，选举总统，即使其间有许多问题，许多
欠缺，但至少形式上是做到了民选政府，参政的各党派政治
上也都独立的平等的，相对来讲百姓还有些结社、言论、迁
徙自由，私有财产受到法律保护，有何根据中华民国可与欧
洲中世纪相比是封建主义国家呢？

　　台湾省的政治经济制度是大陆中华民国的延续，也没有
经过新民主主义革命，台湾现今政治制度最大的特点是：上
自总统下至村镇的领导人都是民主选举，民众结社自由，言
论出版自由，毫无"封土建国"之意，我们总不能讲台湾现
在还是封建社会。如果现在台湾的中华民国不是封建社会，
那与大陆中华民国封建社会的分界线在那里？我还没有看到
能划出这个分界线的有关论述。

　　我家在旧社会中，母亲勤俭节约，经营有方，买了土地
建了房，这些财富是天道酬勤的结果，决不是皇帝所封，其
生财之道非但符合当时法律，也符合当今中共制定的法律，
更谈不上有什么政治地位。中华民国时期不能称为封建或半
封建社会，我家更与"封建"两字无缘，丝毫没有阻碍生产
力的发展，不应成为中国革命的对象。

第三节   "平均地权"是承认地主所有，涨价归公

刘少奇在《关于土地改革的报告》中曾说："孙中山先生很早就提出了'平均地权'的口号，后来又提出'耕者有其田'的口号。"即为了实现孙中山先生的遗训，必须要进行（暴力）土地改革。

1905 年 8 月，孙中山先生推动和领导建立了第一个全国性的革命政党——中国同盟会。他在为同盟会制定的纲领中提出："驱除鞑虏，恢复中华，创立民国，平均地权"。同年 11 月，孙中山在为同盟会机关报——《民报》所写的发刊词中，把同盟会的革命纲领第一次明确解释为"三大主义"，即民族主义、民权主义和民生主义，后来简称为"三民主义"。民生主义主要内容为"平均地权"。

孙中山先生"平均地权"的内涵，在同盟会的《军政府宣言》中有所表述。该《宣言》说明平均地权的办法是："核定天下地价，其现有之地价，仍属原主所有，其革命后社会改良进步之增价，则归于国家，为国民所共享。"也许是该表述过于简略，仅是要点性的、提纲性的，不易为人理解，所以此后孙中山曾多次给以具体的解释。民国建立后，孙中山不遗余力地宣传、解释三民主义，特别是重点讲解民生主义即"平均地权"。据统计，孙中山 1912—1913 年在各地的 58 次演讲中，以民生主义为主要内容的就有 33 次之多。下面摘录几段孙中山在不同年份针对不同对象所作的有关"平均地权"具体含义的解释性文字。

其一，1906 年 12 月 2 日，孙先生在《三民主义与中国民族之前途》演讲中说："闻得有人说民生主义，是要杀四万万人之半，夺富人之田为己有；这是他未知其中道理，随口说去，那不必去管他。解决的法子，社会学者所见不一。兄弟所最信的是定地价的法，比方地主有地价值一千元，可

定价为一千，或多至二千，就算那地将来因交通发达，价涨至一万，地主应得二千，已属有益无损，盈利八千，当归国家。这于国计民生皆有大益，少数富人把持垄断的弊窦，自然永绝，这是最简便易行之法。"

其二，1919 年，孙先生在他写的《三民主义》一文中说："故同盟会之主张，创立民国后，则继之以平均地权，倘能达此目的，则社会问题已解决过半矣。平均地权者，即井田之遗意也。……中国今工商尚未发达，地价尚未增加，则宜乘此时定全国之地价。其定价之法，随业主所报以为定；惟当范围之以两条件：一、所报之价，则以后照价年纳百分之一或百分之二以为地税。二、以后公家有用其地，则永远照此价收买，不得增加；至若私相卖买，则以所增之价，悉归公有，地主只能得原有地价，而新主则照新地价而纳税。有此二条件，则定地价毫无烦扰欺瞒之弊，盖此二条件，为互相牵制者也。"

其三，1921 年 3 月 6 日，孙先生在《三民主义之具体办法》演讲中说："我们底民生主义，是有办法的。其办法为何？即'定地价'。……兄弟底办法，极简单而又极公平，即令人民自己报价，政府则律以两种条件：其一，按所报的地价照值百抽一而收税；其二，则照价收购。此可使他不敢隐瞒公家，不致以多报少，或以少报多，其法至善。何以说不敢以多报少？譬如人民将自己所有之地报价后，公家就随时可照价收买其地，想瞒税的，反要受报价的亏损；彼以少报多者以为其计甚得，设公家不收买，则又须照其所报之价纳税。……所以那些地主想来想去，报多报少，皆有危险，结果不如报一折中底实价为愈。"

其四，孙先生在 1924 年 8 月 10 日，在他《民生主义·第二讲》演讲中说："讲到了这个问题，地主固然要生一种害怕的心理，但是照我们国民党的办法，现在的地主还是很可以安心的。这种办法是什么呢？就是政府照地价收税和照地价收买。究竟地价是什么样定法呢？依我的主张，地价应该由地主自己去定。……地价都是由地主报告到政府，政府照他所报的地价来抽税。许多人以为地价由地主任意报告，他们以多报少，政府岂不是要吃亏吗的？譬如地主把十万元的地皮，到政府只报一万元。照十万元的地价，政府应该抽税一千元，照地主所报一万元的地价来抽税，政府只抽得一百元，在抽税机关一方面，自然要吃亏九百元。但是政府如果定了两种条例，一方面照价抽税，一方面又可以照价收买，那么地主把十万元的地皮只报一万元，他骗了政府九百元的税，自然是占便宜；如果政府照一万元的价钱去收买那块地皮，他失去九万元的地，这就是大大的吃亏。所以照我的办法，地主如果以多报少，他一定怕政府要照价收买，吃地价的亏；如果以少报多，他又怕政府要照价抽税，吃重税的亏。在利害两方面互相比较，他一定不情愿多报，也不情愿少报，要定一个折中的价值，把实在的市价报告到政府。"

从上述数据中，可以发现，从提出"平均地权"思想起，直到去世前夕，孙中山对"平均地权"思想的解释不仅次数多，而且每次都举例说明，以例喻理，再清楚不过。据此，我们是否可以作如下的归纳和解释："平均地权"实际上是孙中山逐步变封建土地地主私有制为资本主义土地国家所有制的一种方法、一种手段。其具体办法是，地主自己到政府去报告地价，由于政府拥有按地价收税或者收购的权力，地主一般不会高报；等地价上涨时，国家能够按地主自己报的较低的价格把地主的土地买下来。这就是所说的"现有地价归原主所有，革命后因社会进步所增涨的地价归国家所有"的意思。之后，成为全国土地主人的国家将土地分配给农民耕种，实现"耕者有其田"，再由国家收取地税。

　　1924 年 1 月 20 日至 30 日，中国国民党第一次全国代表大会在广州举行，在大会《宣言》中对三民主义作了经典的概括。会后，孙中山又提出"耕者有其田"的主张。

　　因此，从孙中山先生这两句口号中都没有进行暴力土改的含义，也在其中找不出无偿地没收地主的土地为主要内容而进行暴力土改的理由，倒反而承认地主并尊重拥有土地的合法所有权。台湾省后来的农地改革秉承了孙中山先生这一个伟大思想，取得了成功。

　　刘少奇在《关于土地改革的报告》中引用孙中山先生这两句话作为暴力土地改革的理由之一，是没有多大说服力的。

　　　　（主要参考《"平均地权"释疑》周明学作原载《九江教育》）

第四节　　"轮种祀田"在农村中的积极作用

　　在土改中除没收地主土地和征收富农、小土地出租者等少量土地外，还征收了大量"轮种祀田"（村族、庙宇、学校等所有的公田）。其数量相当可观，在某些乡征收的数量甚至超过没收地主的土地数。如环溪乡，27 户地主，拥有土地仅 237.591 亩，而轮种祀田有 854.663 亩；保中乡地主 41 户，拥有土地仅 659.350 亩，而轮种祀田有 1246.289 亩；杨岙乡 14 户地主，拥有土地仅 127.526 亩，而轮种祀田有 424.221 亩；上宅乡 28 户地主拥有土地仅 276.41 亩，而轮种祀田有 443.30 亩。临海县 5548 户地主有土地 152890 亩，村族公有田（轮种祀田）有 54469 亩；台州地区

左图为 1985 年清明节"五份"族人拜祭腾弯太公墓留念，
右图为 2018 年清明节拜祭因建高速公路移到离村 4 里的上
山岗太公墓留念（均为笔者摄）

21671 户地主有土地 878664 亩，村族公有田有 438949 亩。
且地主的土地没收后还要归还他一部分。

这些"轮种祀田"包括学校、寺庙的土地，实际上是一
种服务社会的集体经济。它用来村族中上坟祭祖、读书奖
学、教师工资、校舍修建、设备添置、造桥铺路、扶贫救
困、应急处置……。现主要以笔者的亲历举例如下：

上坟祭祖

"百善孝为先。"我们不忘祖宗除养育外，也为我们更
好的生活和上进给我们留下较多的财产，每年清明节都举行
隆重的上坟祭祖，拜祭不同年代的祖宗。我村祖辈情况在本
书第三章第一节和第四章第二节已有介绍，主要兴旺年代的
祖宗先后有八柱（有八个兄弟）、四份（四个兄弟），后人
为纪念他们，各建有祠堂。四份中老大称大房（也称山湾
房），兴旺发达，人口最多。大房中下代最兴旺的是五份
（五个兄弟）。我祖父就是该五份中的老三（太公的第三个
儿子）。

土改前每年清明时在族长的安排下，都对他们进行隆重
的拜祭活动。我至今还铭记在心的，最隆重的要算对四份祖
宗的拜祭。祭品有鲜宰杀的全副猪、羊，各种丰盛的菜肴，
坟墓位于离我村 7 里多远的水晶坦村后山上，凡是去的人不

分大小都发一双大馒头作"点心"，成群结队、浩浩荡荡，拜祭回来后吃饭，其费用都是祖宗留下的族产开支。

我们"五份"的上坟也很热闹，祖坟位在离我村约10里的岩西坑村旁称为腾弯的山上，我大姑住在岩西坑村，我少年时经常去，因此对这一带很熟悉，也很亲切。去该村先经离我村3里的呇口村后便进入山谷，在经过大呇村后，沿山麓小路再跨过溪沟才到岩西坑村，沿途熙熙攘攘、喜气洋洋，时值初春，鲜花满山，特别是红红的山渣花（映山红）更使人喜爱，每次上坟都采了不少带回。"五份"祖宗上坟是五家后代轮流，轮到这一家负责上坟事务，除祭品外，还负责上坟回来一餐丰盛的膳食，其费用都由祖宗留下的财产处置。我们"五份"规定是：这年谁家轮到上坟（祭祖），"五份"的众光田（祀田）由谁家耕种收割或收租。

土改时，天下穷人是一家，宗族观念一扫而光。如果讲宗族，怎么会对同祖宗的人撕破脸皮斗争？怎么会把同祖宗的人家在合法下取得的财产理直气壮、光明正大地占为己有？怎么能把同一国家同一民族同一族房的人划为敌人？因此不能认祖宗，不能讲氏族房份，有的还要与自己亲生父母划清界限，何况祖宗！否则便是封建复辟。这是中共革命的立足点，是中共的根基，力量的源泉。因此，土改后不能上坟祭祖，这一活动突然冷落、消失。

改革开放后，土地返回由各家自耕，私人可开店可办工厂，成分论也取消，人们的亲情也浓厚起来，制订族谱，上坟祭祖才得以恢复，也可说人心所向，人性所向。但祖宗留下的财产没有了，祭祖的费用只好由族人自己掏腰包。如我们四份上坟祭祖的费用，由族人自愿乐助，近几年我也参加，每次拿出200或300元，包括吃顿较丰盛的午餐，当然除本人消费外是有余的。因大家积极参加，喜于乐助，今年（2018）因前几年有积余而免收，也可说明，人们感恩祖宗的思想仍很浓厚。除了拜祭祖坟外，也是分散在各地的亲人会聚之机。听说邻村张姓、王姓的更加隆重。这也是人心所向，不认祖宗的时期仅20多年，"寿命"不长，对有5000多年的中华民族文明历史来讲，这20多年仅是"弹指一挥间"。

我处这种制度、习俗与我国历朝和当今每逢清明节在陕西黄陵县桥山隆重拜祭中华民族鼻祖轩辕黄帝一样，是一种民族文化。对凝聚人心，促进社会和谐起了相当有益的作用。

创办学校

我就读的小学是我村1929年创办的大园小学，创办人蔡明河、蔡晓春都是族长，经济开支当然都是从氏族集体经济中提取。1950年我在大园小学任教一学期时的工资也来自氏族经济。我读初中的琳山学校，创办人朱洗先生与店前村族商定，整片琳山的半边小山划为学校所有，由师生自己耕作，种水果、种蔬菜、建校舍等任其使用，增加学校收益，减轻学生负担，也培养学生勤劳刻苦精神。我1949年就读过的临海振华中学，是1926年由屈映光先生创办，据其校志记载，征有400多亩校田，其收入归学校开支。

修建设施

我村土改前300多户1100多人的粮食加工，祖宗也早为我们操劳，在大塘山麓建有磨粉用的水磨；在其下本村上角建有碾米用的水碓，这些建造资金当然由族资中支付。

我村离溪河较远，用水饮水困难，我们祖宗从几里外的滑溪河中齿洞筑渠引水到我村，弯弯曲曲流经我村供村民饮、涤和防火用，再流出我村入溪。在进我村和再流入溪河前，两侧都是农田，可用来灌溉，这些都要人工也要经费。溪水靠天而降，旱季也可能无水，我们祖宗还在村中挖井，主要供村民饮用，一般旱天也有水；还在村旁掘塘蓄水，可用来防火、抗旱，我家附近就有狐狸塘、中央塘、下塘三口；有的田间也有井有塘，主要用来抗旱。

人们彼此间有走亲访友、生产生活，村与村间必有路可走；我村不是集市，要买货物必须去附近东侧的双港镇或西侧的店前街，也要有路可走。去双港镇有宽阔的石子路；去店前街有精作的石板路，由长约80公分宽50公分厚8公分左右的石板铺设，坚硬平坦，雨后易干，行走起来较舒适。农村道路中常有路房，我处俗称"路廊"，内设有条凳，有些路房有人居住，有开水供行人解渴。这些都由乡间绅士主持，村族集体经济开支，得以建成。

我十多岁时从乡间步行60里来临海城关读书，也要有路可走，还要爬两座用石条、石块铺路的山岭，这些路都是当地村人修建维护，当然也要资金。经过望洋店地方要过江面约有50米宽的永安溪，要乘船过渡，专门有渡工日夜给过路人撑船才能过江上岸，不收费用。前几年我才知道有个渡船协会，拥有几亩土地，用这些土地出租的收入或给渡工耕种，维持渡船运作。该渡船协会会长是我同学杜彦友的父亲——地主杜小奶。

扶贫救困

我家早年较穷困靠耕种氏族土地维持生活，其他村族上的族田我想也是照顾贫困户耕种的。如有天灾人祸，氏族也是尽力过问的，不像我们1958年至1961年大饥荒时连要饭也没有地方乞讨，以至饿死三千多万人。

行善乐助

教堂、寺院的土地用来养活僧尼和其活动经费，维修庙宇，行善积德，推进和谐

从小嫁到界岭村的我二姐，在她年纪87岁时，瘫痪在床，多年来三个子女赡养上有矛盾，相互推诿久未落实，我花了不少精力与财力也解决不了。有4～5个月靠本村在杨

岙村教堂信仰天主教的教友照顾。在我多次要求下，2011年7月30日，村两委召集其子女及有关人员协调才解决。教堂、庙宇要有人管理，要有人主持，必然要有经济支持。

应急处理

我村1928年为山林与店前村械斗；1949年打死土匪张双构，引起匪群要围攻我村，经调解，赔偿6400斤稻谷了结。这些都用族产来化解、处理。

我家与“轮种祀田”结有缘分。我从小就听母亲说，因租金较低，困难户可优先租赁，早年我家经济困难，承租了不少这种“众光田”。母亲还说有几年主要靠租赁这些土地来维持生活，以后家景好起来逐渐退还。但还一丘位在黄泥山脚的“众光田”在我稍大后还在耕种，父亲去那边劳动时我常跟他去玩。至今我还记得：1949年我初中毕业，已相当清朝秀才，按本族规定，收取了约有1000斤祀田出租的谷子作为奖励；上已提到1950年我在本村小学任教一学期，工资由氏族祀田产出的稻谷支付。我家还曾承包收取族有水磨的磨钱，因此对“轮种祀田”在农村中的积极作用我深有体会。

这些在政府力所不及的地方，发挥民间潜力，挖掘个人积极性，解决群众困难，提倡崇善扬德，对安定社会秩序都大有好处。其中“祀田”起了主要作用，这些祀田土改时均被征收，当然增加了土地分配量，扩大受益户，致使农村60%—70%的农户在土改中有所得益。据《台州地区志》记载，在1951年土改时，台州地区有72%的农民受益。这些受益户当然拥护土改，感谢共产党，减少土改阻力，保证土改成功。但后续工作跟不上，受损受害的首先还是农民大众。这些祀田的征收对调节社会余缺、倡导行善乐助、化解贫富矛盾、增进社会和谐是不利的，三年大饥荒时没饭吃的人讨饭也没处讨，饿死人也没人管，这些是其后果之一。当今社会矛盾重重，大量矛盾进入司法程序，我国各级法院每年处理上千万个案件，公平正义受到空前未有的压力，临海市法院民庭近几年每一位法官要办理（结案）200 件左右。被诉讼人杀害的北京昌平区法院法官马彩云，为表彰她的辛劳，媒体报导说她每年要办理 400 个案件，几乎半个工作日要办好一个案件，质量怎么能保证？由于没有维持运作的资产，与这些从事群众福利、倡导和谐、热心调解的民间组织缺失不无关系。这与资本主义国家形成很大反差，如芬兰，据报导，最近三十年来芬兰法院只受理一个受贿案件。

美国有 3 亿人口，社会团体有 300 万个左右，这些团体大都有自己的活动财力。我曾跟随我女儿去教堂做礼拜，中午在那边吃饭基本上免费的(仅象征性地交付 1 元钱)，小孩完全免费，还提供有娱乐室等设施，大人听讲堂时，小孩在那边玩，且有专人(义工)照顾. 牧师讲演时也很动人。我参加这次礼拜牧师讲的内容是：我们每一个人都是罪人，你想想你过去有没有做过错事，有没有对不起主(上帝)，有没有对不起人……"（大意）。我听后很有启发。我们中国有 13 亿多人口，仅有 100 来万个社会团体，且大都是行业性的，一般没有自主的财力，很难开展活动。因此，能自我教育、自我解决问题的社团不多，一般活动要向政府申请经济补助，甚至参政的民主党派开会活动的经费，还要打报告向政府申请，我就亲身知道这一事。

这样势必加重国家财政负担，群众的自我教育也差，必然素质不高。自己消化、自己处理矛盾的能量有限，当今社会行骗、欺诈、诉讼的很多，临海市法院每位法官每年要处理 200 来个案子，是多方面因素的结果。其中很重要的一个方面是忽视了让群众自我教育，提高人们修养，从善扬德和化解、消化社会矛盾的民间团体太少。社会事务方方面面，可谓五花八门，不可能什么都由党政部门包下来，什么都掌控在中共和政府之下，"东南西北中，党是领导的"，强调的是领导，不是包办，要让群众参与办事，当然也必须有一定活动经费。能稳定提供活动经济的，必要有一定固定资产。

《炎黄春秋》2016年第2期刊登贾西津先生《为什么发达国家NGO也发达？》一文。NGO即非政府组识，在不同情况下也称非营利组织（NPO）、志愿组织、公民社会组织等，是公民为了彼此互益的目的，或者社会公益目的，志愿结合的产物。这些组织的活动当然要有一定经费，要有一定的经济实力。霍布金斯大学进行了大型的国际比较研究，在所选的36个国家中，NGO构成的整个社会部门规模达到GDP总和的5.4%，这一数字的国别差异显著，荷兰的社会部门规模达GDP15%，而巴基斯坦的社会部门只有GDP的0.3%。这个水平不是指NGO资产的绝对值，而是指该国NGO经济量占本国经济量规模的比例。它反映了现代社会的治理结构。正如英国"政府与志愿及社会部门关系协议"总则第一条所说：一个健康的志愿组织及社会部门是民主社会的组成部分。NGO的社会功能，最直观的意义上，NGO贡献于经济体量和社会服务。社会部门的经济支出在英国占GDP的6.6%，在美国占6.9%。同时，非营利部门创造的就业增长达3：1。数字背后意味着大量的社会服务由NGO提供，主要领域是教育、医疗和社会福利。NGO首先让社会不是被动管理而是主动治理；其二累积信任和社会资本；其三激发公民责任，养成公共精神。

因此，土改时对"轮种祀田"的征收分给贫农、雇农个人所有，把福利性的集体经济变为个体私人经济，从当时来讲，得到这些人的拥护，但从长远来看是一种急功近利的举动，等于"杀鸡取卵"，对农民、对农村是不利的。

第五节　　地主财富是合法所得

地主的财富到底如何获得？在本书第三、四章所列举的地主中已有介绍，现大致归总分类如下，但这些管道互有作用，不能截然分开，仅是其财富来源的主次而已。

1. 勤俭节约型

如我母亲靠养母猪、做垂面、开小店、酿酒等副业与农耕，再加上平时精打细算、省吃俭用来积聚财富。我村蔡荷芳，近村的邬崇明、林桂钗、占朝广等靠起早摸黑辛勤耕作积累，也属此型。

2、土地兼工商业型

如我村蔡谢氏，靠其夫蔡桂球经商赚钱买田买房，夫亡后她守家；我家后期也以酿酒、开店收入为主；蔡荷芳也兼酿酒出售。我区双港镇地主胡子传为布店老板，我中学同学李时敏、邵明治、蒋美芬等家庭成分都是地主，其父都在城关开店赚钱，再买些土地而成为地主，或地主兼工商业或工商业兼地主。

3. 继承型

临海县最大的地主董丕芬的土地是继承祖辈的。土改时董丕芬只 28 岁，其父早已去世，土地由其母经管，因此土改档案上写的户主是董丕芬的母亲（董丕芬娘），按法律其财产所有权还是其母亲的，但土改时董丕芬作为恶霸地主被枪毙了。他家土地之多，主要是祖辈遗留，加上几代都单传（一个儿子），没有多人分割，且安分守己、善于经营，才维持家业，其他多子女的堂份就不及他了。双港区最大地主宋仁焕的土地也是祖传为主，但他与兄弟宋品章两人继承，宋品章有的卖了，而宋仁焕经营好，再买了一些。我村蔡荷芳也与此类似，在继承父辈基础上再购置一些。

纯粹继承型的不多。中国有句古话："富不过三代。"专致力乡建的梁漱溟说："中国的贫富不固定。"说明单靠继承，代代富的是不多的。这种情况在我村有，蔡继寿（小香）是个典型的例子，其父是富家，他游手好闲，嗜赌恶劳，家财败光，土改时成了贫农；在别处也有，浙江省前都督朱瑞儿子也如此。可见，即使上代富，还要自身健全，才能完满继承。

4．兼职型

家有些土地，本人又从事其他职业。如我村小学校长蔡来修、长期从教的蔡继良，还有大石区教师沈文波、叶能厚等，保中乡乡政府文书杨旭东、临海县参议长、回浦中学校长卢铎，教师余守清等的地主成分便是，只不过是因他们另有职务没有或很少参加农业体力劳动而已。

5．官僚型

前浙江都督朱瑞，高官必厚禄，大量购买土地，这仅是个别。我村地主蔡子桂、蔡行元等任乡长多年，其最大罪恶是"抽壮丁"，其中可能也有受贿的，这与现今贪污受贿一样，属"权钱交易"，当时的法律也要给予禁止、打击的，不属于地主财源的正常管道。

没有资料，也没听说有靠为匪、偷窃、霸占成为地主的。

不论何种类型地主，按当时中华民国的法律都是合法的。按现行的中华人民共和国的法律，如《中华人民共和国继承法》《物权法》《民法通则》《合同法》等也都合法的。没有理由予以剥夺。至于出租、雇佣、借贷、兼营工商业等更是社会经济正常的活动方式，都会在任何时期任何社会任何人身上出现，不是地主所专有。

就农村借债（高利贷），农业经学家董时进曾说："至于乡下土生土长的地主富农，概是一些所谓土财主，他们绝对够不上封建的资格。他们中间虽不免有少数土豪恶霸之类，然而究以驯良的人民占多数。他们大都是一些勤俭的安分守己的分子，他们的财产多半是由辛苦经营和节省积蓄而来。虽然他们也放账(乡下凡有积蓄都放账，固不限于地主富农。例如雇农赚得的工资，农妇卖鸡蛋的存款，为数不多，不好做别的用途，便只好放账，而这些小额放账常常是利率最高的)。但若说他们起家，主要是放高利贷剥削农民，则殊不足信。因为贫民身上根本榨不出很多油来，即使他们想借债，也不容易找到借主，即使借得到钱，也只能借到很少数目。乡下不怕出高利贷大宗借债的，多属一些染上嗜好的懒惰浪费的地主，他们有的用田地作抵押，也才有人肯放账。至于勤俭的农民，谁都知道高利贷的危险，决不肯轻易借债。凡是有能力有信用的人，如果遭了意外的损失，或有紧急需要，常常是可以找到亲友帮忙挪借，并不一定要走高利贷的路子。所以即使说有一部分的地主或富农是由于放高利贷起家，然而他们所剥削也多半是一些堕落的地主，而不是勤劳的贫雇农。"

这些符合实际中肯的分析，说明地主的财富是在合理合法下所得。

第六节　　暴力土改的破坏性

暴力土改对农业生产造成灾难性后果。据《临海县志》记载："土改后，农民生产积极性提高，生活大有改善。但也有少数贫、病、弱、残，因无力耕种而出现租、典、卖土地现象。1952 年 10 月统计，全县租、典、卖土地有 65367户，95037 亩。"分别占土改时全县 136291 户的 48%户和全县土地 696472 亩的 14% 亩。但也不全由于贫、病、弱、残引起，相当一部分卖土地的贫雇农，由于好逸恶劳习性不改或经营不善，而卖了土改时改来的土地，如我村土改时民兵队长的父亲贫农蔡继标，一贯贪吃懒做，土改后仍如此，不久就卖了土改时改来的土地、房屋和山林。

我县 1951 年土改时，从地主家没收给贫雇农的土地，连同当年地主耕种的庄稼也由分到该土地的贫雇农收割，加上从地主家没收的粮食，生活尚有改善。但 1952 年这些贫雇农就要自己劳动了，但懒的仍是懒，浪吃的仍要浪吃，蔡继标仍是蔡继标，以至造成上述结果。按照马克思主义，要消灭剥削，必须消灭生产数据私有制，随后强迫农民集体化，生产关系遭到破坏，粮食产量大幅下降，1955 年广西饿死 550 多人，为此中央对广西壮族自治区党政领导人作了处分，但他们不服，认为是合作化引起。1958 年的公社化运动，饿死三千多万人，甚至出现人相食的惨状。首当其冲的大都是当年斗地主的农民，地主和农民是中共夺取政权的工具，也成了在其夺取政权后的难兄难弟。发生如此恶果在有关著作，如杨继绳的《墓碑》、宋永毅、丁抒的《大跃进－大饥荒》等书中已有详述，笔者在《地主》一书中也较多介绍（注），现就其他领域的破坏性，谈些实例。

一、害人利己行为膨胀，传统道德遭到破坏

我国是世界四大文明古国之一，是闻名于世的礼仪之邦，尊老爱幼、相互礼让，诚实厚道、信义和平的儒家道德深入人心，各族各姓人民世世代代基本上和谐友好相处。在农村，上下不相慕，贫富两相安，生产生活，各得其所，秩序井然，其乐融融。稍有不轨，即受众人指责议论，且大都能自律。故社会基本上安定。

地主一族的财富，本是勤劳合法所得，中共要打天下，解决其财政、兵员、士气诸问题，把地主作牺牲品，本是缺德的事；还凭借其掌握的宣传工具大肆丑化，泡制假典型；不按自己制定的法律办案，乱划、乱斗、乱杀地主；在土改斗地主过程中不实之词铺天盖地，无中生有造谣污蔑作为办案依据；中共取胜主要靠土地改革，把无辜的地主当靶子，以解决在其打天下中的问题，实际上地主为中共得天下立了功，但还对其镇压或专政，俗称没良心，人若没良心，什么坏事都会干。这些都与中华民族"己所不欲，勿施于人"的传统道德背道而驰。

土改时根据财产的多少，把农村人员划分为地主、富农、中农、贫农、雇农、小土地出租者等级别；中农中又有富裕中农、佃中农、下中农之分；富农中又有半地主式富农与一般富农之别。这些繁多的阶级无一不与其利益挂钩。地主者没收财产，大出；半地主式富农征收出租部分土地，小出；贫农、雇农分进，雇农分得最多，大进；中农不动，故又称"中间不动两头平"，都围绕其财产转动，即围绕其"得失"转。

因此，土改的实质是：利用人们的私心，发扬人性贪婪的弱点，强夺部分人的财物，无偿赠送给另一部分人，以换取他们的支持、拥护。把"失物（打击）"的人控制在5%左右，"得物（动力）"保持在60%～70%，从而保证了这场运动的胜利，受益方才会出力、出命，中共从中壮大自己，达到其夺取政权目的。有权才有一切，也是围绕其"利益"转。使人陷入以"利益"的得失作为行为准则。给后人留下极坏的影响。

如在本书第二章（暴力土改的全过程）第二节（诉苦斗争）工作队在其总结中称："一般群众认为单纯诉苦没意思，干脆将田分了便算。如三村的李治郎说：'分田这样拖延，到年底也不会分好。'二村一般反映'讲到现在，为什么还不分？'"。就是利用人的贪财，以分土地为诱饵，培养苦主，召开诉苦大会，发动群众进行土改。这些人依靠共产党才可得到财物的积极分子，目的都为了"利"为了"物"。愈积极愈得利，"重赏之下必有勇夫"，在暴力土改中这些勇夫的作用发挥得淋漓尽致。

因此，土改使我国传统的"己不所欲，勿施于人"的道德崩溃了。代之而起的是自私自利、相互争斗、尔虞我诈、贪污诈骗、假货充斥、嫖娼成风、司法不公、弄虚作假。最近网上热传着一首戏言：

"在古代，药店都会挂一副对联：但愿世间人无病，宁可架上药生尘。横批：天下平安。现如今，药店常会挂一大横幅：买十赠五，多买多赠，购药满128元送鸡蛋10个……悲哀！悲哀呀！当今社会，交警盼你违章。城管盼你违建。法院盼你违法。律师盼你告状。警察盼你犯罪。老师盼你补课。医生盼你生病。社保局盼你早点死。只有小偷最有良心，盼你有钱。最有良心的居然是小偷！"

因此，在本书《前言》中已提到，近年联合国有关机构就世界各国国民道德素质、诚信度进行评比排名，我国均排在160位以后；密歇根大学、犹太大学、苏黎世大学联合评比竟列为最后一位。这与我文明古国、泱泱大国实在不相称。有学者撰文：《土改，中国传统道德崩溃的开始》，不无道理。要恢复重建我国的传统道德，远不是像经济建设那样，体制一改就能见效，这是千百年来的系统工程，多方配合的结果，重建难度很大，国人大都抱悲观情绪。今天如此后果，土改是其源头。

二、加剧人群之间矛盾

　　土改是中共策划下以财产为诱饵发动穷人斗富人，以达到动员参军打天下和巩固政权的目的。地主的财产不是抢来、偷来，是勤劳合法所得，被打倒被没收财产的人当然不服，得到其财物的人也必心虚，时刻怕他们反攻倒算，本来和谐的社会彼此就产生了矛盾，结下冤仇，虽在高压下表面上保持稳定，但一旦有风吹草动，就会爆发出来。

　　如 1966 年文化大革命刚开始不久的 7-9 月，湖南省道县发生了群体性杀害以地主为主的"四类分子"及其子女事件，共被杀和被迫自杀 4519 人，并迅速波及到全零陵地区（现改为永州市），造成全地区被杀和自杀 9323 人，其中其子女 4037 人，未成年人 862 人，致伤残 2146 人。类似此情况的其他地方，如湖南邵阳，北京大兴、昌平，广西等地也有发生。起因都是土改。

　　三、人才荒废、埋没

　　土改后，入党、入团、参军、找工作、升学等无不以家庭出身为前提，目的为巩固政权，并不是出身穷苦人家天资就好，品德就高。我邻居中几个土改时的贫农就是不刻苦，败家子蔡小香就是明证。由于在强调出身成分，不能平等参与竞争，不少有天资的人被埋没。我就读的回浦中学 1957 年反右派运动高考时，有一个家庭成分地主的高材生许人强，接到清华大学的通知书，以为自己被清华录取，心怀喜悦之情拆开信封，一看是招生办的落榜通知书，心灰意冷。怎么，清华大学仅是一个学校，不是国家统一招生的行政机构，他除志愿填报清华大学外，还填报了其他学校，即使清华不录取，其他学校也可能录取，不应由清华大学来发不录取的通知书。他们认为原已被清华大学录取，因反右派运动在他录取清华后上级另有指示被取消，但档案已在清华，才由清华大学发不录取通知书。许人强以后支持宁夏，开始从事放电影，以后办企业，颇有成就。

1961 年，我大学毕业时，班上录取研究生的仅一位成绩平平而家庭成分为班内最好的中农出身的同学，还是领导动员他报考的，研究生毕业后也未见他有所成就。我一个在老家长大的小孩 1973 年小学毕业，全班 9 个地主富农的孙辈子女全都不给升入初中。其他行业招收录用、选拔提升，在那时也多以家庭成分为主要因素，这就不可避免地埋没了许多人才。

《炎黄春秋》2011 年第四期刊登张贵桃先生《烦娄土改及纠偏》一文中也提到："还有一点需要指出，在土改结束后，地主、富农不仅政治上、经济上被打垮，其至在肉体上也被消灭了，地主、富农的孩子们或者当时刚出生，或者土改后才出生的，更不知道剥削为何物。但从土改到十一届三中全会三十年的时间内，却像印度的种姓制度和元朝的等级制度一样把人分成地主、富农、中农、贫农几个等级（后来更发展为地富反坏右叛徒特务死不改悔的走资派和臭老九），地主、富农的子女不准参军，不准升学，不准参加工作，不准提干，在世界上一个人口最多的国家造成了世界上最大的不平等，这个政策执行三十年，对中国发展造成的最大危害，是使农村相当一部分人才被摧残了、扼杀了。"

例外的是，1956 年提倡向科学进军，因材施教，这是改革开放前唯一的一年学校按考试成绩录取新生。我也在这一年升入大学。我至今还记得很清楚，在高中临毕业前，班上一位唯一贫农出身的同学，他成绩不好，但根据以往几年大学录取的情况，他讲："只要高中给我毕业，大学的椅子我要去坐坐的。"因他天资不大好，也不大刻苦，我校又较严，担心自己高中不会毕业。如果能毕业参加高考，这张贫农的护身符在当时是很有分量的。他高中总算毕业了，也参加了高考，刚好那年根据成绩录取，但他因考分过低而未考取，全班54人，仅6人都因成绩关系未考上，他也是其中之一。此事也说明不努力进取，仅躺在"无功受禄"的政治底牌上过日子，既害自己，又害国家。

因此，用其出身成分来看人，会引起社会不公，增加矛盾，人才埋没，建设受损。成分论对社会发展危害很大。文革中"红五类""黑五类"论调猖獗，北京青年工人遇罗克写了一篇《血统论》文章予以痛斥，遭四人帮逮捕杀害，时仅27岁，现虽平反，但人头不会再长出来。

四、基层干部劣质化

在我国二千多年的历史中，虽皇权政治在农村很薄弱，县以下政权基本上都自治。总的来讲农村还是安定、祥和的、发展的。这与当时村、乡领头人的素质有关。

在科举时代，没有"功名"（未考取秀才、举人）的人，是不能进入地方领导层的。因此，地方领袖素质高，廉洁奉公，能真正为群众办事。从晚清1906年废除科举制度后开始，由于大家都没有了功名，谁都可以当地方领袖，便凭借土地、资本、祠堂、实力、宗教、个人关系等纷纷进入，开始了劣质化。但儒家思想仍起着作用，社会大体上还是和谐安定的。

民国时期也还注重乡村政权自治建设，我村的蔡明河、蔡明斋等人都是县农村自治讲习所毕业。之后他们都任村中族长，为村中办了不少实事。如蔡明河1929年创办了大园小学，1937年重编族谱中任总理；蔡明斋任过乡民代表、乡长，编谱中任第二总理，这在村谱上都有记载。族长采取集体领导，由各房份中推选一人组成，有事集体讨论，作出决议后分头执行，且无酬劳（无工资），可谓白尽义务。

土改时利用雇农、贫农打前锋，这些人文化素质低，只知"苦大仇深""斗人分产"，有的当了主任、村长、书记、乡长，有的大字不识反以为荣，作起报告来东拉西扯，执行政策宁左勿右。这些情况不是处处都有，但也不是个别。我村农民协会会长蔡继传就是大字不识的一个常把公章盖倒了的干部；据说当时附近还有几个村的党书记也是文盲。他们在安排生产、发展生产、安排群众生活、解决群众困难上却显得无能为力。

这些人有的私心重，见利就捞，多吃多占，吹牛拍马，欺上瞒下，不懂生产，却瞎指挥，能力低下，自以为是，常造成重大损失。这些在之后的农业合作化、人民公社化运动中，更是表现得淋漓尽致。

改革开放后，农村私有经济有很大发展，集体经济基本上瓦解，村干部乘机捞取油水。土地所有权屡屡变动，个人建房大兴，干部们利用分地、批地基，特别是城市郊区为发展经济，加大商品基地建设，在征地、卖地过程中，村书记、村长中饱私囊。我在2000年前后常出差北京，有一次与上海郊区来的客人住同室，他说：上海郊区村长、书记年收入普遍都有100万以上；我有次在杭州三里亭（城乡接合部）办事，正碰上村民群众到村委闹事，要求公布账目，要求说明村委有12辆轿车的购买资金怎么来的。这一带原是杭州郊区，现农民没有土地了，他们怕以后没饭吃，因此只好找村委评理。

非但城郊，边远小镇也常征地、卖地，所得费用村干部、镇干部、市（县）级机关按级扣取外，还有灰分剔除，发到农民身上就寥寥无几了。我住临海市市政府旁，常见到临海市政府大门前聚集大批上访农民，多数为经济问题，其中不少是为土地引起。有一次，杜桥区来的大群农民在市政府门前上访，与民警对峙。我问一个农民为什么，他说村干部以 30 万元一亩的价格把土地卖了，他们每亩只得 7 万元，因此来上访。

2009 年 6 月，我在宁波的侄儿蔡显力来我临海住处，要我代他写个报告，怎么为写个报告乘 150 公里的长途车来我处？因前几年我住宁波时，他叫我与他一起向有关部门查询过此事，但都没结果，现已"水落石出、真相大白"。

他在 1995 年从临海去宁波郊区务农时房屋买来后，长期未做来房产证。2003 年村支书托人转告他，说叫他拿出 1.5 万元可向上级主管部门通融做出，但没收据。他没有钱只能等着。2006 年，他听到风声说与他同一座的另两户邻居暗中花了一万多元，已做出来房产证。但他问该两邻居，他们仍说没有做来，为此找我帮他去镇里、区里查询。我同他一起到了高桥镇土管办、鄞州区土管所询问，也无结果。

今年初又听说邻居已花钱办来。他在杭州读大学的女儿到高桥镇土管办查核，在土管所提供的计算机上查出他的房产证在 2003 年就已办好，由村书记签字领出，其土地证编号为："鄞(宅)集用(2003)字第 05—1187 号"。以后其女儿皆同蔡显力找村支书，把所查情况向他说明。村支书只好把

靠近大树下并往左（南）延伸的一丘土地，原是笔者家所有的"百二十"，如今杂草丛生。（2020 年摄）

这份六年前就做出来的土地证拿出给他，未给分文。

村支书为了赚外快，竟向他索要 1.5 万元，虽未成，但另两户(也许不止)早已拱手拿出，为怕报复，却守口如瓶，

多年蒙骗我侄儿。可见基层干部贪污之盛。我侄儿蔡显力坚决要我千万不要同别人讲此事，以免以后村书记报复，否则他以后日子难过。

有屋（房产证、土地证）便可办户口迁移，他为此特地来临海我处，要我给他写张迁户口的报告。我依他要求，给他写了。从此事也知当今村级干部选举竞争如此激烈，有的不惜血本花大钱买选票的原因，目的为了捞更大的利益。与土改时斗地主分土地本质上是一样的。

蔡显力是土改中镇压的地主蔡明河的孙子，因其祖上为地主，小学毕业后不给升中学，在家务农，之后举家迁至宁波市郊高桥镇，继续务农。

五、土地荒芜，粮食依赖进口

当今土地荒芜现象较为严重。就拿我家乡人多地少向来靠精耕细作的地方来讲，土地荒芜较为普遍。本书有关章节几次提到土改前我家在新塘岗边有丘名叫"百二十"（约1.7 亩）的良田（附照片），土改前冬种小麦，夏种水稻，我还多次去该田劳动，照片中右上角树下有口人工井，夏天取井水抗旱，我也曾参于过取水，土改时被没收。前几年我路过此旁，已变为旱地，种上番薯。2020 年 5 月 31 日我路过此旁，已是杂草丛生的荒地了，真感可惜！且附近一片都是荒着。此情况在其他地方也常见，"民以食为天"，潜伏的危机显而易见。其原因较多，如粮价较便宜，务农不如去城市打工，不如经商效益高，但土地为集体所有也是一个重要原因。这也与土改有关。

200 年前英国经济学家琼斯评价中国农业时说："它所具有的巨大生产力使之鹤立鸡群"，然而 2020 年中美贸易战暴露中国每人每年进口粮食 200 斤，还进口大量猪肉、棉花等巨量农产品。中国雄踞世界的农业是怎样衰落、凋敝、荒芜的？这与暴力土改不是无关。

　　（注）笔者在《地主》一书中第七章为"土改后的农业生产"，叙述了土改后的农业生产与《中华人民共和国土地改革法》第一条"籍以解放农村生产力，发展农业生产"的土改目的背道而弛，农业生产遭到严重破坏。农民抵制合作化，怠工，高征农业税，强迫卖"余粮"，高指标，瞎指挥，欺上瞒下，树立假典型，造成几千万人饿死的惨剧。笔者在该章中附有三篇反映当时真实情况的日记，前两篇是笔者在南京大学读书时 1959 年夏秋去安徽南部填制 1：20 万地质矿产图历时三个月时的见闻，后一篇是 1961 年春在家乡过春节的感言。1966 年文化大革命我单位红卫兵抄我家时，把我日记本抄去，并展览示众，还摘抄其内容以大字报形式公布，称笔者攻击大跃进，遭批斗。现附录如下。

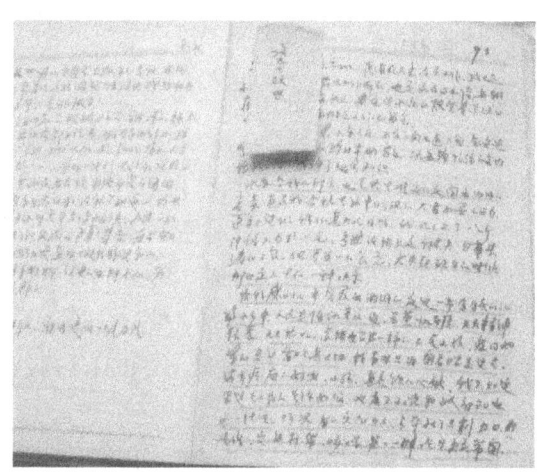

笔者日记《宣城水东见闻》原件

　　　　附录 1　　　宣城水东见闻

　　（1959 年）9 月 3 日

今天由戴黄村回宣城，准备明天去泾县工作，现已走到松头岭，前次曾在这里工作过。地处溪边与山旁，在朝霞下，我坐在岩石露头上，远望水东的教堂，来写此日记（注1），以资在水东附近工作的留念！

自8月17日重新又来水东之后，不觉间已近二旬。在这紧张的日子里，八天的野外辛勤劳动，三天忙碌的室内整理，让我学会了许多地质知识。

水东给我的印象，也是终生难忘的是闻名国内外的蜜枣，真是我给秋生信中所说的：大者如墨水瓶，这并不是夸张。我们真大吃特吃，我吃了不下八斤，计钱不少于1元。当然经济上是个损失，且带来消化不良，但满足一下食欲，尤其在现在的时候，那也是人生的一种快乐。

使我感到心中负疚、纳闷的是这一带富饶的江南水乡中，人民生活饥寒交迫，面黄肌瘦，精神颓丧，天天愁吃；像猪娘一样消瘦的三岁小孩，骨瘦如柴的老头，看上去真可怕！我有时只好闭着眼睛走过去。满身疮疤的妇女、小孩，看着真使人心酸！我不知这里过去人民的生活如何？也不知党和政府知道这一情况否？听说有一家九口人，今年饿死了只剩五口。为生活，家庭打架、吵嘴、哭泣、争吃等常闻（注2）。

昨天周明奎同学生病，我送他到水东医院。顺便看了不少报纸，围绕八届八中全会，引起国内外热烈的、紧张的议论，真像《人民日报》指出的"具有划时代的意义"。不论外国怎么评论及党对这个问题怎样处理，我衷心希望祖国，全体六亿五千万人民及全人类繁荣富强、丰衣足食。我也相信党和毛主席也抱着这一崇高的目的而顽强地工作。我的这种愿望，尤其这次野外工作中所看到人民的疾苦，更使我对这些问题的关心，我常为这些问题考虑不休——人类主要问题是为更好的生存而奋斗。

富饶的水东——别了！祝你繁荣！

　　注 1：所附的该文日记在文革时被造反派（红卫兵）抄去审查，原文上的红线为造反派所划，还贴上写着"攻击大跃进"几个字的小纸条，当时审查我日记的是本单位周彬、张国钧两人，纸条上"攻击大跃进"几字为周彬笔迹。

　　注 2：《炎黄春秋》2014 年第 12 期发表了安徽省原宣州市史志办主任熊尚廉题为《大饥荒中宣城县非正常死亡数字惊人》一文，证明我不是攻击大跃进，是事实。该文摘要如下：

　　附文：《大饥荒中宣城县非正常死亡数字惊人》
　　一、宣城县大饥荒期间非正常死亡数字惊人
　　宣城县位于安徽省长江以南，地腴物丰，素为鱼米之乡。可是在这样的鱼米之乡，据公安部门年报数字 1958 年——1960 年分别死亡 12667 人、25446 人、82773 人，共计 120886 人。即便是死亡最少的 1958 年也比此前几个年份的死亡人数多出一倍还不止。1961 年 2 月县委召开的全县五级干部会议期间，社、队填写，后经汇总的 1959 年至 1961 年 1 月的两年零一个月死亡数字为 138606 人，绝户达 8466 户。其中周王、向阳、水东、团山 4 个公社 1960 年死亡人数分别为 10000 人、6418人、6810 人、4495 人。据按公安部门人口年报计算，这 4 个公社 1960 年的死亡率分别为 217.61%、197.70%、227.61%、175.35%。

　　二、非正常死亡数字惊人的原因
　　1. 主要是粮食极度匮缺。
　　粮食匮缺是因为浮夸风、共产风和县委主要领导弄虚作假造成的。1959 年 3 月，宣城县委将全县粮食包产指标定为180000 万斤。比 1958 年粮食实产增加了 3 倍多。1959 年 10月，全年粮食产量已成定局，在合肥开会时县委主要领导为了凑足亩产 800 斤，将粮食产量上报为 92000 万斤，比同年粮食实际产量 39610 万斤多报了 1.3 倍，结果骗取了粮食"超纲要县"

的荣誉。粮食"大丰收"了,理应向国家多交粮食。当年县委就在全县征购了 26072 万斤粮食,卖过头粮 16528 万斤,相当于全县农村人口 7 个月的口粮,把群众的口粮、种子、自留地收的少量粮食全部征购入库。致使农村自 1959 年冬至 1960 年春普遍断粮 2 个多月,有的达 3 个月。农民没有粮食吃,只得吃野菜、树叶、树枝、观音土及猫、鼠、蛇,有的"偷杀"生产队的耕牛吃,全县被杀吃耕牛 3646 头。有的地方甚至发现人相食的惨痛事件。据统计,1959 年冬至 1960 年上半年,全县共发生 86 起吃人事件,被吃 112 人(具)。更惨的是有的吃自己的亲人。

2、有的干部违法乱纪,胡作非为,也造成了人口非正常死亡。

"反瞒产"、逼农民交粮,且任意批斗干部。仅水东公社小组长以上干部,就有 32 人被批斗,47 人被撤职,28 人被停职反省,68 人被扣押,3 人被逼自杀。瞎指挥,强迫命令修水库。在修建过程中,据不完全统计,死亡 3980 人。一些干部采取强迫命令指挥生产,打骂人现象时有发生。有的被打死,有的被折磨死。某公社书记有 4 条人命,某大队总支书亦有 4 条人命,还有一个大队总支书有 8 条人命, 其中被他直接打死的有 3 人。

3、漠视群众利益,视百姓生命如草芥,且封锁消息,上级难以了解实情,县委的错误未能得到纠正,致使非正常死亡人员不断增加。

1959 年底,县委主要领导到双桥公社检查工作,公社副书记向他汇报本公社正兴大队已死 400 余人和大量病人及严重缺粮情况。这位领导不但不重视,反而在小队长以上干部会议上说:"这是找共产党算账,是坏人干的",大家要"顶住这些消极因素"。县委主要领导到湾站、洪林、水东等公社检查工作时,饥饿的农民多次拦车求救,有的青年妇女解襟敞怀,出示瘦骨,以示被饿的程度。他却说这些人是"坏人""疯子"。

他还在全县医务工作会议上说:"现在病情多一点,死几个人问题不太大。"

附录 2　遇见几个挨饿的农民

（1959 年）10 月 8 日

现是下午三点半,在烟墩铺等去南陵的汽车,可能再过半个钟头会来。

上午近八时在烟墩铺乡人委（政府）用饭,饭后出发工作。然后经草屋、新场、史家扬、默林荪、刘家铺等地,于 2:15 返回烟墩,共跑了 3 个地图格,绝大部分都是老第三纪地层,约计路程 25 里。

午后一点半,我们在默林荪一家吃(自带)饭。当我们喝水吃饭后不久,两个农民进来,看样子是这家的一父一子。一个叹息,一个埋怨,原因是他们现不能做饭,因米还在大队未领来。一位面黄肌瘦,一位眼睛凹陷,不断地叙说每天为 13 两米的艰难（注）。对于我们来讲只有带着同情应付几句而已。在他们面前我们虽然吃冷干饭,日子也有些难过,就是烟墩乡人委也是一天两餐,但比他们总好些。

今天工作较轻松,时间与路线安排得较妥当,故现还有精力,来写此日记。

今晚回南陵,不知明天干什么?

现已 5:15,车子还未来,考虑到肚皮问题,又在烟墩饭店吃了四两饭,一角菜——豆腐、南瓜丝,还不错。

吃饭时,一位衣衫褴褛的中年男子,好像三天未吃饭似的,来到我桌子上端起刚才一位因急上车去青阳来不及吃完碗里的一口多饭,张口就吃。并说:"他跑了我吃。"还速把桌上的饭沫、菜渣一起拿来吞下。我说不能吃（不卫生）,他说无事。恰适我饭已吃完,菜盆中还留有半盆菜。他问我是否要吃?我真尴尬,我饭虽吃完,但这半盆菜准备带去南陵,有机会再吃二两稀饭用,或明早早餐当菜用,这样可节省五分钱。

他这么一问，使我为难。我呆一下，回答说我要吃，随后把它装在饭盒里。

我问这位中年人干什么的？他说种田，并说去南陵，还说钱用完了。可能他是有点难为情说假，看样子，平时生活也够困难的。

他吃了这么一口饭后，还细心地把桌子上的几口菜盆都刮了，桌上的菜沫也捡来塞到嘴里。我没给他这半盆菜，心里有点不安。

饭后有空，借来针，补了裤。因白线，裤蓝布，不相称，用钢笔蓝墨水涂线。旁边很多人在看，我也不在乎。一般来讲身挂大学校徽，手戴手表，好像不会这么狼狈的，其实我也觉得在艰苦的时候，一切情面都会忘了，好像上述那位中年人那样，若是我处于他的境地，我也会这样。如在野外经常问别人有没有吃的卖，不是说明这点吗？不同的只是我身上还有几毛钱而已。

10.8 日下午六时于烟墩

（注）当时还是十六两制，一斤为十六两。

附录3　　　1961 年过春节

1961 年（农历）元月 2 日

来家已七、八天了，很懒散，东走西跳，给家打杂，无什么事可做，有些乌烟瘴气之味，这种生活我是不喜欢的。

自昨日来一直下雪，现在还在下，其厚有三尺余，是近十几年来罕见的。

今年的过年，也是几百、甚至几千年来最萧条、最贫乏的一年，饥寒交迫、满口怨言。按分配，每人半斤鱼，三两糖；有的小队有几两肉，有的无。青菜一角多一斤，面条二元五角一斤（注1）。本来，年夜打（做）杂饼（春卷）是我家乡家家必打的，可是今年打的人未过半数，原因是没有东西。

所谓食堂（注2），其稀饭之稀也是罕见的，烧好后各人再拿回家自烧一下，因食堂无菜无盐。我问：这样不是费柴费人吗？他们说：即使浪费也要烧。

贪污风气之盛，偷窃之多惊人。东西过手都扣一点，从上到下都是，这些少得可怜的东西，更少得可怜了。

饥饿难忍——乞讨　　饥饿难忍——啃树皮

田园荒芜，农民有力不出，坐在家等饿，这种现象不知何日终结？是否是正确呢?(注3)

这几天年夜，对我家来说还尚可，当然是相对而言，至少：(1) 母亲平时节俭，尚有余物：(2) 我、桂娥拿回一些东西、钱；(3)姐送来一些。

注1、那时国家供应的米八分一斤。

注2、1958 年强迫农民办公共食堂，把粮食集中到生产大队。浪费、贪污严重，生产大队粮食紧缺，大队食堂坚持不下去，1960 年要生产小队办。我家所属的生产小队食堂办在我家，我目睹了这些情况。

注3、此时正值中共中央召开"七千人大会"（1962 年 1 月 11 日至 2 月 7 日），毛泽东表面上承认错误，但内心相当不满，引发毛、刘分裂，导致史无前例的文化大革命。文中"是否正确"一语，实则表明我认为不正确的，显然指的是人民公社。此时北京的高干享受着特供待遇。中央规定，人大副委员长等"四副双高"级的官员，除享受北京居民的待遇定量

供应外，还享受每户每天再供应鲜肉 1 斤，每月供应鸡蛋 6 斤，白糖 2 斤，甲级香烟两条，食油、果蔬等适量，各省也参照执行

第七节　　地主阶级在历史中的作用

1949 年建国时，我已 17 岁，因生长在农村，对农村较了解，总感到那时社会较安定和谐。偷盗比现在少；谋财害命罕闻；赌博嫖娼有，但没有现在猖獗；贪多占也没有现在普遍；行骗、欺诈远没有现在这么多。村族的集体山林养护较好，公共设施，如水磨、水碓等也有一些；人们相互关系较诚信、礼貌，村人彼此都按辈分高低称呼；祠堂、庙宇等管理也较完善；未听有冒牌假货。

这种情况主要由于村族在有名望者治理的结果。这些人大都是青少年时期经过严格教育的地主，是农村中文化素质较高的群体。我村的蔡文波、蔡明斋、蔡明河、蔡芝芳等都是。他们读的是《四书》《五经》和"孔孟之道"，提倡"己所不欲，勿施于人""老吾老以及人之老，幼吾幼以及人之幼"等，儒家思想深入骨髓，绝大多数的地主参与修建公共设施、创导文化教育、调解民间纠纷、管理集体经济等社会公务。举凡农村一切需要钱、物的公益事业，如怜贫恤老、救济鳏寡孤独、救灾赈灾、修桥铺路、兴修水利、上坟祭祖、应对村族危难、慈善事业，都是由他们带头发起，热情赞助，并充当捐资、献物、出力的主角。这些情况在前几章节大都有所提及，现再作整理、补充。

一、修建公共设施

我处村间主干道路有的用卵石铺砌，有些用石板铺设，下雨天仍能通行无阻，这些都是乡绅们主持修建；我少年时去岩细坑村大姑家经过的一座有三个拱洞的大石桥，据说是

我村第四房财主修建的，解放后倒塌。农田用水、村民生活用水是一大问题。我村离溪、河较远，但历代祖先已给我们处理好。从滑溪上游引溪水经大水沟流入我村，再分几支小沟分流，然后流出，经过农田，再经松里村或店前村又入溪。村民洗涤用水、农田用水、火灾用水都可解决。我的家门口便有坑水通过，1947年，邻居家火灾眼见将要殃及我家，邻居蔡继全等就用此坑水扑灭的，我家才幸免于难。可惜近几年失修，这条坑水现在堵塞了。为饮用和防旱，在村中或田间挖掘了用石块砌成的水井。饮用的水一般到污染较少的村中水井里提（潜水）；田间的水井一般用来庄稼抗旱。

我有一丘在去双港镇在新塘岗附近路边俗称"百井"（1.7亩）的田边就有一口抗旱用的水井，旱天时利用杠杆原理，搭木架往井中提水，我也参加过几次。还有在村边或田野中挖塘储水，我村上端有"大塘"，为全村最大的，占地约五六亩，我家旁有上、中、下三口塘，分别命为"狐狸塘""中央塘""下塘"。上、中两塘占地约1亩，下塘约3亩，平时储水养鱼，旱天用来抗旱。抗旱时多用木制的"水车"车水灌溉农田，也有用吊桶的，我也亲历过几次。另外，在引进的大水沟上，利用水力落差建造了磨粉用的水磨和碾米用的水碓。

这些设计精巧、布局合理的水利工程是哪些人主持建造？主要是乡绅地主们。我们祖上在此平安生活一二千年，未听有饿死人和大的灾难。也有乡绅地主们的功劳。

二、创导文化教育

至今乡民还在传诵的临海县最大地主董丕芬镇压时，有几百个讨饭人（乞丐）去要求政府留他一条活命，可见他及他的父辈祖辈对这些人及穷人的怜恤，不论此话真假，也是民间一种议论，一种心情。董丕芬土改时年仅 28 岁，还刚进入社会，未干什么大事。但他在 1942 年高中毕业还处于抗战时就在本村办了中心小学，这在枪决他的档案中也有写明。费用主要由他家负担。对师生、邻里关系较好。我想他没有如今有些人借办学敛财的思想。

我县的其他学校，大都是村族中有名望的人创建，他们当中绝大多数为地主。创办大园村小学的蔡明河土改中被镇压；创办、管理店前小学的朱玉成判三年徒刑。回乡置业，任下沙国民小学校长、大沙乡第一国民小学校长的马雄洲土改中被镇压。抗战时创办临海战时初中补习学校和后来创办临海建成中学的校长陈启忠、回浦中学校长卢铎也都是地主成分，都在土改中被镇压。

我家乡大的村庄都建有祠堂，祠堂大厅对面建有戏台，我村就是这样；也有专门在广场中建有戏台的，如双港村、店前村。他们常请戏班来演出，通常是越剧，也有木偶戏、话剧、歌剧等，我小时多次看过这些戏，经费由氏族负担，出面主持联系的大都是村上的绅士地主们。通常一演就是三天，附近村庄的亲戚都请来家看戏。我记得小时曾到外婆羊呑村看过戏。我村演戏时，我家亲戚也来我家食宿，一同去看戏，热闹非凡。春节时还组织"跳狮子""跳桌""走高跷"，元宵时举办灯会，我村蔡行有高台走绳时表演脱鞋穿鞋、脱袜着袜，惊险壮观。这些民间误乐无不与乡绅地主们有关，我都曾亲历其境。

三、调解纠纷

调解邻里、氏族纠纷更显得这些绅士地主们的重要作用。皇权社会农村政权是很薄弱的，民国时期也不健全，现在虽有法院、法庭，村、乡政府有治安调解室，但也只能处理部分案件，大量民间纠纷还是通过民间调解自行解决。在

旧社会这件事就落在有文化、讲道理、办事公道、有威望的
绅士地主身上。我父亲赌博输了，把房子卖了，我母亲办了
一桌酒席，请绅士地主们调解，房子要了回来。店前村朱芝
英是调解能手，他讲出的话中听，办事公道，是对是错，是
进是出都会讲出个道理来，有关当事人听了都心服口服，非
但本村人请他调解，外村人也请他调解，他从不收任何费
用，因而在整个双港区都有威望。土改镇压他的档案上填着
他"统治双港区"，实则他毫无官职，不过"贤慧"一些，
善于调解纠纷，有一定影响而已，因此有个"蒋介石一个
印，不如朱芝英一封信"的戏称。他的调解"业绩"在本书
第四章第五节已有介绍。

四、怜贫恤老

这在地主中较普遍的，如临海县最大地主董丕芬家门内
长年置有几缸大米，乞丐、穷人来讨，一人一升。大石许呑
村地主张国燕，年关时多个日夜做年糕麻糍年货分送给乞
丐，乞丐若傍晚来他家吃讨他还留宿，还长期供养一家生活
实在难以为继的村人。黄坦乡丁家园地主李泽仁年关到来他
家乞讨的都给一斗谷。王山头地主王梦龄等都较善待穷人，
所以在批斗他时，有人上台"揭发"他，戏称他是"大斗出
小斗进"的地主，即借给人家用大斗，收租时用小斗。但他
们在土改时都以"恶霸地主"的罪名枪决了。。

地主当年将土地出租，或雇工，或借债，不自觉地是解
决了贫困农民的就业、生活问题，与现在资本家办工厂雇工
完全是一回事。地主收租同样是投资的回报，与工商企业利
润收入是资本的回报完全一样。地主借债与现今银行贷款没
有本质上的不同。

地主占有土地较多，这是多种社会力量长期碰撞的均势
与平衡，是优胜劣汰、自然选择的结果，是一种符合当时社

会需求、合理合法的政治经济结构要素的组成部分。前几年中央电视台请一位中国社科院研究员（陶文剑？）点评中共加强农业问题，他也说："土地问题是一个很复杂的问题"。因此，我们不能如此粗暴地苛求于前人。

我国长期的皇权专制社会，政权达不到农村，农村的日常治理、公共设施的建办、各种矛盾的处理都落到有才学、有财力、有威望的绅士地主们身上。他们主持正义，办事公平，德高望重，事业心强。孟子说："有恒产者有恒心。"其意是说：有一定财产收入的人，才有一定的道德观念和行为准则。他们做事才有责任心，讲话才会负责任。因为他们要对自己的财产负责，对自己的家庭负责，对自己的信誉负责，不会乱来。当今的人民法院最头痛的是毫无分文的"光棍"，道理是一样的。

我同学杜彦友的父亲杜小奶，可说集地主这些优点为一身。他是双港区双楼乡上泽村人，读过几年私塾，有些文化，土改时划为地主。他喜做社会实事、乐于助人。(1) 主持正义，帮人打官司。如呇里交村农民蔡某某的官司是他帮助打赢的。(2)资助办学。他在琳山学校旁有几亩山地，找校长朱洗谈，说把土地送给学校。朱洗欣然接受，为报答杜小奶的赞助，朱洗当场许诺：以后凡是上泽村的子女来琳山学校读书，一律不收学费。所以杜彦友在琳山读书是不付学费的(他是我在琳山读书时的同学而熟悉)。(3) 办渡船。我们地处临海县西部半山区，交通不便，解放前无公路，离县城约 60 华里，到城内办事、读书，都要步行。步行到望洋店村时要过一条宽 50 来米的大河(永安溪)，乘渡船才能过去。我年少时多次往返都乘过这条渡船。渡船为木制，人工操作，我们也不付渡钱，也不知是哪人负责的。2013 年我去拜访杜彦友时，他告诉我，是他父亲组织了渡船协会，由协会来资助管理的。我也享受到他父亲的福。他父亲杜小奶土改时判刑。杜彦友于 2017 年去世，如果他在 2013 年前去世，我就不知这一事了。

因此，当年的地主阶层，集政治精英、经济精英、文化精英于一体，是乡村的主流、乡村的先驱，这不是人为可抹杀得了的。

第八节　　我国现在的贫富差距远比土改前大

1950 年 6 月 15 日，刘少奇在第一届政协全国委员会第二次会上《关于土地改革问题的报告》中第一个大标题是："为什么要进行土地改革？"时说："因为中国原来的土地制度极不合理。就旧中国一般的土地情况来说，大体是这样：即占乡村人口不到百分之十的地主富农，占有约百分之七十至八十的土地，他们借此残酷地剥削农民。而占农村人口百分之九十的贫农、雇农、中农及其他人民，却总共只占有约百分之二十至三十的土地，他们终年劳动，不得温饱。……这就是我们民族被侵略、被压迫、穷困及落后的根源，是我们国家民主化、工业化、独立、统一及富强的基本障碍。这种情况如果不加改变，中国人民革命的胜利就不能巩固，农村生产力就不能解放，新中国的工业化就没有实现的可能，人民就不能得到革命胜利的基本的果实。而要改变这种情况，就必须按照土地改革法草案第一条的规定：废除地主阶级封建剥削的土地所有制，实行农民的土地所有制，藉以解放农村生产力，发展农业生产，为新中国的工业化开辟通路。这就是我们要实行土地改革的基本理由和基本目的。"

刘少奇接着说："孙中山先生很早就提出了'平均地权'的口号，后来又提出了'耕者有其田'的口号。中国的工业化必须依靠国内广大的农村市场，没有一个彻底的土地改革，就不能实现新中国的工业化，这种道理是很明显的，无须多加解释。"

1947年毛泽东在《目前形势和我们的任务》中说道："地主富农在乡村人口中所占的比例，虽然各地有多有少，但按一般情况来说，大约只占百分之八左右（以户为单位计算），而他们占有的土地，按照一般情况，则达全部土地的百分之七十至八十。"此后，"占人口户数8%左右的地主富农，控制着70%-80%的耕地"，就成了"历史常识"。

但实际上土改前旧中国土地占有量的不均远非上述所说那样严重。

在农业社会，土地的占有多少是人们拥有财富多少的主要标志。就像现在工业社会一样，工厂、商店等，是其财产拥有的标志。人群中总有勤懒之分，智愚之别，机遇不同，必然有贫富之差。随着时间的推移，经济发展，差距必加大。在资本主义国家，用税收来调节外，财富巨头往往热心于慈善事业，如美国的比尔·盖茨，他把500多亿美元的家产除分给三个儿子每人100万美元外，几乎全部用于慈善事业。我的女婿曾在他的"微软"公司工作，他说西雅图"微软"公司总部前有座宾馆，住在该宾馆的客人大都是向比尔·盖茨要"舍施"的。农业社会金融业不发达，人们的消费意识淡薄，积累下来的财富，除了用于教育子女费用外，没有银行可存，也没有到外地旅游的喜好，吃、喝、嫖、赌不是聚财人的习惯，最有效、最可行的便是购买土地，非但可以保值，且可增值，还可留给子孙，用现代的话说，如当今的炒房户一样，是最佳途径的投资。因此，农业社会人们拥有土地数量的不同，是正常的社会现象。大地主做慈善事业的也有，如四川刘文彩，斥资 200 万美元、并捐赠 1000 亩土地，在当地办了一所中学。

但土地占有量实际上远没有刘少奇、毛泽东说的这样悬殊。

刘少奇在那次政协会上作报告一个多月前的 1950 年 4 月 23 日，中共中南局书记邓子恢关于富农出租地问题致电毛泽东时说：江南各省土地集中情形，地主富农只占 1/3 左右。

据土改档案数据，我村土改时人均占有耕地 1.39 亩。我村土改名册上共 11 户地主，计 66 人，共有土地 190.759 亩，人均占有 2.882 亩，仅略微高于人均的 2 倍。当时全村 300 多户，地主 11 户，就约占全村 4%。全村土地数数据缺，按人均 1.39 亩，1100 人计算，共有土地 1529 亩多些，11 户地主土地仅约占 13%。

我们环溪乡土改时有 955 户，计 3567 人，共有耕地 3855.096 亩，人均耕地 1.0807 亩。环溪乡共有地主 27 户，计 120 人，共占有土地 384.137 亩，人均占有耕地 3.201 亩，仅为环溪乡人均占有耕地的 2.898 倍，地主占有土地仅 10%。

据档案数据，我们临海县土改前共有土地 621640 亩，计 528384 人，人均占有耕地 1.18 亩。其中地主富农占 190264 亩，约占 30.6%，不到 1/3。临海设县始于西汉始元二年(公元前 85 年)，至今约 2100 年，社会向来较为安定，农业历来是临海人民立身之本，农业人口占人口总数 91%(据临海县志)，因此这个数字有一定代表性。

浙江台州地区土改前有 629457 户，共有耕地 3159992 亩，平均每人占 1.32 亩。划为地主的有 21671 户，占有耕地 878664 亩，占全地区耕地 27.8%，人均为 8.91 亩，高于全地区 6.67 倍。富农为 11476 户，占有耕地 176980 亩，占全地区 5.6%，人均 3.01 亩，高于人均 2.99 倍。地主富农共占有耕地 1055644 亩，占全地区的 33.2%，也不到全地区耕地的 1/3，仅接近而已。

我国农业经济学家董时进在他的《论共产党的土地改革》一书中说："当时共产党的文件和政要的讲话，都引用莫须有的调查，认定不到乡村人口 10% 的地主富农，占有约 70% 至 80% 的土地。经过多次重复而被误认为事实的虚言，令他愤愤不已。"他指出，"根据民国时期土地委员会在 16 省，163 个县，175 万多农户中举行的调查结果，35.6% 的农户拥有五亩以下耕地，24% 农户拥有五至十亩，13% 农户拥有十至十五亩，一千亩以上的大地主只占 0.02%。这一调查和他在四川、江西等农村的考察近似。"如今可查的资料，包括土改时期的调查，都证明了他的观点。

董时进强调："在中国，封地或土地世袭的封建制度，两千多年前就结束了。土地可以自由买卖，租赁基于双方自愿，土地拥有者中绝大多数是靠勤劳和善于经营起家的，如百姓所言，'富不过三代'。地主不是一个阶级，'有恒产'的传统令工农兵学商各个阶层的人购买土地出租，这和存款，买股票是同样道理。拥有土地不是犯罪，极少数人用不法手段夺取土地才是犯罪。"他给毛泽东的上书中，举了进城女佣和黄包车夫蓄钱置地的例子。

这个财富不均的比例，在过去或现在都是很正常的。在城镇就业人员的工资上如此差距也很常见，也是正常的。而且地主富农的数量完全由中共来确定。

1937 年抗战爆发后，致力于乡村建设的毛泽东前友梁漱溟为抗战问题初访延安，顺便与毛泽东交流治国建国的想法。在初次交谈后，梁漱溟送了一本他写的《乡村建设理论》给毛。毛看后指责梁的主张是改良主义，而他认为阶级和阶级斗争是解决中国农村问题的基本途径。梁马上争辩：
"中国社会贫富贵贱不鲜明、不强烈、不固定，因此阶级分
化和对立也不鲜明、不强烈、不固定。"两人互不相让。从
以上的资料中，也证明梁漱溟的"中国社会贫富贵贱不鲜
明、不强烈、不固定，因此阶级分化和对立也不鲜明、不强
烈、不固定"的论断是正确的。

　　旧中国人们拥有土地多少不同，正如现在社会财富不均
一样，而且现在贫富的差距，远大于土改前的差距。有证在
下：

　　我村首富蔡行俊，本村农民蔡显梅对我说：他现在拥有
的财富约占全村700多户人家全部财富的一半。即使此说无
据可查，但也不是空穴来风。现在蔡行俊的新厂房占地10
亩。20世纪90年代村里修路，他赞助5万元。他拥有宝马
车，城关还有多处房产（他同我说房租每年可收10多万
元），其财富远比一般农民多几十倍、几百倍是无疑的。

　　土改前衡量家产的贫富主要是看其家拥有的土地数。蔡
行俊父蔡荷芳有土地39.170亩，为全村11户地主中土地最
多的，他有5个儿子，家有8人，平均每人约5亩，土改时
全村人均土地1.39亩，约全村人均3.5倍，村人与现今蔡
行俊比，不论是以家庭为单位或人均，简直是小巫见大巫。
我村拥有百万以上的有几十家，千万元的也有几家，因此我
村现在贫富差距远比土改前大

　　不久前中共中央统战部曾作过调查，写出一份资料，我
国现今约有5000万人从事民营企业(个体户)，其财富约占
全国的40%。按我国现有14亿人口来统计，5000万人仅占
全国人口的1/28。其悬殊比建国前大许多倍。

　　据报导：（2006年）国务院研究室、中央党校研究
室、中国社会科学院"关于中国社会经济情况调查报告"出
炉。报告称：公务员收入超过西方欧美发达的国家公务员收

入。高干子女掌控的五大经济部门，金融、外贸、国土开发、大型工程、证券等行业中，主要职务85%～90%都是高干子女。三千高干子女拥有资产2万亿元。

报告又称：至2006年3月底，内地私人拥有资产（不包括境外和外国资产）5000万元以上的有27310人，超过亿元以上的有3220人，这些超过亿元以上者有2932人是高干子女，他们拥有资产20450亿元。主要集中在以下八个省市，广东1566人，浙江462人，上海225人，北京195人，江苏173人，山东141人，福建92人，辽宁79人。

粤、沪、苏三省市高干子女富商的名列位于前茅，广东12家大地产商都是高干子女，上海市十家大地产商9个为高干子女，江苏22个大地产商、15个工程建筑承包商清一色由高干子女操纵，其父母为省长、省人大主任、省法院院长等。

毛泽东指示陈伯达写的《中国四大家族》，称他们借抗战之名聚剑民财，多达200亿美元。现大陆学者也认为这种说法不正确，缺乏证据。孔祥熙、宋子文是大财团，但仍属于个人资本主义经济范畴，实际财富也仅几百万美元；蒋介石、陈果夫陈立夫兄弟财产微不足道，宋美龄亡故时仅有12万美元，两陈迁台后，陈果夫无钱医病，陈立夫在美国靠养鸡（20年）维持生活。

敢于讲真话的经济学家钟沛璋援引2006年世界银行报告说："中国0.04%的人口掌握了全国70%的财富，而美国5%的人口掌握了全国60%的财富，中国贫富差距是美国的10倍。"钟先生继续说："2006年国务院、中纪委办、中国社会科学院《全国地方党政部门国家机关公职人员薪酬及家庭财产调查》披露：党政干部已经形成社会特权有产阶层，其中地、厅级领导干部是官僚特权阶层，他们的收入是当地城市人均收入的25倍，是工农人均收入的85倍。材料显

示，中国 500 个特权家庭加上他们的子女、亲友和身边人员
5000 万人，垄断着整个中国。"

2020 年网上有份关于中国社会经济状况的中国官方研
究调查报告披露：中国的亿万富豪九成以上来自高干子女，
其中 2900 名拥有资产高达 2 万亿元。孔丹，前共和国海关
总署署长孔原之子，中信国际金融董事长，公司市值 189 亿
元，个人资产 86 亿元（银行统计）。荣智健，前工商联合
会主席荣毅仁之子，中信泰富主席，公司市值 476 亿元，个
人资产（账面）93 亿元。江绵恒，前国家主席江泽民之
子，中国网通创始人，公司市值 1688 亿元，个人资产（账
面）203 亿元。朱燕来，前国务院总理朱镕基之子，香港发
展规划幕后操纵者，公司市值 986 亿元，个人资产（账面）
不详。王军，前国家副主席王震之子，中国中信银行董事
长，公司市值 7014 亿元，个人资产（账面）307 亿元。李
小鹏，前人大常委会委员长李鹏之子，环能电子董事长，公
司市值 176 亿元，个人资产（账面）46 亿元。

2009 年 9 月 30 日公布的"2009 胡润百富榜"新状元，
比亚迪老总王传福(新能源汽车)以拥有 350 亿元财富成为中
国首富。全国有 820.5 万名千万富豪和 5.1 万名亿万富豪；
杭州每万人中有 54 位千万富豪，仅次于北京、上海。这家
财富排行榜每年都公布，只不过名单有变动，财富差距进一
步拉大而已。如 1999 年为荣毅仁(综合)，80 亿元；2001 年
刘永行兄弟(农业)，83 亿元；2004 年黄光裕（零售、房地
产），105 亿元；2006 年张茵(造纸)，270 亿元……2015 年
王健林（房地产），2200 亿元；2018 年马云（电子商
务），2700 亿元； 2019 年仍是马云，2750 亿元。

这些富翁是在共产党的政策容许下富起来的。其财富来
源途径与过去多数地主来源实质上差不多，只不过社会发展
阶段不同，拥有财富的方式不同而已。现在社会工业发达，

相应的有关行业兴起。在旧中国，在农业社会，财富主要体现是拥有土地，其获得的途经在当时法律下是合法的，但在土改时却被视为非法的。现在的百万富翁是正当的、合法的。是不是在将来某个时期会被认为是非法的？

如果共产党为了实现共产主义重返 1956 年公私合营以达到消灭剥削的生产资料公有制，再来一个政治运动。照土改模式，凡是财产有 100 万元以上的都划为"新地主"，其中抽 0.15% 枪决，0.1% 坐牢，0.01% 为"开明绅士"，其余管制劳改，这样做合理否？按照土改时提出的理由：雇工、出租、放债都是剥削，既有枪杆子，又有笔杆子，还有 8800 多万党员，这个运动也会搞起来的。因此，在改革开放之初，人们对办工厂、经商发财顾虑重重，怕以后成为"新地主"，遭打击不敢"发财"。当时中共湖北省委书记为此发表谈话：要大家放心，以后不会再有土地改革。不少报刊转载，且刊在第一版，记得中共喉舌《人民日报》也转载过；中共高层人员类似的讲话还不少。此话含义很广很深，也对土改间接地进行了否定。不论如何改朝换代，如果抢劫、贪污、偷窃等所得，今后怎么不再没收？谋财害命怎么不再枪毙？

贫富悬殊过大，会造成社会不安定。国际上用基尼系数 0～1 表示，0 表示人均拥有财富相等，1 表示社会财富集中在某一单位或某个人所有。联合国有关组织规定，基尼系数低于 0.2，收入绝对平均；在 0.2-0.3 收入比较平均；0.3-0.4 收入相对合理；0.4-0.5 收入差距较大；0.5 以上收入差距悬殊。基尼系数高，社会要动乱，0.4 为警戒线，一般发达国家在 0.24—0.36 之间。我国基尼指数 1995 年即超过美国，2012 年官方公布为 0.474，2015 年为 0.465，2017 年国家统计局公布的中国基尼系数为 0.4670。很多人认为实际上中国的基尼系数比中国官方公布要高，是全球各大国中最高的，据世界银行的数据显示，2016年中国人均财富基尼系数已高达0.89，已大大超过警戒线，明显高于日本、韩国、新加坡等经济转型较为成功的国家，其中日本最低，且较稳定，故社会较安定。中国基尼系数高，引起刑事犯较多。按人口比例也比建国前要多，特别是抢劫犯，过去隐蔽山林，当今在城市光天化日下抢劫的也不少。基尼系数不仅是衡量社会人们拥有财富的悬殊情况，也表达了该社会公平、正义的指标，因此，民主国家基尼系数较低。中共打着"消灭剥削，消灭压迫，社会均富，各取所需"起家，结果与其初心背道而驰。

近年来，根据中共第十九大提出的大力开展"不忘初心，牢记使命"教育。中共的初心和使命是什么？现今的解释就是为人民谋幸福，为民族谋复兴。稍懂历史的人，不以为然。

1958年是中共提出高举三面红旗，超英赶美，快速建设幸福的共产主义，全国上下意气奋发，斗志昂扬，一天等于20年的口号响遍中国大地，我聆听了一位中共干部的讲话，至今不忘。

那时我在南京大学读书，系党总支书记戴恂向我们作报告，动员我们积极投入这一使人民幸福国家富强（民族复兴）的大跃进运动。她说（大意）：任何政党，任何国家领导人，国民党也好，蒋介石也好，都说为人民谋幸福，为国家谋富强，但仅停留在口头上，说一套做一套。共产党则不然，说到做到，雷厉风行，全心全意为人民谋幸福，为国家图富强。我听后觉得一个中共干部说此话很新鲜，能说国民党有此主张在建国后很少、几乎没有听到过。

台湾是大陆中华民国的延续，国民党在台湾很长时间都是执政党，现虽未执政，但台湾的发展也离不开国民党，离不开蒋介石及其子蒋经国。我们大陆自1949年后到现在都是中共执政，当然其成就都归中共，失败也由他负责。"实践是检验真理的唯一标准"，大陆在 1958 年大跃进饿死三千多万人的恶果前已多处提到，自中共掀起土地革命以来非正常死亡高达 8000 多万人前文也提到，也可说这些都是中共为人民谋幸福，为国家谋复兴的结果。毛泽东死后中共有识之士提出改革开放，与毛泽东的政策背道而驰，现非但没有饿死人，且普遍有温饱，60 岁以上农民每月还有 200 元左右的生活费可领，年老的更多；医疗费也一定补贴；实行 9 年制义务教育。但台湾比我们做得更好，65 岁农民每月有 7000 元台币（折合人民币 1593 元）的退休金；台湾医疗除挂号费（37 元台币，不到人民币 10 元）外都是全免费的（包括住院、手术、吃饭等）；台湾实行 12 年义务教育（国民教育）。还有在大陆未曾听到的：贫困家庭免费供电供水；51 万失能老人，政府承担全部护理费用；3 岁以下儿童，政府也承担全部费用。这些也都是为人民谋福利，为台湾地区谋复兴的结果，也可说是不忘初心、不忘使命的结果。且其间没听到过台湾农地改革中枪毙一个地主，也没有听说台湾有过因经济转型饿死人，更没有听说台湾有如大陆改革开放后如此多的贪官。这也是"实践是检验真理的唯一标准"的体现，我更感到孙中山先生的伟大。

现在看来，正如戴恂所说，任何政党初心与使命都差不多。中共与国民党的初心和使命也如此，只不过所走的路径不同而已。这是中国人的教训，也是人类的财富。

但中共真实的初心、真实的使命不是以上所说的那样笼统，中共制定的第一部党章中写道："推翻资本家阶级的政权""消灭资本家私有制"和随后土地革命"打土豪，分田地"中的"均贫富"——实现共同富裕，直至建国后三大改造，是中共原本上的初心、原本上的使命，与现今的"大力发展民营经济""让少数人先富起来"的政策几乎相反，为什么有这样的变化？还是在于"实践是检验真理的唯一标准"，具体来讲，中共的初心中，忽略了对人性基本特征的考虑。

人类生活在自然界，与其他生物为伴，要生存，要发展，必须适应、遵循自然规律。从而养成了人固有的基本特性，这些特性主要是自利性和优胜劣汰。但这恰是中共初心中忽视的。

一是忽视人具有自利性的特性。人在世上要生存，必须解决遇到的问题。个人利益是人们从事经济活动的出发点。商人经销商品目的是为自己赚钱，你的商品有人买，客观上满足了人们需要，但商人总不是"为了满足人们需要"才做生易。工人在工厂中做工，目的是挣工资，也不是"为了资本家赚钱"而去做工。资本家有了产品，推销出去赚了钱也满足社会需要，才可给工人发工资，工人也会安心做下去。民营企业家若办工厂亏了，他就要倾家荡产，因此他有极高的责任心，千方百计提高效率，降低成本，这也是自利性的表现。合作化时期农民种自家自留地会全身投入，因收获全部归己，而到生产队劳动，我出力不一定都归自己，张三这样想，李四也差不多，必造成怠工，所以改革开放第一改就是分田到户单干。因此自利性不都是坏的，利己不都是损人。当然利己也有损人的，这就要用道德和法律来遏制。中共发动农民斗地主、分田地，也是充分利用贫雇农的这种自利性，但这是特殊时期的特殊现象，是在中共政策、法规、武力下的畸形发展，不是正常社会的正常行为，到了正常时候，必反映在生产上，这是中共忽视的。

二是忽视了人群中优胜劣汰的特点。人的能力有大有小，也有勤懒之分和智愚之别。因有这些区别，在经济领域中必造成贫富不均(也称财富二元结构)，这种现象自古以来都有存在，永不会改变，且富的仅是少数。生产活动是人类的基本活动，但生产的成效却因人而异。为社会发展，所以历来就有天道酬勤、奖勤罚懒的优胜劣汰法则，这也是社会进步的前提。而暴力土地改革的"均贫富"就是违反这个法则，是天道罚勤、奖懒罚勤的劣胜优汰，社会怎么不倒退呢？资本家（地主）集能力强、勤劳、智慧于一身，不应是贬低、丑化、打击的对象，所以改革开放第二改便是允许民间办企业，培育、发展资本家，让他们先富起来，这是人民幸福和国家富强所必需。当然贫富差距太大，会对社会造成负面影响，这在资本主义国家用税收和慈善事业来调节。

改革开放以前中共走的路，特别是 1958-1960 年三年大饥荒饿死近四千万人，是中共领导人的初心中忽视人性这两个基本特征的恶果。人们称改革开放是拨乱反正，就是拨两个乱——集体、公有，反（返）两个正——单干、私有。

第九节　　蔡荷芳、蔡行俊父子命运的思考

我村最大地主蔡荷芳和改革开放后，我村最富企业家蔡行俊父子人生之路

我村十多个地主中，土地最多的是蔡荷芳，有 39.170 亩；他家的房子也较多较好，虽与我家相距较远，但土改前我曾去过他家，有 11 间楼房，廊柱油漆，柱头雕花。加上他在抗战期间任过保长，在远近几村中还有些名气。

蔡荷芳的父亲从事杨梅种植并酿酒出售发财。蔡荷芳继父业，并有所扩展，我家酿酒用的木制工具是向他家借用的。他家土地虽多，但蔡荷芳长期来都自己参加田间劳动，辛勤耕作，这是本村和附近几村村民都知道的。

在临近土改时，为土改作准备，把土地较多且有一定社会影响拟划为地主的人，关押在双楼村乡公所，蔡荷芳也在

其中，读过初中从事打腊具的双楼村张增满，因在蔡荷芳家为其制作做酒的腊具而了解蔡荷芳，他有些文化，平时看些书报，知蔡荷芳长年在田间劳动，不应划为地主，向双楼乡政府反映。

土改工作队为此要蔡荷芳亲自牵着牛到田里犁田试试，到底会不会劳动，工作队员在岸上观看。结果蔡荷芳确实犁得很好，本应不该划为地主，但他有这么多土地和这么多好房子，邻居某某等反复向工作队要求把他划为地主，可分他土地和房子，工作队为走"群众路线"，就这样把蔡荷芳划上地主成分。

蔡荷芳约在 1943 年前后当过保长。因他生性较为软弱，家里又有较多财产，派捐收不来只好自己垫付；抓壮丁权在乡长，有油水也进不了他腰包；人家都说他当保长是倒贴，派捐不公，承捐人还要同他吵闹。蔡荷芳不是当保长的料儿，不久就辞掉。

但只要被划为地主，你就得挨斗。土改斗争蔡荷芳时，要他跪在瓷碗片堆上接受批斗，斗争时也少不了打耳光，吃尽苦头。

蔡荷芳长子蔡行俊生于 1941 年，本书前几章节已略有介绍，现在是我村首富。除了财富父子俩有相似外，政治上也有相似之处。蔡行俊在共产党执政的改革开放后当过两届村长，还是中共党员，临海市人大代表。

1951 年土改时蔡行俊 11 岁，是五个兄弟中的老大，虽其父亲向来从事农业生产，因人口多，子女幼小，土改后土地减少，生活较为困难。1954 年冬我在部队回家探亲，曾去蔡行俊老家附近"花台门"看望乡亲，见他母亲住在原住的新房屋斜对面的老房中，我知道这是土改时他家房屋没收后调整给他们住的。1955 年我从部队复员回到回浦中学继续读书，蔡行俊也在该校读初中第一册，有时一起回家。

但他仅读了一学期就休学了。他对我说：一是家庭经济困难，二是因家成分地主，在校处处受歧视，助学金享受有限，心里很反感，就休学在家。

　　蔡行俊回家后恰逢临海电机厂招工，他想报名参加，但村领导拒绝给他开证明而未如愿，只能在家参加农业劳动。因家人多，农业收入解决不了困难，他做起生意来。开始卖草席，草席从黄岩路桥镇批发来，在家乡附近几个村串村叫卖。卖草席毕竟受季节限制，卖了几年后改为卖布，布也是从路桥镇批发来，也在家乡卖。卖的布是路桥当地农民织的，设备较简单，都是木制品，工艺也不复杂，我村就有几个织布师傅。1968年蔡行俊置办织布机，工艺请教本村织布老师，并同兄弟一起织布出卖，这样成本低，效益比卖草席、比批发来的卖布高。但投产后不久政府说他办地下工厂，扰乱计划经济秩序，走资本主义道路，没收他的织布机、勒令关闭。

　　蔡行俊此后歇业在家务农，再度陷入困境，生活迫使他寻找新的"出路"。1973年，友人请他协助其贩卖生活票证（粮票、布票），给友人提供票源。对方事发，牵累到他，说他投机倒把，破坏经济计划，又因他家成分地主，判了9年徒刑。他不承认投机倒把，不断申诉，减刑一年，于1981年刑满出狱。适逢赶上改革开放。

　　改革开放，对蔡行俊来讲如鱼得水，大显身手的时机终于降临了，他就重操旧业——办工厂。最先办的是

作者与蔡行俊（右）在其厂部（2020）年摄

酒厂，以后办医疗用品厂（一次性的输液器），1995 年后办主要供出口的工艺品厂，延续至今。当然办工厂也有风险，与蔡行俊同时办工厂的也有成功，也有失败，蔡行俊现今有这么多财产，说明他是成功者。其成功的原因无非也是同我母亲一样，勤俭，刻苦，开拓，利用天时、地利、人和，且还要一些冒险精神。这些我想不必细述，现着重谈一下从他们父子俩的经历作些反思，吸取教训，也许对人们、对社会、对国家更有参考价值。

反思一，现今地主子女生活大都较好

常有人说，改革开放后地主子女一般生活都较好，不少有所成就。对此，笔者也有同感，蔡行俊就是例子。为什么？笔者认为：

（1）大多数地主家庭都是勤俭刻苦起家，其父母的勤劳对子女就有较好的影响。

（2）有财产、生活较富裕的人家，大都注重子女教育。不少地主还有家训，大地主大官僚曾国藩的家书，就是典范。一个受到多年教育的人，成长在书理之家的人，为人处世，大都诚信厚道，有知识有修养，善于经营管理、开拓进取。

（3）土改后地主家庭败落，逆境过日，为生存争扎，其子女也易养成刻苦耐劳习惯。

（4）土改后大多数地主子女成了半专政的对象，不能参军，不能升学，不能参加工作，还受人歧视。改革开放后取消成分论，一视同仁，人格平等，机遇相同，像高压锅突然去了锅盖一样，积极性爆发，加上底蕴敦厚，易有成就。

反思二，关于蔡行俊在改革开放前受到的打击问题蔡行俊在土改后改革开放前受到的打击上述已介绍，现反思如下。

如果改革开放提早 10 年，蔡行俊不会判 9 年徒刑，法院判他徒刑的理由是贩卖票证，扰乱社会计划经济秩序，属于投机倒把。但起因是社会物资贫乏，政府没有做到满足人民的需要；他贩卖票证的行为也是调剂群众余缺，于社会有利，谈不上犯罪；他仅是提供票源，不是伪造，是出钱收购来的，双方自愿，没有侵犯他人利益。因此在改革开放后，凡此类事件，政府有关部门一般不管不问，至多只是没收了事，不给刑事处分。蔡行俊当然也不会坐牢。

如果改革开放提早 20 年，蔡行俊办的织布厂不会没收，不会勒令关闭。当时市场上棉布供应紧张的局面也会有所缓解，也是对人民对社会的贡献。

如果改革开放提早 30 年，1955 年到 1956 年掀起的工商业"公私合营"社会主义改造也不会发生，国家不会走这一劳命伤财制造矛盾的弯路。即使蔡行俊年少当时还未步入社会，不会办工厂，没有这一经历。若蔡行俊办了厂决不会逃过这一劫。

如果改革开放再提早几年，或建国后至今均按《共同纲领》规定的办，同今天一样私人可办工厂，国家四种生产数据所有制并存，分工合作，各得其所，公私兼顾、劳资两利。那蔡行俊一帆风顺创业，中国人民就早已过着幸福的生活了。

反思三，关于资本家成了共产党员

蔡行俊经营的厂，其资产是他个人的，且有一定规模，先后有几十个、几百个村民在他厂里工作，算得上是个民营企业家了，按马克思主义观点，他就是资本家，属剥削阶级，是马克思痛斥、要打倒的对象。英国在蒸汽机应用到工业上引起的工业革命时，曼彻斯特纺织业迅速发展，马克思就在那里写了不少资本家残酷剥削工人的文章。如今在以马克思主义为指导思想的中国共产党人，领导中国人民进行中国特色的社会主义建设，大力鼓励发展民营企业，充分发挥资本家的作用，他们对国家、对社会作出贡献有目共赌。但按马克思主义观点，他们还是戴着剥削者的帽子，这个问题如何认识？

江苏省社会科学院哲学所研究员应克复在《炎黄春秋》杂志 2015 年第 2 期上发表《无产阶级专政理论的再思考》一文，文中指出："资本家作为'剥削者'不是他人格本质的全部，而只是他的一个方面，而且是非重要的一方面；更为重要的，他是社会化大生产的组织者，投资风险的承担者，生产经营的管理者，国内外市场的开拓者。总之，资产阶级是资本主义社会化大生产的代表，是先进生产力的代表。传统理论对这一阶级的分析，同历史和现实存在着很大距离。"

应克复先生又指出："资本家与工人之间不能认为是完全对立、对抗的关系；在生产活动中他们更多地是互相协作的关系。资本家是生产活动中的主导者，工人在生产中的作用是在资本家的主导下得以发挥的。他们互相矛盾，又互相依存，遂使资本主义社会持续发展。依此推论，可以认为：阶级斗争虽然对社会生活会发生很大的影响，但社会的发展、文明的提升，更多地是在各阶级之间和平关系中演进的。经典作家为了论证其革命与专政的政治结论，阻碍了其对诸多复杂问题的全面思考。"

上述这一分析，也完全适用于蔡行俊，他是生产的组织者，投资风险的承担者，生产经营的管理者，国内外市场的开拓者。他与工人的关系不是完全对立、对抗的关系，主要是互相协作的关系。蔡行俊是生产活动中的主导者，工人的作用是在他的主导下得以发挥，他们互相对立，又互相依存。蔡行俊没有工人，不会有产品，赚不了钱；工人若没有蔡行俊办的厂，也没有工作，没有报酬。我村村民现在生活水平有很大提高，除了不愁吃不愁穿外，不少人盖起了新房，不少子女上了大学，几十年来未听说他们与蔡行俊有纠纷。蔡行俊即使办工厂亏了，同样要付工人工资。因此他是风险的承担者，在利润的分配中得大头，是合情合理的，也可认为体现了按劳取酬的原则。蔡行俊身上也印证了应克复的观点。

蔡行俊，如今是中共党员。我想他如果不办工厂，在家当农民不做企业家，不是资本家，他可能不会入党，也入不了党，因此他的党员身份得益于他是资本家，这是改革开放以来中国国情一个很有意思的变化。在过去，在改革开放前（包括建国前），党章只规定中国共产党是中国工人阶级先锋队时，我想，像蔡行俊这样的人是不能入党的。现在中国共产党工作重心转移到以经济建设为中心，中国社会主义建设的根本任务是进一步解放生产力，发展生产力，因此党章上增加了"（中国共产党）同时是中国人民和中华民族的先锋队"一语，还规定："年满十八岁的中国工人、农民、军人、知识分子和其他社会阶层的先进分子，承认党的纲领和章程……可以申请加入中国共产党。"这样，蔡行俊在"其他"之内，就名正言顺地加入了中国共产党。

但是，现在还有人对资本家入党仍耿耿于怀，想不通，他们认为中国共产党变质了，变成修正主义的全民党了。我认为这些人跟不上时代，不是与时俱进。人类活动主要是生产活动，中共在改革开放后以经济建设为中心是正确的、必然的，在发展生产力上蔡行俊确是走在当地群众的前列。我们大园村2000多人中有哪一个有蔡行俊那样为办工厂没收过设备，做生意坐过牢？改革开放后他又东山再起，殚精竭虑，刻苦办工厂，并取得优异成绩？没有。他除个人发财外，还安置村民就业，带领村民共同富裕，为国家缴纳工商税，上世纪 90 年代还为村修建道路资助五万元。他确是"中国人民和中华民族的先锋队"一员，确是"其他阶层的先进分子"，不愧于共产党员的称号。

　　当然中共也有自身的考虑，即要维持自身的统治，必须遏制反对力量的滋生。但既然要发展经济，必须发展私人资本，民营企业家的队伍必然壮大，若不把这些人中的代表人物拉到党内，到一定时候他们就会提出自己的政治要求，成为中共的离心力量，甚至对抗力量。不如早些吸收一些民营企业家（资本家）入党，让他们在民营企业中为中共说话，变阻力为动力。因此，吸收资本家入党对中共的生存发展还具有战略性意义呢！

　　不过，中共建国后的 10 多年主要也是"以经济建设为中心"。如 1953 年开始执行的第一个五年经济建设计划，1956 年制定的农业 12 年发展纲要，1958 年的大跃进，大炼钢铁，超英（国）赶美（国），直至广西环江县水稻亩产 130434 斤的荒唐闹剧，都是"以经济建设为中心"的反映。但那时决没想到要把资本家吸收进党内，现经实践不得不改变初心，因此，现在吸收资本家入党，确是对马克思主义的挑战，不仅是因"经济建设为中心"，是为了继续执政，也是无奈之举。

　　反思四，关于阶级、阶级斗争的问题

　　蔡荷芳虽长年在田间劳动，因土地多还是划为地主成分，是剥削阶级，是无产阶级的革命对象，在土地改革的阶级斗争中被打倒了，建国前他依法所得的财产没收了，这是按马克思主义中国化（毛泽东思想）的实践结果。蔡行俊1968 年办工厂设备被没收，1973 年以破坏计划经济罪名判刑9年，也是中共按马克思主义关于无产阶级和资产阶级斗争理论的实践。对于此类事在毛泽东逝世前不能有所怀疑，更不能有所异议和指点。

蔡荷芳已死了，但同样这个蔡行俊在改革开放的1981年出狱后干与过去相同的事情——办工厂，却得到仍是马克思主义武装起来的中国共产党的支持、鼓励，在它的政策下蔡行俊有如此大胆，如此行为，名曰"改革开放"，实则是在忠于马克思主义的毛泽东逝世的1976年，由于他的政策，国家在经济上政治上陷入崩溃的边缘，面临亡党的危险，毛死后一些较为开明的共产党人为了党和国家的生存，提出"改革开放"，恢复私有制，走回头路，才有了蔡行俊命运与过去截然相反的转变。他还成为中国共产党党员，成为社会的先进分子。我国现行宪法前言还写着"在我国，剥削阶级作为阶级已被消灭，但是阶级斗争还将在一定范围内长期存在"。共产党员必走在阶级斗争的最前线，现在蔡行俊非但是社会的先进分子，还是走在阶级斗争的最前线成为斗剥削阶级的勇士了。如果在蔡荷芳未死之前就改革开放，蔡荷芳既有大量土地，又在辛苦劳动，确是社会先进分子，也很可能是共产党员，成为斗剥削阶级的勇士。我的地主母亲王梅花更像蔡行俊，从头干起，白手起家，是否是社会先进分子，我想凡是公正的人是没有疑问的，在当今，她也很可能会成为共产党员，成为阶级斗争中斗剥削阶级的勇士。

蔡行俊是当今的社会精英，我想不容置疑。蔡荷芳、王梅花也是中华民国时的中国人民和中华民族先锋队一员也不容置疑，是当时乡村的先进分子也不容置疑。因此，就回答了本章的标题提出的"地主是应该被打倒的阶级敌人，还是乡村中的精英"的问题。

这样，到底什么是"阶级"，阶级是客观存在还是某些人为了打倒政敌、争天下，争利益，人为制造出来加罪于对方的借口？如果"阶级"是人为制造的，那20世纪的半个世纪中掀起的阶级斗争，在其斗争中被斗死的人（学者估计全球约一亿），不论是革命者或反革命分子现在看来都是枉死、白死，是一些政治家操弄的受害者。世界上第一个无产阶级专政的社会主义国家苏联灭亡了，马克思出生地德国，他曾长期工作过的英国，现在人民生活过得很富足，但都不是通过阶级斗争取得的，北欧和世界上较富裕的国家也如此。经过几十年来的实践，人们不禁要问：要使人民生活过得好的共产主义是否一定要通过阶级斗争，通过无产阶级专政，通过一亿人的非正常死亡为贷价来实现呢？从蔡荷芳与蔡行俊的经历来看，什么叫阶级，什么叫阶级斗争，我想不论如何高明的马克思主义理论家也难以作出有说服力的解释。

反思五　关于什么是社会主义

我国宪法第一条第二段规定："社会主义制度是中华人民共和国的根本制度。"因此，这本是一个很严肃、很明确、且不是我们议论的问题，但由于蔡行俊现象的出现，我对这个问题模糊了，民间对这个问题的议论也较多，甚至邓小平也说过"社会主义是什么，马克思主义是什么，过去我们并没有完全搞清楚。"（《邓小平选集》第3卷第137页）邓小平说这句话的时候，蔡行俊已在办工厂，社会主义在中国已搞了35年了。是什么原因导致这个"根本制度"至今还搞不清楚？现在我们生活的社会到底是什么主义的社会？

上世纪50年代我在学校读《政治经济学》课程，书中对社会主义的表述是：社会主义：生产数据消灭了私有制，实行全民所有制或集体所有制；取消了市场经济实行计划经济；分配原则是各尽所能，按劳取酬。因此是没有剥削、共同富裕的社会制度。经济是基础，政治是上层建筑，上层建筑要适应其经济基础，社会才能发展。社会主义因生产数据是全民所有制，工人阶级是先进生产力的代表，因此要由最有觉悟、最有远见、最大公无私的工人阶级（通过共产党）来领导。这是工人阶级（共产党）领导的法理基础，也是经典的马克思主义对社会主义的阐述。

如上世纪 60 年代初，中共与苏共就什么是社会主义的大论战中，中共前后发表了著名的九篇批评苏共奉行资产阶级修正主义路线的公开信，其中第三篇为《南斯拉夫是社会主义吗？》指责南斯拉夫搞市场经济，自由竞争，发展私人企业，引进外资，加工进口零部件，出口原料，农村实行自由贸易，容许发展个体经济等。把这些都看作是他们城乡资本主义泛滥复辟的典型，大肆挞伐，认定他们已从社会主义国家和平演变到资本主义国家。

因此，按照传统的社会主义理论，今天我们不是社会主义社会，用我们指责南斯拉夫的话，我国现在是复辟的资本主义社会。其实我们当今比当年的南斯拉夫就生产资料、经济制度的改革有过之而无不及。即使我国不曾有过资本主义社会，按上述论点，我们现在是向资本主义发展或已发展成资本主义社会了，只不过仍是由以打天下、坐天下、享天下为指导思想的中国共产党领导而已，且政府干预市场，权钱交易泛滥，权贵资本横行，与真正的资本主义相比还有差别。因此，中共中央党校教授、离休干部杜光先生撰文说，我国现今是"特色的资本主义国家"。我认为此话并不是没有根据。

1949 年中华人民共和国成立前夕制定了起临时宪法作用的《共同纲领》，1954 年制定了我国第一部宪法及以后多次修订，对我国国体、生产数据所有制种类及所起所用和发展前途都有明确表述，现列表如下。

中华人民共和国成立前后国体、生产资料所有制、所起作用和发展前途等的变化简表

宪法名称	国体	生产数据所有制种类	所起作用	发展前途
1949年共同纲领	新民主主义（人民民主主义）	国营经济 合作社（集体）经济 个体经济 私人资本主义经济 国家资本主义经济	国营经济起领导作用	各种社会经济在国营经济领导之下，分工合作，各得其所，以促进整个社会经济的发展。公私兼顾、劳资两利。
1954年宪法	新民主主义（人民民主主义）	国营经济 合作社（集体）经济 个体经济 资本家经济	国营经济起领导作用	国家保证优先发展 对资本主义工商业采取利用、限制、改造
1975年宪法	社会主义（无产阶级专政）	社会主义全民所有制经济，劳动群众集体所有制经济 个体经济	国营经济是领导力量	引导个体劳动走向集体
1988年宪法	社会主义（人民民主专政）	全民所有制经济 劳动群众集体所有制经济 个体经济 私营经济	国营经济起主导作用，私营经济是社会主义公有制经济的补充	巩固和发展 国家允许私营经济存在和发展，并对其引导、监督和管理
2004年宪法	社会主义（人民民主专政）	全民所有制 劳动群众集体所有制 个体经济 私营经济	国有经济是主导力量，个体经济、私营经济是社会主义市场经济的重要组成部分	巩固和发展 国家鼓励、支持和引导非公有制经济的发展。并对其进行监督和管理
2018年宪法	同上（第十三届人大修改	同上	同上（综合多方面报导，	同上

	宪法，第一条第二段增加"中国共产党领导是中国特色社会主义最本质的特征"）		在国家不断鼓励下，私营经济已起主导作用，实际上已是国民经济的主导力量）	（当前对国有经济是限制其发展、继续改革）

马克思主义关于社会形态的划分主要是根据生产资料所有制，如社会发展的五阶段论：奴隶社会，生产数据为奴隶主所有；封建社会，生产数据为封建主所有；资本主义社会，生产数据为资本家所有；社会主义社会，生产数据为全民所有。上表历次宪法中陈述的我国国体也说明这一点。没有提及根据政党的领导来确定社会形态。

建国初期我国就已是中国共产党领导，1954 年宪法第一条："中华人民共和国是工人阶级领导，以工农联盟为基础的人民民主国家"。2018 年宪法第一条第一段：中华人民共和国是工人阶级领导，以工农联盟为基础的人民民主专政的社会主义国家。"都是工人阶级（通过共产党）领导。如果按照现在修改的宪法（第一条第二段）："中国共产党领导是中国特色社会主义最本质的特征，"那建国初期就应称我国是社会主义国家了。但我国 1954 年第一部宪法序言中写着"从中华人民共和国成立到社会主义建成，这是一个过渡时期。国家在过渡时期的总任务是逐步实现国家的社会主义工业化，逐步完成对农业、手工业和资本主义工商业的社会主义改造。我国人民在过去几年内已经胜利地进行了改革土地制度、抗美援朝、镇压反革命分子、恢复国民经济等大规模的斗争，这就为有计划地进行经济建设、逐步过渡到社会主义社会准备了必要的条件。"说明建国初的新民主主义

（人民民主主义）不属社会主义范畴，那时社会主义还没有建成，按马克思主义社会发展的五阶段论，其经济结构应归于资本主义范畴。因此，"中国共产党领导是中国特色社会主义最本质的特征"这句话与我国1954年宪法是有矛盾的，有抵触的。若按此论点，奴隶社会、封建社会时期还没有政党，哪根据什么来确定那时的社会形态呢？

从表中可看出，当今我国的经济结构与建国初期的新民主主义时一样，依此，现在我国的社会形态也应属于资本主义范畴。因此，1953年6月25日毛泽东在中共中央政治局会议上提出"对农业、手工业、资本主义工商业的社会主义改造"，即以社会主义的标准将个体农业、手工业集体化，将资本主义工商业先进行"公私合营"，再变为集体或全民所有。接着逐步付之实施，1956年1月15日北京市各界20多万人在天安门广场举行庆祝社会主义改造胜利联欢大会，毛泽东、周恩来、刘少奇等出席，彭真市长在会上宣布："我们的首都已进入了社会主义社会"。接着全国其他地方除西藏等少数民族地区外，到该年底也基本上完成了社会主义改造，全国已进入社会主义社会。同年由毛泽东主持编辑并为其写了104篇按语歌颂农村合作化的《中国农村的社会主义高潮》一书出版。这个社会主义的标志就是合作化（集体化）。按马克思主义观点，那时我国已是社会主义国家，1975年的宪法也给予确定。而1978年后的改革开放朝着相反方向发展，恢复到三大改造前的状态，土地分到户单干，手工业个体经营，民营企业鹊起，说明过去走向社会主义的三大改造，以失败告终，社会主义在中国建成20年后又退回到以前的社会，也可说这个社会主义以失败告终，怎么现还能称中国是社会主义国家？

在我们平民百姓日常的经济生活中，现在几乎处处与建国初甚至建国前一样，三大改造后购买东西要去改革开放后倒闭的国营百货公司或集体的合作社去买，且物资紧缺，不少商品凭票供应。不准个人从事经营活动，否则便是走资本主义道路，要取缔要惩罚。至今我还记得：约在1976年我目睹临海商业局下属单位一位工作人员要没收一个在中心菜场外弄堂口卖猪肉的个体摊户的肉刀，不准他经营，遭该摊户反抗，双方为争夺这把肉刀引起扭打，场面惊险万状。我还担心他们情绪失控用刀伤人。最后这把肉刀终于被那位工作人员夺下拿走，社会主义战胜了资本主义。现在与建国前一样私人商店摊户林立，物资丰富，票证取消。临海街头又有政府不去干涉其买卖的肉摊。为怀念和不忘四十多年前那次惊心的夺刀一幕，2020年5月22日早晨我经过紫阳街一个个体肉摊时拍下现今的这张（所附的）肉摊照片。还有，

当今临海街头个体经营的肉摊（2020年摄）

我在1947年–1949年在临海城关中学读书时常遇到肩挑商品沿街穿巷叫卖而在三大改造后消失现又兴起来的小贩，热闹非凡。这些现象上了年记的中国人都很熟悉。用当年的话，现在的这些现象都是在走资本主义道路，怎么还可用"社会主义"来解释这种现象？

按照语法，"特色"社会主义，本质上（或基本上）还是社会主义，不能认为这个"特色"社会主义指包含有"私营经济是社会主义市场经济的重要组成部分"，这是不符合马克思主义观的。因此，从科学的马克思主义观点来看，当今中国的社会与建国初一样是资本主义社会，更确切地说应称"特色的资本主义"社会，杜光教授的论点是有根据的。

　　如果说我们现在是资本主义社会,或走向资本主义社会,那谁是推翻、谁是颠覆我们国家这个伟大的社会主义制度?这个责任谁能负得起?非但宪法要作根本性的修改,天安门广场上英雄纪念碑的碑文也要重写,这事可大了。为了维护中共的领导,为了维护社会安定,为了维护既得利益,执政者另有解释,即"我国现在处于初级社会主义阶段""这些现象的存在,是社会主义公有制的补充,是社会主义市场经济的重要组成部分"。但是,初级社会主义与新民主主义区别在那里?与高级社会主义有那些不同?如何走向高级社会主义?都未见到有清晰地说明。是否将来再用毛泽东走社会主义道路的三大改造来实现高级社会主义呢?看来不可能,中国人民不再容忍饿死三千多万同胞的这种"走社会主义道路",因此"初级社会主义"论解释也不很完满,似乎有似大饥饿后坚持喊的"三面红旗万岁"一样,为照顾大局仅是权宜之计而已。至少毛泽东搞的社会主义已失败了,现已不存在了。

　　改革开放后我国经济上取得很大成就,人民生活有很大改善。进而言之,到底什么主义能够救中国?按照上表我国历次宪法的表述和其实践及改革开放后的情况,"只有资本主义能够救中国"是很清楚的,是有根据的。实践也证明只有毛泽东痛斥的"走资本主义道路"才能救中国。

　　　　　　附文1　　董时进就土改问题致信毛泽东

　　编者按:董时进,1900年生于今重庆垫江县,1924年赴美留学,获康奈尔大学农业经济学博士学位,1925年回国。历任国立北平大学农学院教授、主任、院长,国立北京

农业大学教授、主任，国立北京大学、燕京大学、交通大学
法学院教授，国民党政府国防建设委员会委员，江西省农学
院院长等职。着有《农业经济学》《农民与国家》《国防与
农业》《农村合作社》《粮食与人口》《农人日记》等。

董时进 1945 年 10 月任中国民主同盟中央委员，1946
年创建中国农民党，任主席。
该党主张民主政治，均分财
富，消除战争，反对土改。
1949 年 6 月 5 日，中共中央统
战部部长利瓦伊汉与董时进谈
话，说该党并不代表农民，而
是代表地主富农利益以及存在
着组织不纯等问题，不能作为

党派单位参加新政协，至于该组织中的农业技术人员可以为
新中国建设贡献力量，并要其停止党务活动。董时进表示接
受，于 6 月 25 日发表《中国农民党停止党务活动致力于生
产建设宣言》。

1950 年，董时进赴美定居，执教于加利福尼亚州州立
大学，又任美国国务院农业顾问。其间着有小说《两户人
家》，1984 年病逝。

1949 年 12 月，农业经济学家董时进给毛泽东和其他中
央领导写了一封长信，谈他对土地改革的看法。该信全文如
下。

查中共土改政策的基本理由，不外乎说中国的土地
制度是封建剥削性的，所以应该废除。我们固不能否认
若干大地主，例如军阀官僚恶霸的封建性，但若说一切
的或多数的地主富农，以及整个土地制度都是封建性
的，则未免言之过当。何以故，请申述之。

（甲）　为何不能说整个土地是封建性的？

中国的土地制度是一个可以自由买卖及出租的私有制度，这些条件并不足以构成封建性。因为在有财产制度之下，一切物品都可以自由买卖及出租的，譬如房屋、车辆、船、机器、牛马等，无一不是如此。对于这些物品既不认为是封建性，何以独认为土地是封建性呢？有一些人说，土地与其他物品不同，土地是天然物，房屋等是人造物，故不应同一看待。这种说法也纯然是错误的，必须加以纠正。

农业土地决不应视为天然物，而实在是人造物。土地不但必须开垦，才能变成耕地，而且开垦仅是使天然的土地变成农业生产的土地的很少一部分工作。至于大部分的工作乃是斩荆棘、凿井挖塘、开渠筑堤、平整地面、砌筑梯田、作埂掘沟、排除积水、培养肥性、开辟道路、修筑桥梁等许多事项。这些设施即是土地生产及支持人类生活的基本要素，没有这些基本设施，土地或者完全不能生产，或者只能很短暂而且微少的生产。所谓农地，乃是天然的土地加上这许多改良工作后的总称，兴都市的房产是地皮加上砖瓦泥木等的构成品的总称，其理相同。举几个特别显著的例子说：譬如长江及各大河流两岸防水的堤坝，如洞庭及各湖泽周围的圩堤，如江南罗网似的水道，如华北密布的水井，如四川及西南各省特多的梯田，如海边防潮的大坝，如南方遍地所见的池塘，诸如此类人造成的成绩，都是与土地的生产力不能分离的，也可以说即是农业土地的一部分，而且是较重要的一部分。农地的价值，主要的是在这些人工改良物上面，而不是在一些天然生成的碎石粉上面。所以在完全未开发过的边远地方，土地几乎一文不值，而已经开发及改良的农业土地，则价值非常高贵。不多年前，察哈尔绥远诸省放荒招垦，每亩定价一角，而承购者寥寥，然而内地熟田则每亩至少值十元，超过数百倍之多，这超过的价值即是人工开发改良的结果。固然这些开发改良的成绩乃是累代无数人力所积留的，而不是现代土地所有者所亲手做成的，但是他们曾经付出相当多的代价。城市的房屋也并非房主自己的劳力所造成，他们也不过是付出了代价。

过去一般经济学家不仅当土地是天然物，而且以为它有不可破坏性，现在的经济学家和科学家都知道那种学说是错误的。在一些农牧方法不良好的国土，耕地和牧场被毁而放弃的，动辄以千百万亩计，所以才产生空前的水土保持及土壤保肥的伟大运动。中国水旱灾之严重，和农业生产的低劣，其最基本及最主要的原因，乃是农业方法不良，致使土壤瘠薄，及江湖池塘溪流等淤塞之故，若不再纠正这种错误观念，仍当土地是天然物，不可毁坏，以为可以听其自然，无须继续不断地维持改良，培养肥力，则充其量非使全国变成沙漠与泽国，并使整个民族灭亡为止。

（乙）　为何不能说一切地主都是封建性的？

在乡下买田地，乃是一种比较守旧的、小规模的保存钱财的方法，大多有钱的军阀官僚买办等并不喜欢多买田地，即使买一些，也仅仅是为安置他们的钱财的很少的一部分。所以各大家族和豪门，并非以乡下的大地主著称。这些大富豪的财产，最大部分是放在城市或外国。在城市买一亩土地或一座房屋，要当在乡下买几百几千或几万亩田地。只有二三流的有钱人才喜欢在乡下买田地。至于乡下土生土长的地主富农，概是一些所谓的土财主，他们绝对够不上封建的资格。他们中间虽不免有少数土豪恶霸之类，然而究以驯良的人民占多数。他们大都是一些勤俭的、安分守己的分子，他们的财产多半是由辛苦经营和节省积蓄而来。虽然他们也放账（乡下凡有积蓄都放账，固不限于地主富农。例如雇农赚得的工资，农妇卖鸡蛋的存款，为数不多，不好做别的用途，便只好放账，而这些小额放账常常是利率最高的。）但若说他们起家，主要是放高利贷剥削贫民，则殊不足信。因为贫民身上根本榨不出很多油来，即使他们想借债，也不容易找到借主，即使借得到钱，也只能借到很少数目。乡下不怕出高利贷大宗借债的，多属一些染上嗜好的懒惰浪费的地主，他们有的是田地作抵押，也才有人肯放账。至于勤俭的农民，谁都知道高利贷的危险，决不肯轻易借债。凡是有能力有信用的人，如果遭了意外的损失，或有紧急需要，常常是可以找到亲友帮忙挪借，并不一定要走高利贷的路子。所以即使说有一部分的地主或富农是由于放高利贷起家，然而他们所剥削也多半是一些堕落的地主，而不是勤劳的贫雇农。

让我举几个关于地主和富农的实例给您听，这些都是我直接接触到的事实：

一个五十多岁的三轮车夫同我谈起他的家事，他原是贫农出身，三十年来用他的血汗钱陆续买进了共有一百二十多亩地，现在他的地都被分给当地的懒惰分子了，自己分到的不满十亩，不愿在乡下种田，所以到城里来踏三轮车。他很感觉愤恨不平，他说出这样一句伤心话：“我们年年日日冒风雨暑热在地里做活的时候，那些人却在茶馆进酒馆出。他们游手好闲，吃穷用穷了，还说被我们剥削了，要分我们的地。”

我家有一个老奶妈，做了二十多年的奶妈和佣工，随时将她的工资积蓄寄回去，零零星星的共买了二十多亩地，连原先所有的合计有三十余亩。她以为辛苦半生，可以回家养老，但是她的地大部分都分给别人了。她只有一个丈夫在家，仅仅分得三亩，后来丈夫死了，家乡已经久无消息，她的地就算是完全没有了。她做二十多年苦工的积蓄，全部化为乌有，她的伤心和怨恨是可以想象得到的。

我有一家不甚远的亲戚，弟兄三人，二十年前分了家，各分得田地七八十亩。老大是一个守本分的老实人，在乡下务农兼做小买卖，生活极其俭朴，历年积下钱来添买了五六十亩田地。老二嗜赌兼吃鸦片，分家后不多年已将土地卖光。老三早将全部田产卖去，将钱拿在城里做买卖，发了财，已经买了几处房产，并有不少现款和货物。现在老大的田要分出去，老二可以分田进来，老三最有钱，但他的全部财产在城市，不致遭受损失。最坏的老二占便宜了，笑了；最勤俭的老大吃亏了，哭了。任何人也不能不为老大叫屈。

这些不过是随意举出的几个例子，类似的例子太多。实际上这些所代表的乃是普通一般的情形，而不是特殊的例外。中国自古就产生了“有恒产者有恒心”的哲学，历代政府都鼓励人民买地，称为落业，一般人又向来以为土地是最为安全的财产，以致安分守己的分子都欢喜把积蓄变成土地，从没有人把买田购地当作是有封建意味的，或有害他人的事体，也没有人把出租田地当作是一种封建剥削的行为。

在以前帝俄和许多欧洲国家，土地大多为贵族所有，不能自由分割买卖，乃是由那些贵族大地主，像一个一个的小国家一样，将它一代一代地传袭下去。地上面的农民也没有迁徙或退田的自由，而必须世世代代在同一地主采邑之下奴役，除非随同土地被出卖给另一贵族。那样的土地制度和地主，才可以说是封建性的。中国的情形迥乎不同，土地是可以自由分割和自由买卖的，租田是自由契约行为，地主也不是世袭的贵族，而可以由任何平民阶级及任何贫苦人户出身的。这样的土地制度和地主是封建性的，实在太与事实不相符合。我曾经费过很久时间，并竭力排除任何可能存在我脑子里面的成见偏见，去仔细考察思索，始终找不出中国的土地制度和一般的地主富农的封建性在什么地方。

除了这些关于是否封建性的基本理论外，我还另有几点意见和事实，要提醒您：

一、新民主主义规定要联络小资产阶级。中小资产阶级无疑是以乡间的中小地主及富农为主要成分，除去了他们之外，殆无所谓的小资产阶级。现在对于城市的大资产阶级尚不没收其土地及财产，这是把他们当作敌人，与新民主主义宗旨完全背离。

二、大战以后，开国之初，最急之务莫如安定秩序，医治疮痍，使人民休养生息，不宜再有摇动人心之举。政府在各方面都是本此宗旨行事，而独在乡间，为推行土地改革政策，正在从事调查和组织工作，准备分掉地主富农的土地。这不啻磨刀霍霍对他们表示："磨快了就要将你们开刀"，使得凡有土地者（在界限尚未确定之前，凡有土地者均不知其土地是否将被分掉）均惶惶不安。他们不但不能庆太平日子的到来，反而感觉还有大难在后头，这绝不是开国时所应有的现象。

三、国家并未废除财产私有及土地私有制度，且中共屡次声明保护私有财产。土地是乡下人的最主要的财产，也是正当的财产，现在政府对于城市富人的一切动产与不动产，和工商业的生产工具都加保护，乃单独没收乡下的土地，而且没收分配之后，依旧准许私有及出租，这样无故夺去一部分无辜人民的财产给另一部分人，不惟不公道，而且与中共保护私有财产之声明不合。

四、新民主主义的土地政策是以耕者有其田为范围。平分土地的办法，则是无论自耕与非自耕都一律平分，又不但自耕的田地也要分，而且分出去也可以不必自耕。这种办法与耕者有其田的政策两端都不符合。

五、地主富农之所以成为地主富农，除少数特殊情况外，大多数因为他们能力较强，工作较勤，花费较省。虽有不少是由于其祖若父的积蓄，然而自身由贫农起家者亦很多。即使由于其祖若父的积蓄，亦必须其自身健全，否则必将衰败。这即是说，地主富农多半是社会上的优秀分子，是促进社会进步的动力，是国家所应保护和奖励的。但这不是说贫农都是低劣分子，因为在战祸绵亘、百业不振的情况下，多数人都没有改善他们的境遇的机会。但是，无论哪一个贫农都没有不愿意成为地主或富农的。若说他们之所以没有成为地主或富农，乃是因为他们的道德特别高尚，不愿意剥削他人，则绝不足信。国家当然应该帮助这些贫农去改善他们的境遇，但帮助他们的正当办法，是在和平恢复之后，努力发展生产建设，多创造就业的机会，使大家都有工作，能够赚到丰富的进款，而不是分给很少的几亩土地，把他们羁縻在小块的土地上面，使他们继续留在农人已嫌太多的农村里面讨生活。他们耕种那样小的一块土地，终年劳苦的结果除去了粮税及各项开支以后，根本还是不够维持最低的生活。

六、历来政府的税捐多是以地亩为主要根据，今后政府本可以利用土地所有多寡不同之现状，进行累计税率，将重税加在大富人身上，而减轻贫民的负担。若是将土地一律平均地细分了，则每一户有一小块土地的人家，都须平均负担国家的开支，不但他们会感到繁苛，发生怨恨，同时政府收税的困难也会增加。

七、中国的耕地，本已分割过分零碎，于经营上颇多妨碍，再要人人平均细分，不问有无农事经验和兴趣，亦不论经营能力的大小，都同样分给一定面积，必致减低经营的效率，减少农业生产。

八、有一些人说，土地改革之后，因农民生产情绪提高，结果使产量显著增加。我们对于这话不能毫无保留地接受。究竟这生产的增加，（除去天时等原因外）有几分是由于共产党员的鼓励督促，有几分是由于农民因分到土地而激起的情绪，是不容易分判的。换句话说，假如没有土改，只要共产党员能同样地去督促号召，或许也可得到同样的结果。还有不可不注意的，所谓情绪，只能是暂时的，久了就会降低，由于一时情绪提高的增产，是不能希望其支持长久的。在另一方面，这平分土地的办法，不论人的勤懒和能力的大小同样分给面积相等的土地，因而勤快的及能力强的，或许嫌不够做，懒惰的及能力弱的还做不好。这种情形显然是不会使生产增加的。不特如此，在和平恢复之后、许多人都会嫌他们的土地太少。不够耕种，也不够维持生活，因而他们会纷纷出外做生意，或另谋职业。他们的田地不是出租，便只好留给不能外出的老弱妇女耕种。到那一天，农业生产更非减少不可。

　　九、横在分地政策的前面，还有一个很大的危机。分地是既定的政策，不过在新解放区暂缓实施，而先推行减租。即是说，土地是决定要分的，但准备工作还没有做好，所以还要等待一些时间。究竟等多久，没有说明，不过大家都以为不久。因此无论是土地的所有者或耕种者，都在那里转念头了：现在我的地，转瞬就会变成别人的地了，今年是我所种的明年就或许分给他人种了。那么，我何不趁早从地里面多拿回来一点是一点，少花费一点是一点呢？管它池塘沟渠淤塞也罢，堤岸田埂崩垮也罢，何必去挖掘，何必去修补？田地随它瘦下去，何必费力气去下肥料，更何必去花钱买肥料？甚至于平时应留还土地的谷秆豆根之类，也通通割回来或扯回来作柴烧吧。这样下去一两年，土地会变坏到什么样子，生产会减到什么地步，是很够令人忧虑的。还有地上的树木，如桑茶油桐乌桕，以及各种果树和杂木等等，它们的命运尤其危险。地快要分了，地上值钱的东西还不赶紧搬走吗？在四川解放前，我接到好几个朋友从四川来信，不约而同地问我："地是不是真的要分，树木是不是趁早砍了的好？"另外我又曾经从几个其他地方的朋友得到消息，乡下许多人都在那里考虑砍树的问题，并且已经有很多树砍掉了。有一些人还不肯相信土地真会被分掉，有一些以为土地政策还有改变的可能，所以还在那里观望。但是时间稍久，大家看清了分地政策势在必行，就会不约而同地实行砍树。这些树木是民族的重要资产，需要多年的保蓄，一旦大批摧毁了，再等重新栽培长大，要到何年何月？

最后，让我向您献议一个办法，请您考虑：

新民主主义不是还要更进一步转变为社会主义吗？耕者有其田的制度不是还要转进到土地社会化和农业集体化吗？那么，何必多此分地一举呢？现在像割肉似的将土地从地主和富农身上割下来，已经使他们很疼了，割下来分给贫民之后，不久又要从他们和大家身上再割下来，那恐怕困难更多了。假如现在不必分，待将来真要实行社会主义时，直接把土地连同他种地的生产工具一齐社会化呢？

假使您赞同我的意见，请您立即下令停止分地，并将土地政策提出修改，另行规定限地办法，逾额者限期出卖，或由国家给价征收，转卖与自耕种者，令其分年偿付地价。老解放区已经分配的土地，虽可不必交还原主，但亦应令分得土地者补缴地价(不妨稍低廉)，不愿者可以将土地退还。这样，不但土地被分去者万分感激，不会要求追算旧账，即使分得土地者亦没有抱怨的理由。本来谁也不会想把邻人的土地无代价夺归自己，现在补缴地价，确定所有权，他们也会心安理得，释然于中。

我对于土地改革的问题，曾经用过不少的心思。我也曾经读过好多篇主张分地的文章，然而总觉得他们的理由牵强，持论偏歪，根据也不可靠。不见于文字的民间舆论，一般都认为这种办法不公道，不合理。我相信自己是没有成见偏见的，更不是因为个人的利害关系而寻找借口来反对土地改革。外间曾有人说我是一个什么"大地主"，那完全是瞎说。我既不敢当这个头衔，也不能受这个冤枉。我不瞒你，我办得有一个果园，有一百多亩瘠薄的山坡地，为整个国家的关系，我何在乎这一点小小的地皮，何况政府对果园及新式农场的土地早已宣布不分了呢。我之所以不惜屡次反复辩论，此次更不顾冒犯你的危险，乃是因为我感觉我对于这土地问题了解得比较深刻，比较正确；假如不将我的意见尽量发挥出来，我会永远感觉对不起自己的良心，对不起中国，对不起无辜被夺去土地的人民。我想您是爱好真理，并能服从真理的，当你发觉政策有错误之时，您一定是能改正的。

董时进在他 1951 年在香港出版的一本书中讲到他写这封信的缘由和经过：

"在北平的时候，我就想写一封信给中共当局，详详细细说明他的土改理论和土改办法的错误，劝他们修改。我认为共产党和城市社会的一般知识分子，对于这土地问题都是成见和偏见太深，非说得透彻一些不能使他们明白。所以我费了一个相当长的时间去思索整理，才完成那一篇给毛泽东的长信。

"这封信是一九四九年十二月间寄出去的。我将这封信印了几百份，同时寄发给中共的要员、各党派的领袖和若干关心或研究此问题的朋友，以及教育学术机关。刚好把致毛

氏的一封信交邮之后，不记得是过一天或两天，报上已发表
了他已抵莫斯科的消息。他这一去差不多就是两个月，耽误
了两个月回来，政务丛集，哪里还有工夫来处理我那一封早
成明日黄花的旧函。

　　"此信后半段提到土地社会化问题，劝他不要没收人民
的土地，等到以后真要实行社会主义时，再行社会化。很明
显的，我并不是主张社会化的(实际我是反对社会化的)，我
的意思乃是要他先行停止目前的所谓土地改革，等待将来再
说。"

　　　　　　　　　　　　　(刊在《炎黄春秋》2011 年第 4 期)

附文 2　台湾的农地改革

一、过程

　　台湾的农地改革大致分为三个步骤。

　　1、1949 年 4 月开始实施"三七五减租"，以解决混乱
的租佃关系。

　　1949 年时任台湾省主席的陈诚，将其在湖北省省长任
内的"三七五减租办法"在台湾省再次实施。4 月 15 日开
始推行，并实施《台湾省私有耕地租用办法》。为便利执
行，相继又颁布了《台湾省私有耕地使用办法实行细则》
《台湾省办理私有耕地租约登记注意事项》及《台湾省推行
三七五减租督导委员会组织章程》等一系列法规条例。决定
全省各县市自 1949 年第一期农作物收获时起实施。《耕地
三七五减租条例》于 1951 年 5 月 25 日完成立法程序。该条
例主要内容是：限制出租耕地最高租额，减轻租额负担，佃
农对地主缴纳地租一律不得超过主要作物正产品全年收获总
量的 37.5%；减租前约定地租超过 37.5%者减为 37.5%，不
及 37．5%者依其约定，不得增加；取消预收地租及押租

金，延长租期，巩固佃权，保障佃农利益；耕地租约一律规定用书面租约，租约期限不得少于 6 年；并规定可以续约，歉收减兑；为兼顾地主利益，佃农得按期缴纳地租等。

"耕地 375 减租"其作用：一、减租，最高租额不得超过 37.5%；二、保障佃权，实行书面契约，租期最短为 6 年。"主要作物"指当地最为普通的作物；"正产品"指作物的主要产品。水田为稻谷，旱地为甘薯。1951 年，建立"耕地三七五减租"督导制度，分区派官督察辅导，防止业佃纠纷。1952 年，全省普遍成立县市与乡镇的耕地租田委员会，由地主、佃农、自耕农按民主方式分别选出代表组成，共同处理有关租佃事宜。这一政策改善了租佃制度，促进了农业生产。

2、1951 年全面实施"公地放领"，以公有地扶植自耕农。

所谓"公地"，是指台湾光复时接收日本在台湾各机关拥有的土地，其中有总督府所有地、军事用地、日人移民用地、社团用地等，共计 18 万甲(1 甲相当于 0.97 公顷)，占全省耕地 21%。光复后，当局将这些用地多数放租，也有自己经营的(如台糖公司)。1951 年 5 月 30 日，台湾当局修正通过了《台湾省放领公有耕地扶植自耕农实施办法》。放领对象为承租公地的现耕农、雇农、承租耕地不足的佃农、耕地不足的半自耕农、以土地耕作的原土地关系人而需土地耕作者及转业为农者。放领地价，按照土地等级全年正产物收获的两倍半折成实物计算，分十年摊还。其每年摊还的数额，包括田税及土地税，以不超过其所领土地全年正产物收获量 17.5%为限。土地承领人于规定时期内缴清全部地价后，依法取得土地所有权。"公地放领"到 1976 年基本结束，共售出 13.9 万公顷"公地"给 28.6 万户农户。

"公地放领"中确定每户农民承领面积的标准为：水田
5分至2甲，或旱地1甲至4甲。通过"公地放领"当局及
地政人员取得了扶助自耕农的经验；同时，向社会各阶层显
示了当局全面推进土地改革，实现耕者有其田的决心；还为
地主阶级作了示范，既然政府都不当地主了，地主也应放弃
土地私有权。故有人说，"公地放领"乃"台湾土地改革三
部曲之桥梁，承上启下"。

3、1953年1月开始实施"耕者有其田"政策，以改变
旧的土地分配关系。这是台湾土地改革的实体和核心。

1953年，台湾公布实施《耕者有其田条例》，并颁布
了配合土地征收募集款项的《台湾省实物土地债券条例》及
《公营事业移转民营条例》。《耕者有其田条例台湾省实行
细则》规定：（一）凡私有出租耕地，地主可以保留相当于
中农水田3甲或旱田6甲，超过的土地一律由政府征收后，
再转放于现耕农收领。（二）政府补贴地主被征收土地的地
价，以实物土地券7成，公营事业股票3成，搭配补偿。
（三）政府发行实物债券，水田以稻谷，旱田以甘薯，分10
年20期兑付本息。公营事业股票则由政府以原属公营的台
湾水泥、纸业、工矿、农林等充当。（四）政府征收的耕地，
一律放领于现耕佃农或雇农。放领地价与征收地价相同，再
加算年息4%，由受领农民于10年内分20期偿付。1953年
当年就征购耕地13.9万公顷，约占地主原有耕地的30%。
承领耕地的农民有19.5万户，其中佃农占95%。1962年12
月31日，台当局宣布，实施"耕者有其田"已告完成。自
1963年起自耕农不必再交纳地价税。

二、特点

台湾省农地改革的最大特点是和平推进。

有学者称，"台湾的土地改革是相当和平的，几乎没有
发生任何流血事件，和中共在大陆推行的土地改革恰成强烈

的对比。"（高棣民《台湾奇迹》）台湾当局为什么要如此？为什么能如此？

1、　　　审时度势。

当局对时局的认识较为清醒。陈诚写道，"当时台湾局势，风雨飘摇"，因而实行土地改革，"不能操之过急"，只能"采取和平的与渐进的方法"。

2、　　　法理至上。

国民党决策层坚信，地主是在"法律许可下获得土地"的，"非由掠夺而来，自无予以没收之理由"。（陈诚《台湾土地改革纪要》）。这就是承认私有产权的神圣性，认定改革必须以此为前提。

3、　　　政府居间。

这是台湾当局处理基本社会群体之间矛盾的途径和原则。办法是，"由政府向地主征收土地，然后转放于现耕农民，在全部征收放领过程中，不使地主与佃农有任何直接接触。"其直接效果是，避免地主与佃农在直接交涉中发生种种流弊与纠纷，保证地权转移的"融和气氛"；深远的考虑是，在社会转型过程中预防仇恨情绪的爆发与蔓延，避免阶级冲突，防止农村社会分裂。

4、　　　兼顾业农。

当政者在改革中极力取调和折中态度，在保障佃农利益的同时"兼顾地主利益"。办法是：对拥有三甲以下的小地主实行完全的保护，对于拥有三甲以上耕地的地主对其被征收的土地"补偿合理地价"；同时"准许地主保留合理面积耕地，以保障其生活"。其补偿部分则给实物债券而非现金，以免地主因货币贬值而受损。

5、　　　循序渐进。

有主有次、有先有后、逐步深入、有意识地走迂回曲折的道路，不急功近利，但求稳。遇重大事情则实行"一个原则，两种办法"。例如，对于地主采取"买去"原则，即产权地价有偿转移。办法是：基本部分由政府强制征收，按统一价格，部分保留地自由买卖，按商议价格。再如，"培植自耕"原则，办法：一是基本部分，只认现耕，即凡现耕者均可承领土地，有劳动能力但非现耕者不得承领，二是变通部分，作为非耕者地主可保留部分土地，既可自耕也可出租。

　　　　6、　　　　先礼后兵。

　　这就是以强大的武力为后盾。当时，台湾人口600万，国民党大兵即有60余万，足以应付一切。但不轻易动用，主要利用心理威慑，依靠政权机关，运用法制手段解决问题。蒋梦麟对此深有体会："台湾固多开明地主，惟不明事理的地主也不乏其人，如果与他们商量等于与虎谋皮，是永不会成功的。"陈诚也曾公开说："困难是有的，调皮捣蛋、不要脸皮的人也许有，但是我们相信不要命的人绝不会有的。"他在请求2/3由地主组成的省参议会通过"三七五减租案"时，口气软中有硬。蒋梦麟评说："握军政大权"的他，话中"到底含有几分'先礼后兵'的意义。"对于反对土地改革的台湾第一名绅士林献堂，陈诚先是送礼赴日，数年后又发表其次子一荣誉职务。而对于各县抗拒阻挠的地主则毫不手软，或予以拘留，或解送保安司令部。土生土长的台湾籍中老年人回忆说："国民党在1947年到1948年所实施的镇压，……几乎波及台湾每一个家庭"，到"推行土地改革的时候，台湾人民已经学到只要国民党认为有必要，他是不惜使用武力的，所以地主们吭都不敢吭，乖乖地服从。"其中，高明者甚至主动献出土地权状。（摘自匡萃坚《我所了解的台湾农地改革》刊《炎黄春秋》2009年第9期）

　　三、效果

台湾通过土地改革提高了农业劳动生产力。同时由于大批农业资金转向工商业，从而推动了台湾工商业的发展，逐步走向以外贸为导向的加工出口经济。

据江西财经大学匡萃坚教授介绍，他于 1989 年 9 月访台时，曾随本省籍亲戚在赴基隆途中，拜访了住在小山岭上的一农家，亲眼见到了实施"耕者有其田"30 年后，原本处于社会底层的农民生活发生了巨大变化。这农户家有汽车，有农机，户主与子女均在城里工作，农忙时雇人耕作，只留下年近半百的妇人在家照料。家里住房宽敞，家用电器齐全，只缺空调——因为乡间空气清新、凉爽，实无必要。这可谓是佃农世家的现代生活。20 年后，此情此景仍历历在目。(摘自匡萃坚《我所了解的台湾农地改革》，刊《炎黄春秋》2009 年第 9 期)。

前江苏省农科院院长、党委书记、教授高亮之 2006 年去台湾访问时，特别注意台湾的农业经验和农民生活。由于台湾土地改革后实行农民土地私有制，随着城市化的发展，使得台湾的农民都富裕起来。农民的经济收入超过一般的城市工薪阶层。台湾经济繁荣的重要基础，就是农民经济。(摘自高亮之《中国农民有财产吗》，刊《炎黄春秋》 2008 年第 9 期)。

四、评价

中国社会科学院近代史研究所研究员杨天石先生在他著的《找寻真实的蒋介石》一书第一题《蒋介石与陈诚在台湾的土地改革》中称：

"陈诚对自己在台湾的土改很满意，自称是'不流一滴血的革命''在土地革命史上，我们实已创立了一个新纪元''此种成就，不仅仅给台湾带来安定与进步，同时给中华民族带来了新的希望与信心'。

"台湾的土地改革引起了第三世界和美国人的注意。20世纪伊朗国王与约旦国王先后到台了解经验。美国亚利桑那富豪殷克尔成立林肯基金会，专门帮助别的国家和地区实行土改。他认为台湾土改最为成功。1968年11月，林肯基金会与台湾'行政院国际经济合作委员会'签订合约，共同出资，在桃园举办土地改革训练所，帮助联合国粮农组织和第三世界国家、地区培养人才。菲律宾、越南、马来西亚、印度尼西亚等国来访、受训者约4000余人，仅菲律宾一国，来受训者即达一千四五百人。1977年，美国人甚至将台湾土改视为全球土改的典范。"（2018年8月出版，P.026-027。）

第八章 长达三十年的专政与歧视

政务院《关于划分农村阶级成分的决定》中，丙、政务院的若干新决定："十一、地主成分的改变。凡地主成分，在土地改革完成后，完全服从政府法令，努力从事劳动生产，或作其他经营，没有任何反动行为，连续五年以上者，经乡人民代表大会通过，县人民政府批准后，得按照其所从事之劳动或经营的性质，改变其地主成分为劳动者的成分或其他成分。老解放区的富农在土地改革完成后合于上述条件满三年者，亦得以同样的方式改变其成分。"

如果说对地主成分的划定，对恶霸地主的界定大大扩大化的话，那对地主成分的改变，以后就没有做，主政者根本无视这条规定，法律成了当权者美化自己的遮丑布。直到1976年毛泽东亡故后，1978年胡耀邦主政时才予以摘帽，回归到正常的人群当中。在这长达三十年对他们有如人间地狱般的虐待，除上了年纪的人略知外，其荒唐程度绝大部的年青人大概不会想到我们的社会会有这样的事情。现就一般情况和某些事例简介如下。

第一节　花样繁多的专政项目

对地主及其后代的专政花样繁多，除了镇压、判刑外，凡能压服、丑化地主的几乎都设法用上，与毛泽东在《湖南农民运动考察报告》中所指的相比大有发展。现归纳如下。

一、批斗

土改时及土改后相当长的时期经常拉一两个地主来批斗，在前节中的"讲理斗争"中已述及。时间不定期，内容看需要。如粮食统购不起来，农业合作社组织不起来，说某某地主及其他四类分子在破坏，把他拉来批斗。被批的人要站在或跪在台上，面向观众，其他地主低头站在台下。首先听干部训话，再要被斗地主交代问题，然后接受贫苦农民批判，东拉西扯，甚至无中生有横加指责一通。一批斗就几个小时，其余四类分子也站几个小时陪斗。

二、扫街

村中的街路要地主打扫干净，其实我们农村也没象样的街道，我村仅我家前面的山湾街算是有点样子。我母亲分到我家门前一段街，但扫到人家门前时，往往人家出来自己打扫，要我母亲免了。她自土改时起基本上一直扫到"文革"结束毛泽东死后为止。另外大会堂开会前后也要地主打扫会场。扫地这种活对我母亲来讲是轻而易举的事，要地主扫街主要不是要他们出劳力，而是丑化、刺激、压服，不能对土改有丝毫不满的流露。

三、靠边低头站

地主在路上行走，不论是大路小路，或田间小道，见到前面有非地主的人来，得在路边低头站着，让来人先通过后，地主才能继续走，时间持续到土改后约两年。在第二章第九节中提到叶能厚老师利用我母亲见他来了靠边站的机会，告诉她叫我妻去琳山学校报名读农校，改变了她一生，就是由"靠边站"而"因祸得福"。

四、义务工

义务工即做工不给报酬，白尽义务，当然这个"义务"是处罚的代名词，没有法律上的含义，这个处罚可没完没了，一直义务到改革开放后地主摘帽时为止。义务工工种包罗万象，做水利、修路、修公房、村里搬东西、布置打扫会场……有活干就叫地主去，随叫随到。非但给村里干，给公家干，还给村干部干。如土改时地主土地没收，有的分给农会会长蔡继传，蔡继传不劳而获收割来的麦子，自己懒惰不打麦（脱粒），叫地主代劳，我母亲为他打过麦。 蔡继来说，他为逃避义务工，常借上山砍柴离家，早上出去下午回来，没饭吃肚子饿，用喝山水充饥。或装样子到田里干活，干了一会儿后，冬天在田岸晒太阳，夏天在树下乘风凉，以此逃避做义务工。其他地主也如此。

有一年在呑里交村做界岭水库放水的阴沟道，这工程很大。本来定下要全乡的地主做义务工完成，大园村干部为称功劳，全部要本村地主完成。做了个把月后，县里检查团来检查，蔡继来鼓起勇气向检查团反映："同志！这个工程大，原来定下是全乡地主做义务工完成，现在要我们大园村一村地主做义务工完成，做了好久进度还很少，我们也要吃饭的，请问你们如何解决？"检查团同志听了后，转身问跟在后面的村干部蔡继传等是不是这样？蔡继传说是这样。检查团同志对蔡继传说："义务工只做五日，五日以后的工时，都要记工分（给报酬），全乡地主都这样。"我村地主们高兴

作者与80岁时的蔡继来（右）

得暗暗自喜：大官好见，小官难求。大家都很感谢蔡继来挺身而出争公道。蔡继来妻土改时不忍批斗上吊自杀，留下4

岁的儿子，蔡继来说：我家到此地步，破罐破摔，什么都不怕。才有胆向县检查团反映此事。

地主蔡继镐（蔡明河第二个儿子，抗战时参加赴缅远征军，兵败经野人山返回），曾同我说：土改时要他（尽义务）去胡头宋村乡政府造土地册。他家没粮食，早上空着肚子去胡头宋村，当走到马架山山脚路上，实在饿得难受，在旁边田里拔了一棵人家种的萝卜吃。刚在吃时，对面走来贫农蔡继都，地主偷穷人萝卜怎么了得！他知自己有错，连忙向蔡继都认错，说自己实在饿，请蔡继都不要报告农会，以免受批斗。蔡继都说没关系，不报。他就这样过了关。

五、差役

差役主要是送信。那时通讯、交通很不发达，各村无电话，特别山区小村行人来往稀少，各种大小会议又多，乡政府、区政府都设在我村。大小事情干部条子一写，叫地主送到哪里，地主就要即刻送到哪里。有时连夜要走几十里山路。除地主本人外，地主子女也要送。我的堂侄蔡显力1947年出生，土改时只5岁，父亲在台湾，祖父蔡明河是地主，2012年9月来我家时，他说长大后也被派送了不少信，远近都有。小脚女人的我母亲也送过信。家住张家渡的许绍芬先生是我中学时的老师，被划右派开除公职，劳教三年后回家劳动，也是"五类分子"，属专政对象。他对我说："特别在晚饭前，刚田间劳动回来洗了脚准备吃饭，村干部来叫我送信，送到山区10多里远的王家寮等地，不得不马上就去，有时直到半夜才能返回吃晚饭。"

六、砍军柴，做军鞋

地主每年要为军属砍柴，没劳力用钱买，我母亲就用钱买过。砍来后集中到村干部指定的地方存放，以便春节慰问军属时赠送。做军鞋是给解放军穿，我母亲是做鞋能手，做军鞋少不了她。布鞋毕竟不耐穿，做了几年后停下没做。

七、汇报

地主要向村干部或村干部指定的组长定期(3～5 天一次) 汇报自己的思想，做什么事，去过哪里，吃什么，与什么人来往，等等。有些干部听后打官腔：你明明对共产党不满，还说共产党好，胡扯，不结合思想。有的干部听都不听，任你讲啥，心不在焉。但有的组长态度很和气。陈蕉芳说，她向组长蔡孝敬汇报时，蔡孝敬都说免了。蔡孝敬这样阶级斗争观念淡薄的人怎么能当组长？说来也不怪，蔡孝敬既会木工，又会泥工，还乐于助人，待人和气，前后邻居反映好，推选他当组长也很自然。陈蕉芳原住我家(山湾街)附近，因 1958 年大跃进，在她家办化工厂，要她搬住到本村后宅，与蔡孝敬是邻居，蔡孝敬是组长故向他汇报。后来化工厂倒闭搬回原来房屋，但板壁已拆，还是蔡孝敬给她修的。我父亲生前与蔡孝敬也有交情，家里的木工活常叫他干。父亲亡故后家里木工、泥工活还常叫他做，我家建房时，母亲也常同他商量，征询他的意见。因此，我也去他家多次，他确是很能干、很和善的人。他是里后坑村入赘我村，与邻居关系都很好。。

八、听读报

几乎每天午后，要把地主集中起来读报，地点在本村山坦西北角老花台门的水井边。读的内容主要是当时的时事新闻。如抗美援朝战绩，国家建设成就等。前一天读了后，次日主持读报的干部要向地主提问：昨天报上打下几架美帝飞机？打死多少美国佬？有的回答不出受批评，有的瞎说一通(8 架 102 个人)，还受表扬。

九、夜间突击检查

有时深夜敲门到你家来检查，看你家有什么人在，有什么异常情况。如一切正常，然后也盘问你一些事，来过人否？今天去了哪里？吃什么？再没什么好问了，再问你今天读报的内容。要你回答打下多少架美军飞机，消灭多少个美国兵，等等。这些数据地主哪能记得住？但也得应付一下，乱说一通：20架，300人等等。幸好干部也记不住，彼此都蒙混过关。

十、改造会

我村地主改造会定于农历每月初一和十六日两次，一般都夜间进行。早期由农会会长蔡继传主持，但蔡继传毕竟是文盲，讲讲大话打打官腔可以，但讲不出道理。后由治保干部蔡继端主持，他解放前小学毕业，这在农村已不错了。改造会内容是报纸开导，讲形势。随后地主检查自己近来的言行，主持人点评，重则批判。

改造会与土改时批斗的"讲理斗争"相比，较松弛，也可让地主们讲几句。我母亲更要和他们争论、顶撞。主持人说地主剥削，我母亲说：我自己养母猪、做垂面、开小店，你不买，我不强迫，没有剥削……还讲，吃食堂浪费，生产队磨洋工、效率低、记工分不公平等村上的事。主持人讲不过我母亲，蔡继传也好蔡继端也好，只好耍权威，给我母扣帽子：地主不老实，想反攻倒算，甚至还要她罚站。

这种改造会一直开到70年代中期。那时她已近80岁，夜晚散会后常由陈蕉芳、占四香等年轻地主把她挽扶回家，此事母亲也同我也讲过。为答谢她们的关照，占四香(蔡继全妻)家较困难，我母常送她一些小东西，有次送了一把布雨(凉)伞。

十一、儿童团放哨、助斗、夜呼

童年是一生中最美好的时光，心灵纯朴、天真，上进心强，但也有不足的一面，幼稚、无知、任人把布，还是人性的雏形，善与恶，智与愚，难以分辩。土改要取得胜利，必须利用一切可利用的力量。一些作家为迎合需要，创作出《闪闪的红星》和《红星照我去战斗》等电影给广大观众看，我也留下深刻的印象；也希望能达到《白毛女》《红色娘子军》剧中这样的效果。

土改中儿童团的活动，也给当时目睹至今还活着的人留下深刻的记忆。他们在地主家门前屋后放哨，以防财产转移；随时把地主叫来训话；批斗地主时他们来助斗，哪个地主没站直，他们踢他的腿，要他站好；地主的头没有低下或没低到一定角度，他们用手拉他的耳朵或头发，要他站好低足；因土改法中规定严禁乱打及各种肉刑，且大人打人也碍于情面，由儿童团出面打人是常事。上述已提到邻居蔡显仁夫妻对我说："你母亲吃附近邻居亏不多，吃儿童团亏不少"便是如此。这个亏便是肉刑或变相肉刑。这些被授权的儿童，似乎也想趁机扬威一下。今天社会道德的败坏，与当时对儿童的纵容、误导不无关系。

土改及其后一段时期，儿童团常在夜里列队高呼口号，以制造气氛，配合运动，打倒 XXX、XXX。其中有一句是打倒蔡昌见家 108 将！蔡昌见下代至今不得其解。蔡昌见有 4 个儿子、2 个女儿，4 个儿子中老大蔡桂秋(地主)，土改时其下有 17 人；老二蔡桂生(即蔡明河，地主)，其下有 20 人；老三蔡桂明(地主)，其下有 9 人；老四蔡桂兰(富农)，其下有 7 人；大女儿家(富农)有 8 人，小女儿家(地主，即朱芝英妻)有 7 人，男女妻室都算在内总共约 70 来个人，怎么变成 108 个呢？不过口号总是口号，不必认真去核算。但蔡昌见在土改前的 1949 年 95 岁就死了，其 6 个儿女也都已

60多岁，且其子女分散各地，甚至有的在台湾、美国，10来岁的儿童团哪能知道这些？显然都是大人在幕后指教的。

十二、不给地主后代升学

地主及四类分子（1957年反右后加上右派，称五类分子）子女，包括孙儿辈，在土改后，除1956年外，小学毕业后基本上就不能升学。成绩好也不行。我大儿子是1959年出生，1973年小学毕业，同班的地主及其他五类分子子女、孙辈等后代共有9人，一个也不能升初中。2012年9月，在宁波务农前来我处叫我代写报告的蔡显力，他说小学毕业后，因家庭成分是地主，初中升学考试都没参加，反正成绩再好也不会被录取，有时有事经过学校门口，校门口站都不让他站，说他要搞破坏。地主下代的自卑感、绝望感必然相当强烈。

他们都是10多岁的儿童，非但升学受限制，在日常生活和农业生产劳动中，也受歧视，幼小的心灵备受摧残，对他们来讲不是祖国的花朵，也不是祖国的未来，而是小残渣。像临海头号大地主的儿子董承理，政府不给上初中，他自学成才，成为高中特级教师、浙江师范大学硕士生导师，这种情况毕竟是个别。但他们在改革开放后却大显身手，大多数在经济上也"翻身"，有的还参与政治，像我村首富、中共党员、曾任两届村长的蔡行俊，就是地主儿子。

十三、劳动报酬、安排工作受歧视

我母亲同我说过，她参加生产队劳动，"放麦子"，她的速度和另一个男人相同，质量也不会比他差。那男人工分记8分，只给我母亲记4分，提提意见也没有用。我妻1958年宁波农校毕业，地主富农子女不分配工作，其他成分子女可分配。这方面例子到处都有。

十四、先在地主身上"开刀"

1953 年，国家下达粮食统购统销政策，实际上那时粮食生产下降，收购、供应已有困难，要农民把"余粮"卖给国家。第一年还好，强迫命令不多。到 1954 年粮食更紧，所谓卖余粮，实则要你卖口粮，农民不满，阻力较大。那时农村已搞互助合作运动，地主富农不能参加，参加合作社的人分来粮食数量不如单干的，因此，地主富农家粮食相对较多。我母亲向来勤俭，精耕细作，粮食产量高，粮食肯定不少。村干部带乡干部像当年土改斗地主那样凶狠地来我家查抄，抄出不少各种粮食，当时直接运走，按国家牌价给她钱。其他农民当时只是动员，不抄家。

我家乡那时烧饭用木柴，经过"大跃进"和"文革"后，山林破坏严重。以后采取封山育林，只能定期开禁砍毛柴(不能成林的小灌木)，不能砍成林的松树。解禁时间允许村民上山砍柴。我家无劳力，本村人又都上山砍自家的柴，我母亲只好雇邻村的呇口村人去砍。他不了解情况，砍了一根较粗的，但是杂木，也可说不是成林树(松树)，此情况别人也有。与他一起砍的本村人也没提醒他，也没阻止，而是事后向村干部反映。过后，村干部召开全村村民批判处理大会，要我母亲把砍来的柴抬到会场示众。母亲只好又雇人挑到会场，除挨批斗外，还罚款 13 元。那时 13 元钱是不小的数目，可买几百斤柴。

此外，山林被盗、生产队失窃、牲畜死亡、水利破坏等大小事故，首先从地主及"五类分子"中排查，但结果却往往在贫下中农或干部身上。如蔡显仁不久前告诉我的：小队长蔡 XX 利用部队复员带来的军大衣的大衣袋，反复偷生产队粮食，队员实在难忍，被抓住。

十五、其他

以上是一般的，是各地大体一致的对地主的专政项目。此外还有当地的土政策或"创造发明"。现就举例如下。

（1）我初中教师沈文波先生，大石下沈村人，成分地主，有六个儿子，大儿子和二儿子(伪保长)土改时被镇压，小儿子沈贤敏是我同学。沈文波土改时被判三年徒刑。刑满出狱回家，在进村过桥时，村干部要他爬回家，不能走回家。此事是我另一同学上宅村李宏治告诉我的。李宏治本村有一妇女娘家是下沈村人，是她告知李宏治的。我为此去了下沈村核实，并顺便看看沈贤敏和沈老先生的其他后代，经了解确有其事。沈先生在"文革"中被斗时，用绳子把他赤膊吊悬在空中，地上放上六角刺(一种叶上长有六角尖刺的木本植物)，吊打以后突然快速放开，致使他跌在六角刺上，刺伤皮肉。这样反复多次，鲜血满身，奄奄一息。回家后不久就去世了。沈师母也在多次批斗后死去。

土改时按《土改法》规定，衣服是不没收的。但一个贫农就来沈家把沈文波第三个儿子的一套好衣服拿去。第二个儿子一条好短裤也拿去。

沈先生是我初中第一册时的语文教师，语文课中有个"旦"字，上课时他问同学"旦"字如何解释。没人能答出。停顿一会儿后，他大声说："旦"字的书写是上面一个'日'字，下面一个'一'字，即是'一日'的意思，所谓元旦，就是一年中第一日。之后我凡见到"旦"字时，都会想起1946年9月他上这堂课的情景。我大姐也是他的学生，50年代中期，她告诉我沈先生在双港街卖毛兔，可能是他出狱后为生活费用搞些副业吧！

沈先生个子不高，早已离世，但见到酷似沈先生的小儿子、我的同学沈贤敏，似乎沈先生又在眼前。

（2）李宏治同学还告诉我，曾陪死刑犯枪决的上宅村地主李XX亡故后，村干部要其妻顶替接受批斗，并参加地主改造会。其妻前去参加地主会时，因她年老又常在夜里开会，其10多岁儿子陪她参加。后来她又亡故了，村干部要她土改时仅几岁的儿子参加地主改造会，接受批斗，以一代传一代。

(3) 地主蔡明河的儿子蔡继浩(原国民党部队军医，抗战时曾参加赴缅远征军，解放后在农村卫生院工作)，1957年曾向本村蔡XX买来两间房子，并向有关部门办了手续，还在县政府印了契，此买卖批准有效，房子过手后蔡继浩家入住。但村干部说他反攻倒算，地主怎么能向农民买房？把房子没收了，归生产队所有。蔡继浩不服，向乡政府、区政府、县政府反映都无效。再向省、中央写信，前后写了十多年，计有500多封，都没答复。之后又上访，也未见效果。蔡继浩年老，其儿子蔡敏灿接着写信、上访。才知他的信都被退到乡政府了，要乡政府处理。他天天找乡长，乡长说村干部不同意，你有办法你自己处理，乡里不过问。蔡敏灿在得到这一"圣旨"后心里有数。时值生产队建了房，一间已搬出，但还锁着，他就敲了锁擅自搬入，过些时候再搬进另一间。有乡政府这一表态，村干部也无可奈何，只好让他搬入，该房才拿回。

(4) 上述多次提到的蔡继来，生于1935年，是地主蔡桂明的养子(继子，随母亲与蔡桂明再婚而来)，土改时17岁，本不应把他划为地主进行专政。在土改时村干部动员他，要他揭发继父蔡桂明的罪行，可给他雇农成分（如对杜彦友哥哥的继子一样）。但他不听村干部的话，他认为继父没有什么可揭发的罪行，也不领受村干部如揭发给他雇农成分的许诺。村干部对蔡继来进行报复，也把他当地主对待，对他进行批斗，要他做义务工、送信等。在对他专政近两年后，有次县工作组来参加批斗会，蔡继来在批斗后请问工作组："我土改时只有17岁，村上也把我当地主批斗、做义务工等合不合政策？"县工作组问村书记，村书记承认。之后就没叫蔡继来参加批斗会接受批斗，也没有叫他做义务工、送信等。

(5) 1958年大办食堂，刚开办时全村一千多人只有一个食堂，打饭排长队，村民抱怨，我母亲去排队打饭，当排到她打饭时，村干部说：地主富农晚一点吃，我母亲只好返回。这些欺人的事对地主来讲是常事。

(6)地主子女找对象、结婚难。地主朱芝英的小儿子朱启春，土改时16岁，终生未婚，前几年去世；我同学占茂植(其父是地主)土改后生的儿子，现54岁还未婚。出身贫雇农干部或党员同地主子女结婚要受处分，如临海民局干部我的同学XXX，其妻家庭成分是地主，他要与她结婚前，组织上劝阻不听，结婚后清除出党。此类情况不胜枚举。

(7) 司法不公

1951年5月，临海县法院判处大田区双庙小学校长谢先岳因抄写标语有误徒刑三年。谢家成分地主，长期申诉，终于1979年复查平反。现把临海县法院裁定书[(79)临法刑复142号]抄录于下：

申诉人：谢先岳，男，现年52岁，大田区邵家渡公社大路王大队人。

1951年古历2月20日，大田区群众举行反美示威游行，大田区辅导中心小学印发的标语口号中其中一条是"我们坚决贯彻爱国公约"，而把"爱"字错写成"美"字。谢先岳在写标语时，知错不改，写了"我们坚决贯彻美国公约"标语两张，将"美"字写得特别小，两张张贴在一起，经教育后又不认罪，在群众中造成极坏的政治影响。因此，本院在一九五一年五月以造谣罪判处谢先岳有期徒刑三年。

复查认为：谢先岳所写标语是出于思想意识问题，应给予批评教育，但给予以造谣判罪不当，应撤撤销原判，宣告无罪。特此裁定。

一九七九年十月廿六日

谢先岳随后向临海县教育局要求复职和补发工资，多年未予理采，直到 1987 年 5 月 18 日，临海县教育局发了临教人字(87)41 号文，文称：

谢先岳，男，60 岁，家庭出身地主，本人成分学生，一九四九年十月参加工作，家住本市邵家渡大路王村，原是双庙小学教师。……县人民法院于一九七九年十月二十六日已对其复查纠正。根据浙组(1987)13 号文件精神，经本局局长办公会议讨论决定。对谢先岳每月发给生活困难补助费23 元。

谢先岳仍不服，认为自己是疏忽大意抄错，加上家庭出身地主，硬是被诬为造谣罪，而写错刻错原稿的当事人未作任何处理。平反复查裁定书上还认为我是思想意识问题，既没有补偿，也没有复职。共产党历来都讲实事求是，"有错必纠"。根据国家赔偿法的精神，再次向临海县法院要求补偿三年服刑期间的经济损失。但均未答复。

我远亲张增连，家庭成分地主，忍不住专政凌辱，经本村人张小香介绍也参加反共救国军，判了八年徒刑。对曾发展多人、家庭中农成分的张小香仅判五年徒刑。

我同学王献辰，建国后任小学教师，因家庭成分地主被清退，回家后生产队不准他外出工作，他找到工作又不给他开介绍信。1957 年他私刻生产队公章在外找到临时工作，后被发现，判刑 7 年。对比当今伪造证件多如牛毛，还张贴广告，招揽伪造生意，王献辰是为生活被迫，也不是有意破坏社会安定，而是为工作，对他的处理是否太重？

（8）我有一邻居姚师傅，60多岁，临海大石人。他说："小年时在农村看到逼地主游街，除头上戴高帽外，还用竹扫把压在地主背上，推地主快走，真是不把地主当人对待。"姚师傅还说自己不是地主出身，仅是个旁观者，实在不人道！他也说地主子女现在大都很好。

第二节　我母亲勤俭致富也殃及下代

一、我出身地主家庭成了历次政治运动的对象，从积极投身革命队伍到设法离开

1950年秋，我在临海回浦中学读书，目睹解放前社会政治腐败，解放后欣欣向荣，我学习努力，工作积极，还任校学生会干部，又加入了新民主主义青年团。不久掀起抗美援朝保家卫国

海军学校毕业时的
作者

运动，中央军委、政务院、青年团中央号召青年学生青年工人参加军事干部学校。青年应挺身而出，我毅然报名参加，在300多个同学报名中，经过体检、政审，有7人录取，我是其中之一。那时家乡土改还未开始，家庭成分还未划定，我认为自家不会划为地主，没有过多地为家庭成分考虑。我认为能参加国防建设，去外地闯荡，见见世面，为国效劳，前途无量。录取后踌躇满志，精神昂扬。

参军后分配到南京海军学校。1月12日到校，按那时的说法，参加了革命队伍。原定先预科（政治）学习三个月，后因适逢土改、镇反运动，延长到六个月，实际达八个

中间穿黑色衣服拉二胡者为作者　　　后排左 1 为作者

月。其间交代个人历史、家庭情况、社会关系，写出了多达几十页的书面材料。那时我家乡也进行土改，家里来信划为地主，我也都如实交代。学习期间我安心部队，工作积极、学习努力，不时受到领导的表扬。即使家庭成分为地主，那时我班 12 人，有 7 人家庭成分为地主，我父亲早逝，家里仅我们母子两人，四个姐姐家也不是地主富农，社会关系清楚，家庭成员较简单，上级对我较为信任。预科学习期满后转入本科（海军技术）学习，提升我担任班长。

在预科学习结束时，有两个同班的同学因家庭成分是地主被清洗回家，其中一个是王洪漾，仙居县人，参军前在临海台州中学读高中二年级，其父亲和长兄两人土改时均被镇压；另一个是宁海县人，名叫蒋遴绍，参军前为宁海中学学生，清高寡言，除家庭为地主外，未见有其他特殊情况。此外，还有一个与我一起来自回浦中学的王明志，家庭成

1951 年五四青年节海军学校阅兵式

分也是地主，其兄被镇压，不让他学本科海军业务，转到机关搞行政工作。我目睹这些事情后，感到在军队中服役家庭成分的重要，军事毕竟是为政治服务的。自此，地主出身的包伏愈背愈重。

1952年5月，我在海军学校毕业，分配到上海华东第五舰队。1953年、1954年我们同时参加军事干部学校的人都有相继复员回家的，主要是家庭成分不好、社会关系复杂。而这些人都很年轻，身体也好，懂业务，特别在1954年"高饶事件"后强调阶级斗争，我舰队处理了相当一些与我同时参加军干校的人回家。而当时原陆军过来的老兵，他们长期要求复员回家，但都不准。我更加感到自己家庭出身地主，是弥补不了的大缺陷，军队不是我久留之地，迟早要我离开，迟不如早，早离开年纪不大，还可上学读书。我的求知欲也较旺盛，只有大学毕业，才可成为有知识的人，才能在社会上立足。如迟几年复员，回老家务农，又被专政，则是"死"路一条。我怕回老家，总想找个出路，最佳途径还是上大学。因此，我买来初中、高中课本复习、自修，为复员后争取再读书作准备。

此后，我设法、争取尽量早日复员，在尝试一些办法后都未见效。我的工作还好，有次在评功时，22人赞同我评上，23个未表态而未超过半数没评上（当时同班的郭铮为我可惜），因此我不会用消极怠工办法来达到目的。1954年10月某夜入床后睡意未来之前，与往常一样反动的地主家庭包伏又涌现在脑海，我想是否用"以毒攻毒"方法来解决我复员问题。我家反动，我借母亲年老一人在家生活困难要求复员，这样我也不是反动吗？中共军队是在"斗地主"的基础上建立、壮大的，提到"地主"上下人员神经就会紧绷，如临大敌，会认真处理，愈想此法愈有希望，以至那夜整夜未眠。

接着就要付之行动，我就特地借探亲为名请假回家，在家时借母亲一人在家生活困难为由，向领导写了要求复员的报告。回队后并找舰上政委谈，甚至去第五舰队政委家找舰队政委（军级）谈，在政治空气浓厚的革命队伍，这样举动是很罕见的，但我不亏心，

作者（右）与战友合影

是被迫。不出我所料，舰长在全舰大会上批评我革命立场动摇，没有与家划清界限，在以往军队中若出现这种情况，可能会被清除的危险，但也不是没有风险。毕竟我在部队服役已4年多，也许认为我有实际问题，1955年春又有一批人员复员时，应允复员了。

后来我去临海县兵役局为打复员军人证件，看到部队领导给我作的鉴定书中特提到此事，说我政治立场不稳，同情地主家庭，其实我那儿同情家庭、为家庭要求复员？完全是怕以后复员

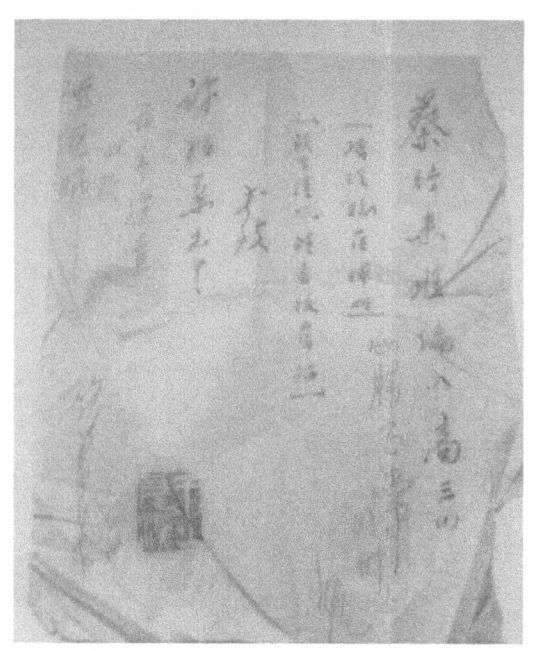

王良汉先生准许作者插入高三年级

回家。不过我既如愿以偿，对这点委曲就毫不介意了。我这个原向往新社会，与中共一条心的人，他们把我们当外人看，我也只好渐渐远离他们，另谋生存之道了。

积极面对，才有出路

1955年5月，我复员回临海，未回家看望母亲，立即找回浦中学邵全建校长，要求复学。因我参军离校时仅高中第一册，现年纪大了，经济也有限，要求下学期插入三年级。邵校长要我提供部队证明我有高中二年级的程度，再经过考试及格，才允许我插入高三年级就读。随后，我又去上海舰队打证明，直接找舰队政治处孙主任，说明来意：因工作难找，还想读书……。他很爽快应允我的要求，立即叫秘书给我写了具有高中二年级文化程度的证明（我在南京海军学校读了一年半）。证明打来后我回到招待所，随后一位干部来找我谈话，严励地训斥我不与家庭划清界限，立场动摇，不安心革命队伍。我也没向他说明真实原因，只承认自己有错。我离上海后还写了一封信给他，再次向他表示错误，还说自己不是为家庭闹复员，但又不好直说，借口我在海上晕船很严重（真的），很痛苦，身体不适应而要求复员。可见我当时为家庭出身地主背的包伏之重，为找出路所冒的风险。

我回到回浦中学后，先在高中第二册听了一个月多的功课，放假后也没回家，暑假在学校自学、复习，开学前与第四册的补考生一起考试，我考得很好（据教导主任王良汉先生后来说，数理化每门都在95以上），顺利编入高中三年级学习。

1956年夏毕业，参加全国统一高考，恰好那年国家提倡向科学进军、因材施教，大学招生只讲成绩，不计家庭出身，我录取于第一志愿学校、第一学科的南京大学地质系。

9月1日去校报到时在班级名册上我列在第一位，据说名单顺序按高考成绩高低编排，这对于休学多年的我是不易的。报到后365元复员费刚用完。

在我复员刚回到中学再读时，因没有回家，从小溺爱、关怀我、那时年老贫困的伯父来看望我。后来母亲告诉我，他以为我有复员费，想给他几元钱。但我为能使自己维持到高中毕业，分文未给就打发他回去，别时他衰老寒酸的容颜我至今不忘。我这次没给他一分钱，悔恨至今。从这些事情上也可看出我为离开地主家庭、为找生路的决心。

苍天不负有心人，如我再迟一二年复员，会碰到1957年反右派，1958年大跃进，地主子弟就难以上学。我复员回校先插入二年级听课的同学、1957年高中毕业、家庭成份地主的许人强，录取清华大学后因反右派被取消就是明证。我有幸碰到1956年这个千载难逢的机遇，部分原因由于受苏共二十大赫鲁晓夫反斯大林个人迷信的影响；部分原因也可说我有中共不忘地主的"超前"意识，把坏事变成了好事。其中关键的一环是我复员后复学能插入高中三年级就读，故珍惜这张教导主任王良汉先生准许我编入三年级给班主任许绍芬先生的条子。对于这段希望与失败并存、胆大必须心细的日子我至今仍刻骨铭心。

我到南大地质系报到后分配在地球化学专业，这是地学中的前沿学科，我们是首届，学生资质相对较高。对比其他同学我还有一定优势，成绩好又是复员军人，入学次日黑板上公布我任班主席。因我在军队4年多，按当时国务院和中央军委规定军龄有3年以上、复员后2年内考入大学的学生可享受调干生待遇。真可说事事顺利，一切好于所料。在专心致志学习专业知识的同时，也享受着丰富多彩的大学生活。我认为这些所得部分是我努力的结果，部分是时运，苍天有眼，毕竟我的母亲、我的家庭没有做什么坏事。

一再打击，抗争到底

1957年反右派时，我见证了这场运动。右派的许多论点我是赞同的，但不全赞同。如对家庭成分不好的人的歧视，新闻报导的片面、封锁，文艺作品的公式化等提出异议，我是赞同的。但某些学生对住在校内（原何应钦公馆）的解放军首长进行围攻，对常务副校长孙叔平的漫骂等我是反感的。其次对反右派的方式也有意见，毕竟是中共号召人家鸣放的，应本着"言者无罪，闻者足戒"的态度对待，要说到做到，诚信待人。这些在我当时的日记中也有表述，我平时也是心直口快的人，说我是漏网右派不无道理。

我未戴上右派帽子，实属侥幸。原因多方面：在大鸣大放期间，因即要去杭州西湖实习，提前学期考试，在5月底6月初鸣放期间无心关注与投入政治运动；在军队中多年，平时接触的大都是正面教育，地方上的事知道很少。家里成分是地主，在部队中已有教训，小心为好，没写一张大字报，因此并不瞩目。但我对反右派毕竟有较大的抵触，不免在言淡中有所表现，到反右后期，领导对我很注意，在多次班会上班上党员、团支部书记、反右积极分子

高中同学在南大合影（后排中为作者）

对我的发言都细心倾听、详细记录，且还有所追问。我知他们已在收集我的资料。那时我也收敛了，没捞到什么，总算过关。

在随后的大跃进时期，如要低年级学生编写高年级课程的教材，向党交心，双反运动中要通宵写几百张大字报，经

常停课，常搞政治运动等，我也抵触情绪很大，认为有些瞎胡闹，消极应付，做了运动的绊脚石。

我还记得很清楚，在向党交心时，我交了部分的心。因当时号召做个又红又专的大学生，我对"红"的理解是"红没有一定标准，看需要，你的言行适应当时的需要便是红"。系团总支书记为我这句话找我谈，说我认识不对。

特别在反右后进行的反浪费反官僚主义的"双反"运动，我亦表面应付，消极对待。经过反右派，一般同学不敢写大字报，学校号召同学大胆写，再三说明"言者无罪"，有的也跟风通宵达旦、东抄西摘地写了几百张，有的深夜在寝室走廊上大喊"英雄爬起来，狗雄躺着睡"以示其积极。我非但早早睡觉也不爬起，大字报也仅写几张，如写食堂饭菜浪费等鸡毛蒜皮的事来应付。

由于我消极对待这些政治运动，虽身为班主席，班级行政上的负责人，还是复员军人，但也是党支部、团支部的"眼中钉"，常受批评，不像是团员、复员军人应走在运动前列，而是拖后腿。这些在之后文化大革命中被抄去公布的我的日记中也有反映。

有次团支部会，我一边听支部书记（党员）讲话，一边剪指甲。他突然板着脸高声训斥我："蔡行来，停下！"弄得大家都莫名其妙、目瞪口呆。1961年春（中央七千人大会后）落实政策，向在

作者（前排左1）浙大任教时

与在杭高中同学合影（1961年）

运动中不该受批的人认错。这位训斥我的团支部书记在团支部会上向我检讨，说自己不应如此粗暴对待我。他实为厚道的人，毕业后我们关系还较亲密，我去昆明卖书看望他。后来他迁居北京，我出差北京时还远在通州来看望我。我想当时他身在其位，不得不这样来一下，否则他自己要挨批。

南京大学毕业后分配到浙江大学任教。时值国家大饥荒，各方面紧缩，1963年浙大地质系停办，有课教师任教到学生毕业，无课的教师先调出，我要教到1965年最后一届毕业。但1964年10月突然把我调到化工系硅酸盐教研组，担任阿尔巴尼亚留学生《晶体光学》课程的教学。当时商定是调去的，所有关系都转到化工系，长期留任。在教学中我也曾做了不少工作，教研组认为我业务强，在该课程结束后再次研究我的去留问题，据后来教研组主任楼宗汉先生同我说，教研组要把我留下。1965年秋季开学后又安排了我新的工作。但那时恰逢"政治挂帅"，终因我家庭成分是地主，校方还是把我排挤出浙大教师队伍，这是我因出身地主家庭受到的最大打击，详情在下节中另行叙述。

我离开浙大调到浙江省区域地质调查队工作，从事地质矿产调查。工作半年多后的1966年夏文化大革命爆发，人民日报社论《横扫一切牛鬼蛇神》发表。我出身地主家

南大毕业师生合影（二排右7为作者）

南京大学毕业照
（1961 年摄）

庭，也是"牛鬼蛇神"之一，抄了我家。抄去我在南大读书的三本日记本、解放前读初中的照片、父亲开小店时的账单。因当时学生帽徽上有国民党徽上的十二角星，诬我为反动军官；家里为节约纸张用父亲开店赊账的账单反面当信纸写的来信，诬说是变天账；至于日记本记了些与当时国家话语不一致的事及看法，诬为反动日记。把我抄去的东西举办了一个轰动本单位的展览会，贴了我不少大字报，使得我在文革期间惶惶不可终日、束手待擒。幸好我未参加任何（造反、保守）派别组织，逍遥过日，加上后期政策有变，才得以过关。这是由于出身成分问题对我又一次较大的打击。

1969 年清理阶级队伍，又轮到我们出身剥削家庭的人。我们单位自"文革"开始就建了"牛棚"，由走资派、五类分子、有重大政治历史的审查对象、保守派头头、不满现实满腹牢骚（如张加兵说每天早上读毛主席语录是和尚念经有嘴无心）等人，集中起来学习文件、劳动改造、交代问题、批判斗争。关进牛棚的人行动不能自由，有人专门看管，等于设在单位的公安局看守所。这是我单位第一等级的清理对象。还有次一级单位（分队）清理批斗对象，每单位也都有几个，我属于次一级。要交代个人问题、家庭历史、社会关系、"文革"中的表现（我虽消遥派，但多次说老是开会、游行浪费劳力之语而被批）。为了把我升到进"牛棚"的级别，审查我的本单位芦秀干和周彬两人去浙江大学、去我老家、去沈阳地矿局我好同学戴延龄处调查。他们回来后，威胁我说："你问题严重，赶快坦白。"还说"看到你母亲带白袖套扫街，你不坦白也会如此下场"。我有无问题我一清二楚，知他们空手而归，是借机游山玩水，我也不屑一顾，无从坦白。

我的主要问题是《反动日记》，这是很难讲清的问题，我自小学起，就断断续续在写日记。后知我大学同学、在中科院工作的孙亦因"文革"中也抄去日记，判刑五年。反动日记是当时对"敌"斗争的手段之一，从日记中挖出你的真实思想。我单位造反派也不放过，在我的日记中断章取义摘抄了许多"反动言论"，计15张大字报予以公布。还有批判我时政观点的大字报。我成为全单位被大字报指责最多的人，远比贴牛棚中的"牛"大字报还多。我单位近200人中绝大部分是大学或专科毕业的文人，笔锋犀利，我的罪状主要是对反右派不满，次为攻击三面红旗，结论是漏网右派。

我不屈服，也不示弱，进行反击。第一个动作是在1967年3月5日斯大林逝世14周年时，我把当时收集保存的1953年3月5日斯大林逝世时悼念他的画册照片及其他革命领袖照片，汇总一起在原展览我被抄物品的会议室前空地上展出。第二个动作是，此次造反派抄摘我日记以大字报形式公布，称为反动言论、漏划右派。我把没有抄去的日记本上的歌颂党、歌颂新社会的日记也摘抄了15张大字报进行公布。这两次举动都轰动了全单位。

我在寝室里抄日记大字报时，同一寝室的张永国叫我不要张贴，以免说我态度不好，会适得其反。我说，我现未进"牛棚"，有说话自由，你不犯我，我不犯你，将来进了"牛棚"以后就来不及了，我受屈不住，要顶一下。当时我另一出发点是迟早要进"牛棚"，这些日记内容他们是不知道的，公布后以便作定性定案时参考用，我也不是很坏的人。我贴出去后，全单位一片哗然，说好说坏都有，我也不以为然，一切作了进"牛棚"准备，没什么可怕的。

现在我还保留这次反击大字报的原稿，把其前言和前几篇抄录于下。

前言

最近造反派摘抄1966年文革刚开始时抄去我在南京大学读书时的三本日记予以公布，说我在记反动日记，是漏网右派，对党和新中国刻骨仇恨。但还有一本1952～1953年的日记本没有抄去，现将该本日记某些内容抄摘如下，看看我对党对新中国是否刻骨仇恨，是不是在记反动日记（全文要看也可）。

（1952年）5月3日于徂徕山舰

我想从今天开始，为了帮助我改造，把每天的感觉、回想及有意义的事记在这小本子上，这样我会有更大的收获。对不好的事亦应记上，以反省和改进，这本日记将是帮助我进步的武器。它能鼓励我热情工作，养成艰苦朴素的作风，树立永远为人民服务的思想。

5月7日星期三

自离开南京到海军司令部招待所已有三四天，吃过早饭后分配我到徂徕山舰。我万分高兴，从今天起我生活在海洋上，多么快乐，多么有意义啊！

来舰后老同志对我招待很周到，首长亦马上给我们介绍本舰情况。我亲眼看到舰上的设备使我感动，同志们的团结友爱亦使我感动。我下决心今后好好工作，争取立功。

另一方面，我思想上产生了享乐苗头。本舰目前停泊在上海外滩旁边公和祥码头，热闹繁华。上海是亚洲最大的都市，是帝国主义在中国的吸血管，市上花花绿绿，一片浓厚的资产阶级风气，可是我还没有接受"三反"的教训，喜欢到市上去玩玩，看看风光。在这点上我应好好批判，好好警惕，牢记离校时校首长的特别指示----上海是不好之地，你们要防止资产阶级的腐蚀————我要用这句话来好好对照自己。

5月11日星期日

现各方面都有些了解，吃过早饭后发给我一支步枪。八点钟到街上去玩，街上人很多，其中有一些是南京首长指示中要警惕的分子，就是打扮得花花绿绿的小姐们。

5月12日

进本舰已三四天了，所受的教育很大。同志们对我的照顾我非常感激，我看他们忘我的工作，是我学习的榜样。我目前主要思想是怎样把自己的工作搞好，怎样提高业务水平，来配合同志们对我的要求。目前我所做的事，应如何帮助同志们文化学习，如何努力做好工作。现将本星期的工作计划草拟如下：

1、　　　　接近老同志，想方设法帮助他们学习文化。

2、　　　　加强组织性，外出请假。每逢星期二、四向团小组长汇报，及时反映情况。

3、　　　　在自己本职工作中刻苦耐劳，刻苦钻研。

5月13日

今天晚上，我得到许多宝贵的指示……

我在当时无法无天的日子里能不畏暴虐针锋相对，不知这勇气是哪里来的，或许是受母亲的影响，是母亲施给我的"烙印"。现在想起来心有余悸。

在我大字报贴出后，红旗战斗队急不可待，次日食堂门口贴了一张"蔡行来要不要揪"的大字报，意是要揪，马上就揪。全单位不论是大字报或私下议论，几乎都围绕着我，我想这回必定要进"牛棚"了。

这张大字报贴出后第三天，浙江省地质局原局长三结合干部刘涛来单位视察，传达毛主席"团结起来，争取更大胜利"的最新指示。刘涛认真地看了贴我和我贴的大字报。他回去多日后还未揪我，一日一日过去还未揪我，最后就不了了之。当时我估计，"牛棚"是要进的，"帽子"不一定戴上。结果，虚惊一场，"牛棚"还进不去，若没碰到刘涛来的时运，也许我进"牛棚"了。这是我因出身不好，再一次受到打击。

但他们对我的"反动日记"仍不放过。清理阶级队伍结束后，我没有定为"漏网右派"（中共不再划右派），也没有定为反对三面红旗的"右倾机会主义分子"（不够格），更不是现行反革命。这些东西是我个人私有对象，应予归还。1971年，我就向文革时的造反派、党员、后来为单位革委会政治处主任的余敬堂要求返还。余敬堂说我反攻倒算、不老实。我与他争辩起来，我说："我日记中只是说反右派过火，原来党中央号召言者无罪，闻者足戒，现要反他们，有些想不过来；困难时期我记了一些困难事实，没有捏造。现既不是阶级敌人，就应还我。"他说我坚持反动思想，不还。后来余敬堂车祸死亡，1972、1973……我继续反映，仍无果。

1975年，我调到浙江省第一地质大队，驻地在家乡临海县，仍继续反映，也无效。直到1978年改革开放后各方面落实政策，地主摘帽，平反冤假错案，取消成分论，我的心情较为舒畅，工作积极。我从事的岩石矿物鉴定是地质工作中较难的工种，在质量活动月中我评为质量先进，并提升为该部门负责人。当时单位还办了业余大学，学员反映我任的课讲得最好。我乘机向政治处主任陈秀明反映。他又是我过去在浙江省地质调查大队的老同事。在他的重视下，加上当时已开始平反冤假错案，经单位领导研究后，他从省地质局我的档案中取来还我。在交还我时，他要我"加强政治学习，不断改造自己"。我的抗争才告落幕。

　　当时还给我的照片，我都把它烧了。未抄去的也全部烧了。记得在抄家后我整理余物时，偶尔翻翻没有抄去的日记，发现1962年有篇日记记述我在报上看到中共承认工作有误，我在当日的日记上写着："谎言已破，是骗子，把中国人的生命当儿戏，犯了罪"等内容。我看后连忙把它烧了，还庆幸这本日记没有抄去，否则我确是"恶毒攻击""三面红旗"。现今看来，这是真实的历史，我的日记、照片至少是我个人的"文物"，文物是无价的，我毁了它，真感可惜！

　　父亲的账单和被抄的日记留下。从这一角度我得益于被抄家，值得庆幸。否则在当时形势下，很可能也都毁了。1956年至1961年是我国重大的历史转变时期，在我的日记中也反映了不少我国甚至全人类空前绝后、荒唐、疯狂、悲壮的事件，有一定史料价值，现还留下也是难得，也是我人生中坏事变好事之一，我早想把它整理成书，还曾动过笔，苦于没时间，只得停下。

　　还有一件事也值得一提，1969年春节刚过，我携新妻来单位打介绍信去当地政府办理登记手续，并向单位领导说明她父亲为历史反革命，1954年判刑10年，刑满留场。领导即召我爱人谈话，问她我家成分地主且已结过婚，知道不知道？我爱人说知道。登记后单位速派党员宋福泉去我爱人所在地了解其家情况，这是我岳母先告诉我的。宋福泉以后也对我说：你岳母家院子种了好多花。可见他们对我警惕之高，工作的细心，我也几乎成了革命对象，只不过因我出身于地主家庭而已。

在中共掀起的革命浪潮中，以拥有财富多少划分出不同的阶级进行斗争，倒底是推动社会发展还是为一党私利使人类走入岐途？

关键在于自身积极努力开拓进取

以上这些是由于我母亲勤劳节俭给我的"报答"。也是我在历次政治运动中的"待遇"。不知是上帝还是我祖宗，几次把我从悬崖上拉回来。1951年的土改若提前一个月，我就不能参军而是在家里接受专政；若是我推后一年复员我就考不上大学，也可能最后还是回家；1957年反右派时我若不忙于应付因出野外实习提前考试，我很可能划为右派；文革中若刘涛来我单位迟了10天，我必进了"牛棚"……就是我曾认为我一生最大的打击是离开浙江大学，但因由于离开浙江大学，我有机会间或协助石村厂工作几年，才能编写出200多万字被中国石材协会指定为本行业具有指导作用的大型工具书——《石材大全》，并一版再版，必然会促进我国石材工业的发展，作为一个在基层从事生产的人，在专业上有此成果，我也感到满足。这是"因祸得福"还是"天道酬勤"？我的体会是碰到困难，不应束手无策，而是要积极面对，尽量把坏事变为好事！关键在于自身积极努力，开拓进取。

农业经济学家董时进在劝阻土改致毛泽东等的信中称："外间曾有人说我是一个什么'大地主'，那完全是瞎说。我既不敢当这个头衔，也不能受这个冤枉。我不瞒你，我办得有一个果园，有一百多亩瘠薄的山坡地，为整个国家的关系，我何在乎这一点小小的地皮，何况政府对果园及新式农场的土地早已宣布不分了呢。我之所以不惜屡次反复辩论，此次更不顾冒犯你的危险，乃是因为我感觉我对于这土地问题了解得比较深刻，比较正确；假如不将我的意见尽量发挥出来，我会永远感觉对不起自己的良心，对不起中国，对不起无辜被夺去土地的人民。"

我家是地主，土改时没收了土地，没收了房屋，母亲还遭几十年的批斗丑化、体罚，似乎认为我为家庭财产损失和母亲被辱而不平，我也与董时进一样，不会为我这个小家的这些得失而计较，况且这些损失现在对我们也无实际价值。我之所以反复提出自己的见解，总觉得这事的执掌者，我国历次宪法，学校教科书，党史工作者和文学艺术家们对这一问题不客观，不公正。我成长在地主家庭，又认识好多地主，情况比较了解，我认为我的看法比较客观，比较公正，也比较正确。又亲历土改后出现的种种弊端和恶果，如果不给予公开更正，将误导我们的子孙，误导我们的国家，甚至全人类。不知上帝还是祖宗，非但几次把我从悬崖上拉回来，且在年迈时身体还硬朗，头脑还清醒，但总有离世的一天，或许在不久的将来，且我为这问题思考了近 70 年;与我年岁相仿，既有我这样经历，又会动笔，身体又能支持的，也许不多。我更应尽社会责任，抢救这段时期的真实历史，为国人和人类更美好的明天尽点义务，不论冒多大风险，不论带来多大后果，"假如不将我的意见尽量发挥出来，我会永远感觉对不起自己的良心，对不起中国。"这也许如同我母亲一样积极面对，开拓进取，不屈不挠，奋斗不止的表现吧！

二、因我家成分地主妻子专科学校毕业不给分配工作
　　我的前妻占桂娥因我家成分地主受到的打击远比我大。
　　我们 1949 年 10 月（古历九月十二日）结婚。1950 年上半年我在本村小学教书，婚前她曾读到小学五年级就辍学了。趁我在校教书之机会，叫她把小学读毕业。她同意，就这样继续上学。她比我大 4 岁，那时已 22 岁，能打破情面

与十三四岁的小孩坐在一起读书也是不易的事。当年秋我去回浦中学继续读书，她在小学毕业班。

1951年春土改，因她来我家不久，又是我母亲当家，主要批斗我母亲，偶尔也要她陪斗，对她这个从未碰过"钉子"的人打击很大。据母亲说，有次她被陪斗后回来深受委屈而号啕大哭。她以后能上中专学校读书，纯属偶然。上文已提及，是

作者前妻（前排左2）宁波农校毕业

作者前妻（前排左1）在农场实习留念

叶能厚老师在路上碰到我母亲，趁按农会规定我地主母亲停下向叶能厚老师低头瞬间，他告诉我母亲："琳山农校招生，叫桂娥到那边去报名读书。"我母亲听后告诉她，琳山离我家3里路，她就去报名。那时生源少，学校处于困难时期，能去报名的都录取。我和母亲都支持，不久就去该校读书。

1961年春节合影（后排右2作者，左1前妻，中为母亲和孙子，其余为姐家家人

琳山农校是解放前生物学家朱洗博士创办，是一所私立初级农业学校，边读书边劳动，属于职业学校，之后国家接收，毕业后分配工作。他们本应 1954 年夏毕业，因专业程度较低，省教育部门决定升入宁波农业专科学校再读 4 年，于 1958 年夏毕业。1958 年是我国高举三面红旗大跃进的一年，政治挂帅，强调阶级斗争，出身不好的首当其冲。学校决定"五类分子"(地、富、反、坏、右)子女毕业不分配工作，回农村劳动。

这样我们一切希望都落空了。家庭成分为地主，多方受限制、受歧视，用她的话说，回家等于落"火坑"，但也无奈。

回家个把月后，当时农村急需小学教师，离家 15 里的白水洋镇中心小学请她去代课。有这份临时工作比在家好，21 元的代课工资也够个人开支，与教师、学生为伍，精神上也舒畅。她工作踏实，为人厚道，校领导对她印象较好，连续教了几年。但到 1961 年 10 月初新学年开学一个月后，学校贯彻阶级路线，清理教师队伍，又因我们家成分是地主，把她辞退回家，校长也感无奈，说是上级教委决定的。看来这"火坑"又不得不落。

在她即要离开白水洋小学时，学校领导也感惋惜，只好给她写了一张工作很优异的鉴定。我看了后，古人说"人无完人，金无足赤"，从给她的鉴定书上看，她是现今的"完人"。

那时我刚分配来浙江大学工作，似有 1951 年初刚进南京海军学校一样，踌躇满志，准备献身祖国国防事业，现来浙大任教也踌躇满志，准备毕生献身祖国教育事业，努力钻研业务，积极做好教学工作。正想大显身手时，突然接妻子来信，说自己被辞退回家。这关系到我们及子孙后代的大事，我们怕"专政"，我接信后速去信告诉她，户口、粮食关系不要迁回老家，人先来杭州我处，并说我们小孩，若在家长大书也读不成，我们全家都要"完蛋"。

就这样，我的憧憬被打破，在浙大为生活挣扎了三年多后，她终于不得不回家，再次落入"火坑"。再过两年我也被迫离开浙大。家庭出身地主，灭了我们"踌躇满志"献身国家的理想。

我在校住的是单身集体宿舍，在写信给妻子后，我即向系办公室、向总务处反映家属来探亲，要求安排房子。总务处在我们单身教师住的"工字楼"底层安排了一间给我们夫妻居住，期限是一个月。过了几天她来到我校，住进校方给我们安排的房子。我叫她来的目的并不是探亲，而是为她、为我们家找出路。在住了半个多月后，我向系领导、向派出所、向校人事处，要求把她的户粮关系转到我校来。理由是我身体不好，在海军服役时因长期晕船呕吐引起胃病，饮食上需人照顾。但在那个大饥荒年代，精简下放搞得如火如荼时，虽当时她还是吃商品粮的居民户口，要想从农村迁到杭州，比登天还难，不可能。但对我们利害关系实在太大了，"明知山有虎，偏向虎山行"，我硬着头皮，撕破脸皮，还一次次向系里、向派出所、向校人事处要求解决我的困难，把她户口迁过来。但仍如所料，次次碰壁。

校方安排我家属探亲的房子，住一个月的期限已到，我们作好了思想准备，只有赖着。总务处一位操绍兴口音的人多次来催我们搬走。我们就不走，也发生过口角。我们超期住了十来天后，有次双双外出，回来后开门一看，家具、床铺等全不是我们的，我们的东西一件也不见了。我们以为自己走错了门，退回走廊再看看门上写的房号，是我们住的，奇怪！在迷惘一下后觉察到问题出在总务处那位管房子的绍兴人身上。我去总务处问他，我房间内东西哪里去了？他板着脸孔说：丢在旁边转弯的暗室中！

　　我们去了暗室门口，门没有锁，开灯一看，我们全部家当都杂乱丢在那边，一片狼藉，像是火灾中抢出来临时堆栈的一样，我们感到无奈。事先已通知我们几次，我们也没有再向领导、向总务科要求的理由，只好自己整理一下住下来。这间暗室是我们住的"工"字楼转弯处，只有门没有窗，平时放杂物用，因无窗无光、空气不流通，从没安排住人。

　　暗室住了多天后，长期住下去也不是办法，老家我们是不回去的，人家都说家乡好，叶落归根，我们家乡并不是不好，但无我们地主子女"容身"之地。我们要生存，总得设法应对。

　　我们旁边往二楼、三楼的楼梯下有个小房间，存放工具用，但没几件，有扇小门进出。我进去一看，顶板是楼梯转弯处的平台，其下人可以站立，进门处可放一张小桌；内有两扇小窗，白天不需开灯，通风也无问题；在上楼的坡道下，有约 1.5 米宽近 2 米多长，一端高一端低的长形地带，可铺张床。高的一端人可站立，低的一端躺着脚可伸直。我想住这里不会赶我的，我稍打扫后，也不请示，就搬进去住，远比暗室要好。

　　住了几天，总务处那位绍兴人发觉后又要我们搬走，我们仍是赖着。过几天他又不时地来催我们走，我们仍不走，双方又多次发生口角。最后一次口角时，恰逢有位住二楼的教师经过，因我刚来校几个月，不大认识他，他倒知道我们为什么争吵。他也绷着脸孔义正辞严地对着那位绍兴人说："你们也差不多了，应适可而止，他至少是浙大的教师，学校用房紧张我们也知道，他们夫妻住这五六平方的楼梯下对你们有什么影响？叫其他老师评评看，叫领导来看看，你再要赶他，叫校长来赶，我陪他同校长讲讲理！"自此后，那绍兴人未来赶过我们。

　　我很感激那位为我"打抱不平"的老师，后来多次与他打招呼、接触。才知他是煤炭教研组的老师，名黄樾，1960年合肥工业大学毕业分配来浙大。多次交谈后彼此也讲些心里话，逐渐密切。他说自己是右派分子。我也不在乎右派不右派，尊敬他的打抱不平、刚直不阿，不忘他在我困难时伸出同情的手，同样与他接近，以致人家说我界限不清，我也不在乎这些清不清。钟侠文教师还当面要我收敛与他的关系，我也不屑一顾。

　　他写得一手好字，太极拳打得也很漂亮，外表斯文，有学者风度。他说，从我对老婆如此忠诚可看出我是好人。说自己是右派分子，这个右派是捡来的，自己并没有右派言论，而是批判班内一个右派分子时，他认为批判内容不符合事实，有意歪曲诽谤，他站出来为那个右派说公平话。左派学生说他为右派鸣冤叫屈，也是右派，叫他与右派一起劳动改造，直到1960年毕业离校。他也自认自己是右派。

　　来浙大报到时，他主动向校方声明自己是右派分子，学校也按右派对待。大学毕业见习1年，按规定见习工资43元，给他发18元；不分配教学工作，干勤杂事情。由于他写得一手好字，叫他绘图，当个仅初中毕业就可干的绘图员。因是右派，找对象难，后来与附近一农村姑娘结婚。浙大地质系停办后，他调到浙江省水利科学研究院。2001年我与林家遂去拜访原浙大地质系李治孝主任时，李主任说右派平反时，黄樾是假右派，档案中没有他右派材料，白白冤枉了20多年。我想也许与他爱"打抱不平"有关，也可说他是"主持公道，为人驱恶"，是堂堂正正的中华好男儿。

　　我们住在楼梯下的工具间，也觉满足，至少再没人来赶了。该房虽只有五六平方米，且随时有人在头顶上走过，但生活还能安排得过来。除陈放最大的家当——1.2米宽1.96米长的床铺外，还放了一张0.50米宽1米长的书桌、一把骨排凳。脸盆洗脸时放小凳上，洗后放床底下外角，一只盛衣服的箱子放床底下内角，两只热水瓶和一只提水桶放在小桌下，我们全部的家当就这样"各就各位"，基本满足了我们生活需要。

还有两个对我们非常有利的条件，一是盥洗室就在旁边，洗衣、取水都很方便；二是公共厕所也在附近，要"方便"的时候很方便。虽住楼梯下人们必有议论，也知低人一等，这些都无关大局，只要我爱人不回老家就是了。我们也作了长期打算，没想离开此避身之所的"宝地"。但过半年后，又是总务处那位操绍兴口音的人通知我们，叫我搬到本校东侧已关闭的校办工厂厂房中去住。我们就离开楼梯下的这块"宝地"。

居住在楼梯下小室时有两件事至今不忘。

我那时工资43元，我爱人粮票冻结，我一人每月29斤米的定量两人吃，食堂稍好的菜要凭票，之后蔬菜也受限制，又没有做饭菜的地方，什么都两人分，什么都靠这43元工资，且家里还有老母亲和小孩，困难可想而知。我在杭州的同学也知我此困境，曾托他们给我妻找个临时工作。当时在杭州市郊三墩医院工作的我高中同学、同时招进南京海军学校的周子法和稍后招进南京炮兵学校的吴彩云夫妇，征

浙大一分部工字楼底层，作者曾住的
扶梯间

求我们意见想给我爱人介绍到杭州市第二医院一个医师家做保姆。我对工种方面一般不计较，觉得一个人不在于工种好坏，有本领，能干好，什么工作都可。我妻身处此境，也说愿意去，我们就回复他

们同意。在去的前晚她哭了一场。在那边干了半个月，终因不适应这份工作而返回。

这个小室有电灯，我们粮食不够，常私价买些番薯等杂粮充饥，买了一只小电炉，放室内煮来吃。我们用的是公电，当时集体宿舍内都是公家付电费，困难时期用电炉也较多，发现后要没收。有一傍晚我们正在用电炉，听门外有人

1962 年作者与黄樾在杭州西湖孤山

轻轻在敲门，又没喊我们开门。我们以为是总务处那个操绍兴口音的人来抓我们偷电了，装没听到，不作声。静听一下后仍在轻轻地敲门，我们小心收拾炊具。收拾好后还在敲门。开门一看，是在附近浙江师范学院读书的本村堂兄蔡行照。1958 年他在部队复员，家庭成分中农，考上该校，曾来过我这小室。他说听到里面有人讲话，有响动，怎么没人开门？多敲几下。他这多敲几下害得我们汗毛打战。

现我们所要搬住的厂房，由三四座平房组成，多数是车间，安排我住在一个前后长有 10 米、宽有 4 米东西向的大房间，看来原是工厂办公室。我们把它前后隔开，朝东一侧为卧室，西侧为杂具室。初到时我们东西不多，

昔日校办工厂旁作者开垦种菜的荒地

这个杂具室空空荡荡，后来却派上了大用场。

　　厂房旁边是一大空地，我住的门口就是约有一亩原来有人种过的荒地。工人下放回去后这块土地也闲置着，仅一个留守的工人种些蔬菜。我来自农村，从小就参加农业劳动，在这饥饿时期这块荒地正可用武之地。我买来菜秧、种子，搞来农具、粪桶等，就大种起来。后半段空着的房子，便作为农用杂具室了。这里偏僻安静，平时几乎没人来此，"深山没老虎，猴子称大王"，我就是这里的"大王"了。大学的老师不坐班，上了课后自由安排，我因家务缠身，学校也未重用，仅安排《地球化学》一门辅导课，工作不累，空余时间也较多。我"倾心"在这"自留地"上。这里比楼梯下那个"宝地"更"宝地"了。

　　我们搬往那边住是1962年春夏，正是种植蔬菜瓜果的好时机，我种的作物有茄子、西红柿、丝瓜(天萝)、四季豆、长扛头、南瓜、冬瓜、大蒜、赤豆、番薯等；秋后种青菜、小白菜、花菜、萝卜。蔬菜吃不了，如南瓜、番薯等可代替粮食。大大缓解了我们经济上、粮食上的困境，也可说"自己动手，丰衣足食"。我也名副其实地成为"亦教亦农"

回浦中学参加军干校在南京同学合影，前排右1为周子法，右3为吴彩云，后排右2为笔者，左2为邵全

的现代知识分子了。

　　"亦农"并不是易事，要体力、不怕脏，更不易的是还要面子。开荒种地要体力易理解，但其他配套的事可多了。

种庄稼必要肥料，我们用的仅是人工肥，主要是自家人肥，不能一天的尿粪一天用完，要储藏。要储藏就要有盛器，施粪要工具，有工具平时就要存放。这样一来粪缸、粪桶、粪勺和锄头等农具，除粪缸外就存放在家房的后段，与卧室仅用一块布隔开的杂具室。粪桶即使每次用后洗清爽，仍会有臭味，开始很不习惯，但要活命没办法，时间长了也习以为常。

但意外的事来了。有一次我系分管行政的副系主任不知什么事来到我住的这片空厂房，看我住在这地方，互相打个招呼后，他站在我住的门口，一眼就看到我杂具间中的粪桶，没说二话，掩着鼻子转身就走了。

大学毕竟是知识分子聚集的地方，知识分子自知有知识，生活待遇也较高，所从事的工作与工农群众不同，必然有轻视体力劳动，清高爱面子的思想。我生性对这些不大在乎，觉得愈清高愈爱面子，反而愈失面子，最后下不了台。从头开始就从底层人群行为做起，显得你大方，有气度，才会得面子。

浙大化工系化工机械专业有位王仁东教授，很有才华，教科书中还写有他发明的定律、公式，"文革"中受批斗后扫厕所惩罚。他觉得无所谓，穿件旧衣服干起来很卖力，临近校门口的行政大楼有六层，是校领导、各处处长办公地方，各层的厕所全要他打扫，一楼、二楼……文革时我已调离浙大，但也常来这瘫痪的浙大。我看他上下楼时争分夺秒，跑步前进，情绪高昂，不以为耻，反以为荣，真使我敬佩。我当然不能和他比，但似有他的处事气度。困难到饭也吃不饱了，为面子再挨饿不值得，何况种地还是创造财富。

但从旁冷落讥讽的也有，认为这穷家伙就低人一等，多数教职工是看不起我的，总务处有个中年女干部，与操绍兴口音常赶我走的那男人同一办公室，她开饭时协助食堂卖菜，常给我打少一些。我也知妻子境况如此，就是矮人一截，不同他们争个多少、高低。

我到校任课后一个月、妻子即来校，家事重压，大学教师因不坐班，除开会外，很少与人接触交往，除右派分子黄樾外，没有知心人。但同情我的亦有，同教研组的张兆华、周素贤夫妇专来看望我们，他俩看我"家"的寒酸相，问长问短，看我床上被子单薄、说要送条被子给我，被我们谢绝。在教研组会上，我常坐在角落里很少发言，有时裤上还沾有种地的泥巴，有些教师知我困境，拐弯抹角地鼓励我。留苏的杨祖兴老师说，蔡行来常在专业杂志发表一些翻译文章，是好事。这是针对当时政治挂帅，拿稿费是名利思想而讲。张兆华老师说，蔡行来老师是有才能的人，应发挥更大作用。那时我还申请退出共青团，理由是我超龄了，实则对造成这样全国性的困难和家庭成分关系对我妻的穷追猛打不满。支部书记彭富贵在团支部会上挽留我，说我们大学教师队伍中团员基本上都超龄的，比你年长的团员还有，你还是留下吧。但我坚决要退，也照准了。当时我确确实实是个弱者。就是这位团支部书记、教研组副组长，1963年夏通知我参加浙大教师去莫干山避暑疗养一个月。

不久，我妻在杭州市郊临平（余杭县县府所在地）杭州耐火材料厂工作的兄弟，其任小学教师的妻子从临海调来临平，她五个小孩的户口也从临海迁来临平。他们借小孩多需人照顾为由，把我妻户口落实在他们家，保留居民户口，每月可领25斤粮票，总算解决了我妻户口这个大问题。其兄嫂是小学教师，小学教师中女的较多，常有因分娩等事请长假，必须要找代课教师。其间其弟嫂两次介绍我妻去小学代课，时间均为一两个月。

在这期间我每隔两个星期要去临平办些事，一般是星期日早上去，当天或次日早回来。为了早出发，晚上从食堂多买些饭明早开水泡来吃。有一次晚上多买了一份饭，晚饭吃后，留下一半明早吃。过了个把钟点后又想吃，再吃了一口；再吃了一口后不久，觉得饭真香真好吃，还想吃，又吃一口；又吃一口后过些时候还想吃，再吃一口……到 10 点左右，把这留下明天吃的饭就这样一口一口吃完了。次日早只能饿着肚子去临平，可见当时粮食的困难，食欲的旺盛。后来知道大饥荒时全国有 3000 多万人饿死，想必他们在死前经历了饥饿、煎熬、痛苦、挣扎、无奈、绝望的日子，这是活着的人难以体会到的。在上述 1962 年我日记中写着："谎言已破，是骗子，把中国人的生命当儿戏，犯了罪的"，是在那种情况下发出的愤怒。

我们有时与其兄弟家人一道也做些蔬菜生意。起早从临平农贸市场上买来蔬菜，如竹笋、包菜等，乘火车拿去上海卖，下午回，从中赚些差价，除路费外，还有些盈利。也贩卖过票证。这段人生经历是我一生最寒酸、最艰难的时期。身体也差，记得有一次在卖鱼桥澡堂洗澡，遇见本单位一熟人，入浴时，他惊奇地指着我说，你这么瘦！有一次我在厕所大便，便后立起时昏倒在厕坑上，冲水声才把我惊醒，知自己躺在便槽里，连忙挣扎爬起。

1959 年，我们已育有一小孩，但考虑到妻子无正式工作，无劳保，我也有"生儿防老"思想，她来后不久就怀孕了。这年秋天来到，产期也将临近，难事又横在面前。我又得到同学乡亲的帮助，还算顺利渡过这一难关。

也是在市郊三墩医院工作的周子法、吴彩云两夫妻的热情关怀，吴彩云主动请我妻到她工作的三墩医院下属良渚卫生院去分娩，住在她寝室。我们也不推辞。产前十来天我就送她去那边，产后 10 多天我把她接回自己侍候，又是一个男孩。当时副食品供应仍很紧张，她户口又不在，新生儿更落实不了户口，按定量凭票供应的食品、副食品一无所有。

当时在浙江日报任编辑的高中同学张金鉴把自己订(牛)奶卡片送给我们,孩子有了牛奶吃,我们就宽心不少。这些都是我们及孩子终生不忘、感恩施德的。

张金鉴是我在临海回浦中学读书时的同班同学,天真、淳朴,1951年1月4日,我参军离开临海车站时全校同学来欢送,我看他手持小旗向我们道别,祝我们一路平安。他于1953年夏高中毕业考入上海复旦大学新闻系。我那时已在南京海军学校毕业分配来上海华东舰队工作,驻地从外滩移到军工路虬江码头,离邯郸路他校不远,他入校后我即去看望他。回来后我还写了颇具伤感的《去复旦》一文。1957年,他毕业后分配来杭州浙江日报社工作,我来浙江大学后来往更密切。他写了一些文章,不便用自己名字发表,用化名和我的地址、姓名投寄。可见我们关系之好。

浙江日报社原来老地址在众安桥,后来迁到体育场路,他仍住在众安桥报社宿舍。他胆小,怕骑自行车发生车祸,上下班要步行走30分钟,一直坚持到他70年代调到杭州师范学院中文系任教为止。他调到位于文二街的杭师院后,住在新分来的翠苑新村,距校更远。他鼓起勇气学了骑自行车,骑车上下班,可能是因他胆小危急时犹豫不决,不久在车道上被汽车撞死,肇事车逃逸。亡故时不到40岁。那是在"文革"中我去看望他、在他家吃饭后不久发生的事,至今仍很怀念他。

我在杭州有了第二个小孩后,一方面出于家务上的需要,另一方也想让长期生活在农村的母亲出来见见世面,在妻子产后个把月,我就叫母亲带我大孩子来杭州我处。她从未离家出远门,那时已64岁,不识字,不会讲普通话,又带一个仅3岁的小孩,那时电讯不发达,担心她路上安危,尽可交托详细些。还好,他们平安抵达,其顺利程度出于我所料。她由我外甥带着她离家,引她住在临海城关高伯寅同学家，次日他们送她上车来杭州。在汽车上又碰上我高中同学林理中，他是来杭州开会的，座位与我母亲同排，言谈中母亲告诉他来杭州我处，他就很细心地关照她俩。到杭州车站后我早已来接，当日就顺利到达。

母亲在杭州我处约 2 个月，除帮助我们料理家务外，有几件事给我留下了深刻印象。

她在老家是农业劳动能手，种菜种瓜更是内行，她对我门前种的蔬菜很称赞，并经常自己动手，且又不时指导我。

来杭州的人大都要去西湖看风景，对西湖美景都赞叹不已。我也带她去西湖欣赏美景，出于我所料，她没有讲多少赞美的话。在走到平湖秋月景点时，她看到附近大片草坪，叹息这么好的地不种粮食，种草多可惜！在参观灵隐、净寺大庙时感到它们高大雄伟，但没烧香拜佛。

因年关将至，她留恋老家，同样带我大小孩一同返回临海，高伯寅同学的父母来车站迎接，又宿他家。次日早正下大雪，我母亲执意回家、他们送她上车。之后母亲多次向我提起他们对她的厚待。

高伯寅是我高中同学，与我同时考进南京大学，他是气象学系，因入学不久患上肾脏结核，在校住院多月，其母亲曾去南京照料，我对他们也较关怀，为他做了不少事。他后来在家治疗、休息，康复后复学期限已过，去乡下三官堂小学任教，于 1966 年春在校中睡觉亡故，时年 27 岁，我痛失挚友，至今还深为怀念。之后我来临海常探望他父母或住宿他家，都受到热情招待，好菜好饭。他父亲高云乔解放前是临海最大的书店——教育书局的老板（资本家）。解放后书籍由新华书店经销，他家生活以出租房屋为生。1958 年出租房由国家接管统一经营，房租返还低廉，生活困难，我对他们没有帮助，长期以来很内疚。后来我曾在临海工作一段时期，退休后也在临海为主。在高伯寅母亲健在时常去她家问候，给她家办些事，也与她多次一起祭扫高伯寅墓。她亡故时半夜还送她上山入土。她另一儿子高伯龙，大连工学院毕业，在江西工作，现家无亲人，房子等托我经管，我也全力以赴，人间确有真情在。

我们又有小孩后，我妻抚育，我亦教亦农，日子还勉强过下去，但好景不长。1963年春，校办工厂厂房另有用途，叫我们搬到离校2里远的余杭塘上一民宅中去住，房子较破旧。我们搬那边后种地就不方便了。住了约个把月后，妻兄弟工作的杭州耐火砖厂关闭，两夫妻调回原籍临海，户口也随之迁回临海。

他们回临海后落实户口时，发现我妻及小孩户口有问题，不让随他家报入，否则他们也不能落实。他们急要我妻回去处理。我妻和小孩也只能回临海，这次我们再也无别的办法可想了，只好准备把户口迁回老家。

他们回去后兄嫂已在小学任课，刚好又有教师请长假，又叫我妻去学校代课，但户口不得不迁回老家——大园村。

1963年即要放寒假时，我功课结束后即回临海，我妻还在校，我曾去她代课的东鲁小学看望她，然后一起回家。离校时校方叫她明年再来校任教，但要村里写张介绍信。

1964年春节后即将开学时，她去农会主席兼治保主任蔡继传处开介绍信。蔡继传不给开，叫她在家安心从事农业劳动，从此她就未出来工作，最后还是陷入"火坑"。

三、我因家庭成分地主被学校清除

我自妻子回临海后，"光棍"一身轻，专心致志从事教学工作。因地质系停办，已招学生要授课到1965年全部毕业，教师要另行调动，心情不定。我担负的课程较多，准备站好最后一班岗，上课认真负责，辅导深入学生。外语是学生头痛的一门课程，四年级的专业俄语原是一位留苏的老师担任，学生反映他讲不好。因我那时常翻译一些专业文章在刊物上发表，平时学生也有疑难句子请教我，我的解答他们也较为满意，后来他们干脆要我给他们上专业俄语课。上了一段时间后效果还不错，这样一来师生关系更融洽，结合其他课程的授课，他们必然反映到系领导，领导对我也时有称赞，认为我有专业前途，曾动员我报考研究生。有一次在全系教师职工大会上，系主任李治孝检讨自己在我家属在校时没有把我住房安排好，当众向我道歉。这也许是我工作出色的侧面反映。我爱人早已回家，检讨也没实际意义，时过境迁，哪能关心我已成黄花的往事？只是表表态安慰安慰我而已。那年在全国停顿多年后的工资调整，按少数名额提升，我提了一级。

1964年秋开学后，我带学生去绍兴漓渚铁矿实习，回来后不久，系人事干事通知我调到化工系硅酸盐教研组任课，即要办调离手续。我本是热爱高等教育工作，既教学又科研，喜欢闹中有静自我安排的大学生活，乐于同年轻的学生打交道，愿为国家培养人才尽力，因国家困难，系科停办，那只好离开，在新岗位上好好从头再干起。现能留校，调入颇有名气的浙江大学化工系，这是梦寐难求的喜讯，想着我将终身在大学里度过，永远与博学多才各有专长的教师为伍，与朝气蓬勃的学生相伴，兴奋不已。在下午3时人事干事告诉我后，我即奔向校外的田野里，穿梭在田埂中欣赏夕阳西下的秋景，喜悦之情难以言表，似乎大地也是我的。

次日，我在系办公室开来介绍信，去校人事处报到。经办人是王良芬。她就是我三年前向她要求把我爱人户口迁到浙大或安排工作的接待人，因这对我们是"生死攸关"的事，曾多次向她要求，她都说不可能办，后来还曾同她争辩过，对我留下了不好的印象。这次见我来，她先愣了一下，然后说你临时借用到化工系工作。我知她话里有疙瘩，纠正说系里通知我是调来的，如果临时借用，那关系就不必转，以免迁进迁出麻烦，影响也不好。但户粮关系、工资、生活票证仍在文一街分部，势必来回跑，也很麻烦。要求他们明确定下，到底调还是借。她说商量后答复。我妻子是由于家庭成分地主被辞退回家，这回又把我也扯进去了。

再过一日，系人事干事说已同校人事处王良芬商讨过，作调动处理，一切关系都转。看来王良芬给地质系人事干事电话中联系了解过我的工作、业务、表现等，还好，才这样改口。随后开了各种调动证件去校人事处报到。报到时王良芬说，先去化工系硅酸盐教研组工作，是否调动或留在化工系明年再定。我想昨日不是讲清了吗？调就转人事、户口、粮食关系，借就不转，怎么今天还要留个尾巴？我与王良芬没其他事情纠葛过，这明明是我为妻子户口、工作向她要求解决时，对我留下不好的印象所致。我调入长期留校的部门，接收单位和她必要看我的人事档案，地主家庭出身他们必会早知，调入的硅酸教研组看重的是我业务，他们中也有不少教师出身于地主家庭，不会在家庭成分中计较。但对我为妻子事留下印象不好的人事干部王良芬，却是另一回事，她有她的用人标准。

我去化工系硅酸盐教研组报到工作后，知他们是指定调我去。教研组主任楼宗汉先生说，要调你是他们教研组提出，确定前还看了我的档案，根本没有临时借用之说。我目前的工作是负责明年上学期16名阿尔巴尼亚留学生《晶体光学》这门课的教学工作。这学期是准备，具体工作是要编写该课程授课讲义和制作模型。因这门课较抽象，难讲难懂，要用大量的模型来辅助。我负责编写上课讲议，模型由我和先前曾担任此课的周志朝和也曾教过此课但从事化工专业教学的陈全庆老师三人承担。学期结束前这些工作都如期完成。

新学期开学后上课，16 个阿尔巴尼亚留学生由 16 个中国学生一对一并排坐着听课，以便可随时辅导。我们也全力以赴，总算按计划完成，经考试全部及格。

在开学初全校还举行了教具展览会，把各系各专业课程教师自己制作的教学用具、各种模型汇集一起展览。我们《晶体光学》课教学模型特别多，因光线通过各种不同晶体其衍射途径及产生的图像也不同，在晶体中的变化看不到也摸不着，必须用模型来说明，不同晶体的光学效应涂上不同标记和颜色，因此教学模具非但多，且五花八门、琳琅满目，要讲清楚也不容易。教研组指定我在展览会上讲解。

第一批参观的是校领导，我讲得一般。接着参观是本系学生，因有第一次讲解经验又是从事这门课教学的人，我讲得非常清楚、透彻，并结合日常生活，把复杂的科学原理用简单易懂的例子来说明，一手拿着模型一手指着具体部位，像表演魔术一样生动。听的人愈来愈多，以致后面的人看不大清楚，有的踮着脚伸着头，我就站在凳子上讲，观众听得聚精会神，津津乐道，讲完后爆发出一阵热烈经久的掌声。其中听众中不少是后学期即将学习此课的硅酸盐专业二年级学生，他们的班主任是本教研组的顾章玲老师，学生听后纷纷向她反映：说我讲得生动透彻，深入浅出，口齿清楚，动作自然。还问顾老师什么时候他们能听这位老师讲这门课，她说明年上半年你们开这门课。这是顾章玲老师告诉我的。学生巴不得早日能听我的课。我也巴不得早日再上这门课。

1965 年 9 月 1 日新学期开学后，安排我参加教研组主任楼宗汉先生的水泥科研。9 月 13 日，系人事干事找我谈话。说接到校人事处通知，调我到浙江省地矿局，并说我在这一年中工作认真，称职，这里也需要，但那边更需要。我也不便多说。

　　我在未去校人事处办手续前到省地矿局人事处了解一下。经办人邓章荣说根据1963年省人事局联席会议，浙大地质系停办，除浙大留用教师外，其余分流到各有关单位，你自己能联系调其他单位不来省地矿局也可。我回来后去了校人事处，把此情况告诉了王良芬，她说的口气迥然不同——地矿局需要不需要都得去。

　　我后来把此情况告知教研组主任楼宗汉先生，他说："校人事处、系里通知我们研究一下你去留问题，我们研究了。参加研究的有（党员老教授）丁之上先生、（教研组副主任、党支部负责人）陈全庆先生和我，我们的意见是趋向你留下，由陈全庆先生向系里汇报。"因此，根本不是省地矿局更需要我，也不是浙大硅酸盐专业教研组不需要我，而是浙大人事处不要我。这点与系里给我的通知是有出入的。

　　事后教研组主任楼宗汉先生得知我要走，他惊奇说了上一番话，还说"想不到要你走。你在这里工作是好的，业务是强的，从挑选你来到现在我都把你作长期安排"。博学多才的张飞鹏教授也说他们平时说你业务是强的。但为什么校人事处要我离开？

　　我高中同学、浙江医科大学毕业后来浙江大学医院工作的袁一芬同学同我说：她受在杭州第五中学教书的徐玉芬委托，叫她询问一下浙大人事处，她在北京电力研究中心工作、清华大学毕业的爱人冯涪生(他俩均是我们高中同学)单位已发函要求调来浙大电机系工作的落实情况。袁一芬问了这位校人事处管理教师的王良芬，王良芬对她说："冯涪生家庭成分地主，学校不予接受，'五类分子'出身的人学校只出不进。"

　　《炎黄春秋》2012年刊登孙言诚先生《血统论和大兴"八三一"事件》一文中指出：

"1963 年之后，阶级斗争不断升温，阶级路线也向'唯成分论'演变。黑五类子女，大学基本不收，重点高中也开始拒收。有的农村甚至连小学升初中也规定：'出身占60 分，表现占 20 分，学习成绩占 5 分，其他占 15 分。'1964 年的高考，'黑五类'子女全军覆没。"

这就是那时以"政治挂帅"口号下的现实。我想浙大也在共产党领导之下，他们也按中央文件精神办事。"五类分子"出身的学生不收，"五类分子"出身的教师学校能欢迎吗？袁一芬同学转述的："'五类分子'出身的学校只出不进"，看来是真的。

因此我离开浙大不是那里需要不需要的问题，而是我家庭成分的问题，借浙大地质系停办来处理我。不论是化工系

作者在浙江大学

硅酸盐教研组要我留下，现因我家成分地主与以"政治挂帅"用人标准不相符校人事处要我走；还是三年前因我家成分地主我妻被辞退回家，我多次向王良芬要求把妻户口迁来浙大而造成不好印象而调离浙大，其根源都是由于我家成分是地主造成，我认为这点可肯定的，不是我强辩、歪曲。否则我必会在浙大长期执教下去。

要我走时想起了我家的家庭成分，在用到我时就迁就一下。我在军队复员前，在兵舰上除本职工作外，还对新兵或陆军来的人作技术辅导，并兼任文化教员。与我同时从地方学校参加军干校来的同学在复员时就大骂："用到你时请你来，不要你时一脚踢开。"

随后我就作离开浙大的准备。先去地矿局了解工作分配情况。地矿局人事处说去浙江省区域地质调查队(负责全省

地质矿产调查的单位)，地点在建德梅城。然后逐一向在杭的老同学、老同事告别。在向浙江省水利科学研究院朱善昌同乡同学告别时，他说你家庭成分地主，在这可调离可不调离情形下，当然要把你调出这培养接班人的异常重要岗位；在张金鉴处遇见他在金华地质队工作的连襟，他谈了一下地质队艰苦情况；后去三墩医院向周子法、吴彩云谢辞。又重玩了杭州各景点，还去文一街原地质系所在的浙大第一分部视别，那时全部学生都毕业离校，与我密切交往、授教时间最长、彼此情深的地勘六五级学生也都奔赴工作岗位，昔日无所不谈的右派教师黄樾、关心过我的李治孝系主任、张兆华、周素贤、彭富贵等老师，都相继离校。人去楼空，触景生情不仅这些，更值得一别、常在思念的是工字楼梯下的小室和校办工厂旁边的菜地，仍如故。

浙江大学是历史悠久名扬海内外的高等学府，去年我看到一份资料，她现在的综合评分与清华、北大并驾齐驱，并各有千秋。我初中训导主任邵全声、高中校长邵全建两兄弟都毕业于浙大，1948 年夏我在琳山学校暑期补习班听学长陈希清介绍浙江大学学生会主席于子三遇害引起的杭州及周边城市的学潮，1951 年 1 月 4 日我录取军事干部学校来杭州集中就入住在当时位在青春路的老浙大校舍内，也是我人生第一次踏进高等学府。因此，浙大在我心中早已生根。

1954 年在西湖边老和山下的浙大新校舍落成后，1956 年在浙大学习的余献坤等老同学早已把新浙大校景的贺年书签寄给我，1957 年我在南京大学来杭州实习曾来过新浙大，如今作为一个农家子弟的我能在这古老、宏伟、名扬四海的大学里授课，确是千载难逢，前途似锦，真有心把学问做好，把学生教好，毕生献给国家教育事业。在朝气蓬勃年轻有为的学子中生活，在春秋寒暑交替的假期中度过，也是至高无上的享受。现即要离开，不是因工作需要离开，不是我没能力，而是歧视性的离开，惆怅、失望、怨恨交织一起，心中煎熬。

这也不是我怕在地质队艰苦，我希望过不同工种、各种环境下生活的人，在得知地质系要停办，我们必将要离开，

1962年与黄樾在杭州西湖孤山

即使有惋惜之感，但情绪毫无影响，并想在新岗位上再从头好好干起。现由于我母亲勤劳节俭成为地主遭到清除而离开，这种劲头没了，随波逐流得过且过。一个人没有得到起码的尊重，一颗忠诚的心得到相反的报应，反感可想而知，我认为这不是我的过失，是党和国家迫使我这样。离校前的多个黄昏我就在浙大六座教学大楼间的梧桐树下来回踱着，这样想着。久了拖着疲乏的身躯沿体育场边的林荫大道返回U字型大楼宿舍。

离开的日子终于来临，我整理了行装，叫来一辆三轮车，装上铺盖，驶出校门离开学校，去武林门汽车站托运去建德梅

作者（右2）在西湖平湖秋月与
吴金水（右1）等学生合影

城的行李。车驶至浙大对面浙大附中拐弯处，我转头向巍峨的浙大告别。再次进入崎岖坎坷的人生路，那时已是1965年11月的深秋了。

虽时隔已整整半个世纪，我至今还难忘那段时期辛酸苦辣、刻骨铭心的生活。屡被总务处赶，住楼梯下，种蔬菜，教学实验，野外实习，翻译投稿，在硅酸盐教研组编讲义，与阿尔巴尼亚学生相处，教具展览会讲解，与学生一起郊游时欢乐的时刻和离开浙大的无奈、惆怅、难依难舍的心情。这次被迫离开浙大，是我人生事业上、精神上受到最大的打击。

我不是桃李满天下，而是天下有桃李。现抄录我离开浙大三十年后，当年就任长兴地质学校党委书记兼校长的一位学生——吴金水同学给我来的一信，以作本节文字的结尾。

尊敬的蔡老师：

您好！

来信收到，很高兴。岁月流逝，几十年已经过去，在浙大期间，我们这些年轻人在你们的师教下学到了科技知识，更学到了做人的道理。据我所知，在我们的同学中没有辜负老师们的谆谆教诲，在地质战线中的各个领域勤奋劳动，贡献了青春年华，现在我们也将逐年步入老年期。

蔡老师，在浙大期间，你不仅给我们传授了丰富的知识，你的勤奋、拼搏精神同样激励着我们去进取。另外，在生活中你像兄长无微不至地照顾我们。在校期间我的胃病特别严重，64年初胃大出血，你为我安排了住院治疗。这一幕幕情景历历如在眼前，时间永远是不能冲淡的。我重新翻开相册，你、李仲雄、汪积灶、我，我们四人紧紧地在一起，而你在我们中间。

我在65年分配到江西赣州地区兴国、宁都一带从事铀矿地质工作，在基层第一线整整工作了21年。后来由于家中老人以及小孩求学困难的原因，在86年回到浙江，工作在长兴地质学校，当时胡少华任校长，后几年李承赐同学也调来学校，我们三个同学在一起工作、生活，仿佛又回到了浙大的学生时期。我回浙江后也多次打听你的下落，苦于没有得到确切的工作单位和地址。

蔡老师，曾记得你在浙大期间你很年轻，转眼间时光飞逝了几十年，不知你身体状况如何？十分挂念！信中云，你已经退休，记得你没有这么大年龄？如果有机会欢迎你到长兴我处来玩，我同李承锡同学还在一起。胡少华同学已调到湖州市人民检察院工作。

我到长兴地校后，开始从事教育工作，89年开始脱离教育搞党务和行政工作，实非心愿，但只好服从，搞了几十年业务技术，到头来还是改行。不过，今后力争解脱出来，重新回到教师的岗位上去，再过几年，我也将退休了。

一辈子下来，东跑西闯，身居第一线，在业务技术上碌碌无为，现在只求把自己懂的一点东西传给自己的学生了。

蔡老师，东拉西扯地说一通，要说的心里话何止纸上？望你多多保重，你永远是我的良师！我进入中年后胃病已好了，勿念！最后请代向师母及你全家问好！

祝您

身体健康！

你的学生吴金水

1994.6.20.下午

第三节　　地主家庭出身同学的坎坷路

我家所在的临海县城，也称台州府，是前台州地区专署所在地，位于台州七县中部。文化教育也较其他县发达，在我同学中从外县来临海读书的不少，主要是高中同学。因他们在解放前大都已初中毕业，家里有一定财力，才有可能继续读高中，所以多数出身于地主家庭。由于家庭成分为地主，解放后不少同学经历坎坷，给我留下深刻印象，至今仍在思念他们。现分述于下。

王洪漾

王洪漾仙居县人，1950 年在台州中学高中二年级读书，是年冬，他也响应国家号召参加军事干部学校，录取于南京海军学校，与我同编在一个班。他工作积极，会动脑筋，迭的被子方方正正。因我们早上军号一响就起床，三分钟内要集合整队，留下一人从事折被等内务。轮到他时，被子迭得最好，十二条被的被角呈一条直线。全中队十二个班评比时也常叫他出来担当，备受称赞。

1951 年春，我们预科政治学习半年，对我们进行政治教育，每人都要交代家庭历史、社会关系、思想小结、政治审查。时值家乡进行土改，他参军到海军学校后接家来信，告之家里被划为地主，父亲和长兄土改中均被镇压。他向领导作了交代，也在会上表示要与反动家庭划清界限。

1951 年夏，预科学习结束，我们大多数人升入本科学习海军技术，王洪漾被"清洗"回家，也不给开介绍信。他如果回老家当然更麻烦，回校读书经济上看来也不可能。路经杭州时看到一张招收小学教师的布告，他毅然去报名，被录取在杭州艮山门小学任教。在他任教一段时间后，来信给我们，要求我们代他向领导反映：他是新民主主义青年团团员，临走时校方没给他带走团组织关系，请我们帮他补办一下，以便他在那里可过团组织生活。我们也向领导作了反映，领导不予理睬。

我以后间或同他有通信。1956 年我考入南京大学，1957 年 7 月到杭州实习，特地在一个夜晚与他会面，他在

艮山门小学附近接待我。他说自己除了担任教课外，还兼工
会主席。他不是党团员，工作又肯干，我想他对这一福利职
务很称职。之后我们几十年没有再相见，前几年我常去杭
州，想再同他会聚一下，没联系上。曾托人向艮山门小学询
问，也无信息。

陈由齐

陈由齐与我们一起参加军干校，他也来自仙居县，家庭
成分为地主，同我一个班，看问题有独到之处，但不多话。
1952 年海军学校毕业后分配到广州华南舰队。他 1954 年显
然由于家庭成分地主就被复员，回到台州中学继续读书，后
考入厦门大学。毕业后在仙居中学任教，据说多年前故世。

蒋遴绍

蒋遴绍是宁海县人，1950 年在宁海中学高中二年级读
书时也参加军干校，与我同编在一个班，家庭成分为地主。
他特别讲究卫生，常把牙刷往毛巾上敲拍，以去除内部的污
垢。平时言语不多，显得有些少年老成的样子，工作不显得

后排右 1 为王洪漾，右 3 为作者，二排右 3 为周子法，
前排右 2 为陈由齐，右 4 蒋遴绍。

积极，开会发言也少。预科学习结束后，他与王洪漾一样，被"清洗"回家，以后未听有什么消息。

1959 年 10 月，我在安徽野外实习回校放假两星期，我趁机去北京补赏一下国庆十周年大庆的余氛，看看十大建筑。在天津下火车会见同学后刚上车，就碰到蒋遴绍也乘这趟去北京的车。这一偶然相遇，真是千载难逢，我也无心关注沿途风光，一直与他攀谈到北京站。

他告诉我："1951 年在南京海校被'清洗'回家后，回到参军前原宁海中学要求继续读书，校方要我拿出回家证明，我拿不出，且什么证明也没有。学校不敢接受。校方认为：'你从本校参加军干校，办理了离校手续，台州专区招生办来校接收，现你无身份证明来校，若是你无故擅自离队（逃兵），我们接受了你，是犯错误的，以此理由拒绝复学。后经我再三说明，并告知原单位——南京海军学校及详细地址后，校方同意我作为旁听生在校听课，待有正式离队（退伍）证明手续后，才同意转入正式学生。但一直都没办来，学校一直也没给我'转正'，到高中毕业时班级名册上还没有我的名，因此也没有毕业证书。高考时我以同等学历身份考入北京化工学院。"他还说：参加军干校时县、地、省各级政府隆重迎送，不要你时扫地出门，不免有些心灰意冷。

自此后，我们一直未再见面，也未通信。

吴彩云

她是我在回浦中学的同学，比我稍后参军，录取到南京炮兵学校，仙居县白塔人，家庭成分地主，父亲和长兄土改中被镇压。她于 1955 年春复员。她在部队从事医务工作，且年纪很轻，显然也由于家庭成份地主早早就复员，复员后也回到回浦中学继续读书，但未升学。因在部队从事医务工作，后来在杭州第一医院任医师，并与同时参军的周子法结

婚。1958 年大跃进时下放到市郊三墩医院。我分配来浙大工作后，常与他们会面，困难时期对我和我家帮助很大

周秋生

周秋生是温岭县松门镇人，是我 1950 年在回浦中学高中第一册时同班同学，座位在我后桌，寝室又挨在一起，彼此很亲近。他读书很好，写得一手好字，为人诚实。他说家里有只机帆船，父亲来往于松门——上海之间搞运输，来回一次可赚很多钱，钱多了也买些土地，土改时划为地主。但他不大关心政治，参加军干校时没报名，认为当兵没前途，只要学好数理化，有技术，人家才会看得上，会用你，生活才会好。为此我还与他有过争论，国家挨打，还谈得上什么生活好坏？土改后，大概出于经济原因，1951 年就离校再考入上海水产学校，因属中专，学杂费免，伙食费有补助。1952 年夏，我南京海军学校毕业分配到上海华东第五舰队。我的驻地由原来的上海外滩旁招商局公和祥码头搬至军工路旁的迫虬江码头，与位在军工路的水产学校相距不远，两人常会晤，我有时给些他零用钱。他本应在 1954 年毕业，因当时分配工作有难度，加上中专学历资浅，学校升级为大学（上海水产学院），继续留校学习。

1955 年，全国掀起肃反运动，临暑假时学校集中学习文件，交代问题。他交代了自己 16 岁时父母亲给他包办了婚姻，但一直无感情，早想离婚。此时他班有位女同学与他较要好，也深知他所说是真实的，她没有为此与他中断来往，反而同情他，怕他苦闷想不开而出问题，暑假时叫他去她家（上海阴山路）休息三天散散心、解解闷，以免发生意外，以表患难见真情。

学校却认为他们作风不好，以此开除周秋生学籍，给女方停学一年处分。这一处分虽在道德层面上他们有所过失，但从本质上是对包办婚姻的抗争。鲁迅父母也为鲁迅早婚，

其妻朱安在鲁迅家生活 10 多年后，鲁迅才与许广平结为夫妻，生下儿子。且朱安为鲁迅"守寡"一辈子，至今还未听到有人对他们进行谴责。当时鲁迅还在大学教书，且还兼多个职务，也未见有一单位为此对鲁迅作过处分，至今也未见到对鲁迅此事有过非议。此类事在其他名人身上也有存在。校方对周秋生的严厉处理，主要是由于他家庭成分为地主所至。

周秋生回家后，立即与妻子解除了夫妻关系，在家务农。那位女同学在家待业未复学。

1957 年，上海矿山机械厂招工，周秋生与她均被录取，后结为伉俪。该厂后来搬迁到上海闵行，改名为上海重型机械厂。周秋生业余上夜大学，毕业后在设计科工作，为高级工程师。20 世纪 80 年代还赴美进修。他退休后对计算机特有喜好，曾协助电信部门解决不少难题，并有专著。

陈焕驹

陈焕驹为三门县人，是我 1955 年从部队复员后回临海回浦中学继续读书的同班同学。他家成分地主，父亲被镇压，也适逢 1956 年大学招生贯彻"因材施教"方针，按成绩录取，他考入西安西北大学物理系。1957 年反右时被整，1958 年大跃进时，下放劳动改造。改革开放后获平反，返回西安，其人事关系落实在西安体育学院。他曾多次给我来信，似乎因刺激过度，在长长的来信中，前几页还谈得较正常，后几页就有点不对路了。他说至今公安局还派人跟踪他，使他日夜不安；还说自己父亲是地下共产党员，镇压他是冤枉的。至今未婚，三门还有叔伯，几乎每年都来探望一次，也顺便来临海与我们老同学会聚。我们只能同情，无力解决他的困境。

罗森强

　　罗森强是仙居县杨府乡横路丁村人，他也是我 1955 年从部队复员后回临海回浦中学继续读书的同班同学，他家成分地主，1956 年考入浙江医学院。1957 年反右时划为右派。他为人忠诚老实，工作认真负责，不多话，任班级生活委员，我是学习委员，常与他一起开会。他年纪较轻，个子不高，坐在前排右侧第二桌。每当班级生活上的事需向同学说明时，他就站起来转身向我们讲话。圆圆的脸，一边倒遮额的发型至今我仍有历历在目。

　　我老家临海西乡白水洋镇，他是仙居东乡靠近白水洋的横路丁村，虽不同县属，但与白水洋仅相隔 3～4 华里，也可说是老乡。他比我小 5 岁，似乎是我小弟弟，平时较亲热。在接触中觉得他为人很诚实淳朴，似是因家成分关系处处小心谨慎的弱者，我对他有所同情。我入大学后，曾给他去过几次信，从日记中知一封是 1956 年 10 月 18 日发出。还在日记中记着 1957 年 7 月 17 日我去杭州西湖环山地质实习（旅行）时去他校会见了他和另一同学袁一芬，哪知这次会面竟是我同他最后一别！

　　他写的字，字体工整、清秀，正由于他有这一所长，听说 1957 年反右前大鸣大放时叫他抄写黑板报，在空缺处他根据文意画了一幅插图而被划为右派，当然免不了与他出身于地主家庭有关。基于他诚实为人，工作积极，在 1961 年毕业离校前就已摘掉右派帽子，分配到家乡仙居县工作。

　　1970 年，我在浙江省地矿厅区域地质调查大队赴仙居县南部进行矿产资源调查时，在曹店卫生所，我打听罗森强近况。那医生说罗森强因有右派前科，文革时整他、批斗他，在 1968 年两派你死我活的搏斗时，利用历史问题对他无中生有、无不其及地造谣中伤。罗森强感到委屈，含冤自杀身亡，是吃敌敌畏死的，死前关上门窗，盖上多条被絮。

死时有两个小孩，一女一男，爱人在另一医务所工作。他讲得较详细具体，似有同情、惋惜，此后我一直牵挂着他。

近一二十年来，随着我退休并回临海家乡，与老同学来往频繁，我多处打听他的家人，特别是其子女的情况。我们推测在那阶级斗争要"年年讲、月月讲、天天讲"的年代，其子女很可能在家务农，受尽凌辱和为生活挣扎，打听了多年都未果。但也不死心，多次与原同班同学讲起要去找罗森强的家人了解了解。我隐约还记得罗森强说自己家住靠近临海白水洋附近的杨府乡。2010年我去仙居，从属于临海市的白水洋镇进入仙居县境后一直留注杨府地名，直到临近仙居县城时才看到有杨府乡的牌子，下车问了几个人，均不知有个罗森强。

我邻居中一位退休医师仍在临海市第一医院上班，但仅面熟，操仙居口音，路上还常打招呼。有次我在医院医师简介栏上知其名为应植华，1961年毕业于浙江医科大学(前称浙江医学院)，这样，刚好与罗森强同一届。有次碰面时，我问他认识罗森强否，他说："认识，认识！是我同学，死了。"我作了说明后，他连说"可惜！可惜！罗森强是老实人，是好人"。以后每次同他碰面，他几乎都提到罗森强是好人。他告诉我：罗森强老家住(临海)白水洋进入仙居县第一个村的横路丁。

2011年6月30日我去横路丁村找他家人。下车后询问第一个乡人，他说："罗森强死了(你找不到的)。"我说明来意后，他带我去其兄弟家。还未到家就碰到罗森强兄弟的儿子，我们见面后，他即向我介绍了罗森强两个小孩的近况：大的女儿现是仙居县保险公司副经理，是高中毕业后进入保险公司的，以后单位送她上大学，毕业后回单位工作；小的儿子在杭州工作，然后带我见其父母。其父亲说自己有五个兄弟，他是老四，罗森强是老二，土改前家约有七八亩土地（不到十亩），并酿酒出售，土改时划为地主。我返回时其儿子还告知我罗森强女儿的电话。当晚我即与其女儿通了电话。她说家现都较好，母亲住她旁边，弟弟和自己的儿子都在杭州，明天要去杭州看望他们。她也经常出差来临海，并要来看望我。我的悬念才告落幕，但罗森强的早逝给我带来的阵痛，与他家人一样，永远都无法抹去。

7月底，罗森强的女儿携其小女儿来我家看望我，说其父去世时她仅4岁，弟弟仅1岁。父亲去世后妈妈把她带在身边长大，弟弟放在舅舅家。她高中毕业后考入中国农业银行仙居县分行工作，后来银行送她读大学。母亲也早已退

回浦中学1956届高中毕生留影，后排左1罗森强，后二排右4陈焕驹，右5作者，三排左3李时敏

休，身体还好。她问我有没有她父亲的照片，我说仅一张高中毕业时的集体照，人多像小，不很清楚，给她看了一下，但不能送给她。我知还有一张团支部集体照，十来个人，我与罗森强都是团员，都拍在其中，人少人像必会较大较清楚，但多年前我因搬家多找不到了。为此我电话询问

当年也是团员现在全国各地的同学，也都说未保存下来。去回浦中学找档案，也未发现罗森强个人照片。

我知她思父心切，就打了多个电话、发了多封信向有关同学征集罗森强的照片。并在集体照中把她的父亲放大了几张（见所附），还可以，寄给了她。

寄去后的次日，与罗森强高中毕业班时同桌现在山东东营工作的章冬林（也是右派），寄来一张 2 寸罗森强的单人照，反面还有罗森强的签字，我立即寄给他女儿徐霞红（她后来随母姓，大概是为尽量减少其父地主家庭的影响吧）。随后，与罗森强一起考取浙江医学院(不与他同班)的高中同学袁一芬也寄来了从与罗森强医学院同班中要来的罗森强班级毕业集体照。这些照片寄出后我如释重负，能缓解她"不识生父真面目"之痛，尽了些力也感到欣慰。

第四节　　辛亥革命功臣朱瑞孙子朱健的悲壮人生

与我相处 10 年的大学同学、单位同事朱健，因是大地主的后代，年仅 32 岁就了结了他风华正茂、前程似锦的人生。事情要从其祖父朱瑞说起。

朱瑞生于 1883 年，浙江海盐县武原镇人，为辛亥革命杭州光复起义军的领导人。1903 年，朱瑞入南京南洋师范学堂。1905 年返浙，任浙江督练公所参谋处差遣，不久调任新军步队第 2 标执事官，与秋瑾等有来往。1906 年加入光复会和同盟会。曾任浙江步兵营管带等职，后任 81 标代标统，驻杭州郊区笕桥。1911 年武昌辛亥革命爆发，朱瑞率部下攻占军械局，光复杭州，任浙军第一镇统制官，后又任攻宁支队指挥官，率部支援光复南京战役。

1912 年 1 月，朱瑞加入黎元洪的"民社"，后又加入共和党，并将攻宁支队扩编为第五军，任军长。7 月返浙，任浙江都督。1913 年 1 月兼浙江民政长。同年因光复会与同盟会隔阂，拒不响应孙中山反袁"二次革命"，依附袁世凯，反对讨袁军。讨袁之役失败后，朱瑞因此得到袁世凯的信任，1914 年北洋政府令裁撤各省都督，改设"将军府"，朱瑞被授予兴武将军爵位，留浙江督理军务。1915 年参与上书劝袁世凯称帝，被袁册封为一等侯。但次年，朱瑞参加冯国璋请袁撤销帝制通电。不久，浙江讨袁军第 2 旅旅长童葆暄率众围攻浙江将军署，朱瑞败走逃至上海。1918 年因肺病死于天津，享年 34 岁。

享有高官厚禄后，朱瑞大量购置土地和房产及其他不动产，成了大地主，且是官僚地主。因朱瑞早逝，这些财产便很快落入其儿子(朱健父)手中。"父做官，儿享福"，朱健父也担当起"富不过三代"的职责，与我村的蔡继寿一样，陶醉在吃喝玩赌上，卖田卖房、卖金银珠宝等浮财。其妻(朱健母)眼看家庭财产日日流失，为日后生计，设法捞财。但旧社会家庭妇女实权有限，她把捞到的财产，如我母亲买土地契约上写我名字一样，以其仅几岁(主要在 3 岁前后)的儿子朱健的名义，投资上海实业，成为工厂和有关企业中的股东，朱健也成了名义上的资本家。

1955 年，我国贯彻过渡时期总路线，对农业、手工业、资本主义工商业进行社会主义改造，掀起了私营企业被国家接收改为公私合营的高潮，私方(资方)拿定息，朱健成为拿定息者。当时对拿定息者认为是一种资产投资，分期领还，不是剥削，等于国家向资方(股东)购买设备，故又称赎买政策。那时对这种改造的评价是，"资本家响应党的号召，对社会主义改造的支持，是对国家作贡献，是应有所得，是中共对马克思主义创造性发展的典范，既消灭了产生剥削的私有制，又维护了社会的稳定，是毛泽东思想的又一伟大胜利"。

为此，1956年1月15日，北京20万人在天安门广场举行庆祝社会主义改造胜利联欢大会，毛泽东、刘少奇、周恩来等出席。市长彭真宣布："我们的首都已进入了社会主义社会。"天津、西安、沈阳、重庆、武汉等大城市也先后全部实现了公私合营，全中国一片喜气洋洋。时称"私营资本主义工商业实行公私合营和拿定息后，企业基本上是社会主义性质，由国家统一管理，按计划生产经营。"对拿定息的资方丝毫没进行谴责或贬低。

1956年，朱健在上海高中毕业，也考入南京大学地质系。他是古生物专业，我是地球化学专业，一年级上大课(基础课)时常同一教室，早就面熟。从我日记中知，是年10月24日我去南京长江路人民大会堂(蒋政权时称国民大会堂)观看印度尼西亚巴利岛歌舞团演出，因我早两天就购了门票，来得稍晚，见朱健在门口路旁等什么。我们见面后闲聊了几句。他说等退票，我先进场。之后也在这个大会堂观看时任中央音乐乐院院长的马思聪小提琴演奏，也碰到了朱健。随着时间的推移，彼此进一步熟悉起来。

1957年反右时，对章乃器提出的"拿定息不是剥削"的论点进行批判、谴责。我在电影纪录片上看到(事先安排好的)一群工人冲进民主党派正在批右的会场，质问章乃器，拿定息是不劳而得，怎么不是剥削？章乃器未加反驳，显出一副脸笑心不笑的样子从容面对。这一镜头至今我还记忆犹新。《人民日报》在随后的6月10日发表《工人说话了》的社论。自此拿定息就是剥削已成定论，不断遭谴责，似有"过街老鼠，人人喊打"的势头。章乃器的"拿定息不是剥削""资产阶级无须脱胎换骨改造"的论点受到严厉批判、围攻，后来他被打成右派。朱健也是拿定息的人，是资产阶级分子，是个剥削者，不免惶惶不安。

1958年春，在经历了反右运动后，(全国)学校发起向党交心运动。每个学生都要把心里的真实想法写成文字先在班会上宣读，再递交给党支部。我当然也要写，要交。我原来也想对党的一些政策讲一些心理抵触，认为是错的或不公正的话。后来想想没有作用，还是随大流好，最后把题目改成《红与专，进步与落后的标准以党的需要而定》。虽引起领导注意，团总支书记为此还找我谈话，但还属于思想认识问题，不是政治立场问题，我仅家庭成分是地主，且早已打倒，已成过去的历史，因此向党交心运动我也算顺利过关。

朱健却不同，他要进行"脱胎换骨"改造，他交代了："年幼时，母亲防止父亲把家产败光，抽来部分祖遗财产(私房钱)，以我(朱健)名义投资上海工商业。1955年社会主义改造公私合营时，我是资方，拿国家定息，是剥削者，现我要划清界限，把拿的定息交出来。"为表示痛改决心，还把自己记有对党、对社会、对学校不满的日记交给党组织，以证实自己真正向党彻底交了心。

时任系党总支书记的戴恂，对朱健的坦诚交代表示欢迎，但定息的钱不能收，因上级还没这一政策，希望他继续用心学习，不断改造自己，与资产阶级彻底决裂，做一个又红又专的知识分子。随后把他的交心材料和交来的日记放在朱健的档案中，并作出内定为"中右"(中间偏右)的结论，也放在档案里。

1961年，朱健南大毕业后也分配来浙江大学任教，同来的古生物专业中还有家也住上海的朱新民同学，我们又在一起了。同系同属一个教研室不同教研组，他是古生物组，我是矿床组，不同办公室，但同一楼层办公，常一起开会，又住同一层宿舍，彼此接触又多起来了。

朱健生活比较讲究，穿着较好，言行斯文，相貌端庄，中等个子，戴副近视眼镜，冬天常围着一条羊绒围巾，在室内常喜欢脱掉外套露出羊绒衫，间或不穿外衣在走廊上行走，有一副上海人的派头。

1963年，为应付饥荒的困难时期，国家进行"调整、巩固、充实、提高"八字方针，撤销浙江大学地质系，学生授课到毕业，教师、职工相继调到其他单位。朱健调到浙江省地质局综合研究队，1964年年初赴任，我仍任多门功课，在校教到全部学生毕业，后又去化工系任课，因此与朱健分开了。但地质局综合研究队在杭州武林门浙江省地质局内，我有事去那边时偶尔也会碰到朱健。

1964年，全国农村进行"四清"为主的社会主义教育运动，北京有王光美的"桃园经验"，中共浙江省委也在诸暨县搞了个"枫桥经验"。阶级斗争"年年讲、月月讲、天天讲""阶级斗争一抓就灵"的气氛，笼罩全社会。省属机构也开展"四清"，但以清政治清队伍为主。朱健所在的综合研究队仅十多个人，且都是建国后毕业的年轻人，没有正式的(地、富、反、坏、右)阶级敌人。时任党支部书记的赵兴古（化名）是地质中专毕业，在那个知识愈多愈反动的年代，学历愈高也必愈反动，形成了中专学历与大学学历者之间的隔阂。"矮子中拔将军"是党的一贯方针，划地主也好，划右派也好，"在有人群地方，都有左、中、右"之分，综合研究队的"四清"运动总不能冷冷清清，为了有所起色，弄点成绩来，朱健就当了综合研究队"四清""四不清"的"将军"。

朱健"四不清"的罪状是：(1)他是资本家，是资产阶级分子，要他交代如何剥削压榨工人的。(2)对共产党对社会不满。朱健曾说"站就是坐，坐就是站"（比喻共产党好坏无标准，说话不诚信，今天这样讲，明天改了调）；"看报要倒转看"（意即报上说好的，事情就不好了；报上说坏的，实际上是好的）。（3）仇视共产党。他有个妹妹下放到东北，与一个共产党员结婚，他极力反对，说："入党的人为己捞利，不要与他同流合污，做人要清白。"以上这些主要是与他同一工作小组的我另一同学朱新民告诉我的，不知是根据朱健的日记还是日常言论。

机关"四清"运动结束对他没作组织处理，本着"批判从严，处理从宽"精神，不了了之。只不过在上上下下的人心中留下朱健是"童年资本家""思想反动"的印象而已。

1965年春，浙江省地质局直属的综合地质研究队合并到位于建德梅城（前严州府）浙江省区域地质调查大队，朱健也搬迁到那里。我在浙大任教到1965年底，也调到省区域地质调查大队，又与朱健、朱新民同一单位。

1966年夏爆发文化大革命，梅城（严州府）这个小而古老的城市也必然波及。在"横扫一切牛鬼蛇神"的口号下，我队有些职工也组织红卫兵，对一些家庭出身不好的人进行抄家、批斗。因朱健历经运动，平时言谨行慎，没有立即受到打击。我倒首当其冲，第一批被抄家，被抄去日记本、照片等物，并散布我的问题严重等不少舆论。朱健与我同住一幢集体宿舍，仅隔两个房间，他知自己先天不足只有竭力靠近组织来弥补。为了同我划清界限，把我过去送给他的一本精装笔记本还我，并撕去他已写上字的末尾2页，递给我该笔记本时连连对我说："还你！还你！"表示要与我划清界限、断绝关系，不再与我这个危险人物"同流合污"。我一句未说欣然接来，觉得送这小小的笔记本没什么可怕。我知他不是与我过不去，人家也知我们较亲近，自己又处此境，只好小心做人，尽量避免无事生非，引起麻烦。

在社会乱了一阵后，中央提出"抓革命，促生产"。他这个小小综合研究队合并到区调队后改名为古生物组，在我们这个知识分子成堆的单位有被遗忘、被边缘化的可能，这个负责人、党小组长赵兴古就发挥不了什么角色，他借"抓革命促生产"的口号，把他们搬到浙北康山煤矿去闹革命。那时矛头还不是"走资本主义道路的当权派"，仍然是"牛鬼蛇神"，这十来个人中排来排去只有朱健勉强凑得上。斗争方式也沿袭以往的办法，党小组策划，党团员和积极分子带头，学习文件，读报开路，大字报狂轰，个人交代，群众批斗等。但猛烈的程度远比以往"四清"运动厉害，批斗方式花样也远远繁多，土改斗地主时的戴高帽、挂牌、游街等均用上外，还有些创造发明，如坐喷气式等，说不定这些会落实到这个"童年资本家"身上。朱健已面临着"好得很"的日子

　　在此稍前，朱健接到家信，说在上海第一百货公司任会计的母亲，批斗她时脚骨被打断，更受到刺激。

　　贴朱健的大字报覆盖在食堂、住房各墙面、角落，知道他的人就是那么回事，但康山煤矿还有大量职工，知有这么个"童年资本家""省长后代"，都想亲眼目睹一下。窃窃私语了多天，评头品足，千闻不如一见，盼望批斗会早日召开，以一睹为快。综合队（古生物组）领导对批斗朱健的大会也作了周密布置，保证批斗会有声有色顺利进行，只能成功不许失败，为防万一，轮流暗中监视朱健行动，以免他逃跑。

　　在临近批斗朱健的前一日午饭后，因还是盛夏，午后照例休息，监视他的人以为朱健会同往常一样午休，放松了警惕。过一会儿发现朱健不在了，走进他的寝室一看，只见桌上的竹壳热水瓶下压放有 2 元纸币，别无异样。环顾四周又无形迹，连忙向领导汇报，初步断定他是畏罪逃跑，快发动群众去追。沿平原公路方向跑容易发现，可能性较大的是往

山上方向跑。主要人员上山进行搜索，有如抓俘虏、剿匪的"缴枪不杀"之势。

快追索到山顶时，发现朱健站在一个废井口，上来的人喊他不要逃跑，否则罪加一等！但他既不跑又不动，喊话的人觉得不对，要他下来，他也不理。有人告诉他：有事好说，他也不屑。等人们要走近他时，朱健一反他向来斯文尔雅的仪表，使出震耳欲聋的吼声："你们站住，否则同归于尽！"这些人被吓住停下脚步。刹那间，像高台跳水一样，眼看朱健头部向下跳入100多米深的废煤矿井中。

此时朱健32岁，未婚。他临死前压放在桌上的2元纸币，是昨天他打破公家一个热水瓶胆，离世前作为赔偿的，以表自己在生没有欠任何人的债，包括公家的；也没有干任何亏心的事，清清白白地离开人间，总不会在阴间再受到无穷无尽的指责，望来世能宁静度过。

朱健投井，人命关天，当天古生物组领导就赶来梅城队部汇报。造反派晚上为朱健召开缺席的批斗大会，声讨他畏罪自杀，自绝人民，违抗毛主席亲自发动的文化大革命，罪恶滔天。会上不少造反派战斗队员发言揭发朱健剥削、抗拒改造、恶毒攻击党和新社会的罪行，他的老同学老同事朱新民也发言，补充附和。因他与朱健大学同班、工作同组，在一起整整10年，对朱健情况比队上其他人都了解，也是不得不讲几句，否则有包庇的嫌疑。我也参加这次大会，至今难忘。这次离朱健投井仅六七个小时的批斗声讨大会，谁也不知道朱健是否已真的停止呼吸，还是在呻吟。

朱健投井一两个月后，上海家眷来信放在传达室无人领取，更没人回信。上海方见久未收到朱健回信，又写信来，当然更没人回信。又来信，还是没人回信。再来信。后来每隔两三天来一信，传达室一时朱健的家信成堆。那时原领导已靠边，造反派林立，内战不休，革委会还未成立，谁也不愿插手此事，即便给单位来信，也无领导敢为其回信，更无人代表单位去上海说明。看来朱健母亲批斗时被打成骨折是有其事，否则她可来我单位找朱健，以求探实，但从未来一人。约过了半年后才未见有信寄来。

1970年，毛主席发表"扭转北煤南运"指示，在南方各省大找煤矿。我队也四处找煤找气，一些炭质叶岩、裂隙沥青、浅层沼气也当煤、气开采，我也参与其中。结果还是"得不偿失"。但还要坚持，要在老矿中想想办法，挖挖潜力。1971年康山煤矿派人来我单位，说朱健投井的那个废矿井要重新利用，朱健的尸骨要处理。那时我单位三结合革委会已成立运作，与他们协商结果，在清理废矿井时把朱健尸骨包在草席中，在矿井附近埋葬。

那时形势稍为稳定，清理阶级队伍也已告尾声，没有查

二排左1为朱健。左4为作者

出朱健有什么问题，群众中对朱健的死有不少议论，也有同情的，特别对古生物组（原称综合研究队）党员赵兴古意见很大，认为他是为了自己做出整人成绩，求得后日升迁，抓住朱健不放。群众中也有要求为朱健作结论的呼声。队革委会为此召开全队大会，会上三结合老干部鲁中保介绍朱健尸

骨安埋经过和对朱健的处理结论。其结论是："朱健对文化大革命不理解，导致他自杀。"

后来，队上一个个揪斗后被关在牛棚中劳动的"牛鬼蛇神"相继"解放"，朱健事的处理也提上日程，要向全队职工讲清楚，要向其家属交代。最后由清理阶级队伍数据整理组负责人汪炳浩代表单位去上海先向朱健所在居民委员会说明，再由居委会干部陪同汪炳浩向其母亲说明。此命案到此才告结束。

朱健也可说是这个时代的牺牲品。但深层原因还远远没有向世人讲清楚，也不易讲清楚。

朱健就在这样的阶级斗争中死了，我与他相处可说整整有 10 年，我与我老家也有丰厚财产的邻居败家子蔡小香(继寿)相处也 10 多年，发生在他们身上的事我仍历历在目。其相同之处是祖上都有丰厚的财产，造成他们子女游手好闲、吃喝玩乐、用光败完。"富不过三代"是我国民间的俗语，前总理朱熔基在参观杭州胡雪岩故居题词中也写了这句话，可见这种现象确实存在。民国时期致力于乡村建设的国学大师梁漱溟反对阶级斗争，他认为社会上"贫富轮流转"，今天是地主，过些时候或其下代很可能变贫农；今天是贫农，过些时候或其下代很可能变为地主。这种事社会上到处都有，朱瑞、朱健父、蔡小香、蔡景春(蔡小香父)、胡雪岩、王梅花(我母亲)只不过是千千万万个之一而已，因此地主不是一个恒定的阶级，而是如天气一样是一种互变的、瞬变的现象，是"昙花一现"。若要按财产划阶级，进行阶级斗争，用"革命"一词来包装，要斗到何月、革到何年？

我至今仍常思念朱健，但他无后代，也不知其亲属在哪儿，我的思念无从表达，只有在这里多说几句。朱健！我的同学，我的同事，安息吧！

第六节　附文1　王锡忠致《炎黄春秋》
编辑部的信

《炎黄春秋》是我读到的最好刊物。她冒着极大风险披露了建国后所犯的错误，特别是毛泽东晚年的错误，不少人对此讳莫如深，老百姓想说又不敢说。她使人增长了很多知识，解开了不少误解和困惑，从中看到了民族的希望。

《炎黄春秋》坚持实事求是，不增美，不溢恶，只唯实，不唯上，为扩展公民民主权利不懈斗争的精神，得到了广大读者的普遍赞誉。特别是一些敏感领域和即将被历史湮没的事实，也率先刊登出来，如今年第2期中《可以教育好的子女》一文就是实例。

"可以教育好的子女"是建国后受迫害最深、何止几千万人的弱势群体。他们对那段悲惨的历史刻骨铭心，永世难忘。

在那以阶级斗争为纲的岁月里，"可以教育好的子女"入党入团不行、参军不要、升学不许，就连每家数卷的《毛泽东选集》也不发给。生产队里的脏活、重活、危险活、劳动定额低的活都是叫"可教子女"干。按家庭成分评级记工，一级劳力也只能评五级工分。生产队里出工前先由小队长训话："你们这些地主羔子，要老老实实干活，虚心接受贫下中农再教育，争取重新做人，这是你们的唯一出路，要不然也可能戴上帽子……"在那阶级斗争天天讲的日子里，"可教子女"想找个对象比登天还难，就是结了婚因为成分不好离了婚的也不在少数。谁家愿意把孩子往火坑里推。"可教子女"的孩子还没有出生就注定了是个"罪人"，成了没有明文规定的"世袭"制。成分不好殃及"九族"，父族、母族、妻族都深受其害，甚至当年的好朋友也唯恐避之不及。我三姨家的表弟因为是"可教子女"，35 岁还找不到对象，万般无奈只能用自己的妹妹和对方换亲，造成了事实上的买卖婚姻。此类实例举不胜举。

所谓"四类分子"，是地主分子、富农分子、反革命分子、坏分子。加上右派分子，称"黑五类"。后来又加上阶级异己分子、成见分子，总称"黑七类"。

我们小队里有五个四类分子，每天中、晚饭后都要到饲养院接受批判，所谓批判就是挨打。以革命为名义的人轮番用牲口嚼子(铁链子)打，用打牛的三角鞭打，拳打脚踢是最轻的。当时说这办法是对一个"革命者"阶级立场是否站稳的试金石，是革命意志是否坚定的考验，是对党、团员的具体考验。没完没了的挨打，一个受刑不过自缢而死，结论是畏罪自杀；另一个被打得腮上裂了一大道口子；女四类分子穿上寿衣被民兵押着满庄里游街，还要自报名号，高喊自己的罪恶。

我的侄子，安分守己，勤奋好学，自幼爱好画画，17 岁那年画了一张小猫捕蝴蝶，画完了用军棋的总司令印章盖到画上。因为他娘戴着地主帽子，去抄他家的人说，他画小猫是侮辱毛主席，他是国民党反共救国军的总司令。于是用水泥纸袋子糊成大褂，写上罪状穿到他身上，把他头发正中推成一溜沟，五花大绑后由民兵押着游街，晚上在 17 个生产小队里轮流批斗，历时 40 多天。

村里有两个地主成分的中学老师，多次被评为模范教师。后来被揪斗回村，不断被村里叫去开"四类分子"会，没少挨打。直到落实政策，到县里摘帽子，县里说："谁给你俩戴的帽子？县里咱不知道？没戴帽子摘啥！"你说冤枉不冤枉。

村里不几天就开一次四类分子会，开会时有专门负责打人的，进会场打两棍子，出会场打两棍子，越是本家打得越狠，以示秉公执法，不徇私情。

在那以阶级斗争为纲的岁月里，阶级斗争是年年讲，月月讲，天天讲，与人斗其乐无穷。只要以革命的名义就无往而不胜，说啥都对，咋干都行，被批判的人没有权利辩白，只能低头认罪。对待"可教子女"手段之残暴，迫害时间之长，伤害人数之多，理由之荒唐，都是人类历史上空前的。这段残酷的历史，不应讳莫如深，理应彻底揭露，真实地加载史册，虔诚地向受害者致歉！绝不讳疾忌医，任其为历史湮没。一个民族如果不能从自己所犯错误中吸取教训，改正错误，必然要重蹈覆辙，这一定是个没有希望的民族！

第七节　附文 2　血统论和大兴"八三一"事件

《炎黄春秋》2012 年刊登孙言诚先生《血统论和大兴"八三一"事件》一文，摘抄如下。

阶级路线推向极端

1963 年之后，阶级斗争不断升温，阶级路线也向"唯成分论"演变。"黑五类"子女，大学基本不收，重点高中也开始拒收。有的农村甚至连小学升初中也规定："出身占60 分，表现占 20 分，学习成绩占 5 分，其他占 15 分"。1964 年的高考，"黑五类"子女全军覆没。在高干子弟进入哈军工、清华等重点大学时，家庭出身"有问题"的学生却踏上"与工农群众相结合的道路"。据《无声的群落》一书记载，1964 年在奔赴大巴山垦荒的 2 万初、高中毕业生，绝大多数出身不好，其中不乏品学兼优的好学生，却被挡在大学甚至高中的门外。

1966年3月20日，毛泽东在杭州会议上说："大、中、小学大部分都被小资产阶级、地主富农阶级出身的知识分子垄断了。""这是一场严重的阶级斗争""将来出修正主义的就是这一批人""这批人实际上是国民党。"。

阶级斗争不仅要年年讲，而且要代代传，于是，一副血统论的对联应运而生：

老子革命儿好汉，老子反动儿混蛋。横批：基本如此

血统论笼罩京城

对联一经产生迅速风靡京城，传向全国。并先后得到中央文革小组及某些领导人的支持。"红五类"出身的红卫兵，先是在学校里打黑帮、打狗崽子，然后冲上社会打小流氓，打地、富、反、坏、右。一场血腥的"红色恐怖"就此拉开帷幕。

一、批斗会。8月4日，在北大万人大会上，红卫兵用皮带抽打工作组组长张承先。8月13日，在工人体育场召开批斗小流氓大会，由中央文革小组副组长王任重主持，小流氓几乎要被打死。8月19日在中山公园音乐堂批斗会上，原教育局领导孙国栋被打断三根肋骨，李晨被打得头破血流，八中副校长温寒江浑身是血昏倒在地。

二、校园游斗。8月5日，师大女附中在游斗中打死副校长卞仲耘。8月17日，101中学打死教师陈葆昆。8月19日，外国语学校打死教师张辅仁、职员张福臻。8月22日，女三中打死校长沙坪、八中打死校长华锦。

被打的不光是黑帮，还有学生。8月25日，师大女附中初三（4）班开会斗争"狗崽子"，十个出身不好的学生站在教室前面，一根绳绕过脖子把她们串在一起，有人动手打，有人向她们泼墨水。北大附中"红旗"则统一部署在全

校对出身不好的学生进行斗争。初三（5）班就有十几名同学遭到毒打，这些学生当时只有 15 岁。

三、"破四旧"。8 月 1 日毛泽东接见红卫兵之后，红卫兵冲向社会"破四旧"，抄家、打牛鬼蛇神，打击面很广，打的方法五花八门：皮带揪，木棍打，开水烫，钢丝鞭，刀剑……

四、私设监狱。从 6 月份开始，各中学都设立劳改所，专门收容揪出来的黑帮分子、反动学生以及"狗崽子"。"破四旧"后，也收容校外捉来的"阶级敌人"，遂变成变相监狱。如六中劳改所，有看望室、刑讯室、男牢、女牢，上设值班岗楼，安有警铃、探照灯，所内置有长刀、短刀、木枪、皮鞭、弹簧鞭等，日夜审讯拷打"犯人"。监狱墙上先用红漆涂写、后用人血描摹的"红色恐怖万岁"6 个血淋淋大字，阴森恐怖至极。这所监狱先后打死过 3 人。四中劳改所连接一个很窄的小巷，十分隐蔽，外面听不到受刑者的号叫。一中劳改所由菜窖改造的，在那里打死过 13 人。

学校之外也有监狱，最著名的是吉祥剧院和东安市场。各校红卫兵抓来的"牛鬼蛇神"，想让他们死，自己又下不了手的，都可以送去。

"劣等血统"的人随时都有丧命的危险。

错失挽救良机

第一次是 8 月 6 日，在天桥剧场关于对联的辩论会上，清华附中等红卫兵发出《紧急呼吁书》，呼吁"立即采取有效措施，严格制止乱打人。"康生当场表示赞扬，王任重把"呼吁书"送给周恩来，建议公开印刷，广泛张贴。周又呈送江青、毛泽东。大家都圈阅后，由陈伯达批交"文革"小组办公室印发。当穆欣印好并在八届十一中全会上散发时，却遭到江青和毛泽东的反对。

8月23日，毛泽东在中央工作会议上说："我看北京乱得不够厉害，学生开了10万人大会，把凶手捉出来，惊慌失措。北京太文明了，发《呼吁书》。流氓也是少数，现在不要干涉。"

第二次是红卫兵冲上社会之后，毛泽东找吴德听取"破四旧"情况汇报。吴德说：当时林彪等人也在场，我在汇报前的想法是向毛主席反映一些真实情况，刹一刹这股风。我汇报说市委没有力量控制局面，解决不了"破四旧"产生的混乱局面。

我的期望落空，毛主席缓缓说：北京几个朝代的遗老没人动过，这次"破四旧"动了，这样也好。林彪也说：这是个伟大的运动，只要掌握一条，不要打死人。

第三次，吴德是这样说的：北京市是在1967年春开始武斗的，那时武斗死亡最多的一天，根据火葬场的统计是70多人……我很紧张，寝食不安。我去找公安部部长谢富治。我谈情况时，谢富治也显得很紧张，神色惊疑。我们认为要制止这种情况。谢富治说：由公安系统、市委分别发出通知，要求不准打死人。

……

我们市委稿子还没发出，当天夜里2点钟，谢富治打电话找我去。我去后他对我说：公安系统拟的稿子送给毛主席了，毛主席批评了。大意说：你们还是想压服群众，文化大革命刚开始发动，你们不能像消防队救火一样。

大兴"八三一"事件

"红色恐怖"最严重的是昌平县和大兴县。

8月27日，昌平县公安系统传达谢富治前一天在北京市公安局扩大会议上讲话，强调"民警要站在红卫兵一边"，要把"黑五类分子情况介绍给他们"。"打死人我们根本管不着"的讲话精神。于是昌平县就开始行动了，由最初打杀"表现不好"的"黑五类"分子，发展到消灭一般的"黑五类"分子，直到乱杀家属。十几天时间，全县24个公社就打死人，总共327人。

大兴县的打杀也是在传达谢富治的讲话开始的。

县公安局根据谢富治讲话精神，在县公安局召开红卫兵、镇长、派出所民警会议，决定由治安科副科长张某联系红卫兵。

8月26日，张某在县公安局召开红卫兵会议，会上张某介绍了27家"四类"分子情况。

8月27日下午，黄村开始破"四旧"，当天就打死2人。

杀人风蔓延到芦城和天堂河公社。仅天堂河公社新立村大队就打死了53人。

到8月29日，黄村、芦城、天堂河三公社共有14个大队打死人。

8月30日，天堂河公社马村大队治保主任又将全队"四类"分子及子女100多人集中关起来。设男老、男壮、妇女、儿童四个监狱。大队书记李恩元率十几个人在大队部审问，随提随审，随杀随埋，一条龙行事。县委书记王振元赶到马村，劝阻杀人，李恩元等根本不听。王振元请示市委后次日冲破阻力再次进村，同行的张连和这样记述：

"全村被白色恐怖笼罩着，鸡犬无声。刑场设在大街西头路北的院子里……我们排队进院时，看见活人被捆绑跪着，死人横躺竖卧，鲜血染地，惨不忍睹。有两辆小推车往外运尸体……两个人抬起一个被打死的人装在小推车上，还没有推出门口就活了，一挣扎掉在地上，一个人上去狠拍两铁锹，又装上车上运走了。"

王振元劝李恩元停杀，李把杀猪刀往桌子一拍，道："不叫杀了，他们反过来杀我们贫下中农怎么办？"

动手最晚但杀人却最多的是大辛庄公社。8月29日公社"文革"组长胡福德到黄村串联回来，与副组长高福兴研究，决定当晚召开全公社17个大队主要干部商讨杀"四类"分子秘密会议。除胡、高外，有公社副书记李自永、李冠清参加。公社正书记贺云喜因为地富出身被关押着，也险些遭杀。会上制定杀"四类"分子的计划。胡当场宣布：31日夜间10点半统一行动，是"拔尖子"还是"一扫光"，由各大队自己决定。最后要求与会者宣誓：严守秘密，不做叛徒。

31日夜，全公社有9个大队杀了人，公社所在地的黎明、中心、新生、宏升四个大队同时行动。高福兴亲临现场督战，批评宏升杀得少（杀2人），表扬黎明杀得多（杀11户，56人）。是夜全公社共杀死110人。

从28日到31日，大兴共杀死324人（男232，女92）。被杀者，最大的80岁，最小的才38天。杀死"四类"分子175人，家属子女137人，其他12人。涉及171户，有22户被杀绝。由于31日杀人最多，故后人称之为大兴"八三一事件"。

第八节 附文3 道县"文革"杀人遗留问题处理经过

《炎黄春秋》2010年第11期刊登谢承年写的《道县"文革"杀人遗留问题处理经过》一文。摘抄如下：

湖南零陵地区（1995年改为永州市）道县在文化大革命的1967年7至9月间，发生了群众性杀害"四类分子"（地主、富农、反革命、坏分子）及其子女事件，共被杀和被迫自杀4519人。道县杀人事件迅速波及全区其他10个县，造成全区共被杀和自杀 9323 人，其中"四类分子"子女 4057 人，未成年人 862 人，另外致伤致残 2146 人。零陵地区特别是道县杀人事件，震动了全省，乃至全国。

究其根源，主要有五：

一、错误估计形势，轻信谣传。在当时"以阶级斗争为纲"的形势下，一些领导干部和群众总认为阶级敌人"冬火烧茅心不死"，随时随刻梦想复辟变天，伺机反攻倒算，人为制造恐怖气氛。

二、法制遭到严重践踏。

三、把杀害"四类分子"看作是革命行动。

四、派性斗争引发所致。

五、领导未予制止或制止不力。

第九节　附文 4　　"文革"时期道县周边的大屠杀

2014 年《炎黄春秋》第 1 期刊登了谭合成《文革道县周边大屠杀》一文，摘抄如下：

"文革"期间道县周边 10 个县市地主及其子女遭到不同程度的屠杀，其理由的荒唐人间难以想象。蓝山县清水大队"贫下中农最高人民法院"派了村子里一个"蠢子"（脑子不大灵活的人）去执刀。因这里杀人也跟道县一样有"手续费"，就是给钱或给谷子，这个"蠢子"杀了 19 个人后，找到大队干部要分谷子。大队会计说："19 个难算，干脆再杀一个凑个整数。"于是这个"蠢子"又跑回去，找到本村一户地主家，把地主家的小孩子随便捉了一个杀掉，凑了 20 个整数。

第九章 土改后我的母亲

　　土改后，我母亲作为地主，在处以"劳动改造"的同时，也接受各种专政，其中有义务劳动、送信、做军鞋、听读报、扫街等。1969年文化大革命清理阶级队伍时，因我出身地主家庭，也成了清理对象，我单位有两位革命职工去我家调查挖掘我的反动材料。在批斗我的会上，其中有一位说："我们去你老家调查了，看到你母亲带着白袖套在扫街，你要赶快坦白。"我才知母亲在文革中仍在扫街，这也是我母亲在土改后被专政的一部分。因上述有关章节中已零星述及我母亲土改后一些事情，现就某些较突出的事情作些梳理，略述于下。

第一节　　专心刻苦务农

　　1951年土改时母亲53岁，在此之前她非但在女人中是个大忙人，从经济收益上一般男人也不及她，用乡长蔡子桂的话，说她可顶得上10个长工。这从父亲去世后她经手买的土地、建造和买的房屋也可证实，何止10个长工？土改中她遭受到如此的打击，不免有些心灰意冷，但她生性不屈不挠、奋斗不止的精神丝毫不减。由于客观条件的变化，如做生意欠账要不来，家里房子减少，我离家参军，年纪渐老体力渐衰，等等，她"审时度势"，放弃其他经营，全心全力投入农业生产。

　　1954年11月，我从部队回家探亲。几位邻居告诉我的第一件事是：前几天乡政府和村干部为统购统销把我家抄了，抄去不少粮食，有稻谷、小麦、黄豆、玉米等。其数量旁人难以置信。显然，这些粮食当然是我母辛勤劳动并厉行节约的结果。

土改后住我家被没收房屋的隔壁邻居蔡雪花，因她是本村人，我少年时就认识，即使她家成分是贫农，我家是地主，但相处还算融合。几次同我说："你母亲若不是地主，早已评上劳动模范了。"

我这次在家仅 12 天，又已进入冬季，农忙已过，田间生活不多，母亲除偶尔去田间劳动外，大都在家和我谈 1950 年别后一些家事、村事。她最得意的一句话是："终究要自己做来吃。"因贫、雇农土改那年分了土地外，还分了粮食，土地上地主种的庄稼也又由他们收割，粮食不困难。但次年就要他们自己耕种了，当然要自己劳动。有些贫、雇农土改前是不大劳动或不大勤奋的，如贫农蔡继寿和农会主席、雇农蔡继传就是这样的人，她的话是针对他们讲的。

1955 年，我在军队复员回到中学读书，后又入南京大学读书，假期常回家。毕业工作后，特别 1975 年调回临海后，回老家的次数更多，邻居常向我说起母亲辛勤耕作的事，我也目睹了母亲在田间辛勤劳动情况，有时还和她一起去劳动。

邻居蔡继俊对我说："你母亲确不简单，种稻插秧时她这小脚女人还下水田做田埂，当时也在附近干活的人都赞叹不已，小脚女人下水田干活从未见过。"（我家乡人多土地少，女人不干农活的）

邻居蔡远光说，"稻田里的杂草是用'田刨'耘的（田刨是竹竿上装一个园铁圈的除草农具，在秧苗间来回推动以除杂草，人可站立前进，不大吃力），你母亲不用'田刨'，脚块头（膝盖）跪在水田上，用手除草，又慢又吃力。你母亲还说这样除草彻底，也未见别人这样干过。"这样除草确是彻底，可以说是她根据自己体力情况"因地制宜"，采取爬行劳作，也可谓是她的"独特技举"。

暑假我在家，那时确有"赤日炎炎似火烧，田中禾苗半枯焦"之感。在这炎热日子里，常见母亲头上戴着斗笠，手提一只盛有一大碗粥的竹篮（劳动间歇吃，当接力饭），背着锄头，去田间劳动去了，到中午汗淋淋地回家。

我有时问母亲："你除草可以，但挑粪施肥或收割的庄稼要挑回，你小脚就不行了。"她说："用畚箕一畚一畚伴着拿。"即把要挑的东西放在两只畚箕里，一只用手抱在身上搬走一段路后放下，再回去搬另一只往前走得更远一些再放下，这样相伴前进，不需挑。这确实也是无奈时的好办法。在我以后去全国各地推销自己写的一本有 5 斤重（再版修订有 7 斤重）、每箱有 60 斤的书时，如有多箱时也拿不动，也照她的办法运书。

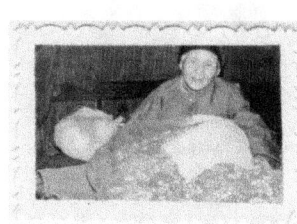

母亲骨折卧床
（左侧系做鞋的布料包）

农业合作化时期，除干自己自留地外，她也去生产队劳动挣工分。但有件令她闷闷不平的事到晚年才同我说起：有一年生产队种小麦，一个人掏土孔（俗称掏麦孔），另一人放麦子（伴有灰肥），放麦子的人随掏孔的人前进而后退，母亲负责放麦子。该麦田另一麦行中也两人在掏麦孔和放麦子，都是男的，前进速度与我母亲一样，质量当然也差不多，但记工分却相差一倍，那个同她干一样活——放麦子的男人记八分，我母亲只记四分。她说明摆着吃亏。

我与母亲也有几次一起去田间劳动，印象深刻的有：

1956 年暑假的一天下午，我与母亲一起去芋田里除草、引水灌溉等。临傍晚时，微风吹拂，晚霞西映，蜻蜓在低空飞舞，燕子在高空翱翔，一片嫩绿的田野，迷人的景色至今不忘。

大饥荒后自留地又分回到户，我家分到三里外的青阳山上一块 10 来平方米的山地。土地就是粮食，就能活命。山高约 40 米，即使崎岖的山路，她也乐得爬上去种，挑肥浇水，不辞劳苦。有一次我与她一起去，山路实在难爬，种的是旱作物，如马铃薯、黄豆等。她说她种的庄稼都比较好。有一年，附近人家马铃薯种不大，唯她种的很大，人家来问她怎么种的？她告诉人家：施肥要施在两株中间，不要施在株根上。这与我在植物课上所学的农作物吸收养分是毛根，不是主根相一致。她的耕作法确有科学道理，当然她不是从书本上学的，而是自己实践中摸索出来的。之后人家也照她的办，种的马铃薯也都比较大。这次我帮她拿些肥料上山，平时就她一人拿了，那时她年纪已 70 岁左右！

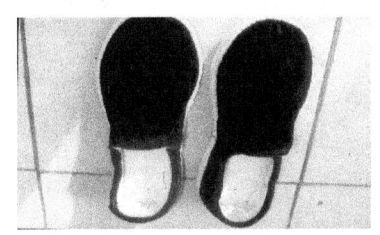

母亲做的布鞋

离我家仅 100 多米的后门山脚，有过一块自留菜地，我也同她一起劳动过，她干起农活粗中有细，清清爽爽，着实比我强，比我好。

后来在下仇路边也有块 10 来平方的自留地，我知种过番薯、小麦等，我也和她去那里劳动过。此块地保留到她过世。在她 91 岁跌倒卧床后，委托给堂侄耕种。

种庄稼是一项综合性工程，肥料是重要一环。那时没有化肥，主要是人肥、牲畜肥，母亲养母猪的目的之一是积肥。我在读小学、读初中时暑假要我把与人家合养的耕牛牵来自家放养，也是为了积肥。土改后家里只母亲一人，而有三个人口的土地，又未养猪，肥料当然更缺，母亲就早上起来到户外拾狗粪、牛粪来积肥，还到外边刈草皮烧灰当肥料（氮肥）。我放假回家，她也叫我去刈些草皮，晒干后烧灰当肥料。

她80多岁后，体力更衰，生产队劳动也很少去，农事主要是种自留地，空余时间较多，她还是闲不住的人，改革开放后土地又分到户，种棉花的人也多起来，也有人家找她纺棉纱，给加工费，她纺的棉纱又细又匀，很受欢迎。此外，她喜欢做布鞋，这也是她的拿手活，也可以说是伴他一生的活，为我，为我爱人，为我几个儿女，为我姐及其子女，都做了不少布鞋。除自家亲人外，还为邻居、叔伯做。如对门蔡继东儿子蔡周兵结婚，我堂弟蔡继呈女儿阿华结婚，邻居蔡昺森女儿结婚，母亲都做了布鞋送给他们。2014年春节，我与大儿子、儿媳去老家看望乡亲，蔡继东妻还同我讲起我母亲为她儿做新郎鞋的事。

她91岁时，在我临海家要回乡下老家向村干部再次要求退赔1958年人民公社化时村干部在我家拿去的物资，一人在家晒咸菜跌倒骨折，在大姐家卧床近三年，还在床上干活，主要还是做布鞋，我和大姐常劝她不要再干活了，她就不听，之后我们也只好随她了。

她在临离世之前几年，常说自己一世做了三世活。她晚年另一句常说的话是：我现不中用了，吃了过头粮，浪费了粮食。

第二节　"地主也有管理权"

土改时我家房屋没收，分三股，东边和西边都住进翻身户，中间归还我家。东边为王育兵蔡雪花两夫妻，西边为蔡修宽家。

蔡修宽曾去上海做过大饼，见过世面，回来后定居本村后宅，妻子为湖州人。土改后住我西边被没收的老屋，成为新邻居。

老屋与新屋因原来都是我家所有，新屋的横梁穿在加固后的老屋柱子上，两屋连在一起。新屋的楼梯安装在与老屋接界处的新屋西侧，这样经过新楼梯也可进到老屋楼上。因两屋有一米高差，其间还有一米高的小楼梯把两屋楼上连接一起，因都是我家房屋，这样用起来很方便。

老屋也有楼梯，安装在房子北侧，但远没有新楼梯宽、明亮、转弯方便、去老屋楼上近路。新屋位于本村东边，有大门直接通向田野；老屋大门朝西，前是三湾街，如果没有东侧新屋可利用，出门做工、收工必须经过三湾街，再转几个弯才能到田野。农村收割来的粮食、庄稼秸秆、部分农具、晒具都放在楼上，如蔡修宽仅从老屋大门进出，再从老屋走上老楼梯，费时费力；若经过新楼梯上楼，对他来讲省时省力。但土地房产证上写明：蔡修宽上下楼只能由老屋老楼梯上下。新屋楼梯为我家所有，但东侧的王育兵家可上下出入。没写明蔡修宽可出入。但蔡修宽住进来后，他是响当当的贫农，一进来就常经过我家新楼梯上楼，我母亲为了同他搞好关系，也让他经过新楼梯上下出入。因此，新房与旧房间仍如土改前一样留有一个通道，蔡修宽照样可出入。

我妻土改后在琳山农校读书，假期回来，她和我母亲均住楼上，她住内间母亲住外间。外间外侧就是楼梯，无房门。内外间之间有房门，但夏天天热夜里也有不关门的。有一个深夜蔡修宽轻步走向我母亲睡的外间。母亲发觉后知他不怀好意，即用脚重踢他两下。蔡修宽知被我母发觉，即返回，彼此都没言语。我母亲次日便告诫他，以后不能走我家楼梯。蔡修宽以为自己贫农成分，不理我母亲告诫，同样继续走。母亲无奈，只好向村调解委员反映。

调解委员蔡莲芳来实地观察，又看了土地证。对蔡修宽说："这楼梯明写着是王梅花的，没有写明你可以走，地主也有管理权，王梅花不给你走，你就不能走。"蔡修宽强辩也无用，蔡莲芳要蔡修宽以后不要再走。

我母亲有了调解委员蔡莲芳的表态，不理蔡修宽的反对，即把通向他楼上的通道用竹篱笆隔开。从此蔡修宽及其家人就不能再走。

母亲对蔡莲芳这句"地主也有管理权"的话深为感激，说他公正，多次同我提起此事。

母亲与东边的王育兵家也有麻烦事。

我母亲惯于精打细算，物尽其用，遇事能讲出理由，临急会应付自如。我家四间新房中西侧的楼梯间较窄，不足一间，完整的是三间，农村一般有中堂间，可供红白喜事用。因此建新房时把东侧第二间当中堂间，左右两间的门都向中堂间开，门闩在东西两间内侧，即在这两间的人随时可走向中堂间，可中堂间的人不能随时走进两侧房内。中堂间后壁有两扇单门通向墙外道路，以便进出方便。留给我家的房子除前段有门通向中堂外，在靠近后墙处还有一单门通向中堂，以便随时可经中堂后门走到外边路上，比经过前段近了很多；如果此门关上（闩着），中堂的人便不能随时进入我房内。这些房子都为我家时，这样的门路很实用的。现中堂间为王育兵家所有，这两扇通向中堂的门仅能起到隔板的作用，不再走人。做一扇门很贵，与构建同样大小的板壁相比，大概花钱是5：1。母亲建过房，这方面她懂，因此她向王育兵提出：把门换下，用木板把它按原样补上，对他家毫无损害，也毫无影响。这样换下的门我母亲可用于别处，对我家有利。王育兵不同意，但他也讲不出理由。

母亲只好向生产大队领导反映此事。因这是多年使用下来，不是眼前要急办的事，且王育兵妹妹是乡干部，生产大队推着不受理。但我母亲也不罢休，反复要求，终于受理。干部们来家察看，母亲讲出其理由：

这两扇门是我家开向中堂王育兵家，门的所有权是我家的。

中堂间土改分给王育兵，我们是两家人，此门已不是通道，仅起隔板作用，做门贵，放这里是浪费，我把它换下，用新板按原样补上，其作用完全一样，对他没有妨碍，也无损失；

门是我方开向中堂间，他们不能进入我家，我们可随时开，随时可进入他家，万一以后他家有失窃，那讲不清楚，甚至影响后代关系，把隐患留给下代，还是现在我们处理

母亲争回来的门板（右：门面；左：内面）

好，换下来我用木板补上，免得后代纠葛。

王育兵不同意，但又讲不出理由。

村干部问王育兵："门卸下换上板壁对你有没有损失，有没有妨碍？"王育兵说："没有。"村干部说："既然都没有，免得以后和下代纠纷，让她换上板壁吧。"王育兵无话可说。

过后，母亲就叫工匠来把门卸下，补上新木板。王育兵、蔡雪花看在眼里，气在心里。王育兵朝天大骂，说我母

亲反攻倒算，想变天，骂得难以入耳。这是邻居沛华二嫂告诉我的。

1984 年我在临海城关建房。把这门板拿到临海备用。后未用上。我们家乡人亡故时有"放板头"的风俗，即要把遗体放在木板上。1992 年 10 月 16 日晚母亲去世时，我们就把她的遗体放在这木门板用上，让她安详地躺在这扇来之不易的木门板上走向天堂。

第三节　　　长达 30 年的退赔要求

1958 年，举国上下的大跃进，给我家也带来很大冲击。

我村是大村，有完全小学。学校也要跃进，要把近村小学合并到我村小学来，成为大小学，便于军事化管理。我家紧靠小学，要我家房子腾出给小学用，把我母亲安排到本村上角蔡显杨家那边去住。当时我在家，移去少量家具、炊具，留下的房屋隔间的木板壁被拆除当教室用，构建时又用了我家不少木料。

村里办的大食堂也需材料构建，也需材料制作炊具及桌子、板凳。我家成分是地主，建房剩下的木料要拿就拿，否则说你不支持，不支持就是搞破坏，地主搞破坏要被批斗。拿去的有木桁料几根，旧谷仓一只(盛稻谷用)，谷箩一对，木橼数十根，大木板几片，砖头几百块，等等。小校并大校遭家长反对没有成功，我家房屋拆了隔板仍空着。之后大食堂解散，分成小食堂。小队的食堂办在我家，又拆了我家小锅灶，打成大锅灶(地灶)，又用去我家不少砖头。

1962 年 1 月，中共中央七千人大会后，各方面都作了调整，小食堂解散。以后中央又颁布了农村工作 23 条，对群众在大跃进中大动大调所受损失进行退赔。我母亲也向村

干部提出要求退赔。村干部说地主富农迟一步退赔。我母亲
只好等待。过了年把后，我母亲见其他不少人已退赔，其中
也有地主富农的，她又找村干部，村干部再次说迟一步。过
了些时候她又找村干部，书记蔡继斋推到大队长，大队长推
到小队长，小队长又推回大队长，大队长又要她找调解干
部，调解干部要她找治保干部，治保干部还是要她找党支部
书记。书记又说研究研究。这样一转一搁又是一年。

母亲又多次去找书记，还未研究，也不知何时研究。母
亲只好找公社(乡政府)领导，向他表明"这是土改后留还给
我的，有的是土改后添办的，都是合法的，应当与其他人一
样退赔。"这位负责我村的公社干部说："是要退赔的，地
主富农也同样退赔，时间有先后，有轻重缓急，你再等一
等。"我母亲只好回来。

我母亲等了多时后，没有答复，又去找多个村干部，先
后找过的有书记蔡继斋、副书记蔡显恭(操实权，因其家成
分为中农，不能当正书记)、蔡显岳(村长)、蔡继村(生产队
长)、蔡继交(老年协会会长)、蔡继端(调解委员)等，有些
我也记不起来了。但答复还是同先前一样，这个说找那个，
那个说找另一个，要么再研究研究。东找西找，转眼间便到
1966 年文化大革命了。各级领导班子瘫痪，无人管此事。

1975 年，我调来临海，"文革"后各项工作渐趋正
常。我母亲又重新反映。先找村干部，因村干部中不少换
人，只好从头再说一遍。其最先答复是研究研究，之后答复
是要找原经手人。找到原经手人，经手人说自己已无权，要
经办干部来找他，他可证明。但干部们又不找他。这样我母
亲又只好再找乡政府，乡政府也换人，又得从头讲起，其答
复是同村干部一样，研究研究、商量商量。

又过了一阵，村干部也没研究好，乡领导也没商量好，
我母亲又催。以后她带着叫人写的书面报告，严严正正地去

一次交一张。她不识字，只好叫别人代笔。代笔最多的是蔡显华（解放前他曾当过一年副乡长，五类分子，常与我母一起开改造会，他母亲是我母亲堂姐，有远亲关系），另叫邻居蔡继村也写过，我回家探望她时，也常叫我写。报告内容是：

店前公社领导：

1958 年大动大调时，扩建小学和办食堂，村干部在我家拿去木桁料 7 根、谷仓 1 只，谷箩 1 对，大木板 10 爿、板壁 3 张、砖头 270 块、木椽 32 根。请求按政策退赔。

大园村第四生产队王梅花

去一次交一张，其结果也都落空。

此后，她到区政府反映。区政府已从我村搬迁到白水洋镇，离我家有 15 里路程，比到店前村的公社（乡政府）3 里路要大五倍，虽有公交车，但她舍不得花钱坐车，凭着自己的小脚，一步一步走，走累了在路边石块上坐坐。坐坐走走，走走坐坐，用了 2～3 个小时才到区政府。区政府接待她的是管信访的褚秘书。她又得从头讲起："1958 年大跃进并校、办食堂在我家拿去很多东西，1962 年 1963 年退赔时村干说地主富农迟一步赔，1964 年乡干部说地主富农同样退赔。又找村干部，推来推去仍没有赔。之后因文化大革命拖至今天还没有赔，这不是我的责任，这是土改后留给我的东西，有些是土改后我办的，是我合法所有。公社干部说地主富农同样赔偿，至今已十多年了，要赔给我。……"并随手交给他一张拿去的对象列表。褚秘书答复：了解后处理。

之后她继续去区政府、乡政府（公社）、村委（生产大队）三地走。又走了 2～3 年，仍没有处理。多人告诉我：

她常坐在去白水洋镇(区政府)的路边。我知这是她走累了在路旁歇一下。可见她的决心。

1978年后我常接她来临海我家住。但她住几个月后就要回家去继续反映赔偿问题。仍无结果。后来她要我陪她一起到县政府反映。当时临海县县政府每月20号是县长接待日，我们在这一天去了县政府。按规定先进行登记。随后轮到我母亲申述。她说："我名字王梅花，成分地主，1958年大动大调时村里把我的东西拿去，至今没退赔，村里、乡里、区里干部都说地主富农一样赔，但至今还不赔给我，我为此事上访，要求赔偿。……"并随手交给接待人一张清单。接待她的是位信访办公室的女同志。彼此交谈一下后，该女同志说把此事转交下面区里办理，叫我母亲下次直接找区里。

母亲以为这次去了县里，会有结果的。过些时候又回老家。路经白水洋镇时先到区里，褚秘书说此事已与公社里说过，叫我母亲找公社。母亲又找到公社，公社干部说已与村里说过，叫我母亲找村干部。母亲又找村书记，村书记叫我母亲找老年协会会长。老年协会会长说此事已很久，须了解了解等语。这样又拖了半年一年仍未解决。

母亲又来到临海，逢到每月阳历20号时又要我陪她到县政府向县长反映。接待的仍是这位女同志。填了表格交谈后仍叫我母亲先回去，她一定转告区里抓紧办。回来后我劝母亲：吃亏人长长在，人家比我们吃亏的更多，如讲几句话划上右派，开除回家，我们现在可以了，算了吧！但她心不甘，仍要去乡下催办。

但又未办成，又来我处，到20号时，又要我陪她去县政府。有次双港区信访办褚秘书也在县政府，县府那位接待的女同志、褚秘书、我母亲和我四人一起商定，回去由褚秘书落实。我们才回来。

　　母亲又回老家等待落实。最后答复是村里没有树，没有东西好赔。母亲说村里山林多得很，这是耍花样，是"鬼调"，只好又来到临海。她向来用农历计算日期，初一、十五两日还吃素食，不过问阳历。但那时每到阳历19号时，她就提醒我，明天要我陪她去县政府反映。我虽叫她不要去，但心里却同情、钦佩她的推算力、记忆力。她不识字不会看日历表，何况阳历与阴历大月小月天数不同，不知她是怎样推算的。也钦佩她的毅力、执着，我们住的地方离县政府有5里多路，还要翻一座小岭（名叫后岭），够劳累的，临海城内车辆多，小脚女人的她走路我不放心，还是陪她去了。

　　到了县政府接待办，那位中年女接待员对我母亲说："你又来了！"母亲说："不给我办我只好来！"谈了一会儿后，那女接待员答应她再给我们催。这样来来回回，从1978年到县府反映起，一直反映到1989年，还是要回乡下由当地政府处理。她又为此事回家，稍后跌倒骨折卧床。她生于1899年，即从80岁往县府反映起，跑到91岁仍未解决。若从中央"七千人大会"后的1962年算起，为此事足有27年的要求。

　　1989年最后一次去临海市（1985年县改市）政府反映后，又回乡下等回复。那时她已91岁，一人在农村我们不放心。因我较忙，我爱人去老家想把她接回。我爱人去了后，她说村干部答复她：最近回话。还要迟些来。我爱人只好一人回来。邻居还说过些时候就要改选村长，参加选举的村民每人可发2元钱，那时我母亲已摘掉地主帽子，有了选举权，参加选举可领2元误工费。为这两事她说暂时不回来。

　　我爱人回来后不久，邻居来人告知我说，你母亲跌倒脚骨敲断。等我赶到时，邻居已把她送到双港镇卫生院医治。

　　大概是股骨已断，不能行走。她说年老了不让我们给她医治，医生也说效果不会太好，动手术人又痛苦，因此我们也顺其自然。我们工作较忙，她也喜欢农村，因此就住在邻村溪岸林我大姐家。她那时已是本村最年长的人，每年"重阳"老人节村里也给她一份慰问品。当有村干部派人到溪岸林村送来慰问品时，她还托来人向村干部提出退赔问题。住我姐家三年，至少又向村干部要求过三次。

　　1992年2月，我们把她接来我城关家住，到9月时她吃不下饭，身体每况愈下，但头脑清楚，知自己在世日子不长，叫我去老家把她自己做好的寿衣拿来。我回去顺便也告诉堂侄儿侄媳等邻居。过些时候侄媳蔡素青等多人来看望她。当时她病已很重，但还托蔡素青代她向村干部、向老年协会再次提出退赔事。蔡素青答应一定转告到。

　　过几天蔡素青又来我家，商讨趁母亲现在还活着把她送回老家"寿终"事。那时她已近弥留之际，但听到素青的声音，问素青有关她退赔的事已向村干部讲过否？素青也顺口安慰她，谎说已讲过，村干部答应赔。母亲又补了一句："你不要骗我！"我们都觉得自己心虚，因为我们骗了她。

　　母亲说我们待她好，不回老家"终寿"。随后过了几天便去世了。我们也不会为此事找村干部，长达30年的退赔抗争就这样不了了之。她这一世所追求的"公平"、"公正"也这样结束了。

　　她常说自己在旧社会，上法院打过六场官司，场场都赢。解放后她与新邻居多次纠纷，虽没上法院，她也赢了，但这次她输了。虽事隔几十年，我还常想起此事，也常为她不平。

第四节　　　家庭离散给母亲带来的打击

20 世纪 60 年代由于家庭出身不好，我妻走投无路，也顾及孩子出路，实为逃避无产阶级专政，导致了我们夫妻离异。他们的出走，特别是我母亲年幼的小孙子随他母亲也踏进继父家门，给她带来的打击，其程度和历时之长仅次于土改。

本书前已提到 1949 年我 17 岁时母亲让我结婚，虽我内心不乐，但为顾全母亲一生的艰辛忍受下来。后来我妻在我的鼓励和支持下继续上学读书。1952 年，我在部队时曾向她提出离婚，她经济上还依靠我，不同意，母亲也反对，便拖了下来。

原定她 1954 年琳山初级农业学校可毕业，毕业后即有工作分配。但到了 1954 年夏，因初级农业学校业务技术低浅，浙江省教育厅指示要再读四年，并升入宁波农业专科学校。这样变成"3＋4"的专科学生，还要继续学习才有工作分配。那时我 22 岁，还在部队，再等 4 年我也还年轻，就想着再等到她工作以后再说吧。

在本书第八章第二节曾提到我妻 1958 年农业专科毕业时因家庭成分是地主不给分配工作，对她带来的打击不言而喻，七年来的期盼一下化为乌有，非但没工作，且要回到饱受歧视、处处吃

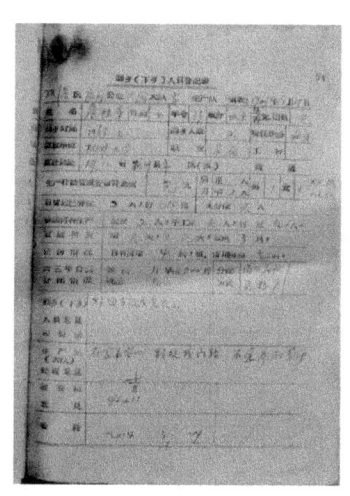

作者前妻回乡登记表

亏的的老家，有苦难言、度日如年，她的处境我也寄予很大同情。我那时还在南京大学读书，她年纪已30岁，如离婚对她必是雪上加霜，伤口撒盐，去留都很困难。我体谅她的处境，不再提离婚了。

对她这样大的年纪来讲，点滴的时间都是珍贵的，我又远在南京上学，相处机会很少。为她着想，我在1958年夏，因班上同学外出要为大办钢铁找矿而停课，我借病请假回家，多年来我为了日后离婚不同居也同居了，1959年有了小孩。也可说我们虽没有爱情，还有点"阶级感情"，确切地讲我还有点人性、人情，有点正义感。没有落井下石，而是雪里送炭，是一种善待，也是一种抗争。当然，对我个人生活也是带来打击，一切希望、美好憧憬都化为泡影。

她毕业回家一个月后，白水洋小学请她代课三年，又因家成分地主下放，去杭州我处多年后最终还是回老家。她在家当然郁闷，前途无望，必不安心，寻求摆脱也是自然的。

2012年2月，我为家乡少年朋友张增连等上世纪60年代初下放职工，享有困难补助事查阅临海市档案馆资料，发现档案中有一张我妻（詹桂芽）下放回家调查表。这是1965年临海县人民政府派人来我村调查回乡人员情况，为下放人员填写的表格。在这张登记表的生产大队（村）处理意见一栏中对她的意见这样写着：

"在家不安心，到处找门路，不愿参加劳动。"（见附表）

意见栏中这样写反映了当时我妻的表像，但没有反映其原因、实质，有些苛求。1958年，我妻在宁波农业专科毕业后，因家成分为地主，没有分配工作被迫回家，这本是已受歧视。回家后农村缺少小学教师，校方主动请她去小学任代课教师。她工作认真，师生反映好，有成绩，任了三年小学教师后，又因家地主成分被辞退（解雇）回家，又受歧视。当时我已在浙江大学任教，来杭州我校，就照顾夫妻关系来讲这也是合情合理、名正言顺的事，未被接受。后来她户粮关系落实在余杭县兄嫂家，再强制下放回家。再次找到工作后，又受村干部刁难，不开介绍信，她就不能赴任。这样一次一次受歧视、受打击。若为贫下中农，绝不会发生这种事。实为对她专政，叫她怎么能安心在家？

我们家乡地少人多，靠精耕细作，妇女一般不参加田间劳动的（即不大参加生产队记工分的劳动），至多在门前户后菜园地（自留地）上干些农活，我妻对这种活还是会干的，生产队的活有时也参加的，不经常而已。而农会会长蔡继传妻，我从未见她干过菜园地（自留地）上农活，何况田间劳动，是不是也视为不愿参加劳动？

农村地主富农出身的子女及其后代，不让升学，不让工作，不让参军，连找对象也难，有的找到对象结了婚的也因家成分地主常遭欺凌而离婚。这种事例可说到处都有，如溪岸林村的我大姐两个儿子，就因我母亲(他们外婆)是地主，大儿子考上高中不让入学，小儿子初中也升不上。下洋庄村朱献亚(也是我同学)，其父朱昌鉴是地主，朱献亚之妻已联系上代课工作，村干部不给开介绍信，去不成，导致离婚。朱献亚后来经人介绍，要与我村一姑娘结婚。在结婚日子时该姑娘请其亲房份叔父农会会长蔡继传女儿当陪姑，送她去朱献亚家。因朱献亚家是地主，遭到拒绝，为的是要与地主阶级划清界限。

我回家探亲，常听家人说我两个小孩常受人欺侮。这一切预示了我们子女今后在村上的日子也必是艰难的。

面对这种现实，这样下去我们及儿子只是"死"路一条。已有的办法也已用尽，我再也想不出挽救她的办法了。要获得新生，也为下代出路，从长计议，还是冒一下风险，闯一下再说，离婚吧！此时我妻也知无其他路可走，也有这一念头。这确是没办法的办法，是天无绝人之路的路了。

我们就商量这条路怎么走，怎样把它走好。生离死别，谁能愿意？但坐着死不如站着死，站着死更不如闯（斗）一下再死。我们的离异，确不同一般，没有吵架，也没有怨恨，彼此体谅，互相负责。现实社会不允许我们这样厮守下去，我们不怨天不怨地，怨自己生不逢时。

在当时来讲，我妻是弱者。她最大的顾虑是今后生活保障问题，我给她保证和承诺是：当时我工资59元，给她和两个儿子25元，家里房子由他们住。如果她不再嫁，我也不再婚。非但对她作了如此承诺，我把此情况告知亲友，并征求朋友、同学的意见，包括周子法、吴彩云、张金鉴、朱善昌等同学好友的意见，还征询高中同学、时任杭州大学人事处处长吴森林（党员）的意见。他们都说我现是进退两难，离婚是没有办法的办法，如果对妻子、对孩子负责，信守承诺，这样处理也可以，也只能这样。实际上也是我向他们作了信守承诺的表态，也是请他们谅解、监督。

朱善昌是我从小的同学、同乡，还有远亲关系，我结婚时也请他来吃喜酒，他也认识我妻和我家人。他说："你在1952年提出离婚，当时你在军队，人家会支持你；1958年离婚，那时没有小孩，即使你还在南大读书，人家也不会谴责你；现有了两个小孩，你在大学教书，妻子在农村无工作，不论你怎么解释都认为你是喜新厌旧，道德质量有问题，你这个委屈一生一世都要承受，只好放肚子里。"我也知会出现这些情况，愈向人解释愈说不清，只好闷在心里。2013年夏，常碰面的60年前初中同学蒋连荣，偶然谈起我婚姻事，她说，我们都以为你第一任妻子是农村妇女……

妻子也征求了她兄弟等人的意见，他们也无异议。但我们对母亲和姐姐都瞒着，她们从家庭、从现状是反对我们离婚的，对邻居、村人等也瞒着，以便他们今后不受议论，少受歧视与讥讽，在家正常生活下去。

1967 年 7 月，我从建德梅城我单位探亲来家，准备办理离婚手续。办前的晚上我们同宿其住在临海城关的兄弟家，仍同桌吃同床睡，晚饭后并携带着 6 岁的小儿子去附近巾山下玩了一会儿，这是我们作为家人最后一次外出。儿子当然想不到父母明天就要分手，几乎已近生离死别。我是软心肠的人，有家庭、有子女观念。而现实社会不得不使我们下狠心走向这一步。这段时期也是我人生最困难、最痛苦、最迷惘的时期之一。

次日，我们去临海法院找原先已约定好的双港区法庭一位法官办离婚手续，实际上是为她和子女今后生活要个有法律效力的调解书。因我们都有自愿离婚的约定，没有多大问讯。只是在家具上我妻提出：她家成分是富农，土改时是不没收财产的，她出嫁来的一套家具因我家成分地主，土改时没收了，要我赔偿。这点她以前从来未向我提出过，也许是她兄弟临时提醒她的，我也无思想准备。法官问我什么态度，我说由法官决定。法官对她说：这不可能，你的要求是反攻倒算。她也只好放弃。其实她也不是反攻倒算，只是心痛要我给些补偿而已。这位法官说话的分量听起来很重，其实也只是土改后的一般当政者口头语。看来法官对我的婚姻和善后的处理有所同情，没有应允。离婚调解书是这样写的：

最高指示
领导我们事业的核心力量是中国共产党。
指导我们思想的理论基础是马克思列宁主义。
临海县双港人民法庭民事调解书
(67) 双庭民事第 15 号

　　申请人：蔡行来，男 33 岁，家庭地主，本人学生，文化大学，本县双港区店前公社大园大队人，现在省地质局区测队工作(建德梅城)。

　　被申请人：占桂娥，女，37 岁，家庭富农，本人学生，文化高中，本县双港区店前公社大园大队人。

　　案由：离婚。

　　双方婚姻是由父母包办于 1949 年 9 月结婚，婚后没有真正的夫妻感情。男方自 1952 年开始多次写信给女方提出离婚，女方不同意，勉强过夫妻生活。分别于 1959 年、1962 年生来两个男孩。……现经双方自行协商，女方同意离婚。对小孩扶养、财产问题等达成协议如下：

　　双方同意离婚，准予离婚。

　　两个孩子，一个归占桂娥，另一个归蔡行来，两个都在家时，都给占桂娥带养，每月由蔡行来给每人 10 元，供养到 18 岁为止。占桂娥生活费蔡行来每月负担 5 元，每月共给占桂娥 25 元，孩子读书、医药费用，另由蔡行来负担。对占桂娥医药费酌情补助。

　　房屋、家具原则上平分，互相协商，调济使用，但占桂娥不得变卖。在其母还在时，也应照顾其母使用。

　　以上协议，双方共同遵照执行。

　　临海县双港人民法庭(章)

　　1967 年 7 月 27 日

　　我们 19 年的夫妻，虽然感情淡薄，也没吵过一次架，在有了两个小孩，还有过同艰共苦一段日子后，终于分手了，感慨颇多，难以言表。离婚后占桂娥回家仍继续她的农村生活，相处在村干部之下、邻居当中，抚养小孩，料理家务，有空参加田间劳动。我回单位工作。之后的路一半是靠自己努力，另一半则听天由命了。双方又进入荆棘丛生的崎岖小道，为生活、为来日争扎。

离婚手续办后，我也准备按自己承诺和调解协议书办。也把此情况告知自己已与他们商讨过的同窗好友，包括周子法、吴彩云、张金鉴等。过了近半年张金鉴给我来信，说吴彩云想把占桂娥介绍对象，联系不上我，叫他写信转告。对方是杭州三墩镇农村户口，婚后户口可迁入，与她家相处不远，无子女，家仅老母，为人诚实等。我回信张金鉴，此事由占桂娥自己决定，并把她的通信地址告知张金鉴。同时我写信给占桂娥，由她自己考虑，如不离家我信守承诺，保证她生活安定，并把张金鉴的信转给她。

随后他们自己进行联系。据说占桂娥与兄弟商量，他们去杭州三墩镇看了对方人家，还算可以。1968年春节后，占桂娥在其妹夫协助下趁我母亲不在家时搬走日常用品，携带6岁的小儿子前往杭州三墩再成家。

我母亲回来后听邻居所说，知他们已出走，心痛不已。在她看来有儿孙就像家，就有奔头，就有希望，就是幸福。她与出走的小孙子已相处6年，感情深厚；与我前妻相处19年，也还融洽，现远离家庭，远离了他们，看不到，呼不应，深感痛心。对她来讲，什么升学、工作、前途不是主要的，种田人万万年，子女绕膝才有福气。据我大姐说，在他们去后几天母亲日不思食，夜不入眠。日夜思念小孙子，思念她们。

前妻再成家后，我也于1969年春节后再婚。并于次年育一女儿，虽三人偶来家看望我母亲，一年也仅一两次，远远解不了她对小孙子的思念。有一次我单独个人回来，她说不知小孙子在那边是好是坏，同我大吵一通。后来叫我大姐专去杭州三墩看望他们。他们相见后三人抱头大哭。

以后又听说我前妻在那边先后又育有两个男孩，其继祖母又还健在。我母亲认为她有了自己小孙子后，对我儿子必会差些，她想出种种办法要把小孙子弄回来，经常同我唠叨着。我总说"还是在那边好，在那边有前途"来安慰、来搪塞她。

我前妻和小儿子去那边后不久，我仍想尽我应尽义务，写信给周子法、吴彩云，孩子每月 10 元的抚养费我仍照常寄来，请他们转告。不久接他们来信说不要，我当然不勉强。可能我前妻为自己新家考虑，看来生活也可过得去。

虽我于 1969 年春节后再婚，次年有了小孩，但也想念他们。每逢我出差杭州或路经杭州，我总尽量去三墩周子法家了解了解情况，顺便给些钱。我小孩家与周子法家仅隔100 来米，子法知我念儿心切，把他叫(哄)来相会。记得第一次要想相会时，那时仅分离一年多，他 8 岁，我站在三墩医院（周子法家在医院内）门口接他，子法带着他来，他远远看见我后，似乎有些害羞，连忙转身往家里跑回，子法喊他回来也不理。子法返回后我控制不住而流泪。还有一次子法把他叫来了，我们见面交谈时，他弟弟站在门外老远把他喊回，可能他母亲已发觉我在这里，毕竟她还有家庭，我儿子还生活在那里，不来往为好。我把这些会面也告诉我母亲，不同她讲，她要追问，同她讲更促使她思念，考虑再三，还是讲好。

过了几年，儿子继父患病亡故，母亲得知此事，更急着想要把孙子弄回来，挂念他在那边生活不好，怕他受苦。她还有实际行动，想把隔房多代的近邻蔡显森女儿介绍给他，因我们两家过去关系较好，他们也是诚实人家，蔡显森夫妻及其女儿都同意，还说去杭州或回本村都可。母亲把此事告诉我，我认为不现实，我反对不好，同意也不好，只说太早了。

1975 年，我从建德梅城浙江省区调地质大队调到临海浙江省第一地质大队。次年，1959 年出生，因家成分地主仅小学毕业在家务农的我大儿子，根据国家照顾地质队工作艰苦、流动性大，从职工内部招工的规定，他符合招工条件。招工前我知自己家成分为地主，我前妻外出工作村干部不给开证明，只好待在家的教训；我单位去年招工时有两个合乎条件的地主孙辈儿女，因村干部不给办手续而没招上的教训。这次我事前多次去与主

作者与从小离家的小儿子在杭州合影

要村干部打招呼。因常与我家作梗的农会会长蔡继传已去世；支部书记蔡继斋父亲与我父亲解放前都开小店，去城关进货时彼此托带，关系较好，即使离他家较远，我小时父母为调剂货物常派我去他家送取，因此早已与蔡继斋认识。此次为此事也去他家多次，送些小礼物。操实权的副书记蔡显恭是我小学、初中同学，曾一道去临海城关上学，也与他打招呼，但没送礼。当我单位派人去招收时，他们都同意盖章放行，大儿子就顺利招来我单位工作。其中蔡继传的去世是最重要的条件，否则也可能重蹈其母亲的覆辙。这样可以说我们彻底离开了可爱的、养育我们的、但又难以生存的家乡，这对我们地主家庭来讲，具有划时代的意义。

此后，就只有母亲一人在家，那时她已 78 岁，虽身体硬朗，但精神上更加孤独，家里的房子以后可能没人住了，

她更想把杭州的小孙子弄回来。凡是我回家探望她，她几乎都提起此事，我也只能应付搪塞一番。实际上我巴不得小儿子离开老家，以免他作为地主后代受歧视、受苦受罪，现即使他在杭州想回来我也劝他不要回来。但她还不死心，把自己搞副业和我给她的零用钱积下来，买了一台缝纫机准备送给显森女儿学裁纫，以便杭州小孙子回来与她成家后可过小康生活。

我知前妻后夫亡故，三个儿子还小，生活困难，有时寄些钱请周子法转交。但我毕竟再婚了，又有两个小孩，非但经济有限，且不甚妥当，我叫已在我单位工作的大儿子寄些钱给他母亲。他从 1976 年一直寄到 1986 年其弟工作、其母落实政策有退休费为止。此时我们两人在同一单位，一些劳保物品也用不了，母亲叫我寄些给他，我也遵嘱寄给。记得最清楚的是有件棉工作服，因我室内工作为主，基本上不穿，母亲叫我寄给他，我遵嘱也寄了。

1985 年，我前妻占桂娥的同班同学、本村人蔡泽多在街上遇到告诉我说："我们 1958 年宁波农校毕业没分配工作的同学，现可重新分配，叫我速告诉占桂娥。并根据省文件去宁波农校打证明，再由当地政府安排工作。"我立即写信告诉三墩医院同学周子法，请他转告占桂娥，并协助她办理。之后占桂娥在我们儿子的陪同下，去宁波农校办来证明。那时我已调到宁波工作，他们先来找我。但我已出差，我单位的老乡鲍正启夫妇接待了他们。宁波农校证明打来后，周子法、吴彩云两同学倾力为她办理任职手续。据他们说，先后去了临平余杭县政府有关部门 16 次，终于办成。落实在三墩酒厂工作。但占桂娥那时已 55 周岁，已够法定退休年龄，酒厂决定她报到后即办理退休手续，享受退休待遇，由其(我)儿子接班。他初中毕业后任过村团支部书记，后又任过三墩镇团委副书记，去酒厂上班后脱产学习会计业务，后来任杭州西子味精厂财务科科长，并在杭州大学函授部毕业，获会计师职称。

据蔡泽多讲，此事的解决除改革开放平反冤假错案的大气候外，还有偶然的机遇。他们的同级不同班的同学蔡彩娟（我村人）在黄岩市政府工作，其爱人是黄岩农校校长，有一个黄岩农校毕业生牟梦交也因家成分不好而未分配工作向校方和政府提出要求：要政府给他分配工作，黄岩市政府拟重新分配。蔡彩娟知道还有很多宁波农校学生也因此而未分配，把此情况告诉蔡泽多。蔡泽多立即向在临海、仙居未分配的同学转告，蔡彩娟和蔡泽多等再向在省农业厅任办公室主任的同学胡良愉反映。

胡良愉在宁波农校读书时的女朋友、同班的陈秋仙也因家成分为地主不给分配工作，以后俩人申请结婚，又因陈秋仙家成分地主而胡良愉是中共党员，领导不同意，陈良愉耿耿于怀、藕断丝连，积极向上反映这起要求重新分配工作的事。又逢当年也是宁波农校毕业、时任党支部书记的蔡雅仙（我村人）在浙江省农科所工作，对他们的处境也深表同情。恰时浙江省管文教的副省长李德葆的爱人也在浙江省农科所工作，且与蔡雅仙同一办公室。蔡雅仙通过她再向李德葆反映。同学林元礼通过与李德葆读研究生时的同学、时任农大党总支书的谢秉章也向李德葆反映，在这多股力量努力、配合下，最后才以省政府名义下了《宁波农校1958级毕业学生受极"左"路线影响未分配工作的应重新分配的决定》文件。

占桂娥在此机遇之下，又有幸来到三墩，家里不再受歧视，得以顺利解决，儿子也接班工作。周子法、吴彩云说为占桂娥工作花去差旅费1600多元要我负担，我也分次如数寄给他们。那时的1600多元我要近1年的工资积蓄，在寄给周子法的同时，还常附带寄些给我儿子，请他们转交，因此实际上远不止此数。

1987年，我小儿子建了两间新房，准备与附近一个姑娘结婚，在经济上我也给了资助，一年多前在谈恋爱时我们就见过面。婚前周子法、吴彩云来信，新娘房内一套家具费用要我负责。我也如数寄钱，并另寄了一些给我儿子本人，由他们转交。

之后我小儿子多次来临海及周边县市出差，也顺便看望我们。那时我母亲时常来临海我家居住，多次与他见面，这时她才不再提把小孙子弄回老家的事。1992年，我母亲94岁去世那年他还来过我家看望他祖母。那时我母亲也住我们自建的新房，当时我不在，是由我大儿子带领。这是我母亲以后告诉我的，也是他们最后一次会面。

我大儿子于1996年春节携其妻儿去杭州看望其母亲和其弟家室，而后1997年春节其弟也携其妻女来临海探亲。小儿子在1997年秋又扩建了房屋，我在经济上再次给他资助。我编写出版的《石材大全》及其再版都在杭州印刷，也都住在他家。出版后大部的书存放在他家，占用了他两间房屋，再陆续从他家起运送(寄)到全国各地销售，因此去他家机会更多。1999年春，在他介绍下，我利用人家付给我的书款，向他连襟买了一套在他家旁的房子。1999年冬母亲骨灰移放入墓时，我在杭的小儿子也来参与吊唁，坟碑上也写着他参与竖立的名字，这些都仅是弥补而已。

为修补、妥善处理后事，我尽了很大的努力，但无法抹去由于家庭地主成分使我和母亲及他们近半个世纪以来为此造成的创伤和痛苦。

第五节　　　土改后不久又是小康人家

我母亲的信条是勤劳加节约，收入多支出少，财富就会积聚。

除土改那年外，我家的粮食每年都有吃有余，钱也不很紧，土改后没几年即是"小康"人家了。就是在我国大饥荒年代，她的日子过得还温饱均匀。我寒假日记中还提到1961年1月22日春节筑锅灶那天，她还用腊肉煮糯米饭。据邻居玲玲讲，她嫂子福妹家有人客叫我母亲帮她做麦饼招待，福妹家即使是贫农翻身户，但不勤俭仍是穷，没有肉，我母亲还拿出咸肉给她做麦饼，一共做了15只。这些都反映出我母亲的日常生活水平。我在1954年至1975年在外地读书、工作时，基本上每隔1～2年回家一次，从未听她说缺粮缺钱，她也从没主动向我要钱。她的生活当然与我的经济支持有关，但主要还靠她自己刻苦和精打细算。

作者母亲与大儿子一家（1992年摄）

我后来再婚有小孩，经济也不宽裕，每月60元工资时，寄给她10元至15元，她和我儿子两人当然也够紧的。但她精打细算，加上一些副业收入，经济常有节余，也常借贷给别人，即土改时称是剥削之一的放高利贷，收取一些利息，那时也合法了。在80年代末她已近90岁高龄时同我说，自己有400元积蓄放在外甥少华处，在她过世时可拿来用于丧事开支。她说前后邻居对她都很好，很尊敬她，送葬的人会很多，男人每人发一包香烟，女人发一条毛巾，小孩发糖果。那时猪肉6角4分钱一斤，400元价值不少，相当于一个小学民办教师一年的工资，也是她长期来精打细算的结果，我真佩服她的节约。

我回家时，还常碰到有人向她借钱借粮。也有引起纠纷的。最大、时间拖得最长的一次债务纠纷是与土改后住我家没收房的蔡修宽的儿媳胡福妹。她住我隔壁，丈夫是强劳力，她也年轻，两个小孩，就一般家庭来讲不应出现困难。但丈夫不勤快，妻子也不善于安排生活，多次向我母亲借粮食。即使上一次未还，母亲也同情他们再借给她。也因她家困难，我母亲也很少追讨。时间拖久了，再向她要还时，她胡说还了，激起我母亲愤慨，更加催讨，胡福妹的记忆力、口才怎能与我母亲相比？她讲不过时就耍赖皮。之后她住到别处，我母亲去追讨时她不理，母亲曾叫我一道去，我也去过几次，均无效。有一年春节我没有来家，母亲就坐在她家门口，不还不走，双方对峙着。我堂兄蔡金志见此状，叫我侄媳妇蔡素青去向胡福妹交涉，结果还来一半（计120斤稻谷）了结此事。

我家这个小康也是相对而言。我村农民在土改后生活一般都较困难，能吃饱饭的人家不多。有的半挨饿。与他们相比我家可说名副其实的小康了，但也还是青菜淡饭式的小康。

第六节　　母亲晚年享受到改革开放的实惠

母亲晚年发挥余热

1976年9月毛泽东去世，10月，毛妻江青、接班人王洪文、军师张春桥、打手姚文元被抓，举国上下一片欢腾。接着胡耀邦出任中共中央组织部长、总书记，平反冤假错案，右派改正，地主摘帽。1978 年 12 月中共十一届三中全会确定今后工作重点以经济建设为中心，土地分到户单干，允许私人办企业、办交通、办学校……不提以阶级斗争为纲，取消"成分论"，提倡公平竞争等一系列的改革开放政策，国家又获得再次"解放"，欣欣向荣、蒸蒸日上。我母亲晚年及其子女也享受到改革开放的实惠。家庭再度获得新生，朝气蓬勃、人财两旺、安居乐业。

简洁地说，改革开放就是走私有化道路，承认私有财产的存在、合法、不可侵犯，这才能最大限度地发挥个人积极性、创造性。这些措施就经济模式（生产关系）来讲就是解放前旧社会的模式，即是中华民国、大清帝国……走的老路。改革就是改掉建国后不论行业、不论工种、不论大小按马克思主义理论，一切走集体化、公有制的路。这条路的实质是为了巩固政权忽视人具有自利性的天然特点，把人的各方面（包括生产、生活、政治、思想）用庞大的国家机器管束起来、把人们的积极性创造性捆缚起来忽视优胜劣汰违反自然发展规律的路。

这句话听起来有些刺耳，不是国家语言，但凡 80 岁以上的人到农村集市上看一看，现在模式几乎完全与解放前的旧社会相同，民间有句"辛辛苦苦三十年，一夜回到解放前"的俗语，言出有据，只不过不能说"走回头路"而已。我附近的双港街，1949 年建国前我常去，1980 年后也常去，1993 年退休后更常去，其经营模式与旧社会有哪些地方不一样？没有，农副产品交易兴旺，每逢集市日热闹非凡。因此，就经济领域来讲，说它再次"解放"，并不言过其实。有的说现在是第二次"土改"（土地分到户耕种）并不是无据。

在这条道路下，勤劳才会得到社会、政府的认可和回报。只要勤劳节约、开拓进取，人人都有用武之地，几乎都会获得成功，生活也会得到改善。在这大环境大气候下，有着艰苦节约、开拓进取传统的我家人，如鱼得水，大显身手，再度成了"富家"。

我母亲对这一套模式非常熟悉，操作起来可说是得心应手，滚瓜烂熟，只不过年纪老了而已，但她还能发挥余热量力迎头而上。

农民能自主耕种，产品自由支配。摘了地主帽子的她，也平等对待。她分来的土地同样可出租，现不是剥削而是互通有无了；但还可留些自己耕作，下仇山脚有块地是她自己种的，种过番薯，种过小麦，我也曾去帮她劳动过，粮食吃不了。农民也有种棉花的，种了棉花要纺纱，她给人家纺棉纱，收取加工费。

她吃粮精打细算，年年都有余粮，春天粮价贵，她春天去集市上卖；也有秋收粮价低时她买进，春天卖出，赚些差价，现也不认为是投机倒把，盘剥农民，是市场规律。因家里较富有，有时也放债，收取利息，现不叫放高利贷剥削，而是调济余缺。因此财富又有了"较多"的积累。

政治上她也获得平等，批斗、扫街没有了，有了选举权。选举权虽对她来讲关系不大，但每次参加村干部选举同样有经济补贴，也算平等了；她也参加村老年协会，后几年成为全村 2000 多人中年岁最高者，91 岁时她跌倒骨折，在我溪岸林村我大姐家卧床三年，村老年协会每年都在九月九日重阳老人节时派人来慰问，带来慰问品，已是很关心、很平等了。80 年代中期她已近 90 岁时，村妇女主任李仙香还叫她参加区里举办的剪纸比赛，她得了三等奖，奖来一条大毛巾。也算很敬重她了。这都是改革开放给她带来的实惠。

改革开放对她的子女也带来很大实惠。

笔者编写出《石材大全》，并两次修订再版

笔者在 1987 年至 1989 年间或帮助本市乡镇石材厂工作时接触到一些同行，深感他们在地质、矿山知识的贫乏，以至掌握该项业务技术存在的困难。随着这一行业的迅速崛起，急需要有这方面可用来参考和提高的书籍。笔者退休以后，身体还好，也与母亲一样有"闲不住"的习惯，从 1990 年起就准备着手编写该书。几经挫折，也有如同母亲坚持、开拓、进取的精神，历经多年努力，终于编写出了 200 多万字的《石材大全》，于 1998 年 11 月在吉林科技出版社出版。

改革开放后，经济快速发展，建筑业突飞猛进，对建材，特别是高档建材、饰材需要量大增，相应的工业也得到充分发展，石材行业也是其中之一。在此基础上才有编写《石材大全》的需要，也有编写的可能。编写出来后还要发行，有强大的该行业队伍，是做好该书发行的基础。因此，主要由于经济的发展，该行业的掘起，该书才能"应运而生"。其次政治思想上的宽松，写书不再是作为名利思想的批判对象；加上出版方式的灵活和销售渠道的多样化等，也是该书成功的原因。这些都要在改革开放的政策下才可实现。

该书的出版总结了我国该行业的成就，介绍了国内外先进的经验，提供了该行业各种信息，并在学术上有所探讨，对促进该行业技术水准的提高，推动我国该行业与先进国家接轨，以至走在国际前沿，都起到一定的

作者及退休后写的书

作用，读者反映较好，得到国家有关部门的肯定和赞扬。

该书应中国石材工业协会《中石协[2002]10 号》文建议，分别于 2004 年和 2018 年又进行二次修订再版，并指定为本行业具有指导作用的大型工具书。

在编写和发行该书 20 余年中，为记述其遇到的挫折、困难、辛劳及发行时去各地的见闻，我还为此写了《成功的背后》一书。

与我母亲一起生活过的我的下代，有我的大儿子、小儿子、大女儿、小女儿和孙子，直接、间接地受到她的教诲和影响。他们在改革开放后也各显身手，获得一些成绩。现都各在一地，忙碌着自己所从事的工作、事情。

大儿子

大儿子为我第一任妻子所育，他生于 1959 年 6 月。1967 年我们夫妻离婚，他已 9 岁。次年他母亲携带其弟去杭州郊区再婚，留下他由我母亲抚养。当时我在外地工作，再过一年我也再婚。由于地质队流动性大，不便随我同住，他仍在我乡下老家。我母亲是地主，他是地主的孙子，也属专政对象，邻里间、生产队中吃的小亏是常事，最大的不足是小学毕业不给升中学。我也抱绝望态度，想着就让他在乡下土生土长做农民吧。若再读几年书，工作找不到又不会农事，上不上下不下，反而害了他，我只能这样安慰自己，其实也是无奈。母亲曾托亲戚叫他学木工，有点手艺生活总会好些。我也随母亲之意，1976 年春曾送他去吞口陶村我表姐女婿处学了几天木工。恰好那年国家照顾地质队职工工作艰苦、流动性大，子女扶养、教育、就业困难，从内部职工子女中招工。是年我大儿子刚 18 岁，再经我一番努力后，录取在我单位工作。这不仅是他本人一大转变，也是我们彻底地离开了几十年来盼望、设法与之脱离关系的老家。

　　大儿子现已退休，其爱人在台州公路部门工作，也已退休，他们住在临海城关，唯一的儿子在美国工作，常来探亲，也可说有了较完美的家。

　　现我子女中只有他在我身边，随着年龄增大，生活必需有人照顾，他就会担承此角色。在此我要感谢南大地质系主任徐克勤教授，感谢他 1958 年夏批准我回家；还要感谢浙大人事处王良芬女士，感谢她把我清除出浙大，调到地质队，他才能被招进地质队。有了他们，我今天才有这个儿子的照顾。当然，这一切都要归功于我家的成分是"地主"。

　　小儿子

　　小儿子在他 6 岁时随母亲再婚离开家乡大园村，去杭州当时的市郊三墩落户，现已是闹市区。我母亲对他们的出走深感悲痛，在她看来，家有香火，多子才能多福，种田人万万年的思想深根蒂固。从她的经历、智慧来看，当然也有一定道理。不过在我们看来，我们夫妻的离异对我儿子及其母亲和我三方，即使当时情感上、生活上带来创伤和困难，但从长远来讲，还是利大于弊，我当时采取的应对措施是对的。即使我以后生活道路仍崎岖不平，我对此不后悔，也没对不起任何人的悔意和内疚。

我母亲和孙子孙女（摄于 1983 年）

　　小儿子年长工作后，我住在临海时他来过多次，并多次与祖母见面。他在杭州大学财会专业函授毕业，原任规模较大的杭州西子味精厂财务科科长，因国营企业效率低下，该厂停产下马，他凭自己的财会专长，仍在其他单位从事会计工作。这一工作机动性较大，没有一定上下班时间，改革开放后个体企业、私人企业蓬勃发展，多数规模不大，但要有会计人员，有的工作量不多，不需一个专职的。故他除了在一个大的单位上班外，还兼了多个小厂会计业务，常在夜间在家做账，业务较忙，收入也较丰，早备有轿车，有多处房产。现与女儿、女婿、外甥一起居住。清明节也来临海拜祭祖父母墓，我们也乘机团聚。

小儿子的母亲还健在，多年前曾多次来临海看望她弟妹及亲戚好友，也在大儿子处住一段时间。随着年纪增大近年未来，但我大儿子和从美国归来的孙子也曾专程去看望她。我退休后因编写、推销《石材大全》的需要，常在小儿子处，偶尔也与小儿子一道去看望她，最近一次是 2019 年 4 月，我去南京应克复先生处取来他给我写的本书序言返回经过杭州时，再次与小儿子一起看望她。她现在与她的最小儿子一起生活，身体还好，耳灵目明，虽我们仅讲几句客套话，心中都不免回忆起过去 70 年来的辛酸苦辣、欢悲合离的日子。

大女儿及其家人

大女儿

2 岁的大女儿与其父母

大女儿为我第二任妻子所育，我妻原住临海城关，系居民户口，虽多次去我乡下老家，但不受我村干部管束，蔡继传也奈何她不得。她虽然家庭成分也不好，是五类分子子女，也属专政对象。但我们婚后不久，她户口迁到我单位，小孩户口也跟随我们，都是我单位的人。之后我调回家乡临海，户口仍在我单位。虽大女儿常住外婆家，但不是该处居民，居委会也管不着。她出生在大搞阶级斗争的文化大革命中清理阶级队伍时的1970年，但小学毕业是改革开放后的1982年，那时地主早已摘帽，成分论也取消，分数面前人人平等。

她在家乡临海读完小学、中学，天资聪颖，学习成绩年年都名列前茅，大都还是第一、二名。几乎年年都评上三好学生。1988年考入宁波大学，成绩仍然优异，年级中常第一名。

作者同小女儿在宁波大学

她在中小学时与我母亲（她奶奶）断断续续相处10多年，我母亲的勤劳节约对她也有直接、间接的影响。虽我母亲的"过分"节约，她作为年青一代有时难以接受，常为用水多少、烧柴（煤饼）省费对她们有所指点、批评，甚至有时彼此有些口角，但事过之后她会像我一样发现自己的不对。她们相处时，她奶奶已八十多岁高龄，还做饭洗碗和干其他家务，衣服也自洗，仍是闲不住的人，也得到她们的尊敬。在她奶奶1992年10月16日过世前几天，她已在宁波上班工作，特请假来看望。

作者与孙子在浙江大学大门口

大女儿自小学到大学毕业可说一翻风顺，这个风顺是她成长在改革开放时期，学校录取新生不再讲究家庭成分，也可说生得逢时。

　　她大学毕业后在宁波工作一段时期，后去美国深造，毕业于美国加利福尼亚大学圣荷西分校（San Jose State University），获硕士学位，现在美国国家税务局工作，住旧金山湾区（硅谷）一个小镇上。其爱人在微软公司上班，家有两个小孩，一男一女，还拥有一幢别墅。我曾三次应邀去美国探亲，美国给我留下美好而深刻的印象。

自右至左：作者、孙子、儿子、儿媳。2015 年 9 月摄于美国罗得岛

小女儿

　　小女儿生下满月后即寄养在离我老家仅 3 里远的邻村（东庄）我外甥女家，母亲才有机会常去看望她，她奶奶从小对她就很亲密。小女儿 5 岁时同我家，此时母亲也常在我家，因我们从小与小女儿不在一起，母亲唯恐我们对小女儿感情上有所差异，遇事常庇护她，其实我们都同样对待。母亲过世时她在读初中，彼此又相处较长一段较长时期。她也是成长在改革开放年代，高中也在临海回浦中学毕业。后来也考入宁波大学，毕业后在宁波教书。

孙子

　　这是我大儿子的儿子，于 1988 年 7 月出生在临海我家。那时因我大女儿户口也在宁波，我们夫妻一同陪她去宁波参加高考。母亲留在家，我儿子陪妻去台州医院分娩回来后，我母亲即参于护理。那时她已满 90 岁，辛苦一辈子，又屡遭多次挫折，现在看到玄孙，四世同堂，也有了安慰。

在以后的几年中母亲因想念老家，1958年大跃进时生产队在我家拿去的东西没有退赔，她要去催办，因此时常回去，只能断续地与玄孙一起。后又骨折住我姐家，与玄孙见面更

作者与孙子在好莱坞

少。1992年，我们把她接来临海，才相处较长时间，我还给他们合拍了一张照片（见本节前段），也是我孙与我母合影的唯一的照片。

我孙子自小起读书就较好，初中划片升学。他依户口所在地应升入临海中学，该校历史不长，在临海排名第三，又称第三中学。当时读书好的又没划到重点的台州中学，经济宽裕的家庭大都

作者在美国国会大厦前

作者女儿和孙子在女儿房前

出钱买入台州中学就读，他父母也有此想法，我反对。我认为读书成绩优异主要靠自己，这个钱可省，初中还是启蒙阶段，学校关系不大，进入划片的临海中学对他学业不会有多大影响。他父母接受我意见，随之进入临海中学就读。

　　他初中毕业后考入省重点的台州中学，其分数还超过录取分数线 23 分。高中毕业后考入浙江大学，在校期间学习成绩优良，多次获奖学金。2011 年浙江大学毕业录取于美国北卡罗莱纳大学，攻读硕士学位。也可说弥补了他父亲出生、成长在阶级斗争年代仅小学毕业的不足。

　　2014 年夏我孙子在北卡大学获得两个硕士学位后，被美国国家医药部门聘用，从事药品检测、研发工作。

　　2015年 9 月 21日，我和孙子父母去美国北卡罗莱纳州罗列市探望孙子，在美国一个月。其间一起玩了

参加 2016 年清明扫墓的家人（前排左至右：小儿子、作者、大儿子、大儿媳，中排小儿媳、外甥女、小外玄甥、小孙女，后排小女儿、大女儿、大外甥、小孙女婿）

纽约、罗得岛、波士顿及哈佛大学、麻省理工大学、耶鲁大学。以后又到了华盛顿、大西洋海滨城市等地。并多次去北卡大学。于 10 月 22 日经芝加哥回国。

　　2020 年夏，我孙子来到旧金山硅谷我大女儿旁工作，他们常见面相聚。

　　这些都是改革开放给我给我家带来的实惠。虽然我母亲未能活到美满的今天，但相信她的英灵定能得到安慰。

附文:要求给我地主母亲平反

—————————————：（注1）

　　我们家乡 1951 年春夏的土地改革已有 50 周年，近几年对 50 周年前的大事都进行回顾与纪念。土改是建国后涉及面最广、影响最深、后果延续时间最长、副作用最大、成分论最管用的一次政治运动，我想也有必要进行回顾与纪念。

　　我们既然对反右、三面红旗、文革等政治运动作了重新审定，对于这场土改是对是错、是成是败，是成绩为主，还是错误居多，在经历了 50 年后的今天，我想还有重新审查，再下结论的必要。现就我家划为地主，家财被没收分割，人身批斗，精神折磨，子孙受歧视足有几十年，而 50 年后的今天，我家乡经济性质、贫富差距、社会结构、人际关系、干群矛盾、道德风貌、不良现象等基本上与土改前一样。从经济角度看，当年我家主要从事的经济活动，是现今政府支持鼓励的对象。我想真理要经得起时间的考验，现政府提倡勤俭致富，为什么土改前的勤俭致富就有罪呢？现就我家的情况提供些数据供参考，当然都不尽如此。

　　在上世纪 20 年代，我父母婚后，家很穷。除耕种祖父母留下的二亩左右土地外，还租些氏族上的公有田为生。父又嗜赌，但在母的勤俭节约精打细算下没有挨饿。到第三个、第四个姐出生时，家人口增加，母身体又不好，生活困难，这两个姐先后都给人家当童养媳去了。我 1933 年出生后，父戒赌，专心从事农耕，母经营多种副业，家境逐渐好起来。她经营的副业主要有：养母猪、做垂面（面条）、养蚕、开杂货店、酿酒，有时还给人家纺棉纱、织蚊帐丝、做花鞋等。在我 5-6 岁稍有记忆时起，只见她每天从早到晚忙个不停。

1943 年，我 10 岁时父病亡，因农事和副业母亲都直接参于，且有的主要是母经手，因此在父去世后，母亲非但继续干，且有的规模有所扩大，如杂货店品种多起来，酿酒也多起来，由于母亲的勤劳刻苦，精打细算，已升为主要收入。赚来的钱就买土地。1947 年还建了三间房子（注 2）。到土改前有土地 15 亩左右（注 3）。因家无劳力，农事上的活要雇工。

我家钱财的积聚除母亲的刻苦经营有方外，还靠她的勤俭与节约。她早上 5-6 点钟起来即干活，如做垂面、烧猪食、进货，或养蚕、纺棉纱……，一直忙到深夜。她的节约前后邻居是有名的，吃的以稀粥为主，多以咸菜下饭，而且要求我们子女吃八分饱即可。粮食收割季节吃得与平时一样，从未有暴饮暴食，不像有些人那样，"麦来不吃米"。穿的基本上都是她自织自做的衣服。非但邻居，前后近村都夸她"算子好"。

她非但善于经营有经济收入的副业，且能腌制好各种咸菜，邻居常来向她请教。她不识字，但能绘画锈花。早年农村姑娘结婚，常请她做花鞋。80 年代她已 80 多岁，那时地主帽子已摘，村妇女主任李仙香动员她参加区妇联举办的剪纸比赛，她得了三等奖，拿来了毛巾等奖品。她确实是粗粗细细、里里外外都很贤慧的农村妇女。

土改时农会发动农民批斗她，她敢直言反驳。每月例行的两次地主分子学习会上有胆与主持会议的农会主席蔡继传（懒汉）争辩。因此她吃的亏最多，批斗、游街、扫地、做义务工、送信、砍（买）军属柴，甚至发动"儿童团"打骂她。

　　土改后,我们都外出,她不灰心,顽强不息,一方面勤于耕作,同时又干力所能及的副业。虽是小脚女人,还下水田耕种,这在当地农村妇女来讲是不可思议的,近邻称赞不已。她种的庄稼很好,有一套自己的耕作方法,有年在青阳山自留地上种的马铃薯,种的比附近人种的都大,他们都来向她取经。我有次回家,邻居蔡雪花对我说:"你母若不是地主,早已评上劳动模范了。"她田间劳动回来,一有空就从事副业,如织蚊帐筋,纺棉纱等出售。90 多岁骨折卧床,在床上还给人家做布鞋,照顾她的我姐常和她争吵,希望她不要再干活了。在她的教育和影响下,我们子女也较刻苦、勤劳。

　　她是非分明,不畏强暴,土改时没收我家 2/3 房屋,分别给两户农民居住,一个在东,一个在西,他们是贫农成分,说话响当当,常霸占或侵犯我家房产。我母与他们力争,经常把村干部叫来评理。有次调解委员蔡连芳来调解,看看他们实在不象话,严肃地对他们说:"地主也有管理权的。"我母亲对连芳叔这句话很感动,此事她也对我说了多次,此后他们才收敛一些。

　　1958 年在我家大办食堂,拆去、拿去我家好多东西。1963 年落实政策,要进行退赔。我母多次向村干部、乡干部反映。他们口头上答应地主富农也同样赔,但实际因地主成分一直拖下没有赔给我们。我母又常向村干部、乡干部,甚至远离 15 里外的区干部反映,都没结果。接着文化大革命没人管了。文革后我母又向村干部、乡干部、区干部反映。因干部更换多,互相推卸。我母又经常往返村、乡、区干部之间,来回几十里,不知她走了多少次。80 年代她又多次到县政府信访办反映,有一段时期每月 20 日为县长接待日,她几乎必到,连信访办几个接待同志也很感动。我母亲说:土改是国家政策,是时势造成,1958 年拿去我家的东西是土改后留下来给我，为什么不退赔？说得信访办同志无话可说，签上书面意见，叫区、乡政府办。但转到下面仍是没办。直到 1992 年她去世前一天，还为此事耿耿于怀，叫我叔伯代她继续反映，含冤去世。

她 94 岁高龄去世，那时农村还盛行土葬，但她不怕火葬，我们就给她火化了。去世前她又说："自己一世人做了三世活。"对于这样勤劳的人遭到如此虐待似乎有失公平。

现我们家乡，土地仍是农民家家户户单干，土改后的互助组、合作社、生产队、人民公社等集体化行不通，集体企业、国营企业纷纷倒闭，养母猪、做垂面、养蚕、开小店……仍是个人经营，党和政府过去大力宣扬甚至带强迫性的合作化、集体化为主要内容的走社会主义道路，而由现今的发展个体、私营经济的社会主义来代替，这似乎与共产党成立初、在打天下时的宣传和建国后二十年的措施大不相同。可见当时对什么是社会主义认识是不足的，甚至对社会的深层次研究是不透的。杀人、关人、批斗、管制、没收分割财产，历代以来都很慎重的。既然自己不很了解，没大的

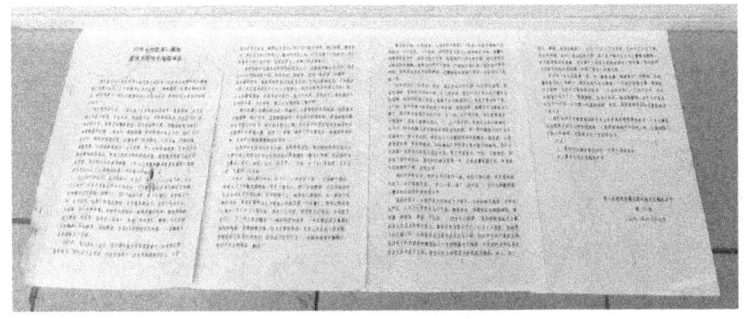

2001 年笔者就土改致各级领导的信原件（第一页中污垢处原是个虫茧，笔者去了时留下；左侧上下各有两条小黑线是钉书针留下的锈斑，均说明该信件留存已很久）

把握，有什么理由这样处理人家？也不能以为打天下需要来解释，更不能试验试验再看。对于某个人或某个家庭来讲是

一辈子的事。党和政府当权者应对此有所思考,如错了要负一定责任的。

不过有一条与土改前一样,即"勤者会富,懒者要穷"仍管用。现贫富差距远比土改前大,我村有两个百万富翁,一个在宁波做生意,即使有百万家财,但仍自己参加体力劳动。一个在本村办厂,是地主后代,土改后说他办地下工厂,投机倒把,坐过七年牢(注4),他也很勤俭。他们也可说是响应邓小平"让少数人先富起来"的号召,其实我母亲早在50年前即响应了他的号召。

我们应当尽可能客观地评价社会的变革及所取得的进步,只有以事实为根据来总结过去所走的道路,才能更好地指导今后的工作,才能消除人们的心里障碍,团结更多的人为国家出力。

为此:

1. 要求对土地改革运动作一次较全面的审定;
2. 要求给地主王梅花平反。

浙江临海双港镇大园村地主王梅花之子
蔡行来
二00一年六月十七日

注:

1 因去信的领导人、单位较多,一信多寄,故台头空着便于临时填写。所寄的领导人和领导单位计有中共中央总书记、中共中央,国家主席、全国人大委员长,全国人大常委会,国务院总理及中共浙江省省委、浙江省省政府和中共临海市市委、临海市市政府等。

2. 我母亲1947年建的新房实为4间,因西边的扶梯间较窄,不能做房间用,有时又称三间。

3. 我家的土地数因我长期在校读书，15 岁后又离家去县城读书，那时母亲又买了一些土地，有些土地买来后卖方仍要求承租，让他继续耕种，有的买来后就租给人家，这些土地坐落地方我就不清楚了。只是对自家耕种的，有时要参加劳动或送点心饭的土地才知道，因此，根据记忆约 15 亩。但后来查阅临海档案馆档案，才知我家土地有 22.484 亩，其中有 9 亩左右出租。

4. 后来笔者与蔡行俊交谈时，才知他初判 10 年，经申诉减刑 1 年，服刑 9 年。

主要参考文献

1.《中国共产党历史》中共中央党校党史编写组编 中央党校出版社出版 2011 年 2 月

2.《中国共产党 90 年》本书编写组编 人民出版社出版 2011 年 2 月

3.《中国近代现代史》（全日制普通高级中学教科书）人民教育出版社历史室编著

4.《共和国史记》徐达深主编 吉林人民出版社出版 1996 年

5.《土地改革手册》新华书店华东总分店编缉部编 新华书店华东总分店出版 1950 年 11 月

6. 临海市档案馆馆藏土地改革档案

7. 临海市白水洋镇大园村蔡氏宗谱 1996 年重修

8.《临海县志》临海市志编委会编浙江人民出版社出版 1989 年 5 月

9.《台州地区志》《台州地区志》编纂委员会编浙江人民出版社出版 1995 年 9 月

10.《炎黄春秋》杂志有关各期

11.《毛泽东选集》人民出版社出版 1964 年 4 月

12.《窝里斗的国族》郑义编著 香港文化艺术出版社出版 2007 年 5 月